공익법인세제연구

공익법총서 8

공익법인세제연구

법무법인(유한) 태평양
재단법인 동천   공동편집

景仁文化社

　　현대 복지국가는 복지제도 등을 통하여 국민들께 다양한 공공서비스를 제공하고 있지만 국가 재정의 한계와 관료제의 비효율성 등으로 인하여 국민들의 증가하는 공공서비스 수요를 충분히 충족시킬 수는 없고, 국가 이외에 공익법인이나 사회적 기업 등 민간영역이 국민들에 대한 공공서비스의 한 축을 담당할 수밖에 없습니다. 그리고 민간영역이 해당 분야에 대한 전문성과 현장에 대한 접근성 등으로 국가보다 더 수요에 적합하고 효율적인 공공서비스를 할 수 있는 측면도 있습니다.

　　이와 같이 공공서비스 공급의 한 부분을 담당하는 국내 비영리조직과 사회적경제조직을 포함한 '제3섹터'의 규모에 관하여 공식적으로 집계된 자료는 없으나, 2017년 한 언론사는 '제3섹터'가 우리나라 GDP의 13% 비중을 차지하는 것으로 추산하였습니다. 2020년 통계청의 국세통계를 기준으로 세법상의 요건을 갖추어 공익법인으로 지정되고 상속세 및 증여세의 면세 대상이 되는 공익법인은 4만 1천여 개나 된다는 점까지 종합하여 보면, 비영리활동은 이미 한국의 사회와 경제에 있어서 상당한 비중을 담당하고 있고 점차로 그 역량을 더욱 키워나가고 있음을 알 수 있습니다.

　　그러나 비영리활동을 둘러싼 조세제도는 빠르게 발전하는 민간의 역량을 따라가지 못하고 있습니다. 공익법인에 관계된 조세법령 및 행정의 각종 내부적 규율은 관련 특정 문제점이 드러날 때마다 비영리활동을 바라보는 여론의 영향을 받으면서 당장의 현안과 필요에 따라 법체계의 전체적 정합성이나 장기적 관점에서의 법규개정이 초래할 영향 등에 관한 면밀한 검토를 소홀히 한 채 그때그때 법규정의 세부사항을 추가하고 개정하는 일이 반복되어 왔습니다. 결과적으로 현재 공익법인과 관련된 세제는 기본적인 체계를 이해하는 것도 쉽지 아니함은 물론, 법령의 개정이나 특정한 해석·적용이 실제 현실에서 어떤 정책적 효과를 불러올 것인지에 대한 객관적이고 체계적인 분석을 하는 것이 매우 어렵게 되었습니다. 이러한 상황은 날로 역량을 키워가고 있는 공익법인이 역동적으로 활동함에 있어 걸림돌로 작용하는 결과를 초래하고 있다는 점에서 공익법인과 관련한 세제에 대한 개선방안의 마련이 절실하게 되었습니다.

법무법인(유한) 태평양과 재단법인 동천은 2014년에 다양한 분야의 공익활동과 그에 관련된 법 제도를 심도 있게 조명, 검토함으로써 공익활동을 제도적으로 뒷받침하고 다양한 공익활동 주체들에게 실질적 도움을 드릴 수 있도록 공익법총서를 시리즈로 발간하기로 기획하여 2015년에 제1권 '공익법인연구'를 발간한 이래 매년 1권 씩 발간하여 왔습니다. 2021년에는 제7권 '기업공익재단법제연구'를 발간하였는데 이를 위한 여러 논의과정과 발간에 즈음하여 2021. 6. 17.에 개최한 '기업공익재단법제 현황과 개선방향' 토론회를 통하여 공익재단법제에서 시급히 개선되어야 할 핵심적인 부분은 공익법인세제임을 확인할 수 있었습니다. 태평양과 동천은 위에서 제기한 공익법인 세제 개선방안의 필요성에 관한 문제의식을 가지고 '기업공익재단법제연구'의 후속 연구로 공익법인에 관한 세제 연구에 집중하는 것이 필요하다고 생각하였습니다.

이에 태평양과 동천은 국내 유수의 조세법 연구자들과 함께 공익법인과 관계된 법령의 체계와 판례를 종합적으로 분석하고, 공익활동의 증진을 도모할 수 있는 중장기적 개선과제를 제안하며, 조세법 연구에 있어 공익활동과의 관련성을 중심으로 통합된 연구 방향을 제시하고자 공익법총서 제8권을 「공익법인세제연구」로 하기로 결정하였습니다.

　편집위원회는 태평양의 유욱 변호사님을 위원장으로 하고 서울시립
대학교 박훈 세무전문대학원장님, 연세대학교 법학전문대학원의 이중교
교수님, 태평양의 유철형 변호사님, 재단법인 동천의 이희숙 변호사님을
위원으로 하여 구성하였습니다. 조세법 연구 분야는 지극히 전문화된
영역인만큼, 두 분 교수님께서 논제와 필진의 구성부터 원고의 검토와
출간에 이르기까지 핵심적인 역할을 해주시지 않으셨다면 공익법총서
제8권 「공익법인세제연구」는 세상의 빛을 볼 수 없었을 것입니다.

　태평양과 동천은 이번 공익법총서의 발간을 통해 공익법인을 둘러싼
조세법상의 다양한 쟁점을 한 데 모아 통합적으로 이해할 수 있는 밑바
탕을 마련하고, '출연재산의 투명한 관리'와 '공익법인 활성화'의 두 이
념이 충돌하는 것이 아니라 조화를 이룰 수 있도록 정합성과 체계를 갖
춘 법제 개선안이 제시될 수 있기를 기대합니다. 나아가 이러한 제도 개
선을 통하여 우리 사회의 기부문화가 더욱 성숙해지고 공익법인들이 더
욱 역동적으로 활동함으로써 우리 사회가 그늘진 곳 없이 다함께 복지
와 문화를 향유하는 따뜻한 공동체로 성장하기를 소망합니다.

　끝으로 소중한 논문을 집필해 주신 필자들과 편집에 애써 주신 편집
위원들께 깊은 감사의 인사를 드리고, 태평양과 동천의 공익활동에 격
려와 성원을 보내 주시는 모든 분들께도 감사의 인사를 드립니다.

2022. 6. 17.
재단법인 동천 이사장 강용현

| 차 례 |

공익신탁 세제의 문제점과 개선방안에 관한 연구 ㅣ 김병일

공익법인의 수익사업에서 발생하는 소득의 과세를 둘러싼 논점들 개관(槪觀) ㅣ 윤지현

공익법인 가산세제도의 개선방안에 대한 연구 ㅣ 이중교

공익법인세제의 체계분석

박훈*

I. 서론

공익법인을 둘러싼 세제는 주로 영리법인과 비교하여 비영리법인, 특히 공익법인 자체 및 공익법인의 출연자, 거래당사자 등에 과세상 어떠한 차이를 인정할 것인지에 대한 논의라 할 수 있다. 공익법인을 영리법인과 달리 취급할 필요가 없다는 주장도 이론적으로 가능하지만, 공익법인에 대한 여러 지원책 중 세제의 역할이 중요하다고 할 때 공익법인에 대해 세제상 지원을 어떤 방식으로 어느 정도로 할 것인지가 논의의 방향이라 할 수 있다.

그런데 공익법인에 대해 세제상 지원을 주는 것은 긍정하더라도 지금보다 더 많이 주는 방식은 추가적인 논의가 필요한 부분이다. 과도한 세제상 지원은 조세회피 가능성을 줄 수 있고, 조세회피에 대한 사례는 기존 세제상 지원의 축소 및 제한의 빌미가 될 수도 있다. 실제로 몇몇 공익법인의 일탈은 투명성 강화, 사후관리 강화, 협력의무 확대 및 가산세 부담 증가 등으로 연결되는 경우도 있었다. 공익법인의 자율성과 책임성이 조화되는 합리적인 세제가 필요한 것도 이러한 우려 때문이라 할 수 있다. 세제혜택을 더 주는 부분과는 별개로 기존 공익법인 관련 세제에 대한 법해석 및 사실판단 등의 경우 과세의 불확실성을 줄여주

---

* 서울시립대학교 세무학과 교수

는 것도 공익법인세제의 개선방안의 한 방향이 될 수 있다. 한편, 공익
법인에 대한 세제는 세법만이 아니고 다른 법제도, 예컨대 공익법인 자
체, 기부금품, 신탁, 유류분, 농지 등에 대한 법제도와 관련지어 종합적
으로 보아야 제도개선이 되는 경우도 있다.

이 글은 공익법인의 자율성과 책임성을 조화롭게 하는 구체적 법개
정방안을 제시하는 데 그 목적이 있다. 이를 위해 먼저 공익법인세제에
관한 기본적인 논의를 하고, 공익법인 자체와 기부자에 대해 주로 소득
세제, 재산세제, 소비세제별로 정리하는데, 미국·일본 등 다른 나라와의
비교도 함께 진행한다. 그 이후에 고유목적사업과 수익사업, 각종 의무
와 가산세, 투명성 강화, 기부자산 등, 기부자(개인 및 법인 등), 기부자
이외의 자(특수관계인)에 대한 세부적인 쟁점1)을 비롯하여 최근 논의되
는 것을 분석하면서 이를 법령의 개정사항과 연결해보고자 한다.

Ⅱ. 공익법인세제의 기본분석

1. 공익법인세제의 의의와 이론적 논의 등

가. 공익법인세제의 의의

공익법인세제는 강학상 개념이라 할 수 있다. 공익법인과 관련한 세
제를 총칭하는 것이다.

좁은 의미로는 공익법인 자체에 대한 세금으로, 소득과세인 법인세,
소비과세인 부가가치세, 재산과세인 재산세·종합부동산세·상속세·증여
세 등을 대표적으로 말할 수 있다. 넓은 의미로는 위의 공익법인 자체의

---

1) 이 책에 실려 있는 다른 글들에서 관련 쟁점마다 각자 상세히 다루고 있다.

세금 외에도 기부를 받는 자인 공익법인과 기부자의 기부에 대한 세제 혜택으로서 소득세, 법인세, 상속이나 증여로 과세할 때의 상속세, 증여세 등도 공익법인세제에 포함될 수 있다. 여기에서는 공익법인세제를 공익법인에 대한 세제, 공익법인의 기부자에 대한 세제 등을 포함한 의미로 사용한다.

공익법인세제의 개념과 관련하여 법인 및 기부자에 관한 것도 중요하지만, 세제 검토의 대상이 되는 공익법인을 어떻게 보는지도 중요하다. 「공익법인의 설립·운영에 관한 법률」에서 그 적용범위로서 공익법인에 대해 "재단법인이나 사단법인으로서 사회 일반의 이익에 이바지하기 위하여 학자금·장학금 또는 연구비의 보조나 지급, 학술, 자선(慈善)에 관한 사업을 목적으로 하는 법인"이라고 정의하고 있다.[2] 영리법인에 대응되는 비영리법인이 모두 이러한 공익법인법의 적용을 받는 것이 아니고, 「상속세 및 증여세법」(이하 상증세법)상 공익법인도 이러한 공익법인법의 적용을 다 받는 것도 아니다. 우리나라 법체계에서는 비영리법인 중 공익성이 인정되는 법인을 공익법인이라 할 수 있다. 공익법인세제를 비영리법인세제라고도 하지만, 세제상 공익법인을 비영리법인보다 좁은 개념으로 사용하는 경우에는 양자가 구별된다고 할 수 있다. 공익법인은 「법인세법」상 비영리법인으로서 「상속세 및 증여세법 시행령」 제12조 각호에 열거된 공익사업을 영위하는 법인이라 할 수 있다.[3]

또한 법인이라는 말을 사용하기는 하지만, 공익단체에 대한 것도 포함하여 사용하기도 한다. 법령상 엄밀히 말하면 법인과 단체는 다른 것으로, 후자를 포함하는 경우에는 "공익법인등"이라는 표현을 사용한다고 할 수 있다. 상증세법 제16조 제1항에서 "종교·자선·학술 관련 사업 등 공익성을 고려하여 대통령령으로 정하는 사업을 하는 자(이하

---

2) 공익법인의 설립·운영에 관한 법률(약칭 공익법인법) 제2조
3) 국세청, 2022 공익법인 세무안내(2022. 2.), 25.

"공익법인등"이라 한다)"라고 하는 것이 그 한 예이다.

나. 공익법인세제 지원의 이론적 근거 : 일반법인세제와의 비교

공익법인세제는 일반법인세제와 비교하여 동일하게 취급하는 방식, 달리 취급하는 방식이 있다. 공익법인이 국가가 할 일을 사실상 대신하는 것이라면 여기에 대한 여러 지원을 하고, 세제로도 지원해야 한다고 생각한다면 후자의 방식대로 공익법인세제를 일반법인세제(영리법인세제)와 비교하여 혜택을 주는 방식이 될 것이다. 개별세법, 조세특례제한법, 지방세특례제한법 등에서 이러한 지원을 인정하는 것이다.

그런데 공익법인세제에 대한 지원의 방식이나 정도는 공익법인을 일반법인과 비교하여 세제상 혜택을 주어야 하는 이론적 근거와도 연결이 될 수 있다. 세제혜택의 주된 근거로는 사회일반의 이익을 목적으로 하는 공익사업의 지원이라 할 수 있다. 법인세와 관련하여 비영리사업소득에 대한 비과세는 공익장려에 있다고 볼 수 있고,[4] 수익사업소득에 대하여는 영리법인과의 공정경쟁 관점에서 원칙적으로 전부 과세된다고 할 수 있다. 비영리공익법인에 대한 세제혜택의 헌법적 정당성을 사회국가원리(보충성원칙), 문화국가원리, 과세평등의 원칙에서 찾는 견해도 있다.[5]

한편, 조세지원 제도를 탈세나 부의 편법 상속 등으로 악용하는 행위를 규제하려고 공익법인에 일정한 의무를 지도록 한다. 이러한 의무를

---

4) 비영리법인의 사업소득에 대한 비과세의 이론적 근거로는, 공익장려보조금설(미국연방대법원의 입장), 소득과세불적용설, 자본형성보조금설, 이타성설, 기부성설 등이 있다. 이에 대한 자세한 내용은, 이재호, "비영리법인의 법인세 과세체계에 대한 입법론적 고찰", 조세법연구 제14집 제2호, 한국세법학회(2008. 8.), 319-332 참조.
5) 김무열, "비영리공익법인에 대한 세제혜택의 헌법적 정당성에 대한 소고", 조세와 법 제10권 제1호, 서울시립대학교 법학연구소(2017. 6.), 59-69.

위반하는 경우에는 상속세, 증여세, 가산세 등이 부과되기도 한다.6)

  공익법인세제가 기부세제까지 포함하는 경우 기부에 대한 세제혜택
을 주는 근거는, 세제혜택을 통해 기부를 촉진하는 것이라 할 수 있다.
기부 자체가 이타적인 것7)으로 세제혜택 여부에 상관없어야 할 일이라
는 인식 때문에 기부세제에 대해 부정적인 견해도 있을 수 있다. 그러나
기부의 긍정적인 의미를 생각한다면, 기부 활성화의 한 방법으로 기부
에 대한 세제혜택은 실제로 그 효과가 국제적으로 인정되고 있다. 기부
금에 대한 세제혜택이 있는 나라에서 개인기부 참여율이 33%로 세제혜
택이 없는 나라의 21%보다 12% 높게 나타나고, 세제혜택이 클수록 기
부자의 반응도 높아졌다는 조사결과가 이를 뒷받침한다.8)

다. 공익법인세제와 다른 법제도와 관계

  공익법인 및 그 기부자와 관련해서는 세법만이 아니라 다른 법제도
도 존재한다. 설립운영과 관련하여 비영리법인에 대하여는 일반법인 민
법이 적용되고, 협의의 공익법인9)은 공익법인법, 특별법에 따라 설립된

---

6) 이러한 의무에 대해서는, 박훈·채현석·허원, 상속·증여세 실무 해설, 삼일인포마
   인(2020. 5.), 236-258 참조.
7) 경제학에서는 개인이 기부하는 동기를 이타주의 또는 공공재모형(이기적인 개
   인이 타인을 위해서만 자선적 기부를 하는 것이라고 볼 수 없기 때문에 자신이
   소유한 금전을 일부 기부하여 자신에게도 이익이 발생할 수 있다고 보는 견해),
   사적소비모형(자선활동으로 돕는 행위 그 자체에서 기부자가 일종의 만족을 얻
   을 수 있다고 보는 견해), 명망모형(기부자들이 기부행위로부터 직접적인 경제
   적인 편익을 받지는 않지만 기부금을 지원한 단체나 사회로부터 일종의 대접을
   받거나 찬사를 받기 때문에 기부를 한다는 견해) 등 3가지 모형으로 구분하여
   설명하고 있다. 이에 대해서는, 김진·박태규·손원익·우석진, 기부금 세제개편에
   따른 기부참여 변화 실증분석-기부금 탄력성 분석을 중심으로-, 사회복지공동모
   금회(2018. 4.), 71-73 참조.
8) Charities Aid Foundation, Donation States-An international comparison of the tax
   treatment of donations, 2016. 5., p.5 참조.
9) 성격상 민법상 비영리법인이면서, 특히 「공익법인의 설립·운영에 관한 법률」상

경우 해당 법률이 적용된다.[10]

비영리·공익법인의 제재에 관하여는 각 설립에 대한 근거법률에 규정을 두고 있다. 기부금 모금에 관하여는 「기부금품의 모집 및 사용에 관한 법률」(약칭하여 기부금품법)에 따라 규율된다. 형법상 제재는 비영리법인 및 관계자들에게 동일하게 적용된다.

우리나라는 공익법인 전체에 대해 통일적인 법률이 없고 공익법인에 대해 중복적인 규제가 문제로 지적되고 있다.[11] 공익법인세제와 다른 법제도도 중복규제의 문제가 존재한다. 기부금에 대해서는 세법상 규정만이 있는 것이 아니고 별개로 기부금품법에 대한 규제도 받는 경우가 그 예이다.

2. 공익법인에 대한 세제의 구체적 내용

가. 공익법인에 대한 소득세제

공익법인을 포함한 비영리법인의 경우 고유목적사업에 따른 소득에 대해서는 법인세가 과세되지 않지만, 법인세법 제4조, 동법시행령 제3조에 열거하는 수익사업을 영위하는 경우에는 당해 수익사업에서 생긴 소득에 대해 법인세를 신고·납부할 의무가 있다. 비영리법인은 영리법인과 달리 법인세법 제4조 제3항에서 열거하고 있는 수익사업에서 생긴 소득에 대해서만 법인세 납세의무가 있다고 할 수 있다. 청산소득과 미환류소득에 대하여는 법인세 납세의무가 없다.

비영리법인(공익법인 포함)이 그 법인의 고유목적사업 또는 법인세

요건을 갖추어 '공익법인'으로 설립허가를 받은 법인을 말한다.

10) 예컨대 사회복지사업법상 사회복지법인, 의료법상 의료법인, 사립학교법상 학교법인 등이 있다.

11) 이희숙, "공익법인 법제 현황과 개선 방향 - 공익위원회 설치 논의를 중심으로 -", 외법논집 제43권 제1호, 한국외국어대학교 법학연구소(2019. 2.), 7-11 참조.

법 제24조 제3항 제1호에 따른 기부금에 지출하려고 고유목적사업준비금을 손금으로 계상한 경우에는 일정한 범위 안에서 당해 사업연도의 소득금액 계산상 손금에 산입한다.[12] 수익사업에서 생긴 소득이라도 고유목적사업준비금으로 손금에 계상하는 경우 그만큼 그해 법인세를 부담하지 않는 결과를 가져온다. 외부 회계감사를 받는 경우에는 고유목적사업준비금을 세무조정계산서에 계상하고, 그 금액 상당액을 해당 사업연도의 이익처분을 할 때 고유목적사업준비금으로 적립한 경우에는 그 금액을 손비로 계상한 것으로 본다.[13] 이는 고유목적사업준비금은 원칙적으로 결산서에 비용으로 계상한 경우에 한하여 손금에 산입되지만, 외부 회계감사를 받는 비영리내국법인의 경우에는 신고조정으로 고유목적사업준비금을 손금에 산입할 수 있음을 의미한다.

이자소득만 있는 비영리법인은 별도로 법인세 과세표준 신고를 하지 아니하고도 이자소득을 수령할 때마다 원천징수된 법인세로 법인세 납세의무가 종결하는 방법(분리과세 원천징수방법), 당해 사업년도 중에 수입한 이자를 합계하여 별도의 신고절차를 밟는 방법(종합과세 신고·납부 방법) 중 하나를 선택할 수 있다.[14] 이자소득만 있는 비영리법인은 간이신고서식(별지 제56호 서식 등)으로 과세표준을 신고하여 기납부한 원천징수된 이자소득세를 전액 환급받을 수 있다. 이 경우 재무상태표, 손익계산서, 이익잉여금처분계산서(또는 결손금처리계산서), 현금흐름표 등을 첨부할 필요가 없다.[15] 과세표준 신고를 하지 아니한 이자소득에 대하여는 수정신고 또는 경정 등에 의하여 과세표준에 포함할 수 없다.[16]

제조업, 도·소매업 등 법인세법 제4조 제3항 제1호의 사업소득이 없는 비영리내국법인은 부동산 및 주식 등을 양도한 경우 자산양도소득에

---

12) 법인세법 제29조 제1항.
13) 법인세법 제29조 제2항.
14) 법인세법 제62조 제1항, 동법시행령 제99조 제1항.
15) 법인세법시행규칙 제82조 제2항.
16) 법인세법시행령 제99조 제2항.

대하여 각 사업연도소득에 대한 법인세로 신고납부하거나 소득세법의 규정을 준용하여 계산한 양도소득세 상당액을 법인세로 납부할 수 있다. 후자의 경우 비영리법인의 납세절차를 간소화하기 위하여 개인과 같은 수준의 양도소득세만을 부담할 수 있도록 하고 있는 것이다.[17] 유형자산 및 무형자산 처분일 현재 소급하여 3년 이상 계속하여 법령 또는 정관에 규정된 고유목적사업(법인세법시행령 제3조 제1항의 수익사업제외)에 직접 사용한 유형자산 및 무형자산의 처분으로 생기는 수입의 경우 원래부터 고유목적사업에 사용하던 고정자산은 처분수입 전액 비과세되고, 수익사업에서 고유목적사업으로 전출한 고정자산은 전출이후 발생한 처분수입만 비과세된다.[18] 비사업용 토지 등은 이와 별도로 '토지 등 양도소득에 대한 법인세'를 추가하여 납부할 의무가 있다.[19]

공익법인에 대해서는 법인세 이외에도 지방세인 지방소득세도 고려하여야 한다. 비영리내국법인에 대한 과세특례(지방세법 제103조의32)가 있고 법인세에 유사하다. 「법인세법」에서 열거한 수익사업에서 생기는 소득 및 토지 등 양도소득에 대하여 법인지방소득세 신고·납부 의무가 있으나, 청산소득에 대해서는 납세의무가 없다. 이자소득에 대해서는 「지방세법」 제103조의29에 따라 특별징수로 종결 또는 법인지방소득세 과세표준확정신고중 선택 가능하다. 자산양도소득에 대해서는 개인지방소득세(양도소득)의 과세표준과 세율을 준용하여 양도소득 과세표준예정신고·납부(양도소득 과세표준 예정신고서[별지 43호의10서식] 제출) 또는 법인지방소득세과세표준 확정신고가 가능하다.[20]

---

17) 법인세법 제62의2.
18) 법인세법시행령 제3조 제2항.
19) 법인세법 제55조의2.
20) 이에 대해서는, 서울특별시 세무과, 2021년 법인지방소득세 신고납부 안내(2021.
   3.), 38 참조.

나. 공익법인에 대한 재산세제

피상속인이나 상속인이 공익법인에 상속세 과세표준 신고기한 내에 출연한 재산의 가액은 상속세 과세가액에 산입하지 않을 수 있다.[21] 그러나 상속세 과세가액 불산입 후 해당 재산 및 그 재산에서 생기는 이익이 상속인 및 그와 특수관계가 있는 자에게 귀속되는 경우에는 그 가액에 대하여 상속세를 추징한다. 공익사업의 원활한 수행을 위해 일정한 요건(불산입요건)을 충족하는 경우 출연행위에 대해 상속세 과세가액에 불산입하는 혜택을 주되, 이를 이용한 조세회피 행위나 부의 부당한 세습을 방지하고자 사후 관리기간에 불산입의 취지를 달성하도록 엄격한 의무를 부과하고 있는 것이다. 출연 이후 상속세 과세가액 불산입의 취지를 달성하기 위해 공익법인이 지켜야 할 의무(사후관리)를 해태하는 경우에는 즉시 그 공익법인 등에 증여세를 부과하고 관련 가산세가 있다면 가산세를 부과한다.

공익법인 등이 출연받은 재산의 가액은 증여세 과세가액에 산입하지 아니한다.[22] 다만, 세법에서 규정한 출연재산 등의 공익목적 사용 및 각종 보고 의무 등을 위반하는 공익법인에는 증여세 등을 과세한다.

공익법인의 부동산에 대해서는 지방세특례제한법에 따라 해당 부동산을 그 고유업무에 직접(임대는 예외) 사용하는 경우에는 재산세가 감면된다.[23] 공익법인법에 따라 설립된 장학법인의 경우에는 수익사업에 사용되는 부동산에 대해서도 재산세가 감면된다. 해당 부동산이 장학사업에 직접 사용될 수 있는 것이 아니라 그 부동산에서 발생하는 수익이

---

21) 상증세법 제16조.
22) 상증세법 제48조.
23) 공익법인 지방세 감면 전반에 대해서는, 서명자, "공익법인에 대한 지방세 감면의 문제점 및 개선방안", 조세연구 제19권 제4집, 한국조세연구포럼(2019. 12.), 229-234 참조; 최근의 감면제도에 대해서는, 서울특별시, 2022 알기쉬운 지방세(2022. 3.), 105-114 참조.

장학사업의 재원으로 활용될 수밖에 없다는 사정을 고려한 것이라 할 수 있다. 재산세 비과세·과세면제 또는 경감이 있는 경우에는 종합부동산세도 이러한 혜택을 받게 된다.[24]

한편, 2021년부터 법인 또는 법인으로 보는 단체(이하 법인 등)에 대해서는 주택분 종합부동산세 계산 시 최고 단일세율(3%, 6%)이 적용되고, 기본공제 및 세부담 상한 적용이 배제된다. 다만, 종교단체 등 공익법인이 매년 9월 16~30일까지 '법인 주택분 종합부동산세 일반세율 신청서'를 제출하거나, 종합부동산세 신고기간인 12월 1일부터 15일까지 신고와 함께 신청서를 제출하는 경우에는 개인과 동일한 일반세율, 6억 원 기본공제 및 세부담 상한이 적용된다.[25]

다. 공익법인에 대한 소비세제

종교, 자선, 학술, 구호, 그 밖의 공익을 목적으로 하는 단체가 공급하는 일정한 재화 또는 용역에 대하여는 부가가치세를 면제한다.[26] 종교의식·자선·구호·기타 공익을 목적으로 외국으로부터 종교단체·자선단체 또는 구호단체에 기증되는 재화로서 일정한 재화 수입에 대하여는 부가가치세를 면제한다.[27] 외국으로부터 사원·교회 등에 기증되는 의식용품(儀式用品) 또는 예배용품으로서 대통령령으로 정하는 것에 대하여는 개별소비세를 면제한다.[28] 사원, 교회나 그 밖의 종교 단체에 의식용(儀式用)으로 외국에서 기증한 주류에 대해서는 주세가 면제된다.[29] 종교용품, 자선용품, 장애인용품 등이 수입될 때에는 그 관세를 면제한다.[30]

---

24) 종합부동산세법 제6조 제1항, 제2항.
25) 종합부동산세법시행령 제4조의3.
26) 부가가치세법 제26조 제1항 18호, 동법시행령 제45조.
27) 부가가치세법 제27조 4호, 동법시행령 제52조.
28) 개별소비세법 제18조, 동법시행령 제32조.
29) 주세법 제31조.
30) 관세법 제91조.

라. 검토

공익법인에 대해서는 소득세제, 재산세제, 소비세제 각각의 경우에 다양한 혜택을 주고 있다. 세금 자체를 면제해주는 것도 있고 세금을 납부하는 것을 쉽게 하는 것도 있다. 세제혜택을 받는 공익법인의 범위가 모두 동일한 것은 아니다. 일단 세제상 혜택이 있지만 고유목적사업 관련성을 지속적으로 사후관리하는 경우도 있다.

3. 공익법인의 기부자에 대한 세제의 구체적 내용

가. 공익법인의 기부자에 대한 소득세제

먼저 개인기부자에 대해 살펴본다. 사업소득이 있는 거주자는 해당 과세기간에 지출한 기부금을 소득세 계산 시 필요경비로 산입할 수 있다.[31] 거주자(사업소득만 있는 경우는 제외하고, 「소득세법 시행령」으로 정하는 자는 포함함)는 해당 과세기간에 지급한 기부금을 일정한 요건을 갖춘 경우 종합소득산출세액에서 공제할 수 있다.[32]

「식품등 기부 활성화에 관한 법률」 제2조 제1호 및 제1호의2에 따른 식품 및 생활용품의 제조업·도매업 또는 소매업을 경영하는 거주자가 해당 사업에서 발생한 잉여 식품 등을 「식품등 기부활성화에 관한 법률」 제2조 제5호에 따른 사업자 또는 그 사업자가 지정하는 자에게 무상으로 기증하는 경우, 그 기증한 식품 등의 장부가액은 해당 거주자의 사업소득세를 계산할 때 필요경비로 산입한다.[33]

「정치자금법」에 따라 정치자금을 기부한 개인은 이를 지출한 해당

---

31) 소득세법 제34조.
32) 소득세법 제2조 제1항 1호, 제59조의4 제4항.
33) 소득세법시행령 제55조 제6항.

과세연도의 소득금액에서 10만 원까지는 그 기부금액의 110분의 100을, 10만 원을 초과한 금액에 대해서는 해당 금액의 100분의 15(해당 금액이 3천만 원을 초과하는 경우 그 초과분에 대해서는 100분의 25)에 해당하는 금액을 종합소득산출세액에서 공제하고, 「지방세특례제한법」에 따라 그 공제금액의 100분의 10에 해당하는 금액을 해당 과세연도의 개인지방소득세 산출세액에서 추가로 공제받을 수 있다.[34] 다만, 사업자인 거주자가 정치자금을 기부한 경우 10만 원을 초과한 금액에 대해서는 이월결손금을 뺀 후의 소득금액의 범위에서 손금에 산입한다.[35]

여러 종류의 기부금을 지출한 경우에는 해당 과세기간의 소득금액에서 해당 기부금의 공제 한도액을 기준으로 ① 정치자금기부금 + 「소득세법」 제34조 제2항 제1호의 기부금 ② 우리사주조합기부금(해당 사항이 있는 경우에 한함) ③ 종교단체 외 「소득세법」 제34조 제3항 제1호의 기부금 ④ 종교단체 기부금의 순서에 따라 기부금 공제를 받아야 한다.[36]

자원봉사의 경우는 특별재난지역으로 선포된 지역에서의 활동만 기부금에 대한 세제혜택이 인정된다. 특별재난지역은 재난으로 대규모 피해를 본 지역의 신속한 구호와 복구를 위해 대통령이 선포하는 지역으로 해당 지방자치단체의 장 또는 당해 지방자치단체에 설치된 자원봉사센터의 장이 확인하고 기획재정부령이 정하는 기부금 확인서에 의해서만 가능하다. 이 경우 소득세법시행령 81조에 의해 봉사일수에 5만 원(봉사일수=총 봉사시간 ÷ 8시간)을 곱한 금액으로 산정할 수 있다. 부수적으로 발생하는 유류비, 재료비 등의 직접비용은 포함되며 시가 또는 장부가액으로 적용된다.[37]

한편, 「고향사랑 기부금에 관한 법률」(약칭 고향사랑기부금법)에 따라 2023년 1월[38]부터 고향(현재 거주지 이외의 모든 지방자치단체)에

---

34) 정치자금법 제59조 제1항, 조세특례제한법 제76조 제1항 본문.
35) 조세특례제한법 제76조 제1항 단서.
36) 소득세법 제59조의4 제4항, 동법시행령 제81조 제4항, 제118조의7 제1항.
37) 소득세법 제34조 제2항 1호 나목, 동법시행령 제81조 제5항.

기부하면 세액공제 혜택이 주어질 예정이다.[39] 고향사랑기부금의 기부
주체는 개인으로, 법인은 기부 주체가 되지 못한다.

　다음으로는 법인기부자에 대해 살펴본다. 법인세법상 기부금은 기부
의 상대방과 용도, 손금산입의 여부 및 그 범위와 관련하여 법정기부금,
지정기부금, 비지정기부금 등으로 나뉜다. 법률에 따른 공익법인등(기존
지정기부금단체) 및 한국학교 등(기존 법정기부금단체)에 지출하거나
「법인세법」 제24조 제5항에 따라 이월된 기부금은 법인세 계산 시 손금
으로 처리하여 세액 감면의 혜택을 받을 수 있다.[40] 식품기부를 한 법
인도 법인세 감면 혜택을 받을 수 있다.[41] 법해석에 대한 것이지만, 특
별재난지역으로 선포된 지역 외의 지역에 코로나19 퇴치를 위하여 지출
하는 기부금의 경우에도 법정기부금으로 볼 수 있다는 기획재정부예규
가 최근에 나온 바 있다.[42]

나. 공익법인 기부자의 상속세 및 증여세

　공익법인은 기부금 또는 출연재산에 대한 상속세 또는 증여세를 면
제받는다. 기부자가 피상속인 또는 상속인의 경우 상속세를 과세가액불
산입을 통해 상속세 면제를 받는 결과를 가져온다. 증여세는 원칙적으
로 수증자가 납세의무자이므로 기부자가 직접적으로 증여세 문제가 되
지는 않지만, 연대납세의무를 지는 경우는 있다.

---

38) 법률 자체는 2021. 10. 19. 제정되었다.
39) 이에 대한 기본내용은, 류영아, "「고향사랑기부금에 관한 법률」 제정의 주요 내
　　용 및 의의", 국회입법조사처(2022. 2. 28.) 참조.
40) 법인세법 제24조 제2항, 제3항.
41) 법인세법 제19조 제1항, 동법시행령 제19조 13의2호.
42) 기획재정부 법인세제과-324 질의회신(2020. 3. 24.).

다. 공익법인 기부자에 대한 소비세제

부가가치세법에서는 사업자가 고객이나 불특정 다수에게 재화를 증여하는 경우에 사업상 증여로서 과세되는 재화의 공급으로 보고 있다.[43] 기부 또는 접대 등을 위한 재화의 무상공급은 증여에 해당되고, 부가가치세법상 과세되는 재화의 공급(사업상 증여)에 해당할 수 있다. 그러나 기부의 상대방이 국가, 지방자치단체, 법정 공익단체에 해당한다면 사업상 증여에 해당하더라도 부가가치세가 면제되어 부가세 과세 대상이 아니다.[44] 사업자가 자기의 과세사업과 관련하여 생산하거나 취득한 재화를 국가·지방자치단체 등에 무상으로 공급하는 경우 해당 재화의 매입세액은 부가가치세법 제38조 제1항에 따라 매출세액에서 공제되나, 자기의 사업과 관련 없이 취득한 재화를 국가·지방자치단체 등에 무상으로 공급하는 경우 또는 당초부터 국가 등에 기증을 목적으로 취득한 재화의 매입세액은 공제하지 아니한다.

라. 검토

기부자에 대한 다양한 세제혜택이 있다. 개인기부금에 대한 소득세 혜택 방법으로는 우리나라는 프랑스와 같이 세액공제방식을 취하고 있다. 소득공제방식을 사용하는 국가인 미국, 독일, 일본, 영국, 대만 등과 대조적이다.

기부세제에 대해서는, 비교대상 국가 27개 중 고소득자의 고액기부에 대한 세제혜택이 우리나라는 24위, 일반 소득자의 소액기부에 대한 세제혜택은 18위라는 한 연구결과도 있다.[45]

---

43) 부가가치세법 제10조 제5항.
44) 부가가치세법 제26조 제1항 제20호.
45) 아름다운재단 기부문화연구소, "전 세계 기부금 세제 혜택에서 한국은 몇 위?",

4. 주요국과의 비교

가. 미국

미국의 경우 비영리단체(non-profit organization)의 종류와 법인격 취득에 관해서는 각 주의 전속 입법사항이다. 따라서 이에 대한 연방단위의 통일적인 법률은 존재하지 않는다. 그렇지만 세제혜택과 관련하여 연방세법에서 비영리단체에 대한 규정을 두고 있다. 연방세법 제501조(c)에 규정된 면세단체 중 연방세법 제501조(c)(3)에 정하고 있는 단체는 연방소득세뿐만 아니라 이전되는 자산의 연방상속세 및 연방증여세 면제 및 기부금 세제혜택도 부여받는다. 이 단체를 "자선단체(charity organization)"라 한다.[46]

미국의 비영리단체는 연방소득세(federal income tax), 주 소득세(state income tax), 주 재산세(state property tax), 주 소비세(state sales and use tax) 등에서 세제상 혜택이 주어진다. 면세단체로 인정되는 비영리단체는 연방소득세가 원칙적으로 과세되지 않지만, 본래의 고유목적과 관련이 없는 사업으로부터 발생되는 소득에 대하여는 영리법인에 적용되는 세율에 따라 고유목적무관사업소득세(Unrelated Business Income Tax, UBIT)를 부담한다.[47]

비영리단체는 개인 및 법인으로부터 기부(유산 및 증여 포함)를 받는

(2018. 5. 15.), https://research.beautifulfund.org, (2022. 5. 25. 확인)에서 해당 국가별 비교를 확인할 수 있다.

46) 종교, 자선, 과학, 공공안전점검, 문학, 교육, 국내 또는 국제 아마추어 스포츠 진흥 그리고 아동 및 동물의 학대 방지를 위하여 설립·운영되는 공동모금(community chest), 기금(fund) 또는 재단(foundation)으로서, 그 순수익이 사적주주 또는 개인에게 귀속되지 않아야 하며 그 주된 활동으로 정치적 선전이나 입법에 영향을 미치는 로비활동 및 정치활동을 하지 않는 단체를 말한다.

47) 미국 연방세법 제512조(b)(1).

경우 해당 자산수증이익에 대해 연방소득세가 과세되지 않는다. 연방증 여세의 경우 우리나라와 달리 증여한 개인 또는 법인이 납세의무자이기 때문에 기부받은 비영리단체가 납세의무자는 아니다.[48] 그렇지만 연방 증여세 부과 시 종교, 자선, 과학, 문학, 교육 등을 목적으로 하는 단체 등에 이전되는 재산은 증여재산에서 제외된다.[49] 연방상속세 부과 시 종교, 자선, 과학, 문학 및 교육을 목적으로 운영되는 단체에게 이전되 는 것은 과세대상 총유산자산에서 제외된다.[50]

개인이나 법인이 연방세법 제501조(c)(3)("자선단체")에서 규정하는 자선·종교·교육·과학·연구·자연보호 등을 목적으로 하는 단체에 현금 또는 물품을 기부하면 자선기부금(Charitable Contribution)으로 간주하 여 소득공제(또는 손금산입)가 인정된다.[51] 연방세법 제501조(c)(3) 이 외의 비영리단체 기부금에 대해서는 원칙적으로 세제혜택이 부여되지 않는다.

나. 일본

일본 법인세법상 보통법인에 대해서는 모든 소득에 대해 법인세가 과세되지만, 공익법인등[52]에 대해서는 수익사업을 영위하는 경우에 한 해 그 수익사업에서 발생하는 소득에 대해서만 법인세를 과세한다.[53]

---

48) 미국 연방세법 제2502조(c).
49) 미국 연방세법 제2522조.
50) 미국 연방세법 제2055조.
51) 미국 연방세법 제170조.
52) 일반사단법인, 일반재단법인 중 행정청으로부터 공익인정을 받은 공익사단법인, 공익재단법인과 공익인정을 받지 않았지만 비영리성이 철저하고 공익적 활동을 목적으로 하는 경우는 "비영리형 법인"으로 구분하여 이 두 가지 유형을 법인 세법상 "공익법인등"으로 구분하고 이들에 대해서는 수익사업에 한해 과세한다. 일본 법인세법 제2조 제6호.
53) 일본 법인세법 제4조 제1항, 제7조.

공익사단법인과 공익재단법인에 대해서는 그 수익사업의 범위에서 공익목적사업에 해당하는 것을 제외하고 있다. 여기서 공익목적사업이란 '학술, 기예, 자선 기타 공익에 관한 일정 종류의 사업으로 불특정 다수의 이익 증진에 기여하는 것'을 말한다.[54] NPO법인도 수익사업에 한해 법인세 납세의무가 있다.[55] 인정NPO법인은 NPO법인 중 운영조직 및 사업활동이 적정하고 공익증진에 기여하는 것을 관할청(도도부현 또는 정령 지정도시)으로부터 인정받은 법인이다.[56] 인정NPO법인이 되면 기부금공제 대상법인이 된다.

위에서 세제상 혜택을 부여하는 공익법인을 다시 정리해 보면, 크게 공익사단법인, 공익재단법인과 인정NPO법인으로 구분할 수 있다. 공익사단법인, 재단법인은 일반사단법인, 일반재단법인으로 설립된 후 인가 절차를 거쳐 공익사단법인, 공익재단법인으로 된다. 인정NPO법인은 NPO법인으로 설립된 후 인정 절차를 거쳐 인정NPO법인이 된다. 공익사단법인과 공익재단법인의 공익성 인정기관은 행정청(내각부, 도도부현)이지만 실질적인 심사는 외부 민간전문가로 구성된 심의회에서 이루어지는 데 반해, 인정NPO법인의 공익성 인정은 관할청(도도부현, 정령지정도시)에서 이루어진다.

공익법인 등이 타인으로부터 증여받은 기부금 수익에 대해서는 일반적으로 법인세를 과세하지 않는다. 공익법인등과 인정NPO법인이 수익사업에 속하는 자산 중에서 수익사업 이외의 사업으로 자신의 공익목적사업을 위해 지출한 금액은 그 수익사업으로의 기부금으로 간주한다.[57] 이를 소위 간주기부금이라 한다. 공익법인등 및 인정NPO법인의 일반기부금으로 하여 손금한도액을 계산한다. 비영리형 일반사단법인 및 일반

---

54) 공익사단법인 및 공익재단법인의 인정에 관한 법률 제2조 제4호
55) NPO법인은 법인세법 및 기타 법인세에 관한 법령의 규정 적용에 있어서 공익법인 등으로 본다(특정비영리활동촉진법(NPO법) 제70조 제1항).
56) NPO법 제2조 제3항.
57) 일본 법인세법 제37조 제5항, 일본 조세특별조치법 제66의11의2조 제1항.

재단법인, NPO법인은 간주기부금 제도가 없다.

공익사단법인, 공익재단법인은 이자, 배당 등에 대해 소득세가 비과세된다.[58] 이에 반해 일반사단법인, 일반재단법인, NPO법인, 인격 없는 사단은 이자, 배당소득에 대해 소득세가 과세된다.

개인이 자신이 소유한 양도소득 대상 자산을 법인에 증여한 경우에는 시가로 당해 자산이 양도된 것으로 보아 간주양도소득세가 과세된다.[59] 이에 반해 공익법인에 대한 재산의 기부에 대해서는 일정 요건을 만족하는 경우에 국세청장의 승인을 받아 간주양도소득세를 과세하지 않는다.[60] 상속 또는 유증에 의해 재산을 취득한 자가 그 취득한 재산을 취득 후에 해당 상속 또는 유증에 관한 신고서의 제출기한까지 공익사단법인, 공익재단법인 및 기타 공익의 증진에 크게 기여하는 특정법인에 기부한 경우에는 상속세 과세가액에서 제외할 수 있다.[61]

개인이 지출한 인정NPO법인 등 또는 공익사단법인 등에 대한 기부금은 소득공제(기부금공제) 또는 세액공제(기부금특별공제) 중 유리한 쪽을 선택하여 적용할 수 있다.[62] 그 외의 기부금 대상단체의 경우 소득공제만 가능하다. 법인이 하는 기부와 관련하여 국가나 지방공공단체에 대한 기부금과 지정기부금은 전액 손금산입되고 그 외의 기부금인 일반기부금, NPO법인에 대한 기부금, 인정NPO법인에 대한 기부금, 특정공익신탁에 대한 기부금은 손금한도를 두고 있다.[63]

---

58) 일본 소득세법 제11조 제1항.
59) 일본 소득세법 제59조 제1항.
60) 일본 조세특별조치법 제40조 제1항.
61) 일본 조세특별조치법 제70조, 동법시행령 40의3조.
62) 일본 조세특별조치법 제41의18의3조.
63) 일본 법인세법 제37조 제4항, 일본 조세특별조치법 제66의11의2조 제2항, 제66 의12조 제2항

다. 시사점

주요국의 공익법인세제, 기부세제 등에 대해서는 국내에서도 선행연구가 다수 존재한다.[64] 이 중 공익법인, 기부가 발달된 미국과 우리나라 법제도 전반과 유사성이 높은 일본의 경우의 주요부분을 위에서 정리해 보았다.

공익법인 자체, 기부자에 대해 각 나라마다 세제상 혜택을 인정하고 있다. 다만 세제상 혜택이 주어지는 공익법인의 범위나 규정방식 등은 각 나라의 상황이 동일하지는 않다. 세제혜택의 세부적인 상황도 그렇다.

---

64) 예컨대 김무열, "공익법인의 설립·운영·해산 단계에 따른 과세제도 연구", 한국조세재정연구원(2019. 12.); 김학수·송은주·이형민·조승수, "주요국의 비영리법인 과세체계 비교연구", 한국조세재정연구원 세법연구센터(2017. 12.); 김진수·김태훈·김정아, "주요국의 기부관련 세제지원제도와 시사점", 한국조세연구원 세법연구센터(2009. 8.) 등이 있다. 한편, 박사학위논문에서 외국제도 비교를 쟁점별로 상세히 소개한 경우도 있다. 공익법인세제와 관련해서 최근 것에서 과거 것으로 주요한 것을 소개하면, 김일석, "공익법인 출연재산의 사후관리규정에 관한 연구", 박사학위 논문, 국민대학교(2022. 2.); 박금서, "학교법인의 과세제도 개선방안 연구", 박사학위 논문, 강남대학교(2018); 이명혁, "공익법인의 관리체계 개선방안에 관한 연구 : 공익성 검증 및 사후관리방안 중심으로", 박사학위 논문, 계명대학교(2015. 2.); 최병권, "종교단체의 과세제도에 관한 연구", 박사학위 논문, 강남대학교(2015. 2.); 안병석, "장학재단의 과세제도 개선에 관한 연구", 박사학위 논문, 서울시립대학교(2015); 이영환, "공익법인 과세체계 정립에 관한 연구", 박사학위 논문, 서울시립대학교(2014); 허원, "의료법인의 과세제도개선에 관한 연구", 박사학위 논문, 서울시립대학교(2010) 등이 있다. 공익법인 전체에 대한 것도 있지만, 공익법인 중 특정법인에 초점을 맞춘 경우도 있다. 기부세제와 관련해서는, 신혜진, "기부문화 활성화를 위한 과세제도 연구", 박사학위 논문, 강남대학교(2015. 2.); 백운찬, "기부금 과세제도의 개선방안 : 기부문화의 활성화와 투명화 방안을 중심으로", 박사학위 논문, 서울시립대학교(2012. 2.) 등이 있다.

III. 공익법인세제 관련 세부적인 쟁점의 검토

1. 공익법인의 고유목적사업과 수익사업 관련

가. 의의

공익법인의 경우 고유목적사업으로 인한 수익에 대해서는 법인세가 과세되지 않고, 수익사업으로 인한 수익에 대해서는 법인세가 과세된다. 수익사업으로 인한 수익이 있는 경우라도 고유목적사업준비금으로 설정한 경우에는 손금산입이 인정되어 그해 법인세 과세가 실제로 되지 않을 수 있다. 이러한 혜택에 대해서는 사후관리가 뒤따른다.

공익법인의 수익사업에서 발생하는 소득의 과세에 대해서는 공익법인의 범위, 수익사업의 범위, 고유목적사업준비금의 범위 등이 논란이 될 수 있다. 고유목적사업준비금은 일정한 범위에서 수익사업에서 발생한 소득에 관하여 비과세 또는 과세이연의 세제혜택도 부여하지만, 동시에 그에 관한 사후관리도 뒤따르게 된다.

나. 세부쟁점

세제혜택을 받는 공익법인의 범위에 대해서는, 공익법인에 대한 특수한 취급을 규정한 법인세법 및 소득세법의 규정과 공익법인에 기부된 재산에 관한 특례를 규정한 상증세법의 정합성에 대한 논의가 있다. 상증세법 제16조와 제48조는, 자산가가 그 재산을 일정한 '공익법인'[65]

---

[65] "종교·자선·학술 관련 사업 등 공익성을 고려하여 대통령령으로 정하는 사업을 하는 자(이하 "공익법인등"이라 한다)"로 제시하고 있다(상증세법 제16조 제1항). 상증세법시행령 제12조에서는 공익성이 인정되는 사업을 열거를 하고 있다.

에 기부하는 경우 상속세와 증여세 부담을 각각 줄여준다. 기부금에 관한 법인세법 제24조과 관련하여 제2항 제1호의 규정(종전 법정기부금 조항)은 그에 해당하는 항목들을 좀 더 구체적으로 명시하여 개별적으로 나열하는 방식을 취하고 있다. 제3항 제1호(종전 지정기부금 조항)는 이와 달리 개별적·구체적 항목의 열거보다는 일반적·추상적 지도원리를 제시한다. 사업소득의 기부금 관련 소득공제에 관한 소득세법 제34조, 종합소득세 세액공제에 관한 소득세법 제59조의4 제4항 등의 공익법인에 대한 것은 법인세의 경우와 체계가 같다고 할 수 있다. 납세자의 이해도를 높이기 위해 2021. 2. 17. 법인세법시행령 및 소득세법시행령 개정을 통해 법인세법상 법정기부금단체와 지정기부금단체를 공익법인으로, 소득세법상기부금대상 민간단체를 공익단체로 바꾼 것은 이러한 문제를 상당부분 해결한 것이라 할 수 있다.[66]

수익사업과 고유목적사업의 구분에 따라 법인세 과세여부가 달라질 수 있다. 수익사업은 법인세법 제4조 제3항에서 열거하고 있다. 고유목적사업이란 법령 또는 정관에 따른 설립목적을 직접 수행하는 사업으로서 위 수익사업 외의 사업을 말한다.[67] 고유목적사업을 통한 수입의 예로 기부금, 보조금, 회비수입 등이 있다. 수익사업을 열거방식이라고는 하지만, 법해석이나 사실판단 때문에 수익사업에 해당하는지 여부는 논란이 되는 경우가 있다.

고유목적사업준비금제도는 1994. 12. 22. 법인세법 개정 시 도입되어 비영리법인에 대한 과세의 핵심적인 제도로 자리 잡았지만, 고유목적사업준비금의 손금산입 제도를 폐지하자는 견해도 있다. 당해 비영리법인 수익사업의 경영성과나 재무상태가 대외적으로 왜곡되게 보일 수 있다는 것이 그 이유 중 하나이다.[68] 고유목적사업준비금이 세금감면 도구

---

66) 법인세법시행령 제38조, 제39조, 소득세법시행령 제80조.
67) 법인세법 제29조 제1항, 동법시행령 제56조 제5항.
68) 홍현선, "비영리법인 수익사업의 이익결정요인 분석과 제도개선 방안", 예산정책연구 제5권 제2호, 국회 예산정책처(2016. 11.), 15.

로서 기능하여 영리법인과의 불공정한 경쟁을 야기하는 것을 폐지의 근거로 삼기도 한다.[69]

다. 주요사례

공익법인 해당 여부를 질의회신한 예가 있다. 공공기관의 경우에도 「상속세 및 증여세법 시행령」 제12조 각 호 어느 하나에 해당하는 사업을 하는 경우에만 공익법인에 해당한다고 판단한 바 있다.[70]
수익사업에서 생긴 소득인지 여부의 판단이 쉽지 않음을 보여준 예가 있다. 비영리 내국법인인 중소기업진흥공단이 운용·관리하는 중소기업구조고도화자금의 대출금리가 조달금리보다 낮기 때문에 발생하는 이차손실(利差損失)을 보전하려고 정부로부터 받은 이차보전출연금이 구 법인세법상 법인세의 과세대상인 '수익사업에서 생긴 소득'에 해당하지 않는다고 한 판례이다.[71] 이 사건 사업은 그 대출금리와 조달금리의 차이에서 뿐만 아니라 위 중소기업구조고도화자금의 성격 및 대출금리 결정 등 그 운용방법에 기인하는 사업 자체의 성격상으로도 수익성을 가진 것이거나 수익을 목적으로 영위되는 것이라고 볼 수는 없으므로 이 사건 사업은 수익사업에 해당하지 않는다고 보았다. 쟁점사업은 비영리법인의 수익사업에서 제외되는 연구개발업으로 볼 수 있어 처분청이 쟁점출연금을 「법인세법」상 익금으로 보아 수령한 사업연도에 익금 산입하여 이 건 법인세를 과세한 처분은 잘못이 있는 것으로 판단한 심판례도 있다.[72]
비영리법인인 원고가 고유목적사업과 관련하여 지출한 부가금을 수익사업의 수익에 대응하는 비용으로 보아 직접 수익사업의 손금으로 산

---

69) 이재호, 위의 글, 333.
70) 서면-2020-법인-2185, 2020. 11. 30.
71) 대법원 2005. 9. 9. 선고 2003두12455 판결.
72) 조심2019중0194, 2019. 5. 21.

입한 사안에서, 비영리법인의 경우 수익사업에서 얻은 소득을 고유목적 사업 등에 지출한다고 하더라도, 특별한 사정이 없는 한 이는 수익사업 의 소득을 얻으려고 지출한 비용으로 볼 수 없으므로, 이를 고유목적사 업준비금의 손금산입한도액 범위 안에서 손금에 산입할 수 있을 뿐이라 는 이유로, 원심판결을 파기한 사례가 있다.[73] 고유목적사업준비금제도 가 있음으로써 납세자가 더 불리한 경우라 볼 수도 있다.

라. 소결

공익법인에 대해 상증세법, 법인세법상 용어를 통일해서 기부하는 쪽과 기부받는 쪽의 용어상 혼란은 어느 정도 극복이 되었다고 할 수 있다. 비영리법인에 대해서는 수익사업에 한해서 법인세를 부과하고, 비영리법인 중 공익성이 인정되는 (비영리)공익법인에 대해서는 기부와 관련한 혜택을 주는 것으로 법체계를 단순화하여 설명할 수 있다.

수익사업과 고유목적사업 간 구분이 어려워서 공익성을 기준으로 내세우는 방안, 이러한 구분 없이 비영리법인의 소득에 대해 경감세율을 적용하는 방안 등도 생각해볼 수 있다. 다만 공익성 인정여부 역시 현행 세법상 수익사업 판단만큼 쉽지 않다. 비영리법인에 대한 법인세 과세 방식은 비영리법인이 수익사업을 법인의 고유목적에 직접 사용한 경우 그 금액을 손금에 산입하는 방식(1960. 12. 30. 법인세법 개정), 비영리 법인에 대하여 영리법인보다 낮은 세율을 적용하는 경감세율제도 방식 (1967. 11. 29. 법인세법 개정), 비영리법인에 대한 과세특례가 적용되지 않는 방식(1990. 12. 31. 경감세율제도 폐지 이후~1994. 12. 22. 고유목 적사업준비금제도 도입 이전), 고유목적사업준비금제도 방식 등이 있다. 고유목적사업준비금제도라는 것이 수익사업에 대한 법인세를 비과세하거나 과세이연하는 효과가 있기는 하지만, 준비금을 설정하고 사용하는

---

73) 대법원 2020. 5. 28. 선고 2018두32330 판결.

데 따른 법인세 계산의 어려움이 있다는 점에서 보면 경감세율제도방식
도 고려해볼 수 있다.

2. 공익법인 각종 의무와 위반 시 가산세 관련

가. 의의

상중세법은 공익법인이 공익목적에 위반되는 법령 소정의 행위를 하
는 경우 그 경중에 따라 증여세 또는 가산세를 부과한다.[74] 공익법인
관련 가산세는 공익법인이 상중세법상 의무를 이행하지 않을 경우에 부
과하는 상속세와 증여세의 특유한 가산세라는 점에서 상중세법 제78조
에서 일괄적으로 모아서 규정하고 있다.

가산세에는 공익목적 사용의무 위반에 대한 가산세(출연재산 운용소
득 직접 공익목적 사용의무 위반, 출연재산 매각대금 직접 공익목적 사
용의무 위반, 수익용 또는 수익사업용 재산 의무지출 위반), 계열사 지
배금지의무 위반에 대한 가산세(계열기업 주식 보유한도 유지의무 위반,
동일 내국법인 주식 보유기준 준수의무 위반), 사적지배 방지의무 위반
에 대한 가산세(특수관계기업 광고·홍보 금지의무 위반, 출연자 등 이사
5분의 1 초과 금지 및 임직원 취임금지 의무 위반), 투명성 확보의무 위
반에 대한 가산세(보고서 제출의무 위반, 결산서류 공시의무 위반, 장부
작성 비치의무 위반, 외부전문가 세무확인 및 회계감사의무 위반, 전용
계좌 개설·사용의무 위반, 지분율 5%를 초과하여 출연받은 공익법인의
신고의무) 등이 있다.

위의 공익법인 관련 가산세는 의무위반행위에 대하여 1회만 부과하
는 가산세(출연재산 운용소득 직접 공익목적 사용의무 위반, 출연재산
매각대금 직접 공익목적 사용의무 위반, 특수관계기업 광고·홍보 금지

---

74) 상중세법 제48조 제2항.

위반에 대한 가산세 등), 동일한 의무위반행위에 대하여 그것이 시정될 때까지 매년 부과하는 가산세(계열기업 주식보유한도 유지의무 위반, 동일 내국법인 주식보유기준 준수의무 위반 가산세, 출연자 등 이사 및 임직원 취임제한 위반에 대한 가산세 등), 의무위반행위에 대하여 1년 단위로 매년 부과하는 가산세(결산서류 등 공시의무, 장부작성 비치의무, 외부전문가 세무확인 및 회계감사의무 위반에 대한 가산세 등) 등으로 분류할 수 있다.

나. 세부쟁점

가산세의 교정효과 미흡 및 효과성 부족, 과도한 수준의 가산세, 의무지출 위반 가산세의 불합리, 가산세 규정의 통일성 결여 등의 문제를 해결하는 방안이 논의될 수 있다.

다. 주요사례

상증세법에 따라 공익법인에 부과된 가산세는 2016년 7억 원, 2017년 85억 원, 2018년 375억 원, 2019년 314억 원 등이었다.[75] 2019년 기준 공익법인 수는 39,897개로 공익법인 하나별로 가산세 부담을 따진다면 79만 원 상당이라 할 수 있다.

공익법인이 전용계좌를 개설·신고하지 않고, 출연받은 부동산의 매각대금을 다른 계좌로 수령한 것이 적발되어 수천만 원의 가산세가 부과된 바 있다.[76] 한편, 2021. 12. 21 상증세법 개정 시 공익법인 등이 공

---

75) 김연정, "작년 세법상 의무 위반 공익법인에 가산세 314억 원 부과", 연합뉴스 (2020. 8. 18.), https://www.yna.co.kr/view/AKR20200818142000002, (2022. 5. 25. 확인).
76) 국세청 보도자료, "공익법인은 출연재산 보고서를 5. 2.까지 제출하세요"(2022. 3. 17.), 16.

익목적사업과 관련한 수입과 지출 시에 사용하는 전용계좌를 개설·신고
하지 아니한 경우 해당 사업연도 전체의 공익사업목적 관련 수입금액을
기준으로 가산세를 부과하던 것을, 미신고 기간의 해당 수입금액을 기
준으로 가산세를 부과하도록 개선된 바 있다.

라. 소결

공익법인 관련 가산세를 개선하기 위한 여러 방안이 가능하겠지
만,[77] 가산세의 전제가 되는 의무의 타당성, 의무 위반에 대해 가산세가
적정한지에 대한 검토가 공익법인이 현실적으로 부딪치는 문제를 해소
하는 첫 시작이 될 수 있다. 공익법인 관련하여 다양한 과세상 혜택이
주어지는 만큼 조세회피의 가능성을 사전에 방지하고 사후에 이를 파악
하기 위해 여러 협력의무를 부여하는 것이지만, 이러한 의무를 이행하
려면 공익법인 자체적으로 또는 외부에 도움을 받기 위해 높은 납세 협
력비용이 뒤따른다. 이러한 납세 협력비용을 부담할 능력이 되는 공익
법인에 한해서 의무를 지게 하는 방안, 국가가 개별적으로 문제되는 공
익법인에 국한해서 나중에 자료를 확보하는 방안도 생각해볼 수 있다.

협력의무에 대한 조정과는 또 별개로 과도한 수준의 가산세를 조정
하는 것도 고려할 필요가 있다. 계열기업 주식 보유한도 유지의무 위반
가산세, 동일 내국법인 주식 보유기준 준수의무 위반 가산세, 출연자와
그 특수관계자인 이사 및 임직원 취임금지 위반 가산세, 공익법인 전용
계좌 가산세 등이 주요한 검토대상이 될 수 있다.

계열기업 주식 보유한도 유시의무 위반 가산세와 동일 내국법인 주
식 보유기준 준수의무 위반 가산세를 경감하는 방안으로는 주식 시가의

---

77) 가산세의 교정기능을 강화하기 위하여 3단계의 단계별 과세체계 도입을 주장하
는 견해도 있다. 이중교, "공익법인 가산세제도의 개선방안에 대한 연구", 저스
티스 통권 189호, 한국법학원(2022. 4.), 30 이하 참조. 이하의 과도한 가산세 개
정방안은 이 글에서 제시되는 주요내용에 따른다.

5% 미만으로 비율을 조정하는 방안과 부과횟수를 줄이는 방안 등이 있다. 계열기업 주식 보유한도 유지의무 위반 가산세와 동일 내국법인 주식 보유기준 준수의무 위반 가산세가 중복되는 경우에는 그중 큰 금액의 가산세를 부과하도록 하는 것도 고려할 수 있다.

출연자와 그 특수관계자 이사 및 임직원 취임금지 위반 가산세와 관련하여 임직원에 대하여는 실제 근무한 경우까지 경비 전액을 가산세로 부과하는 것이 아니라 법인세법시행령에서 비영리법인의 임직원에게 인정되는 인건비 8천만 원보다 낮은 수준의 금액을 상한으로 설정하는 방안도 고려할 수 있다.

공익법인 전용계좌 가산세의 경우 소규모 공익법인에 대하여는 가산세 부과 이전에 시정의 기회를 부여하는 방안, 소득세법상 사업용계좌 미신고 가산세 수준인 거래액의 0.2%로 하는 방안, 공익법인 전용계좌를 사용하지 않은 경우를 법인용 계좌를 사용하는 경우와 개인용 계좌를 사용하는 경우로 나누어 전자에 대하여는 가산세의 세율을 0.1%로 하는 방안을 고려할 수 있다.

결산서류 등 공시의무, 회계감사의무, 공익법인 전용계좌 사용의무 위반 가산세에 대하여도 국세기본법상 1억 원의 한도를 적용하는 방안도 고려할 수 있다.

3. 공익법인에 대한 투명성 강화 관련

가. 의의

공익법인에 대해서는 다양한 세제혜택이 주어지는 만큼 국가와 기부자의 입장에서 공익법인에 대한 관리감독과 투명성 요구가 강하다.[78]

---

78) 투명성 강화의 관점에서 발표된 자료의 하나로 김완희, "공익법인의 투명성 제고방안", 공익법인의 투명성 및 공익성 강화를 위한 제도 개선 온라인 정책토론

특히 2018 사업연도부터 공익법인 회계기준을 도입하였는데, 이에 대해서는 기존 현금주의에서 파악이 어려웠던 공익법인의 자산과 부채를 인식할 수 있게 된 점, 서로 다른 공익법인의 재무제표를 같은 기준으로 비교할 수 있게 된 점은 긍정적인 측면이라 할 수 있다. 이에 반해 공익법인에 대한 납세 협력비용이 커지고 투명성을 전제로 한 여러 의무 위반에 따른 가산세 부담만 커지는 문제가 지적되기도 한다. 공익법인 활성화를 위한 세법 개정에 비해 공익법인 투명성 강화를 위한 세법 개정이 더 빈번하여, 공익법인에 대한 지원보다는 규제가 더 강해졌다는 실무의 지적도 있다.

나. 세부쟁점

공익법인 투명성 강화를 위한 상증세법 개정으로 도입된 여러 제도가 현재 공익법인에서 과도한 부담을 주는 것은 아닌지 논의되고 있다. 공익법인등의 전용계좌 개설·사용 의무(상증세법 제50조의2), 출연재산 일정비율 의무사용(상증세법 제48조 제2항 7호) 등이 주요한 것이다.

다. 주요사례

현재는 법개정으로 성실공익법인이라는 용어가 삭제되었지만, 그 이전 성실공익법인의 출연재산 일정비율 의무사용에 대한 국세청 질의회신이 있었다. 질의한 법인은 상증세법상 성실공익법인으로 운용소득의 80% 이상을 직접 공익목적사업에 사용해야 하는 의무대상이고 수익(사업)용 출연재산가액의 일정액을 직접 공익목적사업비에 의무 사용해야 하는 대상이기도 하였다. 성실공익법인 등은 수익(사업)용 출연재산 의무사용액과 운용소득 의무사용액을 합산한 가액을 직접 공익목적사업

회 자료집, 한국조세재정연구원(2020. 7. 1.)을 들 수 있다.

비로 지출해야 하는지에 관한 질의에 국세청은 성실공익법인은 성실공
익법인 등의 출연재산 직접 공익목적사업비 의무사용과 운용소득 사용
의무기준액을 각각 별도로 충족하면 된다고 회신한 바 있다.[79) 공익법
인은 수익용 출연재산가액 일정액, 운용소득의 일정액을 사용해야 하는
의무를 동시에 지닐 수 있음을 볼 수 있는 예이다.

출연재산가액의 시점에 대한 국세청 질의회신도 있다. 출연재산 의
무사용 기준금액은 상증세법시행령 제38조 제18항 및 제19항(2018. 2.
13. 대통령령 제28638호로 개정된 것)에 따라 직전 사업연도 종료일 현
재 재무상태표 및 운영성과표를 기준으로 출연재산가액의 3%를 계산한
다고 밝힌 바 있다.[80)

라. 소결

공익법인의 투명성을 높이기 위한 상증세법 개정은 비교적 오래전부
터 시작되었다. 2007. 12. 31. 상증세법 개정 시 제50조(공익법인등의 외
부전문가 세무확인 등), 제50조의2(공익법인등의 전용계좌 개설·사용
의무) 및 제50조의3(공익법인등의 결산서류등의 공시의무) 등이 신설되
었는데, 이는 공익법인에 대한 기부문화를 활성화하려면 그 전제로서
공익법인의 회계 등의 투명성을 높일 필요가 있다는 생각에 따른 것이
었다. 구체적으로 자산규모 또는 사업의 특성을 고려하여 대통령령으로
정하는 공익법인을 제외한 모든 공익법인은 과세기간별로 또는 사업연
도별로 외부 회계감사를 받도록 하고, 직접 공익목적사업과 관련된 수
입·지출, 기부금·출연금·회비 등에 대하여는 전용계좌를 사용하도록 하
며, 결산서류 등을 매년 국세청 홈페이지에 공시하도록 하였다. 그 당시
인식은 공익법인의 투명성을 높여서 기부문화가 활성화될 것으로 예상

---

79) 서면-2020-법인-3241[법인세과-4335](2020. 12. 07.).
80) 서면-2018-법인-3399[법인세과-3166](2020. 09. 10.).

하였다.81)

공익법인의 투명성을 높이는 것이 필요하기는 하지만, 그것이 적정한 방법으로 이루어진 것인지는 또 별개의 문제라 할 수 있다. 공익법인 등의 전용계좌 개설·사용 의무와 관련하여 가산세를 완화하는 방안에 대해서는 위에서 이미 살펴본 바이다. 공익법인은 금융거래를 위해서 공익법인 명의로 된 통장을 개설하여 사용하고 있고, 국세청은 해당 계좌의 거래내역을 전산을 통해 확인할 수 있다는 점에서 보면 전용계좌 개설 여부를 국세청에 신고하지 않았다고 가산세를 부과하는 것 자체의 타당성도 재검토할 필요가 있다. 전용계좌 미개설 및 미사용에 따른 가산세 부과가 아닌 전용계좌 미개설 및 미사용에 대해 공익법인이 소명하는 방식도 생각해볼 수 있다.

출연재산 일정비율 의무사용(수익용·수익사업용 재산가액의 사용의무)은 기존 공익법인의 자산규모가 큼에도 운용소득의 발생금액이 상대적으로 적은 공익법인에 대하여 목적사업 지출을 늘리려는 것이다. 총자산가액 5억 원 이상 또는 수입금액과 출연재산가액 합계액이 3억 원 이상인 공익법인,82) 동일 내국법인의 의결권 있는 주식 등을 발행주식 총수의 5% 초과보유하는 공익법인의 경우 원칙적으로 공익법인의 수익용 재산과 관련한 출연재산가액(= 총자산가액 - 부채가액 - 당기순이익)의 1%를 공익목적사업에 직접 지출하여야 하고, 동일주식 10%를 초과하는 경우에는 출연재산가액 3% 이상을 지출하여야 한다. 이를 위반하는 경우에는 (사용기준금액 - 직접 공익목적 사용금액)×10%의 가산세를 부담하게 된다. 단, 운용소득 미달사용가산세와 비교하여 큰 금액만 부과한다. 위 규정은 몇 차례의 개정에 따른 것이다. 2016년 12월 20일 상증세법 개정 시 내국법인에 대한 주식 보유비율이 5%를 초과하는 성실공익법인이 공익목적사업에 의무적으로 지출해야 하는 금액으로 수

81) 법제처, "주요내용-상속세 및 증여세법[시행 2008. 1. 1.] [법률 제8828호, 2007. 12. 31., 일부개정]", https://www.law.go.kr, (2022. 5. 25. 확인).
82) 2021. 1. 1. 이후 개시하는 사업연도부터 적용된다.

익용 또는 수익사업용으로 운용하는 재산의 1%를 직접 공익목적사업에 의무적으로 지출하도록 하였다. 2018년 2월 13일 상증세법시행령 개정 시 20%의 주식 출연비율 제한을 적용받는 성실공익법인 등에 대해서는 직접 공익목적에 사용한 금액이 수익용 또는 수익사업용으로 운용하는 재산가액의 3%(종전 1%)에 미달한 경우에 가산세를 부과하도록 개정되었다. 2019년 12월 31일 상증세법 개정, 2020년 2월 11일 동법시행령 개정 시 종전에 성실공익법인 등에 한정하여 적용하고 있는 공익목적사업 의무지출제도를 종교법인, 공공기관 및 법률에 따라 설립된 기관 등을 제외한 기준규모 이상(자산 5억 원 또는 수입금액 3억 원 이상)의 모든 공익법인으로 확대하였다.[83] 2020년 12월 22일 상증세법 개정 시 시행령에서 규정하고 있는 공익법인의 출연재산가액에 대한 의무지출비율을 법률로 상향하여 규정하였다. 2022년 2월 15일 상증세법시행령 개정 시 상장주식의 주가 변동성을 완화하려고 총자산가액 중 공익법인 3년 이상 보유한 상장주식가액은 직전 3개년도 자산가액 평균치를 기준으로 의무지출 금액을 산정하도록 하였다.[84] 전반적으로 출연재산 일정비율 의무사용의 적용을 받는 공익법인이 확대되었다고 할 수 있다.[85]

그런데 전체 공익법인 재산에서 주식이 차지하는 비중이 큰 경우 배당수익율이 1%에 미치지 못하여 지출을 위한 재원을 마련하기 위해 주식을 매각하는 경우에도 주식이 기본재산일 경우 매각 승인을 받기가 쉽지 않고, 매각 승인을 얻더라도 비상장주식의 경우 매각을 제때 못해 제값을 못 받아 손해볼 수 있다는 것이 문제로 지적되기도 한다. 기준금액 미달 사용 시 가산세를 바로 부과하는 것이 아니라 관할세무서에

---

83) 동 개정규정은 2021. 1. 1. 이후 개시하는 과세기간 또는 사업연도분부터 적용한다.
84) 상증세법시행령 제38조 제19항. 2022. 1. 1. 이후 개시하는 사업연도분부터 적용한다.
85) 공익법인의 공익활동 강화를 촉진하기 위해 주식 5% 초과보유하는 공익법인이 출연재산의 1% 미달 사용 시에는 증여세가 추가 과세되기까지 한다(상증세법 제16조, 제48조). 이는 2022. 1. 1. 이후 개시하는 사업연도부터 적용한다.

사전 보고를 하고 정당한 사유가 있는 경우에는 가산세를 부과하지 않는 것도 고려할 수 있다. 더 나아가 출연재산가액 산정 시 주식가액에 대해서 부동산과 마찬가지로 취득원가를 적용하는 방안, 현행 의무지출액 산정 기준을 유지하되, 연간 유입되는 현금을 한도로 의무지출 최대 금액을 설정하는 방안 등도 현금자산이 충분하지 않은 공익법인의 입장에서 논의해 볼 만하다. 이러한 방안이 어렵다면 기본재산 사용을 지금보다 쉽게 해주는 제도개선이 필요하다.

4. 공익법인의 기부자산 등(주식기부, 용역기부 등) 관련

가. 의의

공익법인에 대한 기부는 현금에 의해서만 이루지는 것은 아니다. 공익법인의 경우 주식, 부동산 등 현금 이외의 재산도 상당하다는 것도 공익법인세제, 기부세제의 경우 현금만을 전제로 해서는 안 되고 현금 이외의 재산에 대한 특수한 경우도 검토해야 함을 시사한다고 할 수 있다. 2020년 공익법인의 공익목적사업 자산 현황을 보면, 토지와 건물의 가액을 합치면 금융자산의 가액보다 훨씬 높고 주식가액은 6조 5천 억 원 상당에 이르고 있다.

〈표 1〉 공익법인의 공익목적사업 자산 현황(2020년 기준)

자산종류별	법인수(개)	금액(백만 원)
소계	10,953	177,753,108
토지	4,629	34,040,904
건물	4,682	44,328,634
주식	786	6,563,096
금융 자산	8,838	58,923,098
기타 자산	6,548	33,897,378

출처 : https://kosis.kr/

이러한 부동산,[86] 주식, 금융자산 이외에도 가상자산, NFT[87] 등의 기부도 과세상 어떻게 취급할지도 논의가 될 수 있다. 이러한 재산기부 이외에도 용역기부(소위 재능기부)도 논의가 될 수 있다. 현재는 「재난 및 안전관리 기본법」에 따른 특별재난지역을 복구하는 자원봉사에 제한적으로 기부금 혜택이 허용되고 있다.[88]

나. 세부쟁점

주식기부와 관련해서는 공익법인등이 기업지배의 간접적 수단이 되는 것을 막기 위해 1990년부터 공익법인등의 의결권주식 보유에 대한 규제를 강화한 것이 현재에도 타당한 것이냐에 논의가 집중된다.

용역기부에 대해서는 특별재난지역 복구를 위한 자원봉사 이외의 다양한 용역기부에 대해서도 기부금 세제혜택을 줄지, 준다면 기부금을 어떻게 산정할지에 대해 정하여야 한다.

다. 주요사례

주식기부와 관련해서는 수원교차로 사건(혹은 구원장학재단 사건)이 유명하다. 180억 원 상당의 주식과 현금을 기부해 설립한 장학재단에 140억 원의 증여세가 과세된 해당 사건은 공익법인이 출연자와 특수관계에 있는 기업의 의결권 있는 주식 5% 이상을 취득·보유하는 경우에 해당한다고 보아 과세관청이 그 초과분에 대해 증여세를 과세하였는데,

---

86) 부동산 기부 시 공익법인의 실무상 어려움에 대해서는, 서수지, "[서 간사와 계획기부 알아보기] 부동산 기부의 조건, 부동산 분과 김익창 위원", 아름다운재단(2021. 10. 31.), https://beautifulfund.org/74796, (2022. 5. 25. 확인).

87) NFT(Non-fungible token, 대체 불가능 토큰)는 블록체인 기술을 이용해서 디지털 자산의 소유주를 증명하는 가상의 토큰을 말한다.

88) 소득세법 제34조 제2항 1호 나목, 동법시행령 제81조 제5항.

최종적으로 대법원에서 이러한 과세처분이 위법하다고 판단하였다.[89) 출연자가 내국법인의 최대주주인 경우라고 하더라도 출연 후에 공익법인을 회사에 대한 지배수단으로 악용할 사정이 없다면 증여세를 부과하지 않아야 한다는 취지라고 할 수 있다. 이 사건의 영향으로 상증세법이 개정되어 자선·장학·사회복지를 목적으로 하는 성실공익법인에 한해서만 주식출연비율을 20%로 소폭 완화된 바 있다.

용역기부와 관련해서는, 현재 전반적으로 용역기부에 대해 기부금 혜택이 인정되지 않으므로 기부금영수증 발급을 위해서 치료당사자가 해당병원에서 진료 후 모든 치료비를 결제하면 병원 측에서 비율만큼 의료비를 ○○협동조합에 현금기부하고 ○○협동조합은 다시 병원 측 기부금과 ○○협동조합 지원금을 치료당사자에게 지급하는 복잡한 방법을 논의하기도 한다.

라. 소결

주식기부와 관련하여 공익법인을 통한 증여세 회피가능성을 축소하고 공익법인의 지주회사화, 경영권의 우회지배 등을 방지하고자 1991. 1. 1.부터 내국법인의 발행주식의 20% 이내로 보유하도록 개정된 바 있다. 현재 과세가액불산입을 위한 보유한도는 원칙적으로 동일기업 의결권주식 5%로 설정하고 예외적으로 10%와 20%를 인정하고 있다. 주식기부의 취득과 보유에 대해 현행 상증법상 제한이 있지만, 주식취득에 대해서는 법개정 시 일부 완화되는 경우도 있다. 증여세 과세가액 불산입대상 주식출연 비율 완화에 대해서는 찬반 견해 대립이 있지만, 공익법인등의 영리법인 의결권주식 보유 자체가 공익법인등의 경영에 불이

---

89) 이 판례에 대해서는, 박훈·윤현경, "공익법인 주식출연시 증여세 과세가액 불산입 인정 요건에 대한 소고 — 대법원 2017. 4. 20. 선고 2011두21447 전원합의체 판결을 중심으로 —", 조세와 법 제10권 제2호, 서울시립대학교 법학연구소 (2017. 12.) 참조.

익한 사태를 초래할 것으로 예단하고 이를 원천적으로 제한하는 것보다
는 그 보유한도를 확대하면서 투명하게 공익사업을 늘려나가도록 사후
관리하는 방안[90]도 생각해볼 수 있다. 2022년부터 시행되는 공정거래법
제25조 제2항은 기업집단 소속 공익법인의 상장회사에 대한 지분에 대
해 특수관계인 지분과 합산하여 15%의 지분까지 주요 의결권을 인정하
고 있는 것을 반영할 수도 있다.

　용역기부의 경우 자신의 재능을 이용한 재능기부가 많이 이루어지고
있으나, 재능기부는 시가 산정 등의 어려움으로 인해 기부금 처리가 되
지 않고 있다. 미국, 캐나다, 일본 등에서는 비영리단체에 기부하는 용
역에 대하여 소득공제가 인정되고 있지는 않다. 이에 반해 영국은 사업
자의 경우 고용 근로자의 용역 제공 시 필요경비 인정되고 있고, 호주는
모금행사 참석용 티켓 구매에 대해 기부금 공제를 인정하고 있다. 우리
나라의 경우는 의료업자가 무상으로 제공하는 의료용역의 대가 상당액
은 기부금에 해당하지 않는다는 예규가 있다.[91] 자원봉사 활동에 대한
세제상 지원이라는 차원에서 자원봉사 활동에 수반하여 발생하는 비용
에 대해서 만이라도 기부금공제를 허용하거나, 수가나 수수료가 정해져
있는 자원봉사 용역에 대해서라도 제한적으로 기부금공제를 허용하는
것이 필요하다.

90) 오윤, "기업집단 소속 공익법인 과세에 관한 고찰 ― 상증세법상 의결권주식 과
　　세를 중심으로", 조세법연구 제28집 제1호, 한국세법학회(2022. 4.), 384-391; 그
　　이전에도 박훈·이상신, "개인 기부 활성화를 위한 세제도 개선에 관한 연구 결
　　과 발표", 아름다운재단 기부문화연구소(2009. 2.), 96에서 주식기부에 대한 제한
　　폐지 또는 완화를 주장한 바 있다. 다만 이 경우에도 제한 폐지에 따른 지주회사
　　방지라는 원래 제도 도입의 문제는 주식출연받은 공익법인등의 의결권 행사를
　　제한하는 방법을 병행하는 방법으로 해결이 필요하다는 점은 지적되었다.
91) 소득, 소득세과-1005 , 2011. 11. 30.; 법인, 서면법령해석과-45, 2015. 1. 14.

5. 기부자별(개인, 법인등) 관련

가. 의의

우리나라의 기부세제는 개인소득에 대해 소득세, 법인소득에 대해 법인세가 따로 있다는 점에서 개인기부와 법인기부로 나누어 소득세법, 법인세법 등의 규정을 비교해 본다.

나. 세부쟁점

개인기부와 법인기부 시 세제상 차이가 있는지 여부, 이의 타당성이 주요한 것이라 할 수 있다. 이와 별개로 개인기부 시 소득공제에서 세액공제로 변경된 것에 대한 평가도 중요한 쟁점이다.

다. 소결

기부금은 공익성의 정도에 따라 유형을 구분하며, 기부하는 자의 형태(거주자, 사업소득이 있는 거주자, 내국법인)에 따라 공제방식과 한도, 요율 등이 달라진다. 기본적으로 법인세법상 법정기부금 또는 지정기부금 외에 소득세법에서 추가적으로 인정하는 법정기부금 또는 지정기부금이 열거되어 있다고 할 수 있다. 다만 기부자별 세제의 차이는, 개인기부자, 법인기부자 간 비교보다는 근로소득만 있는 개인기부자와 사업소득만 있는 납세자 간 비교에 더 초점이 맞추어진다고 할 수 있다.

2014년부터 근로소득자만 있는 납세자에 대한 지원방식이 소득공제에서 세액공제로 개정되고, 사업소득만 있는 납세자는 종전과 동일하게 필요경비에 산입하여 공제됨에 따라 근로소득만 있는 개인기부자와 사업소득만 있는 개인기부자 간 세제상 격차가 나타나게 되었다. 근로소득자만 있는 납세자에 대한 세액공제방식으로 전환은 한계세율이 높은 고소득자의 세금 감면 혜택이 감소된 바 있다.[92] 이러한 상황을 놓고 개인기부금 조세지원 방식을 소득공제 또는 세액공제로 통일하는 방안, 일본과 같이 납세자의 상황에 따라 선택적으로 적용하는 방안[93] 등이 논의될 수 있다. 고소득자에게 더 많은 소득세법상 혜택을 확대한다는 의미보다는, 기부의 여력이 있는 고소득자로 하여금 기부를 좀 더 많이 하도록 하는 세제상 변화를 꾀한다는 점에서 이러한 변화는 의미가 있다고 할 수 있다.

6. 기부자와 그 이외의 자(특수관계인) 관련

상증세법에서는 공익법인에 대한 재산 출연과 관련하여 상속세 및 증여세 과세가액에 불산입하는 혜택을 주면서 위 제도가 악용되지 않도록 규제하는 일련의 규정이 있고, 여기에는 공통적으로 특수관계인[94]을 규율 대상에 포함시키고 있다. 이러한 특수관계인 관련 규정과 관련해서는 공익법인의 임직원 취임 제한 규정의 개정, 변화된 친족관계에 따른 특수관계인 범위 조정, 경영지배관계에 따른 특수관계인 범위의 조정, 공정거래법 개정에 따른 상황 변화 고려, 규정 중심의 특수관계인 규율이 초래하는 문제 해결 등을 위한 개정의 필요성이 제기되고 있다.[95]

---

92) 송헌재, "재정패널의 소득증빙자료를 활용한 근로소득자들의 기부금 가격탄력성 추정", 재정학연구 제6권 제4호, 한국재정학회(2013), 151; 임동원, "기부 활성화를 위한 세법상 지원제도 검토", KERI 정책제언 19-03, 한국경제연구원(2019), 20.

93) 한계세율이 높은 고소득자의 기부를 유인할 수 있도록 납세자의 선택에 따라 소득공제 또는 세액공제를 선택할 수 있도록 하는 방안이 현실적인 대안이라는 견해도 있다. 권성준·송은주·김효림, 개인기부 관련 과세제도 연구, 한국조세재정연구원 세법센터(2020. 10.), 120.

94) 그 개념은 상증세법시행령 제2조의2에 두고 있다.

7. 공익법인세제의 새로운 논의

2020. 12. 22. 상증세법 개정 시 상속의 범위에 신탁법상 유언대용신탁과 수익자연속신탁을 추가하여 해당 신탁의 수익은 상속세로 과세함을 명확히 하는 개정이 이루어졌다. 이는 유언대용신탁에 대한 세법상 대표적인 개정이라 할 수 있다. 유산기부 및 유언대용신탁의 활용도를 높이려면 상증세법 및 다른 법제도의 변화가 뒤따라야 한다.[96]

가상자산이나 NFT 기부와 관련해서는 가상자산 및 NFT의 법적 성격을 어떻게 볼지에 대한 것과 관련이 있다.[97] 가상자산이 화폐인지 자산인지 등에 대해 다툼이 있었으나, 현재 가상자산에 따른 시세차익에 대해 기타소득이 된다고 규정하고 있고, 상증세법상 가상자산 평가규정을 두고 있다. 가상자산을 기부받는 것이 가능하고 실제 사회복지공동모금회에서는 가상화폐를 직접 기부받은 바 있다.[98] 해당 업체는 1억원 상당의 가상화폐를 기부하기로 약정을 하였고, 가상화폐 입금에 맞춰 즉시 매도를 하기 위해 모금회 담당자가 업체를 방문하여 가상화폐 입금 과정을 참관하였고, 회계 담당자와 유선 연락을 통해 즉시 매도 과정을 진행하였다. 기부금 영수증은 지갑(가상화폐) 금액이 아닌 즉시 매도를 통해 모금회 통장에 입금된 금액을 기준으로 발급한 바 있다. NFT도 가상자산인 것도 있고 그렇지 않은 것도 있는데, 전자의 경우에는 가

---

95) 황남석, "공익법인 특수관계인 제도의 문제점과 개선방안", 조세와 법 제14권 제2호, 서울시립대학교 법학연구소(2021. 12.) 참조.
96) 강남규·박훈, "유산기부 활성화를 위한 유언대용신탁의 활용가능성 검토", 아름다운재단 기부문화연구소(2022. 2.) 참조.
97) 가상자산 등 기부에 대해서는, 장윤주·장혜원·박다윤, "블록체인기반의 기부사례 및 활용 가능성 탐색 : 가상화폐와 NFT를 중심으로", 아름다운재단(2022. 3.) 참조.
98) 아름다운재단 기부문화연구소, "가상화폐와 NFT를 기부받을 수 있나요?"(2022. 4. 11.), https://research.beautifulfund.org/blog/2022/04/11/cryptocurrency_nft_donation, (2022. 5. 25. 확인).

상자산기부와 같이 취급하면 될 것이다. 가상자산 및 NFT의 가산가치의 변동이 큰 점, 가상자산 및 NFT에 대한 부정적인 시각이 있는데 이를 기부받는 것에 대한 공익법인의 비판적 의견 등은 세금과는 별개로 검토해야 할 문제이다.

IV. 결론

지금까지 공익법인세제 전반과 고유목적사업과 수익사업, 각종 의무와 가산세, 투명성 강화, 기부자산 등, 기부자(개인 및 법인 등), 기부자 이외의 자(특수관계인)에 대한 세부적인 쟁점과 그 이외 최근의 논의에 대해 살펴보았다. 이 중 최근 논의를 제외한 쟁점에 대한 법령 개정사항과 관련 주요사항을 정리해 보면 다음과 같다.

공익법인의 고유목적사업과 수익사업 관련하여, 세제의 단순화의 관점에서 고유목적사업준비금제도를 폐지하고 공익법인에 대해 법인세 경감세율제도를 도입하는 것도 생각해볼 수 있다. 이 경우 법인세법 제29조(비영리내국법인의 고유목적사업준비금의 손금산입) 등 고유목적사업준비금에 대한 조문이 삭제되어야 한다. 법인세법 제55조(세율)의 경우 공익법인에 대해 경감세율을 제시하여야 한다. 고유목적사업준비금제도가 공익법인의 법인세 비과세 및 과세이연의 긍정적인 측면이 있기 때문에 세제가 복잡하더라도 이러한 혜택을 누리려는 공익법인에게 고유목적사업준비금제도와 법인세 경감세율제도의 선택을 인정하는 것도 또 하나의 방법이다. 이 경우에는 법인세법 제29조 및 제55조에서 이러한 선택이 가능하다는 것과, 선택이 가능한 공익법인의 범위를 정해야 할 것이다.

공익법인의 각종 의무와 위반시 가산세 관련하여, 과도한 수준의 가산세를 조정은 상증세법 제78조 개정을 의미한다. 특히 동일 내국법인 주식 보유기준 준수의무 위반 가산세(제4항),[99) 출연자와 그 특수관계자인 이사 및 임직원 취임금지 위반 가산세(제6항),[100) 계열기업 주식 보유한도 유지의무 위반 가산세(제7항),[101) 공익법인 전용계좌 가산세(제10항)[102) 등에 대한 개정이다.

공익법인에 대한 투명성 강화 관련하여 상증세법 제78조 제10항의 공익법인 전용계좌 가산세 삭제 또는 완화, 동법 제50조의2(공익법인등의 전용계좌 개설·사용 의무)에 전용계좌 미개설 및 미사용시 소명과 관련한 규정 신설을 생각해볼 수 있다. 출연재산 일정비율 의무사용(상증세법 제48조 제2항 7호)과 관련하여 기준금액 미달 사용 시 가산세를 바로 부과하는 것이 아니라 관할세무서에 사전 보고를 하고 정당한 사유가 있으면 상증세법 제78조 제9항 3호의 가산세를 부과하지 않는 것도 생각할 수 있다.

공익법인의 기부자산 등 관련하여, 주식기부의 경우 증여세 과세가

---

99) 1996. 12. 31. 현재 동일 내국법인에 대한 발행주식총수 등의 5%를 초과하여 주식 등을 보유하고 있는 경우 일정기한까지 매각하여야 하는데(5~20% 이하는 3년 이내(1999. 12. 31.) 처분, 20% 초과는 5년 이내(2001. 12. 31.) 처분) 이를 하지 않는 경우 5% 초과 보유주식의 매사업연도말 현재 시가×5%(부과기간 10년)의 가산세를 부과하는 것을 말한다(상증세법 제49조, 제78조 제4항).

100) 출연자 또는 그의 특수관계인이 공익법인 등(의료법인 제외)의 현재 이사 수의 1/5을 초과하여 이사가 되거나, 그 공익법인 등의 임직원으로 취임 제한 위반 시 기준 초과한 이사등과 관련하여 지출된 직·간접경비 상당액 전액을 가산세로 부과하는 것을 말한다(상증세법 제48조 제8항, 제78조 제6항).

101) 총재산가액 중 특수관계에 있는 내국법인의 주식 등의 가액이 30%(50%는 외부감사, 전용계좌 개설·사용, 결산서류 공시 이행하는 경우) 초과 금지 위반 시 30%(50%) 초과보유 주식의 매사업연도말 현재 시가×5%의 가산세를 부과하는 것을 말한다(상증세법 제48조 제9항, 제78조 제7항).

102) 직접 공익목적사업과 관련하여 수입과 지출이 있는 경우 최초 공익법인에 해당하게 된 날부터 3개월 이내 개설신고 및 사유 발생일부터 1개월 이내에 신고 등을 해야 하는데 이를 위반할 때 미사용금액의 0.5%, 미신고 시 ①, ② 중 큰 금액(① (A×B÷C)×0.5%; A(공익수입금액), B(해당연도 전용계좌 미개설 기간의 일수), C(해당 사업연도 일수) ② 대상거래금액×0.5%)이 가산세로 부과하는 것을 말한다(상증세법 제50조의2, 제78조 제10항).

액 불산입대상 주식출연 비율을 확대하면서 투명하게 공익사업을 늘려 나가도록 사후관리하는 방안을 채택하는 경우에는 상증세법 제16조 제2항 제2호(상속의 경우)의 주식 출연비율을 변경하여야 한다. 용역기부의 경우 다양한 자원봉사 활동의 세제상 지원차원에서 자원봉사 활동에 수반하여 발생하는 비용에 대해서 만이라도 기부금공제를 허용하거나, 수가나 수수료가 정해져 있는 자원봉사 용역에 대해서라도 제한적으로 기부금공제를 허용하는 경우 소득세법 제34조 제2항 1호 나목, 동법시행령 제81조 제5항 등이 개정되어야 한다.

기부자별(개인, 법인등) 관련하여, 개인기부금 조세지원 방식을 소득공제 또는 세액공제로 통일하거나 납세자가 선택적으로 적용할 수 있도록 하는 경우 소득세법 제34조(기부금의 필요경비 불산입), 제59조의4(특별세액공제)의 개정이 필요하다.

기부자와 그 이외의 자(특수관계인) 관련하여서는, 상증세법시행령 제2조의2에 규정된 특수관계인 규정을 지적된 문제점을 반영하여 개정하는 것이 필요하다.

이처럼 여러 법개정 사항을 제시하였지만, 실제 입법이 되려면 정부 및 국회, 언론, 전문가 등의 협력관계 역시 매우 중요하다. 개정 자체에 대해 다른 견해가 있을 수 있고, 개정의 우선순위 인정, 개정의 완결성 등을 위해서도 그러하다. 기부 자체는 사회적으로 활성화할 부분이고 기부를 받는 공익법인도 적극적인 지원이 필요하다. 몇몇 공익법인의 일탈로 대개 그 역할을 충실히 하고 있는 공익법인에 과도한 협력비용을 부담하게 하거나 지원을 줄이는 것은 경계해야 할 부분이다.

참고문헌

강남규·박훈, "유산기부 활성화를 위한 유언대용신탁의 활용가능성 검토", 아름
다운재단 기부문화연구소(2022. 2.)

국세청 보도자료, "공익법인은 출연재산 보고서를 5. 2.까지 제출하세요"(2022.
3. 17.)

국세청, 2022 공익법인 세무안내(2022. 2.)

권성준·송은주·김효림, 개인기부 관련 과세제도 연구, 한국조세재정연구원 세법
센터(2020. 10.)

김무열, "비영리공익법인에 대한 세제혜택의 헌법적 정당성에 대한 소고", 조세
와법 제10권 제1호, 서울시립대학교 법학연구소(2017. 6.)

_____, 공익법인의 설립·운영·해산 단계에 따른 과세제도 연구, 한국조세재정
연구원(2019. 12.)

김연정, "작년 세법상 의무 위반 공익법인에 가산세 314억 원 부과", 연합뉴스
(2020. 8. 18.), https://www.yna.co.kr/view/AKR20200818142000002, (2022.
5. 25. 확인)

김완희, "공익법인의 투명성 제고방안", 공익법인의 투명성 및 공익성 강화를 위한
제도 개선 온라인 정책토론회 자료집, 한국조세재정연구원(2020. 7. 1.)

김일석, "공익법인 출연재산의 사후관리규정에 관한 연구", 박사학위 논문, 국민
대학교(2022. 2.)

김진·박태규·손원익·우석진, 기부금 세제개편에 따른 기부참여 변화 실증분석-
기부금 탄력성 분석을 중심으로-, 사회복지공동모금회(2018. 4.)

김진수·김태훈·김정아, 주요국의 기부관련 세제지원제도와 시사점, 한국조세연
구원 세법연구센터(2009. 8.)

김학수·송은주·이형민·조승수, 주요국의 비영리법인 과세체계 비교연구, 한국조
세재정연구원 세법연구센터(2017. 12.)

류영아, "「고향사랑기부금에 관한 법률」 제정의 주요 내용 및 의의", 국회입법조
사처(2022. 2. 28.)

박금서, "학교법인의 과세제도 개선방안 연구", 박사학위 논문, 강남대학교(2018)

박훈·윤현경, "공익법인 주식출연시 증여세 과세가액 불산입 인정 요건에 대한 소고 - 대법원 2017. 4. 20. 선고 2011두21447 전원합의체 판결을 중심으로 -", 조세와 법 제10권 제2호, 서울시립대학교 법학연구소(2017. 12.)

박훈·이상신, "개인 기부 활성화를 위한 세법제도 개선에 관한 연구 결과 발표", 아름다운재단 기부문화연구소(2009. 2.)

백운찬, "기부금 과세제도의 개선방안 : 기부문화의 활성화와 투명화 방안을 중심으로", 서울시립대학교 세무전문대학원 박사학위논문(2012. 2.)

법제처, "주요내용-상속세 및 증여세법[시행 2008. 1. 1.] [법률 제8828호, 2007. 12. 31., 일부개정]", https://www.law.go.kr, (2022. 5. 25. 확인)

서명자, "공익법인에 대한 지방세 감면의 문제점 및 개선방안", 조세연구 제19권 제4집, 한국조세연구포럼(2019. 12.)

서수지, "[서 간사와 계획기부 알아보기] 부동산 기부의 조건, 부동산 분과 김익창 위원", 아름다운재단(2021. 10. 31.), https://beautifulfund.org/74796, (2022. 5. 25. 확인)

서울특별시, 2022 알기쉬운 지방세(2022. 3.)

서울특별시 세무과, 2021년 법인지방소득세 신고납부 안내(2021. 3.)

송헌재, "재정패널의 소득증빙자료를 활용한 근로소득자들의 기부금 가격탄력성 추정", 재정학연구 제6권 제4호, 한국재정학회(2013)

신혜진, "기부문화 활성화를 위한 과세제도 연구", 박사학위 논문, 강남대학교(2015. 2.)

아름다운재단 기부문화연구소, "가상화폐와 NFT를 기부받을 수 있나요?"(2022. 4. 11.), https://research.beautifulfund.org/blog/2022/04/11/cryptocurrency_nft_donation, (2022. 5. 25. 확인)

아름다운재단 기부문화연구소, "전 세계 기부금 세제 혜택에서 한국은 몇 위?", (2018. 5. 15.), https://research.beautifulfund.org, (2022. 5. 25. 확인)

안병석, "장학재단의 과세제도 개선에 관한 연구", 박사학위 논문, 서울시립대학교(2015)

오윤, "기업집단 소속 공익법인 과세에 관한 고찰 - 상증세법상 의결권주식 과세를 중심으로", 조세법연구 제28집 제1호, 한국세법학회(2022. 4.)

이명혁, "공익법인의 관리체계 개선방안에 관한 연구 : 공익성 검증 및 사후관리 방안 중심으로", 박사학위 논문, 계명대학교(2015. 2.)

이영환, "공익법인 과세체계 정립에 관한 연구", 박사학위 논문, 서울시립대학교 (2014)

이재호, "비영리법인의 법인세 과세체계에 대한 입법론적 고찰", 조세법연구 제 14집 제2호, 한국세법학회(2008. 8.)

이중교, "공익법인 가산세제도의 개선방안에 대한 연구", 저스티스 통권 189호, 한국법학원(2022. 4.)

이희숙, "공익법인 법제 현황과 개선 방향 - 공익위원회 설치 논의를 중심으로 -", 외법논집 제43권 제1호, 한국외국어대학교 법학연구소(2019. 2.)

임동원, "기부 활성화를 위한 세법상 지원제도 검토", KERI 정책제언 19-03, 한 국경제연구원(2019)

장윤주·장혜원·박다윤, "블록체인기반의 기부사례 및 활용 가능성 탐색 : 가상화 폐와 NFT를 중심으로", 아름다운재단(2022. 3.)

최병권, "종교단체의 과세제도에 관한 연구", 박사학위 논문, 강남대학교(2015. 2.)

허원, "의료법인의 과세제도개선에 관한 연구", 박사학위 논문, 서울시립대학교 (2010)

홍현선, "비영리법인 수익사업의 이익결정요인 분석과 제도개선 방안", 예산정 책연구 제5권 제2호, 국회 예산정책처(2016. 11.)

황남석, "공익법인 특수관계인 제도의 문제점과 개선방안", 조세와 법 제14권 제 2호, 서울시립대학교 법학연구소(2021. 12.)

Charities Aid Foundation, Donation States-An international comparison of the tax treatment of donations(2016. 5.)

| 초 록 |

이 글은 공익법인의 자율성과 책임성을 조화롭게 하는 공익법인세제 관련 구체적 법개정방안을 제시하는 데 그 목적이 있다. 여기에서는 공익법인세제를 공익법인에 대한 세제, 공익법인의 기부자에 대한 세제 등을 포함한 의미로 사용한다.

이를 위해 먼저 공익법인세제에 대한 기본적인 논의를 하고, 공익법인 자체와 기부자에 대해 주로 소득세제, 재산세제, 소비세제별로 정리하는데, 미국·일본 등 다른 나라와의 비교도 함께 진행한다. 그 이후에 고유목적사업과 수익사업, 각종 의무와 가산세, 투명성 강화, 기부자산 등, 기부자(개인 및 법인 등), 기부자 이외의 자(특수관계인)에 대한 세부적인 쟁점을 비롯하여 최근 논의되는 것을 분석하면서 이를 법령의 개정사항과 연결하였다.

공익법인세제는 일반법인세제와 비교하여 동일하게 취급하는 방식, 달리 취급하는 방식이 있지만, 이 글에서는 공익법인이 국가가 할 일을 사실상 대신하는 것이라면 여기에 대한 여러 지원을 하고, 세제로도 지원해야 한다는 생각에서 접근하고자 하였다. 사회일반의 이익을 목적으로 하는 공익사업 지원의 차원에서 공익법인세제의 방향을 설정하였다. 이러한 관점에서 세부적인 쟁점별 법개정사항을 다음과 같이 제시하였다.

첫째, 공익법인의 고유목적사업과 수익사업에 관련된 것이다. 세제의 단순 관점에서 고유목적사업준비금제도를 폐지하고 공익법인에 대해 법인세 경감세율제도 도입을 검토할 수 있다. 이 경우 법인세법 제29조(비영리내국법인의 고유목적사업준비금의 손금산입) 등 고유목적사업준비금에 대한 조문이 삭제되어야 한다. 법인세법 제55조(세율)의 경우 공익법인에 대해 경감세율을 제시하여야 한다. 고유목적사업준비금제도가 공익법인의 법인세 비과세 및 과세이연의 긍정적인 측면이 있기 때문에 세제가 복잡하더라도 이러한 혜택을 누리려는 공익법인에 고유목적사업준비금제도와 법인세 경감세율제도의 선택을 인정하는 것도 가능하다. 이 경우 법인세법 제29조 및 제55조에서 이러한 선택이 가능하다는 것과 선택이 가능한 공익법인의 범위를 정해야 한다.

둘째, 공익법인 각종 의무와 위반 시 가산세와 관련된 것이다. 과도한 수준의 가산세를 조정한다는 것은 상증세법 제78조 개정을 의미한다. 특히 동일 내국법인 주식 보유기준 준수의무 위반 가산세(제4항), 출연자와 그 특수관계자인 이사 및 임직원 취임금지 위반 가산세(제6항), 계열기업 주식 보유한도 유지의무 위반 가산세(제7항), 공익법인 전용계좌 가산세(제10항) 등의 개정이 이루어져야 한다.

셋째, 공익법인 투명성 강화와 관련된 것이다. 상증세법 제78조 제10항의 공익법인 전용계좌 가산세 삭제 또는 완화, 동법 제50조의2(공익법인등의 전용계좌 개설·사용 의무)에 전용계좌 미개설 및 미사용 시 소명과 관련한 규정 신설이 가능하다. 출연재산 일정비율 의무사용(상증세법 제48조 제2항 7호)과 관련하여 기준 금액 미달 사용 시 가산세 바로 부과를 하는 것이 아니라 관할세무서에 사전보고하고 정당한 사유가 있으면 상증세법 제78조 제9항 3호의 가산세를 부과하지 않는 것도 가능하다.

넷째, 공익법인의 기부자산 등(주식기부, 용역기부 등)에 관한 것이다. 주식기부의 경우 증여세 과세가액 불산입대상 주식출연 비율을 확대하면서 투명하게 공익사업을 늘려나가도록 사후관리하는 방안을 채택하는 경우 상증세법 제16조 제2항 제2호(상속의 경우)의 주식 출연비율을 변경하여야 한다. 용역기부의 경우 다양한 자원봉사 활동의 세제상 지원차원에서 자원봉사 활동에 수반하여 발생하는 비용에 대해서 만이라도 기부금공제를 허용하거나, 수가나 수수료가 정해져 있는 자원봉사 용역에 대해서라도 제한적으로 기부금공제를 허용하는 경우 소득세법 제34조 제2항 1호 나목, 동법시행령 제81조 제5항 등이 개정되어야 한다.

다섯째, 기부자별(개인, 법인등) 관련한 것이다. 개인기부금 조세지원 방식을 소득공제 또는 세액공제로 통일하거나 납세자가 선택적으로 적용할 수 있도록 하는 경우 소득세법 제34조(기부금의 필요경비 불산입), 제59조의4(특별세액공제)의 개정이 필요하다.

마지막으로 기부자와 그 이외의 자(특수관계인) 관련하여서는 상증세법시행령 제2조의2에 명시한 특수관계인 규정에 대해 지적된 문제점을 반영한 개정이 가능하다.

공익법인 관련 조세 판례의 동향

유철형*

Ⅰ. 들어가는 글

2000년 이후 현재까지 20여 년간 대법원에서 선고된 「상속세 및 증여세법」(이하 '상증세법'이라 한다)상 공익법인 관련 판결 중 공간된 판결은 10여 건이 조금 넘는 정도이다. 공익법인 중에는 대기업이 출연하여 출연재산 규모가 수백억 원 이상에 달하는 공익법인도 있지만, 대다수의 공익법인은 출연재산이 많지 않은 소규모 법인들이어서 그동안 과세관청이 공익법인에 대해 크게 관심을 갖지 않았다. 그 결과 과세관청과 공익법인 사이에 세금을 둘러싼 분쟁이 많지 않았고, 이에 따라 관련 판결도 드물게 나온 것으로 보인다. 이와 같이 공익법인 관련 판결이 많지 않은 관계로 공익법인에 관한 판례의 일정한 동향이나 흐름을 판단하기는 쉽지 않다.

많지 않은 공익법인 관련 조세소송 판결 중에서도 대법원 2000. 12. 8. 선고 98두15320 판결, 대법원 2010. 5. 27. 선고 2007두26711 판결, 대법원 2016. 7. 27. 선고 2016두36116 판결, 대법원 2017. 4. 20. 선고 2011두21447 전원합의체 판결 등은 공익법인에게 우호적인 결론을 내렸다.

이하에서는 공익법인 관련 조세소송 판결 중 현행 상증세법의 해석

---

* 법무법인(유한) 태평양 변호사

에도 여전히 영향을 미치는 9개의 판결을 선정하여 각 쟁점에 관한 해석론이나 입법론을 검토하고, 제한적이지만 가능한 범위 내에서 대법원 판례의 동향을 추론해 보았다.

II. 구체적인 검토

1. 출연받은 재산을 위탁운영한 경우에도 공익법인이 직접 공익목적사업에 사용한 것에 해당되는지

가. 대상 판결

대법원 2000. 12. 8. 선고 98두15320 판결

나. 사실관계

가. 원고는 1986. 9. 20.경 「공익법인의 설립·운영에 관한 법률」에 의하여 설립된 재단법인으로서 설립당시 정관상의 목적사업은 장학사업으로 되어 있었다. 원고의 설립자이면서 당시의 대표자이던 소외 망 이 ○○(이하 '망인'이라 한다)은 원고로 하여금 유치원을 취득하여 운영케 할 목적으로 1988. 1. 1. 원고 명의로 서울특별시로부터 ○○구 대지 1,213㎡와 그 지상의 유치원 건물 670.30㎡(이하 위 대지와 건물을 '이 사건 부동산'이라 한다)를 대금 500,200,000원에 매수하는 매매계약을 체결하였고, 원고는 같은 달 4. 망인의 자금으로 계약금 110,044,000원을 지급하였으며, 같은 달 6. 서울특별시로부터 이 사건 부동산에 대하여 사용목적을 유치원으로 한 사용승락을 받았다.

나. 원고는 1988. 1. 14. 이사회에서 유치원 개원 초기의 적자운영에 따른 원고의 부담을 줄이기 위하여 망인에게 유치원 운영을 위탁하기로 결의하였고, 이에 따라 망인으로 하여금 이 사건 부동산을 무상으로 사용할 것을 승낙하였다. 망인은 1988. 3. 18. 무렵 자신의 명의로 유치원을 인가받아 이 사건 부동산에 유치원을 개설하여 운영하였고, 원고는 위 계약 시부터 1990. 5. 25.까지 망인이 출연한 자금으로 서울특별시에 나머지 대금을 지급한 다음, 1990. 9. 25. 이 사건 부동산에 관하여 원고 명의로 소유권이전등기를 마쳤다. 그 후 원고는 이사회의 결의를 거쳐 1993. 7. 27.부터는 원고의 대표자인 소외 2 명의로, 1995. 10. 5.부터는 원고 명의로 위 유치원의 설립자 명의를 각 변경하여 유치원을 직접 운영하였다.

다. 한편, 원고는 이 사건 부동산을 원고의 기본재산으로 편입하지 않고 있다가 1995. 3. 20.경 기본재산으로 편입하는 정관변경절차를 마쳤고, 1995. 8. 21. 정관상 목적사업으로 유치원운영사업을 추가하고, 그 해 9. 14. 정관변경허가를 받았다.

라. 그런데 피고는 구 상속세법(1994. 12. 22. 법률 제4805호로 개정되기 전의 것) 제8조의2 제4항 제1호, 구 상속세법 시행령(1994. 12. 31. 대통령령 제14469호로 개정되기 전의 것) 제3조의2 제7항 제1호를 적용하여 공익법인인 원고가 이 사건 부동산을 출연받아 그 출연받은 날로부터 2년 내에 출연목적에 전부 사용하지 아니하였다는 사유로 이 사건 부동산의 취득당시 가액 금 500,200,000원을 과세표준으로 하여 1996. 2. 16. 원고에게 1990년 귀속 증여세 금 312,354,000원을 부과·고지하였다가, 개정된 상속세법(1994. 12. 22. 법률 제4805호로 개정되고, 1996. 12. 30 법률 제5193호로 전문 개정되기 전의 것) 제8조의2 제4항 제1호를 적용하여 공익법인인 원고가 이 사건 부동산을 출연받아 그 출연받은 날로부터 3년 내에 출연목적에 전부 사용하지 아니하였다는 사유로 개정된 상속세법 시행령(1994. 12. 31. 대통령령 제14469호로 개정되고, 1996. 12. 31. 대통령령 제15193호로 전문 개정되기 전의 것) 제3조의2

제9항 제1호에 의하여 이 사건 부동산의 증여시점을 1993. 9. 25.(위 1990. 9. 25.부터 3년이 경과한 날임)로 보아 위 증여간주 당시의 가액인 금 1,431,622,100원을 과세표준으로 하여 1997. 9. 19. 세액을 금 1,129,459,890원으로 증액경정하는 처분을 하였다.

다. 쟁점

이 사건의 쟁점은 출연받은 재산을 위탁운영한 경우에도 공익법인이 직접 공익목적사업에 사용한 것에 해당되는지 여부이다.

라. 대상 판결의 요지

원심은, 망인은 1990. 5. 25.까지 구 상속세법(1996. 12. 30. 법률 제5193호로 전문 개정되기 전의 것, 이하 같다) 제8조의2 제1항 제1호 본문 및 구 상속세법 시행령(1996. 12. 31. 대통령령 제15193호로 전문 개정되기 전의 것) 제3조의2 제2항 제4호 소정의 공익사업인 교육법 규정에 의한 교육기관(유치원)을 운영하는 사업에 이 사건 부동산 매수대금 상당의 자금을 출연한 것이고, 원고는 위 출연자금으로 이 사건 부동산을 취득함과 아울러 1988. 3. 18.부터 계속하여 망인에게 위탁하거나 원고가 직접 운영하는 방법으로 이 사건 부동산에서 유치원을 운영하여 옴으로써 위 출연받은 재산을 출연목적에 전부 사용한 것이라 할 것이며, 따라서 이는 구 상속세법 제34조의7, 제8조의2 제4항 제1호 본문 및 구 상속세법 시행령(1994. 12. 31. 대통령령 제14469호로 개정되기 전의 것) 제42조, 제3조의2 제7항 제7호 소정의 증여세 과세대상인, 출연받은 재산을 출연받은 날부터 3년 내에 출연목적에 전부 사용하지 아니하는 경우 또는 출연받은 재산을 출연자나 그 친족에게 사용·수익하게 함으로써 출연목적 외에 사용한 경우의 어디에도 해당하지 않는다고 판단하였다. 원심의 위와 같은 사실인정 및 판단은 정당하다.

마. 평석

구 상속세법 제8조의2 제4항 제1호(현행 상증세법 제48조 제2항 제1호)는 "출연받은 재산을 출연목적 외에 사용하거나 출연받은 날부터 3년 내에 출연목적에 전부 사용하지 아니하는 경우" 즉시 증여세를 부과하도록 규정하고 있다.

여기에서 '출연목적에 사용'을 출연받은 재산의 소유자인 공익법인이 직접 사용하는 경우로 한정할 것인지 아니면 위탁에 의하여 수탁자가 해당 재산을 공익목적사업에 사용하는 경우도 포함되는 것으로 볼 것인지가 문제이다. 이 사건 부동산의 출연목적은 유치원으로 운영하는 것이고, 이 사건 부동산은 원고의 설립자에의 위탁과 원고에 의해 당초 출연목적사업인 유치원으로 사용되었다.

"직접 사용"의 의미와 관련하여 대법원은, '구 경기도 도세감면 조례(2008. 12. 30. 조례 제3827호로 전부 개정되기 전의 것) 제9조 단서가 취득세 등 추징사유의 하나로 들고 있는 '노인복지시설에 직접 사용하지 아니하고 다른 용도로 사용하는 경우'에서 말하는 '직접 사용'의 의미는 당해 재산의 용도가 직접 그 본래의 업무에 사용하는 것이면 충분하고, 그 사용의 방법이 스스로 그와 같은 용도에 제공하거나 혹은 제3자에게 임대 또는 위탁하여 그와 같은 용도에 제공하는지 여부는 가리지 않는다'라고 판시하였다(대법원 2011. 1. 27. 선고 2008두15039 판결, 대법원 1984. 7. 24. 선고 84누297 판결 등).

대법원이 취득세 등의 비과세규정에 대하여 위와 같이 판결하자, 2014. 1. 1. 법률 제12175호로 개정된 지방세특례제한법 제2조 제1항 제8호는 "'직접 사용'이란 부동산·차량·건설기계·선박·항공기 등의 소유자가 해당 부동산·차량·건설기계·선박·항공기 등을 사업 또는 업무의 목적이나 용도에 맞게 사용하는 것을 말한다'라는 규정을 신설함으로써 이후로는 소유자가 직접 사용하는 경우만을 비과세 요건인 "직접 사용"으로 명시하였다. 이와 같은 개정에도 불구하고 대법원은 여전히 종전과 같이 임대의 경우에도 "직접 사용"으로 해석하고 있는 것으로 보인다(대법원 2018. 10. 4. 선고 2018두46643 판결).

대상 판결은 공익법인이 출연받은 재산을 출연목적대로 공익목적사업(유치원 운영사업)에 사용한 것이면 그 방법이 위탁이든 직접 사용이든 공익목적사업에 사용한 것으로 해석하였다. 이러한 해석은 지방세특례제한법 제2조 제1항 제8호와 같은 규정도 두지 아니한 현행 상증세법 제48조 제2항 제1호의 해석에 있어서 동일하게 적용된다고 할 것이다.

2. 구 상증세법 시행령 제38조 제4항 등에서 말하는 '수익사업에서 발생한 소득금액'의 의미

가. 대상 판결

대법원 2010. 5. 27. 선고 2007두26711 판결

나. 사실관계

가. 원고는 국제적 의사소통능력의 개발 및 평가 등을 목적으로 하여 설립된 공익재단법인으로시, 그 출연재산은 현금 7,000만 원과 성남시 ○○구 ○○동(이하 생략)외 2필지의 답 합계 1,049,524,000원 상당으로 구성되었다. 원고는 토익시험 등의 한국 내 독점사용 및 관리의 권한을 가지고 있는 소외 회사와 사이에 토익시험 등의 시행·관리권한의 위임 및 그 시험자료의 공급에 관한 계약(이하 '토익시험 관리계약'이라 한다)을 체결하고, 그에 따라 1997 사업연도부터 2003 사업연도까지 출연

재산과는 무관하게 토익시험 등을 시행·관리하면서 얻은 소득의 일부와 출연재산에서 나온 소득(임대료와 이자수입) 전부를 공익목적사업에 사용하였다.

나. 피고는 원고가 토익시험 등의 시행·관리사업에서 발생한 소득금액과 출연재산의 운용소득금액을 합한 금액 중 공익목적사업에 사용한 금액이 차지하는 비율이 이 사건 시행령 조항에서 정하는 기준금액의 비율인 50% 또는 70%에 미달한다는 이유로 이 사건 법률 조항에 근거하여 1997, 1998, 1999 사업연도 귀속 증여세 합계 863,017,620원과 2000, 2002, 2003 사업연도 귀속 가산세 합계 512,226,580원을 각 부과하는 처분(이하 '이 사건 증여세 등 부과처분'이라 한다)을 하였다.

다. 쟁점

이 사건의 쟁점은 운용소득 중 직접 공익목적사업에 사용함으로써 증여세 등이 부과되지 않는 기준금액을 정한 구 상증세법 시행령 제38조 제4항 등에서 말하는 '수익사업에서 발생한 소득금액'에 출연재산과 무관한 수익사업에서 발생한 소득금액이 포함되는지 여부이다.

라. 대상 판결의 요지

가. 조세법규에 대하여는 법규 상호 간의 해석을 통하여 그 의미를 명백히 할 필요가 있는 경우에는 조세법률주의가 지향하는 법적 안정성 및 예측가능성을 해치지 않는 범위 내에서 입법 취지 및 목적 등을 고려한 합목적적 해석을 할 수 있는바(대법원 2008. 2. 15. 선고 2007두4438판결 등 참조), 위 각 규정의 입법 취지는 공익사업을 앞세우고 변칙적인 재산출연행위를 하여 탈세나 부의 증식수단으로 악용하는 것을 방지하기 위하여 공익법인 등에 출연된 재산에 대하여는 공익법인 등이

당해 재산이나 그 운용소득을 출연목적에 사용할 것을 조건으로 증여세 과세가액에 정책적으로 산입하지 아니하는 데 있는 점, 개정 전 상증세 법(2000. 12. 29. 법률 제6301호로 개정되기 전의 것) 제48조 제2항 제3 호 및 개정 상증세법(2000. 12. 29. 법률 제6301호로 개정되어 2010. 1. 1. 법률 제9916호로 개정되기 전의 것) 제48조 제2항 제4호의2(이하 이 들 규정을 합하여 '이 사건 법률 조항'이라 한다)는 출연재산을 직접 공 익목적사업에 사용하지 아니하고 수익용 또는 수익사업용으로 운용하 는 경우에는 그 운용소득 중 일정한 기준금액 이상을 공익목적사업에 사용하지 아니하면 당해 출연재산을 출연목적에 사용하지 아니한 것으 로 본다는 취지를 밝히면서 그 기준금액의 산정을 대통령령에 위임한 점, 그 위임에 따라 개정전 상증세법 시행령(1999. 12. 31. 대통령령 제 16660호로 개정되기 전의 것 및 2000. 12. 29. 대통령령 제17052호로 개 정되기 전의 것) 제38조 제4항 및 개정 상증세법 시행령(2000. 12. 29. 대통령령 제17052호로 개정되어 2005. 8. 5. 대통령령 제18989호로 개 정되기 전의 것) 제38조 제5항(이하 이들 규정을 합하여 '이 사건 시행 령 조항'이라 한다)이 그 기준금액에 반영하는 금액으로 '수익사업에서 발생한 소득금액'과 '출연재산을 수익의 원천에 사용함으로써 생긴 소 득금액'을 규정하고 있고, 이들 금액은 각각 이 사건 법률 조항 소정의 '출연받은 재산을 수익사업용으로 운용하는 경우'와 '출연받은 재산을 수익용으로 운용하는 경우'에 대응되는 점, 이 사건 시행령 조항으로 개 정되기 전의 구「상속세법 시행령」(1996. 12. 31. 대통령령 제15193호로 전부 개정되기 전의 것) 제3조의2 제7항 제2호는 그 기준금액에 관하여 '공익사업이 출연받은 재산을 수익사업용 또는 수익용으로 사용한 경우 에 당해 출연재산 운용소득에 대하여는 당해 소득에 대한 법인세 등을 공제한 금액의 100분의 50에 상당하는 금액'이라고 규정함으로써 출연 재산과 무관한 수익사업의 소득은 기준금액에 반영하지 아니한다는 취 지를 명시하였던 점 등을 종합하여 보면, 이 사건 시행령 조항이 말하는 '수익사업에서 발생한 소득금액'이라 함은 출연재산으로 영위하는 수익사업에서 발생한 소득금액만을 의미하고, 출연재산과 무관한 수익사업에서 발생한 소득금액은 포함하지 아니한다고 해석함이 상당하다 할 것이다. 따라서 이 사건 시행령 조항이 이 사건 법률 조항의 위임범위를 벗어나 증여세 등 과세대상의 범위를 확대한 무효의 규정이라고 할 수 없다.

나. 원심은 이 사건 시행령 조항에서 말하는 '수익사업에서 발생한 소득금액'에는 출연재산의 운용소득금액 외에 출연재산과 무관한 수익사업에서 발생하는 소득금액까지 포함된다고 해석한 나머지, 출연재산과 무관한 수익사업의 소득금액이 다액이라는 사정 때문에 이 사건 시행령 조항이 정하는 기준금액이 출연재산의 운용소득금액을 초과할 수 있게 되고, 그 결과 원고는 출연재산의 운용소득금액 전부를 공익목적사업에 사용하였음에도 위 기준금액에 미달한다는 이유로 증여세 등을 부과받게 되었으므로, 이 사건 시행령 조항은 모법인 이 사건 법률조항의 위임범위를 벗어나 과세대상의 범위를 확장한 것으로서 무효이고, 따라서 이 사건 증여세 등 부과처분은 무효인 이 사건 시행령 조항에 근거한 것으로서 위법하다고 판단하였다. 앞서 본 법리와 원심이 인정한 사실관계에 의하면, 원심이 이 사건 시행령 조항이 모법의 위임범위를 벗어나 무효라고 본 것은 잘못이지만, 원고가 출연재산으로 영위하는 수익사업은 없고 단지 출연재산에서 발생한 임대료와 이자 수입만 있는 상황에서 그 수입의 전부를 공익목적사업에 사용한 이상, 그 사용실적이 이 사건 시행령 조항이 정하는 기준금액에 미달한다고 할 수 없으므로 이 사건 증여세 등 부과처분이 위법하다고 판단한 원심의 결론은 정당하다.

마. 평석

대상 판결이 선고된 이후인 2012. 2. 2. 대통령령 제23591호로 개정된 상증세법 시행령 제38조 제5항 제1호는 "해당 과세기간 또는 사업연도의 수익사업에서 발생한 소득금액(출연재산과 관련이 없는 수익사업에서 발생한 소득금액 및 법 제48조 제2항 제4호에 따른 출연재산 매각금액을 제외하고, 「법인세법」 제29조 제1항의 규정에 의한 고유목적사업준비금과 해당 과세기간 또는 사업연도 중 고유목적사업비로 지출된 금액으로서 손금에 산입된 금액을 포함한다)과 출연재산을 수익의 원천에 사용함으로써 생긴 소득금액의 합계액"이라고 함으로써 대상 판결의 취지를 시행령에 명시하였고, 따라서 대상 판결에서 쟁점이 되었던 부분에 대해서 더는 논란이 되지 않는다.

3. 유예기간 내에 출연받은 재산을 직접 공익목적사업에 사용할 수 없는 것으로 확정된 때 증여세 추징 여부

가. 대상 판결

대법원 2013. 6. 27. 선고 2011두12580 판결

나. 사실관계

가. 원고는 1992. 1.경 설립허가를 받은 의료법인으로서, 의료기관을 개설하기 위하여 소외인 등으로부터 1992. 4.경부터 2003. 12.경까지 사이에 이 사건 각 토지를 출연받은 다음 대구광역시장으로부터 도시계획시설사업(종합의료시설) 실시계획인가를 받았으나, 그 사업부지 중 일부가 인근의 칠곡1택지개발지구에 편입됨에 따라 도시계획시설사업의 규모가 축소되고, 또한 사업부지 내에 포함된 타인 소유 부동산을 매수하기 위한 협의가 원활하게 진행되지 못하는 등의 사정으로 의료기관의 개설이 지연되었다. 이에 따라 원고는 대구광역시장으로부터 1994. 1.경

부터 5차례에 걸쳐 2년 단위로 '의료기관 개설기한 및 출연재산 사용기한 연장'을 인정받았으나, 최종기한인 2004. 1. 6.까지도 의료기관을 개설하지 못하였다.

나. 그 후 대구광역시장이 의료기관 미개설을 이유로 원고에 대한 의료법인 설립허가 취소절차를 진행하자, 원고는 대구광역시장에게 2004. 5. 29.까지 건축공사에 착공하겠다는 확약을 하여 의료법인 설립허가 취소처분을 유예받았다. 그러나 원고는 사업부지 내 타인 소유 부동산의 협의매수 및 건축공사를 위한 자금조달 등의 문제가 해결되지 아니하여 2004. 5. 29.까지 건축공사에 착공하지 못하였다. 이에 원고는 2004. 5. 29. 이사회에서 자진해산 결의를 한 다음 그 사실을 대구광역시장에게 통보하였고, 대구광역시장은 2004. 5. 31. 원고에 대한 의료법인 설립허가를 취소하였다.

다. 피고는 2008. 7. 1. 원고에 대하여 구 상속세 및 증여세법(2010. 1. 1. 법률 제9916호로 개정되기 전의 것, 이하 '구 상증세법'이라 한다) 제48조 제2항 제1호에 의하여 원고가 출연받은 이후 공익목적에 직접 사용하지 아니한 채 보유하고 있던 이 사건 각 토지에 관하여 원고의 법인설립허가가 취소된 2004. 5. 31.자로 소외인 등으로부터 각 증여받은 것으로 보아 증여세를 부과하였다.

다. 쟁점

이 사건의 쟁점은 공익법인 등이 부득이한 사유가 소멸한 날부터 다시 3년이 경과하도록 출연받은 재산을 직접 공익목적사업 등에 사용하지 아니하거나 부득이한 사유가 소멸한 날부터 3년이 경과하기 전에 출연받은 재산을 직접 공익목적사업 등에 사용할 수 없는 것으로 확정된 경우, 구 상증세법 제48조 제2항 제1호를 적용하여 증여세를 과세할 수 있는지 여부이다.

라. 대상 판결의 요지

가. 구 상증세법 제48조가 규정한 공익법인 등이 출연받은 재산에 대한 증여세 과세가액 불산입제도의 입법 취지는 공익사업을 앞세우고 변칙적인 재산출연행위를 하여 탈세나 부의 증식수단으로 악용하는 것을 방지하기 위하여 공익법인등에 출연된 재산에 대하여는 공익법인등이 해당 재산이나 그 운용소득을 출연목적에 사용할 것을 조건으로 증여세 과세가액에 정책적으로 산입하지 아니하는 데 있다(대법원 2010. 5. 27. 선고 2007두26711판결 등 참조). 그리고 구 상증세법 제48조 제2항 제1호 단서는 위와 같은 입법 취지를 관철하기 위하여 과세관청이 그 조건의 이행 여부를 사후관리할 수 있도록 공익법인 등으로 하여금 제5항의 규정에 의한 보고서의 제출과 함께 납세지 관할 세무서장에게 부득이한 사유를 보고하게 하고 있다. 이러한 점들을 종합하여 보면, 출연받은 재산을 부득이한 사유로 그 출연받은 날부터 3년 이내에 직접 공익목적사업 등에 사용하지 아니한 공익법인 등은 늦어도 부득이한 사유가 소멸한 날부터 3년 이내에는 출연받은 재산을 직접 공익목적사업 등에 사용하여야 할 것이므로 공익법인 등이 부득이한 사유가 소멸한 날부터 다시 3년이 경과하도록 출연받은 재산을 직접 공익목적사업 등에 사용하지 아니하거나, 부득이한 사유가 소멸한 날부터 3년이 경과하기 전이라도 출연받은 재산을 직접 공익목적사업 등에 사용할 수 없는 것으로 확정된 때에는 특별한 사정이 없는 한 구 상증세법 제48조 제2항 제1호를 적용하여 증여세를 과세할 수 있다고 봄이 타당하다.

나. 위 사실관계를 앞서 본 법리에 비추어 살펴보면, 원고가 건축공사에 착공하겠다고 확약하여 대구광역시장으로부터 의료법인 설립허가 취소처분을 유예받은 2004. 5. 29.까지는 구 상증세법 제48조 제2항 제1호 단서, 구 상증세법 시행령 제38조 제3항에서 정한 증여세 비과세대상인 '출연받은 재산을 직접 공익목적사업 등에 사용하지 못한 것에 부

득이한 사유가 있다고 주무부장관 등이 인정한 경우'에 해당한다고 볼 여지가 있다고 하더라도, 그 직후인 2004. 5. 31. 원고에 대한 의료법인 설립허가가 취소됨으로써 원고가 이 사건 각 토지를 직접 공익목적사업 등에 사용할 수 없는 것으로 확정되었고, 거기에 원고에게 책임을 돌릴 수 없는 특별한 사정이 있었다고 보기도 어려운 이상, 이 사건 각 토지는 구 상증세법 제48조 제2항 제1호가 규정한 증여세 과세대상이 된다고 봄이 타당하다.

마. 평석

구 상증세법 제48조는 공익법인이 출연받은 재산은 원칙적으로 증여세 과세가액에 산입되지 아니하지만, 일정한 사유가 있는 경우에는 그 사유가 발생한 때에 즉시 증여세를 추징하도록 하고 있다. 이에 따라 같은 조 제2항 제1호는 공익법인이 출연받은 재산을 직접 공익목적사업에 사용하지 아니하는 경우에 대한 증여세 추징 사유의 하나로 '출연받은 재산을 직접 공익목적사업 등(직접 공익목적사업에 충당하기 위하여 수익용 또는 수익사업용으로 운용하는 경우를 포함한다) 외에 사용하거나 출연받은 날부터 3년 이내에 직접 공익목적사업 등에 사용하지 아니하는 경우'를 규정하고, 그 단서에서 "다만, 그 사용에 장기간을 요하는 등 대통령령이 정하는 부득이한 사유가 있는 경우로서 제5항의 규정에 의한 보고서의 제출과 함께 납세지 관할 세무서장에게 그 사실을 보고한 경우를 제외한다"라고 규정하고 있다. 즉, 재산을 출연받은 날부터 3년이 경과하도록 직접 공익목적사업에 사용하지 못한 경우에도 부득이한 사유로 인하여 유예기간을 경과하게 된 경우에는 증여세 추징대상에서 제외하였다.

대상 판결의 사안은 의료법인인 원고가 이 사건 각 토지를 출연받은 이후 자금사정 등으로 인하여 착공을 하지 못하여 의료법인 설립허가가

취소된 사안으로서 마지막으로 토지를 출연받은 2003. 12.경으로부터 3
년이 경과하기 전인 2004. 5. 31. 의료법인 설립허가가 취소됨으로써 더
이상 원고의 고유목적사업에 사용하는 것이 불가능하게 되었다. 이런
경우 유예기간인 3년이 경과하기 이전인 2004. 5. 31.을 과세시기로 보
아 즉시 증여세를 과세할 수 있는지가 쟁점이 되었다. 원심은 부득이한
사유가 인정되면 연장된 기간(이 사건의 경우 설립허가 취소가 유예된
2004. 5. 29.까지)이 경과된 이후 다시 3년의 유예기간이 지나야 증여세
를 과세할 수 있다고 판단하였다. 그러나 대상 판결은 원심과 달리 유예
기간 이내라고 하더라도 더 이상 고유목적사업에 사용하는 것이 불가능
하다는 것이 확정된 경우에는 그 즉시 증여세를 과세할 수 있다고 판단
한 것이다. 원고의 의료법인 설립허가가 취소된 이상 원고가 이 사건 각
토지를 직접 공익목적사업에 사용하는 것은 불가능하다고 할 것이고,
따라서 그 시점에 증여세를 과세하는 것이 타당하다고 할 것이다.

현행 상증세법 제48조 제2항 제1호는 대상 판결에서 문제된 구 상증
세법 제48조 제2항 제1호와 동일한 내용으로 규정하고 있다. 따라서 위
와 같은 대상 판결의 해석은 현행 상증세법의 해석에 있어서도 동일하
게 적용된다.

4. 직접 공익목적사업에 사용하지 못할 법령상의 장애사유가 있는 재산을 출연받은 경우 "부득이한 사유"의 의미

가. 대상 판결

대법원 2014. 1. 29. 선고 2011두25807 판결

나. 사실관계

가. 원고는 2003. 11. 5. 선불교 교육활동, 선불교수련원, 사회복지활동, 선 수행 활동 등을 목적사업으로 하여 설립된 공익법인으로서 2003. 11. 20. 소외인으로부터 개발제한구역 내에 있는 이 사건 임야를 출연받았다. 원고는 출연받은 이 사건 임야를 절터 복원, 사찰 건축 등의 사업에 사용하려고 하였으나, 구 개발제한구역의 지정 및 관리에 관한 특별조치법(2008. 2. 29. 법률 제8852호로 개정되기 전의 것, 이하 '개발제한구역법'이라 한다) 제11조의 행위제한규정으로 말미암아 이 사건 임야에 사찰이나 수련장 등의 종교시설을 건축하는 것이 불가능하였다.

나. 원고는 문화체육부장관으로부터 권한을 위임받은 대전광역시장에게 이 사건 임야를 부지로 하여 종교시설 등의 건축허가를 받을 수 있는지 여부 및 그 방법과 절차에 관하여 질의하여, 2011. 2. 1. 대전광역시장으로부터 이 사건 임야는 개발제한구역 내에 있어 종교시설의 건축허가가 불가능하다는 취지의 회신을 받았다. 피고는 원고가 공익법인 출연재산인 이 사건 임야를 출연받은 날부터 3년 이내에 직접 공익목적사업 등에 사용하지 아니하였다는 이유로, 2010. 4. 9. 원고에게 2006년도 귀속 증여세 572,242,160원을 부과하였다.

다. 쟁점

이 사건의 쟁점은 직접 공익목적사업에 사용하지 못할 법령상 장애사유가 있는 재산을 출연받은 경우 구 상속세 및 증여세법(2007. 12. 31. 법률 제8828호로 개정되기 전의 것, 이하 '구 상증세법'이라 한다) 제48조 제2항 제1호 단서 등에서 정한 증여세 추징의 제외사유인 '부득이한 사유'의 의미 및 위 규정에서 정한 증여세 추징의 제외대상에 해당하는지를 결정하는 기준이 무엇인지 여부이다.

라. 대상 판결의 요지

가. 관련 규정의 입법 취지와 문언 내용 등에 비추어 보면, 공익법인 등이 출연받은 재산을 직접 공익목적사업 등에 사용할 수 없는 법령상의 장애사유가 있음을 알았거나, 설령 몰랐다고 하더라도 조금만 주의를 기울였더라면 그러한 장애사유의 존재를 쉽게 알 수 있었던 상황에서 재산을 출연받았고, 그 후 3년 이내에 당해 출연받은 재산을 직접 공익목적사업 등에 사용하지 못한 것이 동일한 사유 때문이라면, 재산을 출연받을 당시 존재하였던 법령상의 장애사유가 장래에 충분히 해소될 가능성이 있었고 실제 그 해소를 위하여 노력하여 이를 해소하였음에도 예측하지 못한 전혀 다른 사유로 공익목적사업 등에 사용하지 못하였다는 등의 특별한 사정이 없는 한, 그 법령상의 장애사유는 구 상증세법 제48조 제2항 제1호 단서 등에서 정한 증여세 추징의 제외사유인 '출연받은 재산을 직접 공익목적사업 등에 사용하지 못한 부득이한 사유'가 될 수 없다. 그리고 구 상증세법 제48조 제2항 제1호 단서 등에서 정한 증여세 추징의 제외대상에 해당하는지는 '출연받은 재산을 직접 공익목적사업 등에 사용하지 못한 부득이한 사유'가 있는지에 따라 결정되는 것이지 구 상증세법 시행령 제38조 제3항에서 말하는 주무부장관의 인정 여부에 따라 결정되는 것이 아니다.

나. 사정이 위와 같다면, 이 사건 임야에 종교시설을 건축하는 등의 방법으로 그 목적사업에 사용함으로써 구 상증세법 제48조 제1항의 혜택을 받을 것을 염두에 두고 이 사건 임야를 출연받은 원고로서는 이 사건 임야를 출연받을 당시 이미 이 사건 임야가 개발제한구역 내에 있어 그 목적사업에 사용하기 위한 종교시설의 건축이 불가능하다는 법률상 장애사유를 알았거나, 설령 몰랐다고 하더라도 조금만 주의를 기울였다면 그러한 사정을 알 수 있었다. 아울러 이러한 법률상 장애사유는 가까운 장래에 해소될 가능성도 거의 없었다고 보이므로, 개발제한구역

법 제11조의 행위제한규정으로 말미암아 이 사건 임야에 종교시설을 건축하는 것이 불가능하였다고 하더라도 원고가 이 사건 임야를 직접 공익목적사업 등에 사용하지 아니한 데에 부득이한 사유가 있었다고 볼 수 없다. 그뿐만 아니라 원고가 대전광역시장으로부터 받은 질의에 대한 회신이 상증세법 시행령 제38조 제3항이 규정한 주무부장관의 인정에 해당한다고 볼 수도 없으며, 설령 주무부장관의 인정이 있었다고 하여도 위와 같이 부득이한 사유가 없었다고 보는 이상 구 상증세법 제48조 제2항 제1호 단서 등에서 정한 증여세 추징의 제외사유가 있다고 볼 수도 없다.

마. 평석

관련 규정상 유예기간 내에 직접 공익목적사업에 사용하지 못한 공익법인 등의 증여세 추징 제외사유인 "부득이한 사유"는 "법령상 또는 행정상의 부득이한 사유"를 의미한다(구 상증세법 시행령 제38조 제3항).

대상 판결은 추징 제외사유와 관련하여 아래와 같은 두 가지 쟁점에 대한 법리를 제시해주었다.

① 재산을 출연받을 당시 직접 공익목적사업 등에 사용할 수 없는 법령상의 장애사유가 있음을 알았거나, 설령 몰랐다고 하더라도 조금만 주의를 기울였더라면 그러한 장애사유를 쉽게 알 수 있었던 상황에서 재산을 출연받았고, 그 후 3년의 유예기간 이내에 당해 출연받은 재산을 직접 공익목적사업 등에 사용하지 못한 것이 동일한 사유 때문이라면, 재산을 출연받을 당시 존재하였던 법령상의 장애사유가 장래에 충분히 해소될 가능성이 있었고 실제 노력하여 이를 해소하였음에도 예측하지 못한 전혀 다른 사유로 공익목적사업 등에 사용하지 못하였다는 등의 특별한 사정이 없는 한, 그 법령상의

장애사유는 구 상증세법 제48조 제2항 제1호 단서 등에서 정한 증
여세 추징의 제외사유가 될 수 없고, ② 구 상증세법 제48조 제2항
제1호 단서 등에서 정한 증여세 추징의 제외대상에 해당하는지는
‘출연받은 재산을 직접 공익목적사업 등에 사용하지 못한 부득이한
사유’가 있는지에 따라 결정되는 것이지 구 상증세법 시행령 제38
조 제3항에서 말하는 주무부장관의 인정 여부에 따라 결정되는 것
이 아니다.

위 ①항의 법리는 구 지방세법상 비업무용 토지에 대한 취득세 중과
세[1] 제외사유인 “정당한 사유”에 관한 법리와 동일하다.[2] 구 지방세법
(1998. 12. 31. 법률 제5615호로 개정되기 전의 것) 제112조 제2항 제6
호는 법인의 비업무용 토지, 즉 법인이 전국 어디에서든 토지를 취득한
후 유예기간 내에 정당한 사유 없이 목적사업에 직접 사용하지 않으면
취득세를 7.5배 중과세하도록 하였다. 법인이 취득하는 비업무용 토지
에 대하여 취득세를 중과하도록 한 취지는 법인이 고유목적 이외의 토
지를 취득·보유함으로 인한 비생산적인 투기의 조장을 방지하고 토지의
효율적인 이용을 꾀하려는 데에 있었다.[3]

---

1) 구 지방세법상 취득세 중과세 규정은 IMF를 거치면서 경기침체에 따라 규제의
   필요성이 감소되었고, 또한 기업구조조정에 장애가 되자 중과세율을 5배로 인
   하하고 유예기간도 완화하여 오다가 2000. 12. 29. 법률 제6305호로 구 지방세
   법을 개정하면서 2001. 1. 1.부터 법인의 비업무용 토지에 대한 중과세제도를 폐
   지하였다. 한편, 현행 지방세법 제13조 제3항 제1호는 구 지방세법상 법인의 비
   업무용 토지 중과세와 달리 과밀억제권역(대도시) 내에서의 부동산 취득에 대해
   서만 취득세를 중과세하고 있고, 위 제1호에도 “정당한 사유”를 중과 제외사유
   로 규정하고 있는데, 여기에도 동일한 법리가 적용될 것이다.
2) 대법원 2004. 7. 22. 선고 2002두11950 판결, 대법원 2002. 9. 4. 선고 2001두229
   판결, 대법원 2002. 4. 26. 선고 2000두10038 판결 등.
3) 대법원 2002. 4. 26. 선고 2000두10038 판결, 대법원 2001. 11. 13. 선고 2000두
   3788 판결, 대법원 1996. 5. 28. 선고 95누18642 판결 등.

상증세법 제48조가 규정한 공익법인 등이 출연받은 재산에 대한 증여세 과세가액 불산입제도의 입법 취지는 공익사업을 앞세우고 변칙적인 재산출연 행위를 하여 탈세나 부의 증식수단으로 악용하는 것을 방지하려는 것이며, 출연된 재산에 대하여는 공익법인 등이 해당 재산이나 그 운용소득을 출연목적에 사용할 것을 조건으로 증여세 과세가액에 정책적으로 산입하지 아니하는 데 있다.[4]

위에서 본 바와 같이 구 지방세법상 비업무용 토지에 대한 취득세 중과세제도와 상증세법상 공익법인에 대한 증여세 과세가액 불산입 제도는 모두 법인(또는 공익법인)이 취득한 재산을 유예기간 내에 법인의 고유목적사업에 사용하도록 하는 데에 그 취지가 있다는 점에서 동일하다고 볼 수 있다. 이러한 점을 고려하여 대법원은 양 제도에서의 과세제외 사유인 "정당한 사유"와 "부득이한 사유"를 동일하게 해석하고 있으며, 이는 타당하다.

직접 공익목적사업에의 사용과 관련한 증여세 추징제외 사유에 대하여 현행 상증세법 제48조 제2항 제1호 단서도 대상 판결에 적용된 구 상증세법과 동일한 내용을 규정하고 있다. 따라서 대상 판결의 취지는 현행 상증세법 제48조 제2항 제1호 단서를 해석함에 있어서도 동일하게 적용된다고 할 것이다.

5. '출자에 의하여 지배하고 있는 법인'의 의미

가. 대상 판결

대법원 2016. 1. 28. 선고 2015두52241 판결

---

4) 대법원 2013. 6. 27. 선고 2011두12580 판결, 대법원 2010. 5. 27. 선고 2007두26711판결 등.

나. 사실관계

가. 원고 1은 2010. 12. 30. 이 사건 회사의 부사장인 소외 1로부터 위 회사의 주식 9,600주를 양수하고, 원고 2는 같은 날 위 회사의 이사인 소외 2로부터 위 회사의 주식 8,080주를 양수하였다.

나. 위 당시 원고 1은 위 회사의 발행주식 200,000주 중 21,280주(약 10.6%)를 보유하고 있었고, 원고들과 구 상속세 및 증여세법 시행령 (2010. 12. 30. 대통령령 제22579호로 개정되어 2011. 1. 1. 시행되기 전의 것, 이하 '구 상증세법 시행령'이라 한다) 제19조 제2항 제1호의 친족 관계에 있는 소외 3, 소외 4 및 소외 5가 합계 132,480주(약 66.2%)를 보유하고 있었으나, 원고 2는 위 회사의 주주가 아니었다.

다. 피고는 원고들이 특수관계인, 즉, 원고들이 출자에 의하여 지배하고 있는 법인의 임원인 소외 1, 2로부터 이 사건 회사의 주식을 저가에 양수하였다는 이유로 구 상증세법 제35조에 근거하여 원고들에게 증여세를 부과하였다.

다. 쟁점

이 사건의 쟁점은, 양도자 등은 출자하지 아니한 채 '구 상증세법 시행령 제19조 제2항 제1호 내지 제5호에 규정하는 자만이 발행주식 총수 등의 100분의 30 이상을 출자하고 있는 법인'이 '양도자 등이 출자에 의하여 지배하고 있는 법인'의 하나인 '양도자 등과 구 상증세법 시행령 제19조 제2항 제1호 내지 제5호의 자가 발행주식 총수 등의 100분의 30 이상을 출자하고 있는 법인'에 해당하는지 여부(양도자인 소외 1, 2가 원고 1, 2가 출자에 의하여 지배하고 있는 법인의 사용인에 해당되는지 여부)이다.

라. 대상 판결의 요지

가. 관련 규정들의 문언과 체계 및 구 상증세법 시행령 제13조 제9항 제2호의 개정경위 등을 종합하여 보면, 구 상증세법 시행령 제19조 제2항 제2호에서 정한 '사용인'은 제13조 제9항 제2호에서 정한 '사용인'과 동일한 개념으로서 '양도자 등이 출자에 의하여 지배하고 있는 법인의 사용인'을 포함하지만(대법원 2012. 10. 11. 선고 2011두6899 판결 참조), 그 '양도자 등이 출자에 의하여 지배하고 있는 법인'의 하나인 '양도자 등과 상증세법 시행령 제19조 제2항 제1호 내지 제5호의 자가 발행주식 총수 등의 100분의 30 이상을 출자하고 있는 법인'은 '양도자 등이 단독으로' 또는 '양도자 등과 구 상증세법 시행령 제19조 제2항 제1호 내지 제5호에 규정하는 자가 함께' 발행주식총수 등의 100분의 30 이상을 출자하고 있는 법인을 의미할 뿐이므로, 양도자 등은 출자하지 아니한 채 '구 상증세법 시행령 제19조 제2항 제1호 내지 제5호에 규정하는 자만이 발행주식 총수 등의 100분의 30 이상을 출자하고 있는 법인'은 이에 해당하지 않는다(대법원 2011. 1. 27. 선고 2009두1617 판결 참조).

나. 위 사실관계를 앞에서 본 규정과 법리에 비추어 살펴보면, 소외 1은 원고 1과 그 친족이 함께 발행주식 총수 등의 100분의 30 이상을 출자하고 있는 이 사건 회사의 임원으로서 원고 1의 특수관계자에 해당하는 반면, 원고 2가 위 회사의 주주가 아닌 이상 소외 2는 원고 2의 특수관계자에 해당하지 않는다고 할 것이다.

마. 평석

가. 대상 판결의 취지에 따라 원고 1과 소외 1의 관계를 보면, 소외 1은 원고 1과 그 친족이 합계 66.2%를 보유한 이 사건 회사의 부사장이

므로 원고 1이 출자에 의하여 지배하고 있는 법인(이 사건 회사)의 사용인에 해당되어 원고 1과 소외 1은 특수관계가 인정된다. 그런데 원고 2와 소외 2의 관계를 보면, 소외 2가 원고 2와 특수관계가 인정되려면 소외 2가 이사로 있는 이 사건 회사가 원고 2가 출자에 의하여 지배하고 있는 법인에 해당되어야 한다. 그러나 대상 판결 취지에 따르면 원고 1을 포함한 원고 2의 친족들이 이 사건 회사의 지분 66.2%를 보유하고 있다고 하더라도 원고 2가 이 사건 회사의 주주가 아닌 이상 구 상증세법 제19조 제2항 제6호를 충족하지 못하게 되어 원고 2는 이 사건 회사를 출자에 의하여 지배할 수 없는 관계이고, 따라서 원고 2와 소외 2는 특수관계가 인정되지 아니한다.

나. 2018. 2. 13. 개정된 현행 상증세법 시행령 제2조의2 제1항 제2호는 특수관계인인 "사용인"을 "사용인(출자에 의하여 지배하고 있는 법인의 사용인을 포함한다. 이하 같다)이나 사용인 외의 자로서 본인의 재산으로 생계를 유지하는 자"라고 규정하고 있고, 제3항 제1호는 "출자에 의하여 지배하고 있는 법인"의 하나로 "1. 제1항 제6호에 해당하는 법인"을 규정하고 있다. 또한 제1항 제6호는 "6. 본인, 제1호부터 제5호까지의 자 또는 본인과 제1호부터 제5호까지의 자가 공동으로 발행주식 총수 또는 출자총액(이하 "발행주식 총수 등"이라 한다)의 100분의 30 이상을 출자하고 있는 법인"이라고 규정하고 있다.

- 구 상증세법 시행령 제19조 제2항 제6호
  "주주등 1인과 제1호 내지 제5호의 자가 발행주식 총수 등의 100분의 30 이상을 출자하고 있는 법인"

- 현행 상증세법 시행령 제2조의2 제1항 제6호
  "본인, 제1호부터 제5호까지의 자 또는 본인과 제1호부터 제5호까지의 자가 공동으로 발행주식 총수 또는 출자총액(이하 "발행주식 총수 등"이라 한다)의 100분의 30 이상을 출자하고 있는 법인"

대상 판결은 구 상증세법 시행령 제19조 제2항 제6호에 대해 '주주 등 1인'이 단독으로 또는 '주주 등 1인과 제1호 내지 제5호의 자가 공동으로' 100분의 30 이상 출자하고 있는 법인이면 특수관계가 인정되고, "주주등 1인"은 출자하지 않고 그와 제1호 내지 제5호에 해당하는 자만이 출자하고 있는 법인은 특수관계가 없는 것으로 해석하였다. 그러나 현행 상증세법 시행령 제2조의2 제1항 제6호는 "본인", "제1호부터 제5호까지의 자", "본인과 제1호부터 제5호까지의 자"를 병렬적으로 열거하고 있다. 따라서 문언해석상 ① "본인" 단독으로 100분의 30 이상을 출자하고 있는 법인, ② "제1호부터 제5호까지의 자"가 단독 또는 공동으로 100분의 30 이상을 출자하고 있는 법인, ③ "본인과 제1호부터 제5호까지의 자가" 공동으로 100분의 30 이상을 출자하고 있는 법인에 해당되면 위 제6호의 특수관계인에 해당되는 것으로 해석된다. 즉, 본인은 출자하지 않고 본인과 제1호 내지 제5호의 관계에 있는 자만 출자한 법인도 특수관계가 인정되는 것이다. 특수관계의 범위를 종전보다 확대하였다.

현행 상증세법령에 따르면, 원고 2는 이 사건 회사의 주주가 아니지만, 그의 친족들이 66.2%의 지분을 보유하고 있으므로 위 제6호의 법인에 해당되고, 소외 2는 그 법인의 사용인인 이사이므로 결국 원고 2와 소외 2는 특수관계가 인정된다.

현행 상증세법 제16조 제2항 제1호 나목은 공익법인의 내국법인 주식보유 한도를 산정함에 있어서 "출연자 및 그의 특수관계인이 해당 공익법인등 외의 다른 공익법인등에 출연한 동일한 내국법인의 주식 등"을 합산하도록 하고 있다. 여기에서 특수관계인인 현행 상증세법 시행령 제2조의2 제1항 제2호의 "사용인(출자에 의하여 지배하고 있는 법인의 사용인을 포함한다. 이하 같다)"과 같은 항 제6호 해당 여부를 판단함에 있어서는 위와 같은 내용을 고려해야 할 것이다.

6. 공익법인의 주식보유한도 초과부분에 대한 가액 평가기준일

가. 대상 판결

대법원 2016. 7. 27. 선고 2016두36116 판결

나. 사실관계

가. 원고는 공익재단법인으로 2008. 6. 5. 주식회사 ○○건축종합건축사사무소(이하 '이 사건 회사'라 한다)의 주식 32,000주(지분율 10%)를 출연받아 보유해 왔다. 이 사건 회사는 2009. 8. 19. 주주총회 특별결의를 통하여 자본감소를 결의하고, 2009. 8. 24. 이 사건 회사의 주주 중 소외 김○○ 보유 주식 57,040주, 소외 이○○ 보유 주식 94,595주, 소외 이▽▽ 보유 주식 14,585주를 각각 소각한 후, 2009. 8. 28. 발행주식 총수에 대한 변경등기를 하는 불균등감자(이하 '이 사건 감자'라 한다)를 실시하였고, 이 사건 감자에 따라 원고가 보유한 이 사건 회사의 주식 지분율은 10%에서 20.81%로 증가하게 되었다.

나. 감사원이 2012. 1. 26.부터 2012. 2. 22.까지 서울지방국세청 기관운영 감사를 실시한 결과, 원고가 이 사건 회사 발행 총 주식 중 5%를 초과하여 보유한 사실에 대하여 과세할 것을 서울지방국세청장에게 시정요구하였고, 서울지방국세청장으로부터 통보를 받은 피고는 구 상속세 및 증여세법(2010. 1. 1. 법률 제9916호로 개정되기 전의 것, 이하 '구 상증세법'이라 한다) 제48조 제1항, 같은 법 시행령(2010. 2. 18. 대통령령 제22042호로 개정되기 전의 것, 이하 '구 상증세법 시행령'이라 한다) 제37조 제1항 제3호(이하 '이 사건 시행령 조항'이라 한다)를 적용하여 이 사건 감자를 위한 주주총회결의일이 속하는 연도의 주주명부 폐쇄일(2009. 12. 31.)을 기준으로 이 사건 감자로 인한 증여재산가액을

평가하고, 2012. 8. 13. 원고에게 2009. 12. 31.을 증여일로 하여 증여세를 부과하는 처분을 하였다.

다. 쟁점

이 사건의 쟁점은 구 상증세법 시행령 제37조 제1항 제3호에서 정한 '구 상증세법 제48조 제1항 단서에 의한 주식의 초과부분'에 대한 가액 평가기준일이 언제인지 여부이다.

라. 대상 판결의 요지

구 상증세법 제48조 제1항 단서는 공익법인이 출연받은 내국법인의 주식 중 증여세 과세가액에 산입되는 초과부분의 계산방법을 대통령령에 위임하고 있는 점, 그 위임에 따른 이 사건 시행령 조항은 주주명부 폐쇄일을 기준으로 하여 초과부분을 계산하도록 정하고 있으나 가액의 평가기준일에 관하여는 명시적인 규정을 두고 있지 않은 점, 증여세가 부과되는 재산의 가액은 구 상증세법 제60조 제1항에 따라 원칙적으로 증여일 현재의 시가를 기준으로 평가하여야 하는 점, 이 사건 시행령 조항이 주주명부 폐쇄일을 기준으로 초과부분을 계산하도록 한 것은 감자의 경우에는 공익법인의 의사와는 무관하게 내국법인에 대한 지분 비율이 증가될 수 있는 등의 사정을 감안하여 공익법인에 주주명부 폐쇄일까지 초과보유 주식을 처분할 기회를 부여하고 그 기간 내에 처분된 주식에 대하여는 증여세가 과세되지 않도록 하는 데에 그 취지가 있을 뿐 가액평가까지 그 기준일을 주주명부 폐쇄일로 하도록 규정한 것으로는 보이지 않는 점, 이 사건 시행령 조항의 개정 연혁에 있어서도 주주명부 폐쇄일을 기준으로 가액을 평가하도록 규정한 것으로 해석할 만한 특별한 사정이 보이지 않는 점 등을 종합하면, 초과부분에 대한 가액의 평가

기준일은 주주명부 폐쇄일이 아닌 감자를 위한 주주총회 결의일로 보아
야 한다.

마. 평석

(1) 대상 판결의 의의

구 상증세법 시행령 제37조 제1항은 같은 법 제48조 제1항 각 호 외
의 부분 단서 및 같은 조 제2항 제2호 본문에서의 공익법인 주식보유한
도 초과분 계산시점을 "1. 공익법인 등이 매매 또는 출연에 의하여 주식
등을 취득하는 경우에는 그 취득일, 2. 공익법인 등이 보유하고 있는 주
식 등을 발행한 내국법인이 자본 또는 출자액을 증가시키기 위하여 발
행한 신주 중 공익법인 등에게 배정된 신주를 유상으로 취득하는 경우
에는 그 취득하는 날이 속하는 과세기간 또는 사업연도 중 「상법」 제
354조5)의 규정에 의한 주주명부의 폐쇄일 또는 권리행사 기준일(주식
회사 외의 회사의 경우에는 과세기간 또는 사업연도의 종료일로 한다),
3. 공익법인 등이 보유하고 있는 주식 등을 발행한 내국법인이 자본 또
는 출자액을 감소시킨 경우에는 감자를 위한 주주총회 결의일이 속하는
연도의 주주명부 폐쇄일(주식회사 외의 회사의 경우에는 과세기간 또는

---

5) 제354조 (주주명부의 폐쇄, 기준일)
　① 회사는 의결권을 행사하거나 배당을 받을 자 기타 주주 또는 질권자로서 권
　　리를 행사할 자를 정하기 위하여 일정한 기간을 정하여 주주명부의 기재변
　　경을 정지하거나 일정한 날에 주주명부에 기재된 주주 또는 질권자를 그 권
　　리를 행사할 주주 또는 질권자로 볼 수 있다.
　② 제1항의 기간은 3월을 초과하지 못한다.
　③ 제1항의 날은 주주 또는 질권자로서 권리를 행사할 날에 앞선 3월내의 날로
　　정하여야 한다.
　④ 회사가 제1항의 기간 또는 날을 정한 때에는 그 기간 또는 날의 2주간 전에
　　이를 공고하여야 한다. 그러나 정관으로 그 기간 또는 날을 지정한 때에는
　　그러하지 아니하다.

사업연도의 종료일로 한다)"이라고 규정하고 있다.[6]

상증세법령은 위와 같이 주식 초과보유 한도 계산시점에 대해서는 명문의 규정을 두고 있으나, 초과분의 가액 평가기준일에 대해서는 아무런 규정을 두고 있지 않다. 그런데, 상증세법 제60조 제1항은 증여재산가액 평가기준일을 증여일로 규정하고 있고, 대법원은 증자에 따른 이익의 증여에서 신주의 저가발행 여부를 판단하는 '시가'의 평가기준일을 신주취득의 효과가 발생하는 주금납입일이라고 판시하였다.[7]

상법상 자본감소는 상법 제434조[8]의 주주총회 특별결의사항이고,[9] 주주총회의 결의를 함으로써 자본감소에 따른 지분 비율이 결정된다. 대상 판결은 이러한 점들을 고려하여 주주총회 결의일을 가액의 평가기준일로 해석한 것으로 보인다.

초과보유 주식의 가액 평가기준일은 공익법인의 보유한도 초과 부분에 대한 증여세 과세표준 산정에 있어서 중요한 과세요건이다. 따라서 이러한 사항은 법원의 해석에 맡길 것이 아니라, 조세법률주의의 요청

---

6) 2018. 2. 13. 대통령령 제28638호로 개정된 현행 상증세법 시행령 제37조 제1항도 동일하게 규정하고 있다.

7) 대법원 2015. 9. 10. 선고 2013두22437 판결은 구 상증세법 제39조 제1항 제1호 (신주 저가발행시 증자에 따른 이익증여)에서 신주의 저가발행 여부를 판단하는 기준이 되는 '시가'의 평가기준일에 관하여, '구 상증세법 제39조 제1항 제1호 (다)목에서 정한 증자에 따른 이익의 증여는 신주인수인이 그 주금을 납입하는 때에 새로운 주주가 됨으로써 그 효과가 발생하므로, 그 증여이익도 그 당시의 시가를 기준으로 산정하여야 한다. 이에 구 상증세법 시행령 제29조 제4항도 위 '증자 후의 1주당 평가가액'등을 산정하는 기준일을 '주식대금 납입일'로 규정하고 있다. 이러한 관련 규정의 문언과 체계 및 입법 취지 등을 종합하여 보면, 구 상증세법 제39조 제1항 제1호에서 신주의 저가발행 여부를 판단하는 기준이 되는 '시가'의 평가기준일은 신주 발행을 결정한 이사회 결의일이 아니라 주금 납입일로 봄이 상당하다'라고 판시하였다.

8) 제434조 (정관변경의 특별결의)
제433조 제1항의 결의는 출석한 주주의 의결권의 3분의 2 이상의 수와 발행주식총수의 3분의 1 이상의 수로써 하여야 한다.

9) 상법 제438조 제1항.

과 분쟁의 예방을 위하여 상증세법령에 명문의 규정을 마련하는 입법적 개선이 필요하다.

(2) 관련 문제

(가) 초과보유 한도 계산시점 관련

상증세법 시행령 제37조 제1항 제2호와 제3호는 초과보유 한도 계산 시점을 각각 '주주명부 폐쇄일' 또는 '권리행사 기준일'로 규정하고 있다. 여기에서 '주주명부 폐쇄일'을 상법 제354조에 따른 증자나 감자절 차에서 반드시 거쳐야 하는 주주명부 폐쇄일로 볼 것인지, 아니면 사업 연도 결산을 위해 매년 12. 31. 하게 되는 주주명부 폐쇄일로 볼 것인지 가 명확하지 않다. 이에 대해서도 관련규정을 개정하여 어느 시점인지 명확하게 규정할 필요가 있다.

(나) 보유한도 초과사유 관련

구 상증세법 시행령 제37조 제1항[10] 각호에 규정된 보유한도 초과 사유, 즉 매매 또는 출연(제1호), 유상증자(제2호), 감자(제3호) 외의 사 유로 공익법인의 주식보유비율이 한도를 초과하는 경우 주식 보유한도 초과분의 계산시점과 가액 평가기준일을 언제로 볼 것인지가 문제된다. 예를 들어 주식발행 법인의 합병으로 인한 신주교부나 지주회사 설립으 로 인한 지주회사 주식교부로 인하여 공익법인의 주식 보유비율이 보유 한도를 초과하는 경우 과세근거가 있는지 하는 것이다.

합병과 관련한 유권해석으로, 과세당국은 甲공익법인이 비상장법인 B와 C의 주식을 각각 5%씩 출연받아 보유하고 있다가 C법인 주식을 보유한 B법인이 C법인을 흡수합병(합병비율 1:1)하면서 B법인이 보유 중인 C법인 주식에 대하여는 합병신주를 발행하지 않음에 따라 甲공익

---

10) 현행 상증세법 시행령 제37조 제1항도 동일.

법인이 합병 후 존속하는 B법인 주식을 5% 초과하여 보유하게 된 사안에 대하여, "공익법인이 보유하고 있는 주식을 발행한 내국법인이 다른 법인을 흡수합병하여 그 합병존속법인의 의결권 있는 발행주식총수의 5%를 초과한 경우 5% 초과분에 대하여는 「상속세 및 증여세법」 제48조에 따라 증여세가 과세되는 것"이고 "이 경우 5% 초과 여부는 합병등기일이 속하는 과세기간 또는 사업연도 중 「상법」 제354조의 주주명부의 폐쇄일 또는 권리행사 기준일을 기준으로 판정하는 것"이라고 해석[11]함으로써 구 상증세법 시행령 제37조 제1항 제2호를 적용한 사례가 있다.

그러나 조세법률주의에 따른 조세법규 엄격해석의 원칙상 유상증자에 관한 위 제2호를 합병에 유추적용하는 과세당국의 해석은 위법하다. 또한 지주회사 전환에 따라 공익법인이 지주회사 주식을 교부받음으로써 주식 보유한도를 초과하게 된 경우에도 현행 상증세법상 보유한도 초과분에 대해 과세할 근거는 없다.

공익법인이 매매나 출연과 같이 자의에 의해 지분율을 증가시킨 것이 아니라, 타인(대주주 등)에 의해 기업구조조정이 이루어지고 이에 따라 공익법인의 지분율이 보유한도를 초과하게 되는 경우에는 공익법인에게 그 책임을 물을 수 없는 것이므로, 그 초과분에 대해서는 과세 제외하는 방안도 고려할 필요가 있다.[12]

---

11) 재산-300, 2012. 8. 26.
12) 보유한도 초과분 주식에 대해 증여세가 부과되는 경우 납부재원과 관련하여 실무상으로 다음과 같은 문제가 있다. 즉, 공익법인이 주식 보유한도를 초과하는 주식을 보유하게 되어 그 초과분에 대해 증여세가 부과된 경우, 이를 납부기한 내에 납부하지 아니하면 납부지연가산세(국세기본법 제47조의4)가 추가된다. 공익법인이 증여세를 납부할 현금 등 재원이 없거나 부족한 경우 공익법인은 한도초과분 주식을 처분하여 납부재원을 마련해야 하는 경우가 있다. 문제는 공익법인이 보유하는 주식이 기본재산으로 되어 있어서 주무관청의 승인이 있어야 처분이 가능한데, 실무상 주무관청이 기본재산의 처분을 엄격히 통제하여 승인을 해주지 않는 경우가 일반적이라는 점이다. 결국 공익법인의 납부지연가산세만 계속 늘어나게 되는데, 이는 매우 불합리하다. 따라서 이런 경우에는 일정한

(다) 주식 보유한도가 다른 공익법인이 동일한 주식을 보유한 경우 초과분의 계산
  방법

상증세법은 공익법인이 주식 보유한도를 초과하여 내국법인의 주식
을 보유하는 경우 그 한도 초과분에 대해 상속세나 증여세를 과세하도
록 규정하고 있다.[13] 상증세법은 공익법인의 주식 보유한도를 일정한
요건에 따라 5%, 10%, 20%로 달리 규정하고 있는데,[14] 주식 보유한도
가 다른 공익법인이 동일한 내국법인 주식을 출연받는 경우 증여세 과
세대상이 되는 초과분을 어떻게 계산할 것인지에 대해서는 현행 상증세
법에 아무런 규정을 두고 있지 않아서 문제가 된다. 예를 들면, 5% 한
도 공익법인과 10% 한도 공익법인이 동일한 내국법인의 주식을 각각
5%, 10% 보유하게 되는 경우 이들 공익법인이 주식보유한도를 초과한
것으로 보아 증여세를 과세할 수 있는지, 증여세를 과세할 수 있다면 한
도초과분을 어떤 방식으로 계산할 것인지 하는 문제이다.

상증세법은 공익법인이 내국법인의 의결권 있는 주식이나 출자지분
을 출연받는 경우 그 출연받는 주식 등과 ① 출연자가 출연할 당시 해당
공익법인등이 보유하고 있는 동일한 내국법인의 주식 등, ② 출연자 및
그의 특수관계인이 해당 공익법인등 외의 다른 공익법인등에 출연한 동
일한 내국법인의 주식 등, ③ 상속인 및 그의 특수관계인이 재산을 출연
한 다른 공익법인등이 보유하고 있는 동일한 내국법인의 주식 등을 합
한 것이 그 내국법인의 의결권 있는 발행주식 총수 또는 출자총액의 일
정 비율을 초과하는 경우 그 초과하는 부분에 대해서는 상속세나 증여
세를 과세하도록 하고 있다.[15]

현행 상증세법에 따르면 공익법인의 동일 내국법인 주식 보유한도는

요건 하에 기본재산인 초과분 주식의 처분에 대한 주무관청의 승인을 의제하는
등으로 관련 법률을 개정하여 공익법인으로 하여금 납부지연가산세의 부담 없
이 증여세를 납부할 수 있도록 지원해줄 필요가 있다.

13) 상증세법 제16조, 제48조.
14) 상증세법 제16조 제2항.
15) 상증세법 제16조 제2항, 제48조 제1항.

다음과 같다. ① 공정거래법 제14조에 따른 상호출자제한기업집단과 특수관계에 있는 공익법인등과 ② 상증세법 제48조 제11항 각 호의 요건을 충족하지 못하는 공익법인등은 5%,[16] 상증세법 시행령 제12조에 열거된 공익법인등으로서 5%의 적용 요건에 해당되지 아니하는 공익법인등은 10%,[17] 10% 적용 요건을 충족한 공익법인등으로서 ① 출연받은 주식등의 의결권을 행사하지 아니하고, ② 자선·장학 또는 사회복지를 목적으로 할 것의 요건을 모두 갖춘 공익법인등은 20%이다.[18] 한편, 공익법인등의 주식 보유한도에 제한이 없는 경우가 있는데, 이는 공익법인등이 주식을 출연받는 경우와 공익법인등이 이미 출연받은 재산으로 내국법인의 주식을 취득하는 경우로 구분하여 그 요건을 달리 규정하고 있다. 주식을 출연받는 경우로는 ① 상증세법 제49조 제1항 각 호 외의 부분 단서에 해당하는 공익법인등으로서 상호출자제한기업집단과 특수관계에 있지 아니한 공익법인등에 그 공익법인등의 출연자와 특수관계에 있지 아니한 내국법인의 주식 등을 출연하는 경우로서 주무관청이 공익법인등의 목적사업을 효율적으로 수행하기 위하여 필요하다고 인정하는 경우, ② 상호출자제한기업집단과 특수관계에 있지 아니한 공익법인등으로서 상증세법 제48조 제11항 각 호의 요건을 충족하는 공익법인등(공익법인등이 설립된 날부터 3개월 이내에 주식등을 출연받고, 설립된 사업연도가 끝난 날부터 2년 이내에 해당 요건을 충족하는 경우를 포함한다)에 발행주식 총수 등의 상증세법 제16조 제2항 제2호 각 목에 따른 비율을 초과하여 출연하는 경우로서 해당 공익법인등이 초과보유일부터 3년 이내에 초과하여 출연받은 부분을 매각(주식등의 출연자 또는 그의 특수관계인에게 매각하는 경우는 제외한다)하는 경우, ③ 「공익법인의 설립·운영에 관한 법률」 및 그 밖의 법령에 따라 내국법인의 주식등을 출연하는 경우가 있다.[19] 그리고 출연받은 재산으로 내국법인의

---

16) 상증세법 제16조 제2항 제2호 나목과 다목, 제48조 제1항 단서, 제2항 제2호 본문.
17) 상증세법 제16조 제2항 제2호 본문, 제48조 제1항 단서, 제2항 제2호 본문.
18) 상증세법 제16조 제2항 제2호 가목, 제48조 제1항 단서, 제2항 제2호 본문.

주식을 취득하는 경우로는 위 ①, ③에 해당하는 경우와 「산업교육진흥
및 산학연협력촉진에 관한 법률」에 따른 산학협력단이 주식 등을 취득
하는 경우로서 대통령령으로 정하는 요건[20]을 갖춘 경우가 있다.[21]

  국세청은 주식 보유한도가 다른 공익법인이 동일한 주식을 보유한
경우 초과분의 계산방법에 대하여, 10% 보유한도인 성실공익법인[22]과

---

19) 상증세법 제16조 제3항, 제48조 제1항 단서 괄호.
20) 상증세법 시행령 제37조 제6항.
21) 상증세법 제48조 제2항 제2호 단서.
22) 2020. 12. 22. 법률 제17654호로 개정된 현행 상증세법은 '성실공익법인'이라는
   용어를 삭제하였다. 이 개정 전의 구 상증세법 제16조 제2항 제2호 단서, 같은
   법 시행령 제13조 제3항이 정한 성실공익법인(주식보유한도 10%)의 요건은 '①
   법 제50조 제3항에 따른 외부감사, ② 법 제50조의2에 따른 전용계좌의 개설 및
   사용, ③ 법 제50조의3에 따른 결산서류등의 공시, ④ 법 제51조에 따른 장부의
   작성·비치, ⑤ 해당 공익법인등의 운용소득(구 시행령 제38조 제5항에 따른 운
   용소득을 말한다)의 100분의 80 이상을 직접 공익목적사업에 사용할 것, ⑥ 출
   연자(재산출연일 현재 해당 공익법인등의 총출연재산가액의 100분의 1에 상당
   하는 금액과 2천만 원 중 적은 금액을 출연한 자는 제외한다) 또는 그의 특수관
   계인이 공익법인등의 이사 현원(이사 현원이 5명에 미달하는 경우에는 5명으로
   본다)의 5분의 1을 초과하지 아니할 것. 다만, 구 시행령 제38조 제12항에 따른
   사유로 출연자 또는 그의 특수관계인이 이사 현원의 5분의 1을 초과하여 이사
   가 된 경우로서 해당 사유가 발생한 날부터 2개월 이내에 이사를 보충하거나
   개임하여 출연자 또는 그의 특수관계인인 이사가 이사 현원의 5분의 1을 초과
   하지 아니하게 된 경우에는 계속하여 본문의 요건을 충족한 것으로 본다. ⑦ 법
   제48조 제3항에 따른 자기내부거래를 하지 아니할 것, ⑧ 법 제48조 제10항 전
   단에 따른 광고·홍보를 하지 아니할 것'이다. 구 상증세법상 성실공익법인에 해
   당하는 현행 상증세법에서의 '10% 보유한도 대상인 공익법인'의 요건은 '①
   「독점규제 및 공정거래에 관한 법률」 제14조에 따른 상호출자제한기업집단(이
   하 "싱호출자제한기업집단"이라 한다)과 특수관계가 없을 것, ② 법 제48조 제2
   항 제3호에 따른 운용소득에 대통령령으로 정하는 비율을 곱하여 계산한 금액
   이상을 직접 공익목적사업에 사용할 것, ③ 법 제48조 제2항 제7호에 따른 출연
   재산가액에 대통령령으로 정하는 비율을 곱하여 계산한 금액 이상을 직접 공익
   목적사업에 사용할 것, ④ 출연자(재산출연일 현재 해당 공익법인등의 총 출연
   재산가액의 100분의 1에 상당하는 금액과 2천만 원 중 적은 금액 이하를 출연
   한 자는 제외한다) 또는 그의 특수관계인이 공익법인등의 이사 현원(이사 현원
   이 5명 미만인 경우에는 5명으로 본다)의 5분의 1을 초과하지 않을 것. 다만, 제

5% 보유한도인 일반공익법인이 동시에 동일 내국법인의 주식을 취득하는 경우로서 일반공익법인은 5%, 성실공익법인은 10%를 취득하게 되면, 일반공익법인은 2.5%를 초과하는 부분, 성실공익법인은 7.5%를 초과하는 부분에 대해 상증세법 제48조에 따른 증여세를 부과한다고 해석하고 있다.[23] 일반공익법인은 그 보유한도(5%)의 1/2을 기준으로 하고, 성실공익법인은 일반공익법인과의 보유한도 합계(15%)의 1/2을 기준으로 초과분을 산정한다는 것이다.

일반공익법인과 성실공익법인 모두 각 공익법인별 보유한도를 초과하지는 않았지만, 다른 공익법인이 보유한 동일 내국법인의 주식으로 인하여 한도초과분이 발생한 것으로 보아 그 초과분에 대해 증여세를 과세한다는 것인데, 이는 상증세법이 증여세의 부담 없이 보유를 허용하는 한도 내의 주식을 보유함에도 불구하고 공익법인이 증여세를 부담하게 된다는 점에서 문제가 있다. 공익법인의 활동을 지원해준다는 정책 측면에서 볼 때, 공익법인의 주식 보유한도는 확대 내지 폐지하는 것이 타당하다[24]는 점, 적어도 상증세법이 허용한 보유한도별(5%, 10%,

---

38조 제12항 각 호에 따른 사유로 출연자 또는 그의 특수관계인이 이사 현원의 5분의 1을 초과하여 이사가 된 경우로서 해당 사유가 발생한 날부터 2개월 이내에 이사를 보충하거나 교체 임명하여 출연자 또는 그의 특수관계인인 이사가 이사 현원의 5분의 1을 초과하지 않게 된 경우에는 계속하여 본문의 요건을 충족한 것으로 본다. ⑤ 법 제48조 제3항에 해당하지 않을 것. ⑥ 법 제48조 제10항 전단에 따른 광고·홍보를 하지 않을 것'이다(현행 상증세법 제16조 제2항 제2호, 같은 법 시행령 제41조의2 제3항).

23) 2014. 7. 9.자 국세청 과세기준자문 회신.
24) 김을순·노직수, "비영리법인의 과세제도 개선방안에 관한 연구", 경영교육저널 제11권(2002), 122 ; 박정우·육윤복·윤주영, "비영리법인의 과세제도에 관한 연구", 세무학연구 제2권 제1호(2004), 63 ; 윤현석, "비영리법인과 상속세 및 증여세법", 조세법연구 제14-2집(2008), 309 ; 김진수, "공익법인의 주식 취득·보유 제한에 대한 타당성 검토", 재정포럼 제14권 제8호, 한국조세연구원(2009), 57-63 ; 김종근·전병욱, "공익법인에 대한 주식 출연 관련 증여세 과세문제", 세무학연구 제29권 제3호(2012), 131-135 ; 신상철·이성봉, "장수기업 육성을 위한 정책적 지원 방안", 중소기업연구원(2014), 118-123 ; 곽관훈, "대기업집단 소속 공익법인의

20%) 공익법인의 주식보유한도 내의 주식에 대해서는 증여세를 과세하지 아니하는 것이 타당하다는 점에서 보유한도가 다른 각각의 공익법인 주식보유한도 이내라면 초과분은 없는 것으로 봄이 타당하다. 이에 따라 만약 동일 내국법인 주식을 동일한 출연자로부터 5% 보유한도인 공익법인이 3%, 10% 보유한도인 공익법인이 7%를 각각 출연받은 상황에서 5% 보유한도인 공익법인이 추가로 5%를 출연받는다면, 5% 보유한도인 공익법인에 대해서만 보유한도인 5%를 초과하는 3%에 대해 증여세를 과세하고, 만약 10% 보유한도인 공익법인이 5%를 추가로 출연받는다면, 10% 보유한도인 공익법인에 대해서만 보유한도인 10%를 초과하는 2%에 대해 증여세를 과세하도록 하는 것이 타당하다.

주식보유한도가 다른 공익법인이 동일한 주식을 보유하게 되는 경우 초과분의 계산방법에 대해서는 현행 상증세법에 명문의 규정이 없고, 확립된 법리도 없어서 실무상 분쟁이 발생하는 문제이며, 공익법인의 과세요건(납세의무의 존부와 범위)에 해당하는 사항이므로 그 기준을 조속히 법령에 명확하게 규정할 필요가 있다.

계열사 주식보유규제의 개선방안", 기업법연구 29(4) (2015), 132-138 ; 강나라, "중소기업주식의 공익법인 출연에 관한 연구", 기업경영리뷰 8(1) (2017), 350-356 ; 윤현경·박훈, "공익법인 주식출연시 증여세 과세가액 불산입 인정 요건에 대한 소고", 조세와 법 제10권 제2호(2017), 64-65 ; 이상신, "공익법인에 대한 주식 출연의 제한 및 그 개선방안에 관한 연구", 조세법연구 제21-2집, 한국세법학회 (2015), 216-221 ; 이동식, "공익재단에 대한 주식 출연 한도 높여야", 한국경제 (2016. 5. 6.), https://www.hankyung.com/news/article/2016050597931, (2022. 5. 27. 확인) ; 곽윤재, "대규모기업집단 소속 공익법인 주식 보유 실태와 주식 보유 제한 입법의 필요성", KHU 글로벌 기업법무 리뷰 제11권 제2호(2018), 23-29 ; 김무열, "공익법인의 설립·운영·해산 단계에 따른 과세제도 연구", 한국조세재정연구원 (2019), 73-75, 77-79 ; 김일석, "세법상 공익법인 규제제도의 쟁점과 현황", 월간 조세 통권 제372호(2019), 78-91 ; 유철형, "기업공익재단의 주식 보유 관련 세제 개선방안", 기업공익재단법제연구, 재단법인 동천(2021), 308-315.

7. 공익법인의 주식보유한도 산정시 특수관계의 판단기준

가. 대상 판결

대법원 2017. 4. 20. 선고 2011두21447 전원합의체 판결

나. 사실관계

가. 원고는 소외 1과 소외 주식회사 ○○○(이하 '이 사건 내국법인'이라 한다)으로부터 현금 3억 1,000만 원을 출연받아 2002. 10. 17. 그 설립허가를 받고, 같은 해 11. 5. 그 설립등기를 마친 재단법인으로 상호출자제한 기업집단에 속하는 법인과 동일인관련자의 관계에 있지 아니한 성실공익법인이다. 소외 1은 이 사건 내국법인의 총발행 주식 12만 주 중 8만 4,000주(발생주식 총수 중 70%)를, 그의 6촌 동생 소외 2가 나머지 3만 6,000주(발행주식총수 중 30%)를 각 소유하고 있었는데, 2003. 2. 20. 소외 1, 2는 각각 7만 2,000주(발행주식총수 중 60%)와 3만 6,000주(이하 소외 1이 증여한 7만 2,000주와 소외 2가 증여한 3만 6,000주를 통틀어 '이 사건 주식'이라 한다)를 각 원고에 출연하였다. 소외 1은 2005. 12. 15.경 원고의 3대 이사장으로 취임하기도 하였다.

나. 이에 피고는, 원고가 2003. 4. 28. 소외 1 등으로부터 이 사건 주식을 출연받은 것은 원고의 공익목적사업의 효율적 수행을 위한 것이기는 하나, 구 상속세 및 증여세법(2007. 12. 31. 법률 제118828호로 개정되기 전의 것, 이하 '구 상증세법'이라 한다) 제48조 제1항 단서에서 규정한 공익법인이 내국법인의 의결권 있는 발행주식 총수의 100분의 5를 초과하여 출연받은 경우에 해당한다고 보아 2008. 9. 3. 원고에게 2003년 귀속분 증여세 14,041,937,000원(가산세 4,011,982,000원 포함)을 부과하는 처분을 하였다.

다. 쟁점

이 사건의 쟁점은 ① 구 상속세 및 증여세법 시행령(2003. 12. 30. 대통령령 제18177호로 개정되기 전의 것, 이하 '구 시행령'이라 한다) 제13조 제4항 제1호에서 정한 '출연자 및 그와 특수관계에 있는 자가 보유한 주식의 합계가 가장 많은 내국법인'에 해당하는지 여부를 판단하는 기준 시점과 ② 구 시행령 제19조 제2항 제4호에서 정한 '재산을 출연하여 비영리법인을 설립한 자'의 의미이다.

라. 대상 판결의 요지

가. (1) 구 상증세법 제48조 제1항 본문은 '공익법인이 출연받은 재산'에 대하여는 증여세를 부과하지 아니한다고 규정하고 있다. 이는 공익법인의 활동을 조세정책적 차원에서 지원하기 위한 규정으로서, 공익법인이 영위하는 공익사업은 원래 국가 또는 지방자치단체가 수행하여야 할 업무라는 점을 고려한 것이다. 그런데 구 상증세법 제48조 제1항 단서는 '공익법인이 내국법인의 주식을 출연받은 경우 출연받은 주식 등이 당해 내국법인의 의결권 있는 발행주식 총수의 100분의 5를 초과하는 경우'에는 증여세를 부과하도록 규정하고 있다. 공익법인에 출연한 재산에 대하여 증여세를 부과하지 않는 점을 틈타서 공익법인에 대한 주식 출연의 방법으로 공익법인을 내국법인에 대한 지배수단으로 이용하면서도 상속세 또는 증여세를 회피하는 것을 막기 위한 것이다. 한편, 구 상증세법 제48조 제1항 단서는 그 괄호 안에서 '법 제16조 제2항 각 호 외의 부분 단서(이하 '제16조 제2항 단서'라고만 한다)의 규정에 해당하는 경우를 제외한다'라고 규정함으로써 구 상증세법 제48조 제1항 단서 규정에 의하여 증여세가 부과되는 범위를 제한하고 있다. 즉, 구 상증세법 제16조 제2항 단서는 '공익법인에 출연자와 특수관계에 있

지 아니하는 내국법인의 주식을 출연하는 경우'에는 증여세가 부과되지 않도록 규정하고 있다. 내국법인의 의결권 있는 발행주식 총수의 100분의 5를 초과하는 주식을 공익법인에 출연하더라도, 공익법인에 대한 주식 출연의 방법으로 공익법인을 내국법인에 대한 지배수단으로 이용할 우려가 없는 경우에는 다시 원칙으로 돌아가 증여세를 부과하지 않으려고 하는 것이다.

(2) 앞서 본 구 상증세법 제48조 제1항과 제16조 제2항 단서의 규정을 종합하여 보면, 출연된 내국법인의 주식이 그 내국법인 발행주식 총수의 100분의 5를 초과하는 경우라고 하더라도 출연된 주식에 대하여 증여세를 부과하려면 그 출연자와 내국법인 사이에 '특수관계'가 인정되어야 한다. 이와 관련하여 위 단서 규정의 위임에 따른 구 시행령 제13조 제4항은 "구 상증세법 제16조 제2항 단서에서 '당해 공익법인의 출연자와 특수관계에 있지 아니하는 내국법인'이라 함은 다음 제1호 및 제2호에 해당하지 아니하는 내국법인을 말한다"라고 규정하고 있고, 제1호에서는 '출연자 또는 그와 특수관계에 있는 자(출연자와 제6항 각 호의 1의 관계에 있는 자를 말하되, 당해 공익법인을 제외한다)가 주주이거나 임원의 현원 중 5분의 1을 초과하는 내국법인'이라는 요건(이하 '주주 요건'이라고 한다)과 '출연자 및 그와 특수관계에 있는 자(출연자와 제6항 각 호의 1의 관계에 있는 자를 말한다)가 보유하고 있는 주식의 합계가 가장 많은 내국법인'이라는 요건(이하 '최대주주 요건'이라고 한다)을 모두 갖춘 내국법인을 '당해 공익법인의 출연자와 특수관계에 있는 내국법인'으로 규정하고 있다. 그러므로 위와 같은 '주주 요건'과 '최대주주 요건'을 모두 갖추어야 출연자와 내국법인 사이에 '특수관계'가 있다고 볼 수 있고, 그러한 경우에 비로소 공익법인에 출연된 내국법인의 주식에 대하여 증여세를 부과할 수 있는 것이다.

(3) 구 상증세법 제48조 제1항의 입법 취지가 내국법인 주식의 출연 전에 그 '내국법인의 최대주주였던 자'의 출연을 규제하고자 하는 것이라면 '최대주주 요건'을 주식이 출연되기 전의 시점을 기준으로 판단하

여야 하고, 주식의 출연 후에 그 '내국법인의 최대주주가 되는 자'의 출연을 규제하고자 하는 것이라면 '최대주주 요건'을 주식이 출연된 후의 시점을 기준으로 판단하여야 한다. 공익법인에 출연한 주식이 '출연자 및 그와 특수관계에 있는 자(이하 '출연자 등'이라고 한다)가 보유한 주식의 합계가 가장 많은 내국법인'의 주식인 경우에는, 내국법인에 대한 지배력을 바탕으로 배당 등에 관한 영향을 통하여 그 공익법인에 영향을 미침으로써 공익법인을 내국법인에 대한 지배수단으로 이용할 수 있으면서도 이러한 공익법인에 대한 주식 출연의 방법으로 상속세 또는 증여세를 회피할 수 있으므로, 이러한 폐해를 방지하고자 이와 같은 규정을 두게 된 것으로 이해된다. 따라서 '최대주주 요건'에 해당하는지 여부는 주식이 출연되기 전의 시점이 아닌 출연된 후의 시점을 기준으로 판단하여야 한다. 비록 주식이 출연되기 전에 최대주주였다고 하더라도 그 출연에 따라 최대주주로서의 지위를 상실하였다면 출연자는 더 이상 내국법인에 대한 지배력을 바탕으로 공익법인에 영향을 미칠 수 없고 공익법인을 내국법인에 대한 지배수단으로 이용할 수 없기 때문이다.

(4) 법 제16조 제2항 단서는 '① 제49조 제1항 각 호 외의 부분 단서에 해당하는 것으로서, ② 독점규제 및 공정거래에 관한 법률 제9조의 규정에 의한 상호출자제한기업집단과 특수관계에 있지 아니하는 공익법인에, ③ 당해 공익법인의 출연자와 특수관계에 있지 아니하는 내국법인의 주식을 출연하는 경우로서, ④ 대통령령으로 정하는 경우에는' 증여세를 부과하지 아니한다고 규정하고 있다. 공익법인을 내국법인에 대한 지배수단으로 이용할 우려가 없다고 인정받으려면 위 네 가지 요건을 모두 충족하여야 한다. 이 사건의 쟁점은 그 가운데 '③ 당해 공익법인의 출연자와 특수관계에 있지 아니하는 내국법인의 주식을 출연하는 경우'에 관한 것이다.

나. (1) 한편 앞서 본 바와 같이, 주식 출연 시 비과세 혜택을 받기 위해서는 출연자 등이 내국법인의 최대주주에 해당하지 않아야 하는데, 주식이 출연된 후의 시점에서 최대주주 여부를 판단하려면 내국법인의

주식을 출연받은 '당해 공익법인'이 출연자와 특수관계에 있는 자에 해당하는지도 따져보아야 한다. 이와 관련하여 구 시행령 제13조 제6항 제3호에 따라 준용되는 구 시행령 제19조 제2항 제4호(이하 '이 사건 시행령 조항'이라고 한다)는 '주식 출연자 등이 이사의 과반수를 차지하거나 재산을 출연하여 설립한 비영리법인'을 그 출연자와 특수관계에 있는 자로 규정하고 있다. 위 규정들의 문언에 따르면 '당해 공익법인'도 비영리법인에 당연히 포함되므로, 위 규정들의 요건에 해당하는 경우에는 '출연자와 특수관계에 있는 비영리법인'이 될 수 있다. 구 시행령 제13조 제4항 제1호에서도 최대주주 요건과 관련된 특수관계에 있는 자의 범위에 당해 공익법인을 포함시킴으로써 이러한 점을 명확히 하고 있다. 따라서 '주식 출연자 등이 당해 공익법인 이사의 과반수를 차지'하거나 당해 공익법인이 '주식 출연자 등이 재산을 출연하여 설립한 공익법인'에 해당한다면 출연자와 특수관계에 있는 자에 해당하게 되므로, 그 경우에는 출연으로 인하여 당해 공익법인이 보유하게 된 주식은 물론 출연 당시 당해 공익법인이 이미 보유하고 있던 내국법인의 주식을 포함시켜 최대주주에 해당하는지 여부를 판단하여야 한다.

(2) 이 사건에서는 당해 공익법인이 '주식 출연자 등이 재산을 출연하여 설립한 공익법인'에 해당하는지, 즉 '재산을 출연하여 비영리법인을 설립한 자'의 의미가 쟁점이다. 아래에서 살펴보는 바와 같이 조세법규의 해석 원칙과 입법 취지, 이 사건 시행령 조항의 입법 연혁, 특수관계에 있는 비영리법인의 범위를 정한 다른 조세법규의 내용, 정관작성이나 이사선임 등의 설립행위가 공익법인의 운영과정에 미치는 영향력 등을 종합적으로 고려하면, 이 사건 시행령 조항에서 정한 '재산을 출연하여 비영리법인을 설립한 자'란 비영리법인의 설립을 위하여 재산을 출연하고 정관작성, 이사선임, 설립등기 등의 과정에서 그 비영리법인의 설립에 실질적으로 지배적인 영향력을 행사한 자를 의미하는 것으로 보아야 한다.

(3) 원심판결 이유에 의하면, 원심은 '재산을 출연하여 비영리법인을

설립한 자'는 '재산을 출연하여 비영리법인의 설립에 이른 자'를 의미하고 설립행위를 할 것을 필요로 하는 것은 아니라고 전제한 다음, 소외 1이 공익법인인 원고의 설립과정에서 재산을 출연한 이상 원고는 소외 1이 '재산을 출연하여 설립한 비영리법인'에 해당하고, 따라서 소외 1과 원고 사이에는 특수관계가 있다고 판단하였다.

그러나 앞서 본 바와 같이 이 사건 시행령 조항에서 정한 '재산을 출연하여 비영리법인을 설립한 자'란 비영리법인의 설립을 위하여 재산을 출연하고 나아가 정관작성, 이사선임 등의 과정에서 그 비영리법인의 설립에 실질적으로 지배적인 영향력을 행사한 자를 의미한다. 그런데 원심판결 이유에 의하면, 소외 1과 그의 6촌 동생인 소외 2가 원고에게 이 사건 내국법인 발행의 주식을 출연한 후에 소외 1이 같은 주식의 10%를, 원고가 같은 주식의 90%를 각 보유하고 있음을 알 수 있다. 따라서 원고가 소외 1 등이 '재산을 출연하여 설립한 공익법인'에 해당하여야 주식의 출연자인 소외 1이 주식을 출연받은 원고와 '특수관계에 있는 자'에 해당하게 되고, 그 결과 원고가 보유하게 된 이 사건 내국법인 주식 90%도 '최대주주 요건'을 결정하는 주식의 수에 포함시킬 수 있다. 따라서 소외 1 등이 원고에게 주식을 출연한 사실이 인정된다고 하더라도, 원심으로서는 나아가 소외 1 등이 원고의 정관작성, 이사선임 등의 설립과정에서 실질적으로 지배적인 영향력을 행사함으로써 원고를 설립한 것으로 볼 수 있는지를 더 면밀하게 심리할 필요가 있다.

마. 평석

(1) 대상 판결의 법리가 현행 상증세법령에도 적용되는지

공익법인등의 의결권 있는 주식의 보유한도 초과분과 관련된 현행 상증세법령의 규정은 아래와 같다.

- 2020. 12. 22. 법률 제17654호로 개정된 현행 상증세법 제16조[25]

  ③ 제2항에도 불구하고 다음 각 호의 어느 하나에 해당하는 경우에는 그 내국법인의 발행주식 총수 등의 같은 항 제2호에 따른 비율을 초과하는 경우에도 그 초과하는 가액을 상속세 과세가액에 산입하지 아니한다.

  1. 제49조 제1항 각 호 외의 부분 단서에 해당하는 공익법인등으로서 상호출자제한기업집단과 특수관계에 있지 아니한 공익법인등에 그 공익법인등의 출연자와 특수관계에 있지 아니한 내국법인의 주식등을 출연하는 경우로서 주무관청이 공익법인등의 목적사업을 효율적으로 수행하기 위하여 필요하다고 인정하는 경우

  2. 상호출자제한기업집단과 특수관계에 있지 아니한 공익법인등으로서 제48조 제11항 각 호의 요건을 충족하는 공익법인등(공익법인등이 설립된 날부터 3개월 이내에 주식 등을 출연받고, 설립된 사업연도가 끝난 날부터 2년 이내에 해당 요건을 충족하는 경우를 포함한다)에 발행주식 총수 등의 제2항 제2호 각 목에 따른 비율을 초과하여 출연하는 경우로서 해당 공익법인등이 초과보유일부터 3년 이내에 초과하여 출연받은 부분을 매각(주식 등의 출연자 또는 그의 특수관계인에게 매각하는 경우는 제외한다)하는 경우

  3. 「공익법인의 설립·운영에 관한 법률」 및 그 밖의 법령에 따라 내국법인의 주식등을 출연하는 경우

---

25) 공익법인의 증여세와 관련하여서는 현행 상증세법 제48조 제1항 단서에서 "(제16조 제3항 각 호에 해당하는 경우는 제외한다)"라고 하여 보유비율 초과분에 대한 증여세 과세 제외 요건을 현행 상증세법 제16조 제3항과 동일하게 규정하고 있다.

- 2021. 2. 17. 대통령령 제31446호로 개정된 현행 상증세법 시행령 제 13조

⑦ 법 제16조 제3항 제1호에서 "그 공익법인등의 출연자와 특수관계에 있지 아니한 내국법인"이란 다음 각 호의 어느 하나에 해당하지 않는 내국법인을 말한다.

  1. 출연자(출연자가 사망한 경우에는 그 상속인을 말한다. 이하 이 조, 제37조 제2항 및 제38조 제10항에서 같다) 또는 그의 특수 관계인(해당 공익법인등은 제외한다)이 주주 또는 출자자(이하 "주주 등"이라 한다)이거나 임원의 현원(5명에 미달하는 경우에 는 5명으로 본다. 이하 이 항에서 같다)중 5분의 1을 초과하는 내국법인으로서 출연자 및 그의 특수관계인이 보유하고 있는 주 식 및 출자지분(이하 "주식 등"이라 한다)의 합계가 가장 많은 내국법인

  2. 출연자 또는 그의 특수관계인(해당 공익법인등은 제외한다)이 주주 등이거나 임원의 현원 중 5분의 1을 초과하는 내국법인에 대하여 출연자, 그의 특수관계인 및 공익법인등출자법인[해당 공익법인등이 발행주식 총수 등의 100분의 5(법 제48조 제11항 각 호의 요건을 모두 충족하는 공익법인등인 경우에는 100분의 10)를 초과하여 주식 등을 보유하고 있는 내국법인을 말한다. 이하 이 호에서 같다]이 보유하고 있는 주식 등의 합계가 가장 많은 경우에는 해당 공익법인등출자법인(출연자 및 그의 특수 관계인이 보유하고 있는 주식 등의 합계가 가장 많은 경우로 한 정한다)

- 2018. 2. 13. 대통령령 제28638호로 개정된 현행 상증세법 시행령 제 2조의2 제1항(특수관계인)

  4. 본인, 제1호부터 제3호까지의 자 또는 본인과 제1호부터 제3호

　까지의 자가 공동으로 재산을 출연하여 설립하거나 이사의 과반
수를 차지하는 비영리법인
8. 본인, 제1호부터 제7호까지의 자 또는 본인과 제1호부터 제7호
까지의 자가 공동으로 재산을 출연하여 설립하거나 이사의 과반
수를 차지하는 비영리법인

위 관련규정에서 보는 바와 같이 현행 상증세법 시행령 제13조 제7
항 제1호도 대상 판결에 적용된 구 시행령 제13조 제4항 제1호와 마찬
가지로 내국법인과의 특수관계 여부를 판단하는 요건으로 주주요건과
최대주주 요건을 규정하고 있다. 다만, 구 시행령 제13조 제4항 제1호에
서는 최대주주 요건인 '특수관계인'을 "출연자와 제6항 각호의 1의 관
계에 있는 자"라고 규정하여 해당 사안에서 주식을 출연받는 '해당 공
익법인'도 특수관계인에 포함되는 것으로 하였다.

그러나 현행 상증세법 시행령 제13조 제7항 제1호는 특수관계인에서
"해당 공익법인"을 명시적으로 제외하고 있다는 점이 다르다. 따라서
현행 상증세법령의 적용에 있어서는 해당 공익법인을 제외하고 출연자
와 나머지 특수관계인과의 사이에서 주주 요건과 최대주주 요건 해당
여부를 판단하게 된다. 이때 대상 판결에서 문제되었던 두 가지 쟁점,
즉, ① 특수관계 여부의 판단 시점은 출연 이후 시점으로, ② '재산을 출
연하여 비영리법인을 설립한 자'는 비영리법인의 설립을 위하여 재산을
출연하고 정관작성, 이사선임, 설립등기 등의 과정에서 그 비영리법인의
설립에 실질적으로 지배적인 영향력을 행사한 자로 해석하게 될 것이
다. 이러한 점에서 대상 판결의 법리는 현행 상증세법령의 해석에 있어
서도 동일하게 적용된다고 할 것이다.

(2) 대상 판결의 의의

대상 판결은 첫 번째 쟁점인 구 시행령 제13조 제4항 제1호에서 정

한 최대주주 요건(구 상증세법 제48조 제1항 단서, 제16조 제2항 단서), 즉, '출연자 및 그와 특수관계에 있는 자가 보유하고 있는 주식의 합계 가 가장 많은 내국법인'에 해당하는지 여부를 판단하는 기준 시점을 주 식이 출연되기 전의 시점이 아니라 주식이 출연된 후의 시점을 기준으 로 하여야 한다고 판시하였다. 대상 판결에서 소외 1이 이 사건 주식을 출연하기 전에는 소외 1과 친족인 소외 2가 이 사건 내국법인의 전체 주식 100%를 보유하는 최대주주였으므로 출연자인 소외 1과 이 사건 내국법인 사이에 특수관계가 인정된다. 그러나 소외 1, 2가 이 사건 주 식을 원고에게 출연한 이후에는 소외 1이 이 사건 내국법인의 주식을 10%만 보유하고 있을 뿐이고, 원고가 나머지 90%를 보유하고 있으므로 소외 1과 원고 사이에 특수관계가 인정되지 않으면 출연자인 소외 1은 이 사건 내국법인의 최대주주에 해당하지 않게 된다.

또한 두 번째 쟁점인 구 시행령 제19조 제2항 제4호에서 정한 '재산 을 출연하여 비영리법인을 설립한 자'란 단지 재산을 출연한 자가 아니 라, 비영리법인의 설립을 위하여 재산을 출연하고 정관작성, 이사선임, 설립등기 등의 과정에서 그 비영리법인의 설립에 실질적으로 지배적인 영향력을 행사한 자를 의미하는 것이라고 판시하였다. 따라서 대상 판결 에서 출연자인 소외 1이 원고의 설립에 지배적인 영향력을 행사한 자에 해당되지 않으면, 소외 1과 원고 사이에 특수관계가 인정되지 않고, 출 연자인 소외 1은 이 사건 내국법인의 최대주주가 되지 않는다.

대상 판결에 따르면 재산을 출연하여 비영리법인을 설립한 자라고 하더라도 출연자가 비영리법인의 설립과정에 관여한 사실이 없으면 출 연자와 비영리법인과의 사이에 특수관계가 인정되지 않는다. 그러나 출 연자가 비영리법인의 설립과정에 구체적으로 관여하지 않았다고 하더 라도 출연자는 지인들을 비영리법인의 이사로 선임되도록 함으로써 비 영리법인을 지배할 수 있고, 실제로 다수의 비영리법인이 이렇게 운영 되고 있다. 따라서 두 번째 쟁점에 대해서는 다수의견보다는 출연자가 재산을 출연함으로써 설립에 이른 비영리법인이면 특수관계를 인정하는 반대의견이 현실에 부합하고 타당하다.

대상 판결의 법리를 이 사건에 적용하면, 소외 1이나 이 사건 내국법인이 2002년경 현금을 출연하여 원고를 설립할 당시 원고의 정관작성이나 이사선임, 설립등기 등의 과정에 관여한 사실을 과세관청이 입증하지 못하면 소외 1과 원고 사이에는 특수관계가 인정되지 않는다. 따라서 이 사건 처분은 위법한 처분으로 취소되고, 원고는 증여세의 부담 없이 이 사건 내국법인의 발행주식 중 90%를 취득하게 된다.

공익법인의 주식 보유한도를 줄이자는 견해도 있지만,[26] 공익법인이 우리 사회에서 수행하는 긍정적인 기능과 공익법인의 활성화를 고려할 때, 주식 보유한도를 20%로 제한하고 있는 현행 상증세법은 주식보유 한도를 두고 있지 않은 독일, 영국 등 주요국의 입법례[27]를 연구·검토하여 주식 보유한도를 폐지 내지 확대해 갈 필요가 있다.[28]

대상 판결은 일명 '수원교차로 사건'이라고 하여 언론의 주목을 받았던 사건이다.[29] 이 사건을 계기로 공익법인에 대한 기부금 관련 규제를 완화하여 공익법인에의 출연을 활성화하자는 움직임이 일어나기도 하였다. 2017. 12. 19. 법률 제15224호로 개정된 구 상증세법 제16조 제2항은 2018. 1. 1. 이후 상호출자제한기업집단과 특수관계에 있지 아니한 성실공익법인등 중 '① 출연받은 주식등의 의결권을 행사하지 아니하고, ② 자선·장학 또는 사회복지를 목적으로 할 것'의 요건을 모두 갖춘 공

---

26) 이승희, "재벌 소속 공익법인의 계열사 주식 보유현황 및 지배구조(2010)", 경제개혁리포트 2010-8호, 경제개혁연구소(2010. 6.), 11-39 ; 이수정, "대기업집단 소속 공익법인의 주식 보유현황 분석(2015년)", 경제개혁리포트 2016-11호, 경제개혁연구소(2016. 10.), 10-36 ; 이총희, "대기업집단 소속 공익법인의 현황과 개선과제", 경제개혁리포트 2018-09호, 경제개혁연구소(2018. 8.), 6-34.
27) 유철형, 앞의 글, 304-308.
28) 앞의 주 25 참조.
29) 윤현경·박훈, 앞의 글, 53-59에서는 대상 판결이 합목적적 해석으로 공익법인이 주식출연에 대한 증여세 세제혜택을 받을 수 있는 방향으로 해석하였다고 하여 긍정적으로 평가하고 있다. 허원, "2017년 상속세 및 증여세법 판례 회고", 조세법연구 제24권 제1호, 한국세법학회(2018), 419도 같은 입장이다.

익법인등에 출연하는 경우 주식보유한도를 20%로 확대하였는데,[30] 대
상 판결이 위와 같은 개정에 영향을 미쳤다고 할 수 있다. 이러한 점에
서 대상 판결은 공익법인의 주식 보유한도에 긍정적인 영향을 준 의미
있는 판결이다.

8. 공익목적사업 외에 사용한 경우 증여재산가액의 평가기준일

가. 대상 판결

대법원 2017. 8. 18. 선고 2015두50696 판결

나. 사실관계

가. 원고는 공익목적사업을 위해 설립된 재단법인으로서 소외인으로
부터 이 사건 각 토지에 관하여 2007. 5. 17.자 증여를 원인으로 하여
2007. 6. 8.과 같은 달 15.에 소유권이전등기를 마쳤다.

나. 피고는 원고가 이 사건 각 토지를 출연받은 날부터 3년 이내에
직접 공익목적사업 등에 사용하지 않았음을 이유로, 구 상속세 및 증여
세법(2010. 12. 27. 법률 제10411호로 개정되기 전의 것, 이하 '구 상증
세법'이라고 한다) 제48조 제2항 제1호 본문에 따라 이 사건 각 토지를
출연받은 날부터 3년이 경과한 날을 기준으로 과세표준을 산정하여,
2013. 2. 13. 원고에게 증여세를 결정·고지하였다(이하 '이 사건 처분'이
라고 한다).

---

30) 현행 상증세법 제16조 제2항 제2호 가목도 동일하게 규정하고 있다.

다. 쟁점

이 사건의 쟁점은 공익법인 등이 출연받은 재산을 출연받은 날부터 3년 이내에 직접 공익목적사업 등에 사용하지 아니하여 증여세를 부과하는 경우 구 상증세법 제48조 제2항 제1호 본문을 적용할 때 증여재산가액의 평가기준일이 언제인지이다.

라. 대상 판결의 요지

가. 구 상증세법 제48조 제1항은 공익법인 등에 출연된 재산에 대하여 공익법인 등이 해당 재산이나 그 운용소득을 출연목적에 사용할 것을 조건으로 증여세 과세가액에 산입하지 않음으로써 공익법인 등이 그 재산을 출연받은 시점에는 원칙적으로 증여세 과세대상에서 제외하고 있다. 그리고 구 상증세법 제48조 제2항은 그 사후관리를 위하여 각호에 규정된 일정한 사유가 발생한 때에는 증여세를 부과하도록 규정하였는데, 이때의 증여세 과세대상은 공익법인 등이 당초 출연받은 재산 자체가 아니라, 각호에 규정된 사유가 발생할 경우에 증여로 의제되는 '대통령령으로 정하는 가액'으로 법문상 규정되어 있다. 이러한 규정들의 문언, 체계와 취지 등을 종합적으로 고려하면, 구 상증세법 제48조 제2항 제1호 본문을 적용함에 있어 증여재산가액의 평가기준일은 공익법인 등이 재산을 출연받은 이후에 위 규정이 정한 과세사유가 발생함으로써 증여로 의제되는 시점으로 보아야 한다. 이러한 해석은 증여재산가액을 증여일 현재의 시가에 따르도록 한 구 상증세법 제60조 제1항 전단의 규정에도 부합한다.

나. 위 사실관계를 앞서 본 법리에 비추어 살펴보면, 원고는 이 사건 각 토지를 출연받고도 3년 이내에 직접 공익목적사업 등에 사용하지 아니함으로써 그때에 비로소 구 상증세법 제48조 제2항 제1호 본문이 정

한 증여세의 과세사유가 발생하였으므로, 이 사건 각 토지에 대한 가액 역시 위 과세사유가 발생한 시점을 기준으로 평가하여야 할 것이다. 그런데도 원심은 이와 달리 원고가 이 사건 각 토지에 관하여 소유권이전등기를 마친 날을 기준으로 증여재산가액을 평가하여야 한다고 보아, 이 사건 처분 중 위 기준에 따라 산출된 판시 세액을 초과하는 부분은 위법하다고 판단하였다. 이러한 원심의 판단에는 구 상증세법 제48조 제2항 제1호 본문에 따른 증여재산가액의 산정기준일 등에 관한 법리를 오해하여 판결에 영향을 미친 잘못이 있다.

마. 평석

구 상증세법 제48조 제2항은 "세무서장 등은 제1항 및 제16조 제1항에 따라 재산을 출연받은 공익법인 등이 다음 제1호부터 제4호까지 및 제6호의 어느 하나에 해당하는 경우에는 대통령령으로 정하는 가액을 공익법인 등이 증여받은 것으로 보아 즉시 증여세를 부과하고, 제5호에 해당하는 경우에는 제78조 제9항에 따른 가산세를 부과한다"라고 규정하고, 제1호에 "출연받은 재산을 직접 공익목적사업 등(직접 공익목적사업에 충당하기 위하여 수익용 또는 수익사업용으로 운용하는 경우를 포함한다. 이하 이 호에서 같다)의 용도 외에 사용하거나 출연받은 날부터 3년 이내에 직접 공익목적사업 등에 사용하지 아니하는 경우. 다만, 직접 공익목적사업 등에 사용하는 데에 장기간이 걸리는 등 대통령령으로 정하는 부득이한 사유가 있는 경우로서 제5항에 따른 보고서를 제출할 때 납세지 관할세무서장에게 그 사실을 보고한 경우는 제외한다"라고 규정하고 있다.

그리고 같은 법 시행령 제40조 제1항은 "법 제48조 제2항 각 호 외의 부분 본문에서 "대통령령으로 정하는 가액"이란 다음 각 호의 어느 하나에 해당하는 가액을 말한다"라고 하면서 "1. 법 제48조 제2항 제1

호 본문에 해당하게 되는 경우에는 다음 각목의 1의 가액. 가. 직접 공익목적사업 등외에 사용한 경우에는 그 사용한 재산의 가액, 나. 3년 이내에 직접 공익목적사업 등에 사용하지 않거나 미달하게 사용한 경우에는 그 사용하지 않거나 미달하게 사용한 재산의 가액"이라고 규정하고 있다.

위 각 규정에 따르면, 공익법인이 출연받은 재산을 출연받은 날부터 3년 이내에 직접 공익목적사업에 사용하지 않으면 증여로 의제하고 '그 사용하지 아니한 재산의 가액'을 증여재산가액으로 하여 증여세를 부과한다는 것이다. 즉, 공익법인이 출연받은 재산을 출연받은 날부터 3년 이내에 직접 공익목적사업에 사용하지 않은 것은 증여세 과세사유가 되고, 이러한 사유가 발생한 경우 증여로 의제되어 증여세 부과대상이 된다. 따라서 증여의제일은 출연받은 날부터 3년이 되는 날의 다음 날이 된다. 또한 이때 시점의 '그 사용하지 아니한 재산의 가액'을 증여재산가액으로 하여 증여세를 부과한다는 것이므로, 증여재산가액의 평가기준일은 당초 출연받은 시점이 아니라 과세사유가 발생한 날인 증여의제일이 되는 것이다. 이러한 취지의 대상 판결은 타당하다.[31]

9. 공익법인이 사후관리요건에 위반하였는지 여부의 판단 시 적용할 법령

가. 대상 판결

대법원 2020. 12. 10. 선고 2020두39754 판결

---

31) 허원, 앞의 글, 423-425.

나. 사실관계

가. 원고는 1983. 12. 22. A로부터 5억 원 상당의 주식 등을 출연받아 같은 날 설립허가를 받고 같은 달 26. 설립등기를 마친 재단법인으로 공익법인의 설립 및 운영에 관한 법률에 따른 공익법인이다.

나. 원고는 A로부터 주식회사 ○○(이하 'B'라 함) 발행 주식 96,776주(6.81%)를 출연받은 상태에서 2009. 12. 29. A로부터 B 발행 주식 26,800주(1.88%)를 추가로 출연받았으나(합계 8.69%), 원고가 성실공익법인에 해당하여 추가 출연분은 증여세 과세가액에 산입되지 않았다.

다. 2012. 12. 31. 현재 원고가 보유하고 있는 내국법인 주식 중 해당 내국법인의 의결권 있는 발행주식의 5%를 초과하는 주식은 아래 표 기재와 같고, 총 6명[C(이사장), D, E, F, G, H]의 이사가 재임하고 있었는데, 그중 A의 장녀인 C는 2012. 2. 8. 원고의 이사장으로, D는 I 주식회사의 사외이사로 재직하다가 2012. 3.경 퇴직한 후 2012. 7. 4. 원고의 이사로, E는 주식회사 J의 대표이사로 재직하다가 2010. 2.경 퇴직한 후 2012. 7. 4. 원고의 이사로 각 취임하였다.

회사명	지분율	주식수	출연시기
주식회사 B	8.69%	123,576주	'83.12.경 - '90.2.경: 96,776주(6.81%) '09.12.경: 26,800주(1.83%)
K	보통주: 6.28% 우선주: 5.12%	77,650주 6,138주	'83.12.경 - '90.2.경: 보통주 77,650주 '89.8.경: 우선주 6,138주
L	21.00%	8,400주	'85.2.경: 8,400주
M	5.33%	192,000주	'86.11.경 - '89.10.경: 32,000주

라. 부산지방국세청장은 2017. 6. 7.부터 같은 해 7. 20.까지 원고에 대한 증여세 조사를 실시한 결과, I 주식회사와 주식회사 J는 A가 그 경영에 관하여 사실상의 영향력을 행사하고 있는 기업집단인 ○○그룹의 소속기업에 해당하고, D와 E는 위 각 소속기업에서 임원으로 재직하다

가 퇴직 후 5년이 경과하지 않아 A의 특수관계인에 해당하므로, 원고는 특수관계인이 이사 현원의 5분의 1을 초과하여 성실공익법인의 지위를 상실한 것으로 판단하였다.

마. 이에 피고는 상속세 및 증여세법(이하 '상증세법'이라 한다) 제48조 제11항 제1호에 따라, B 발행주식 총수의 100분의 5를 초과하여 2009. 12. 29. 추가 출연받은 B 주식 26,800주를 D, E가 원고의 이사로 취임한 사업연도 종료일인 2012. 12. 31. 기준으로 약 427억 원으로 평가한 후, 2017. 9. 5. 원고에게 2012년 귀속 증여세 약 208억 원을 부과·고지하였다.

바. 피고는 위 추가 출연분에 대하여 최대주주 할증평가를 한 다음, 2018. 2. 5. 원고에게 2012년 귀속 증여세 약 64억 원을 증액 경정하여 추가로 부과·고지하였다(이하 총 고지세액 약 272억 원의 증여세 부과처분을 '이 사건 처분'이라 한다).

다. 쟁점

이 사건의 쟁점은 공익법인이 사후관리 요건을 위반하였는지 여부의 판단 시 적용할 법령이다.

라. 대상 판결의 요지

대상 판결은 상세한 판결이유를 기재하지 않고 원심 판결을 확정하였으므로 이하에서는 원심 판결(부산고등법원 2020. 5. 8. 선고 2019누21092 판결)의 요지를 본다.

(1) D가 A의 특수관계인인지 여부

1) 상증세법 시행령이 2014. 2. 21. 대통령령 제25195호로 개정되면서

출연자가 그 경영에 관하여 사실상 영향력을 행사하는 기업집단의 소속
기업에서 사외이사로 재직하다가 퇴직한 사람은 출연자의 특수관계인에
서 제외되었고, 위 개정 시행령 부칙 제3조에서 개정규정은 이 영 시행
(2014. 2. 21.) 후 증여세를 결정하는 분부터 적용하도록 하였다.

2) 이 사건에 관하여 보건대, D는 출연자인 A가 그 경영에 관하여
사실상의 영향력을 행사하고 있는 기업집단의 소속기업인 I 주식회사에
서 사외이사로 재직하다가 퇴직한 후 5년 이내인 2012. 7. 4. 원고의 이
사로 취임하였으나, 피고는 개정 규정이 시행된 이후 증여세를 결정하
였으므로, 이 사건에는 개정 규정이 적용되고, 개정 규정에 따르면 사외
이사였던 D는 A의 특수관계인에 해당되지 않는다.

(2) E가 A의 특수관계인인지 여부

(가) 이 사건 처분의 적용 법령

성실공익법인이 사후적으로 그 요건을 상실하여 사후관리규정에 따
라 증여세를 과세하는 경우에는 그 위반사실이 발생한 시점(2012. 7. 4.)
에 납세의무가 성립한 것으로 봄이 타당하고, 납세의무 성립 당시 시행
되던 상증세법 시행령(2012. 2. 2. 대통령령 제23591호로 개정된 것, 이
하 '개정 시행령'이라 하고, 그 개정 전의 시행령을 '개정 전 시행령'이
라 한다)에 따라 E와 출연자인 A가 특수관계에 있는지 여부를 판단해
야 한다. 그 이유는 다음과 같다.

가) 상증세법 제48조 제1항 본문은 "공익법인이 출연받은 재산에 대
하여는 증여세를 부과하지 아니한다"고 규정하고 있다. 이는 공익법인
의 활동을 조세정책적 차원에서 지원하기 위한 규정으로서 공익법인이
영위하는 공익사업은 원래 국가 또는 지방자치단체가 수행하여야 할 업
무라는 점을 고려한 것인데, 공익법인에 출연한 재산에 대하여 증여세
를 부과하지 않는 점을 틈타서 공익법인에 대한 주식 출연의 방법으로

공익법인을 내국법인에 대한 지배수단으로 이용하면서도 상속세 또는 증여세를 회피하는 것을 막기 위하여 상증세법 제48조 제1항 단서는 '공익법인이 내국법인의 주식을 출연받은 경우 출연받은 주식 등이 내국법인의 의결권 있는 발행주식 총수의 100분의 5(성실공익법인에 해당하는 경우에는 100분의 10)를 초과하는 경우'에는 증여세를 부과하도록 규정하고 있다(대법원 2017. 4. 20. 선고 2011두21447 판결 참조).

　나) 공익법인에 주식을 출연하는 경우 발행주식 총수의 100분의 5를 초과하는 부분에 대하여 과세대상으로 하면서 성실공익법인의 경우에는 발행주식 총수의 100분의 10을 초과하는 경우에 초과 부분을 증여세 과세가액에 산입하도록 하여 발행주식 총수의 100분의 5를 초과하더라도 100분의 10을 초과하지 않은 부분에 대하여는 과세대상에서 제외하고 있다. 결국 성실공익법인 해당 여부는 위 과세대상에서 제외되는 부분에 대한 비과세요건이라 할 것이다. 이는 성실공익법인의 경우 공익법인 제도를 악용할 위험성이 일반 공익법인에 비해 낮다는 이유로 주식 출연, 취득 및 보유 한도를 일반 공익법인에 비해 높게 허용한 것이다.

　다) 상증세법 제48조 제11항은 성실공익법인이 내국법인의 의결권 있는 발행주식 총수의 100분의 5를 초과하여 주식을 출연받은 후 성실공익법인에 해당하지 않게 된 경우 대통령령이 정하는 바에 따라 상증세법 제48조 제1항에 따라 증여세 과세가액에 산입하고(제1호), 상증세법 제16조 제3항 각 호 또는 같은 법 제48조 제2항 제2호 단서에 따른 공익법인 등이 상증세법 제49조 제1항 각 호외의 부분 단서에 따른 공익법인 등에 해당하지 아니하게 되거나, 당해 출연자와 특수관계에 있는 내국법인의 주식을 당해 법인의 발행주식 총수의 100분의 5를 초과하여 보유하게 된 때에는 상증세법 제48조 제1항의 규정에 의하여 증여세를 부과하도록 규정하고 있다(제2호). 사후적 요건을 구비하지 못하는 경우 처음부터 면제대상에서 제외되어 원칙대로 과세되는 것과 달리 추징은 일단 면제요건에 해당하면 그 세액을 면제한 후 당초의 면제취지에 합당한 사용을 하느냐에 대한 사후관리의 측면에서 규정한 것으로

본래의 부과처분과는 그 요건을 달리하는 별개의 부과처분이다(대법원 2003. 9. 26. 선고 2002두516 판결 참조).

위와 같은 점을 종합할 때, 상증세법 제48조 제11항은 출연받은 시점에는 성실공익법인 등 비과세요건을 구비하여 출연받은 재산의 가액을 과세가액에 산입하지 아니하였으나, 이후 비과세요건을 충족하지 못하게 되는 때에는 사후관리 측면에서 별개의 부과처분으로 '증여세 과세가액에 산입'하도록 규정한 것으로 볼 것이지, 사후적 비과세·감면요건을 의미한다고 볼 수는 없다.

(나) 개정 시행령에 따른 특수관계인 해당 여부

E는 출연자인 A가 임원에 대한 임면권의 행사 및 사업방침의 결정 등을 통하여 그 경영에 관하여 사실상의 영향력을 행사하고 있는 기업집단 ○○그룹의 소속기업인 주식회사 J의 대표이사로 재직하다 2010. 2.경 퇴직한 후 5년이 지나지 않은 2012. 7. 4. 원고의 이사로 취임한 자이다. 즉, E는 개정 시행령 제12조의2 제1항 제3호 가목의 '기업집단의 소속기업의 퇴직 후 5년이 지나지 아니한 임원이었던 사람'으로서 A의 특수관계인에 해당한다.

(다) 개정 전 시행령에 따른 특수관계인 해당 여부

1) 개정 전 시행령에 대한 판단

조세법률주의의 원칙상 조세법규의 해석은 특별한 사정이 없는 한 법문대로 해석하여야 하고 합리적 이유 없이 확장해석하거나 유추해석하는 것은 허용되지 않지만, 법규 상호 간의 해석을 통하여 그 의미를 명백히 할 필요가 있는 경우에는 조세법률주의가 지향하는 법적 안정성 및 예측가능성을 해치지 않는 범위 내에서 입법 취지 및 목적 등을 고려한 합목적적 해석을 하는 것은 불가피하다(대법원 2008. 2. 15. 선고 2007두4438 판결 참조).

개정 전 시행령 제13조 제3항 제2호 및 제19조 제2항 제3호에 따르면 '출연자와 기획재정부령이 정하는 기업집단의 소속기업(당해 기업의 임원을 포함한다) 관계'가 특수관계라는 것인데, 여기서 출연자와 (기획재정부령이 정하는) 기업집단 관계가 어떤 관계인지 그 문언만으로는 선뜻 이해하기 어려운 측면이 있다. 그러나 '기획재정부령이 정하는 기업집단'이란 독점규제 및 공정거래에 관한 법률(이하 '공정거래법'이라 한다)에 따른 '기업집단'을 말하는 것이고[구 상증세법 시행규칙(2011. 7. 26. 기획재정부령 제223호로 개정된 것) 제9조 참조], 개정 전 시행령이 적용될 당시 구 공정거래법(2011. 12. 2. 법률 제11119호로 개정된 것) 제2조 제2호에서는 '기업집단이라 함은 동일인이 다음 각 목의 구분에 따라 대통령령이 정하는 기준에 의하여 사실상 그 사업 내용을 지배하는 회사의 집단을 말한다'라고 규정하고 있어, "기업집단"이란 누군가로부터 "지배"를 받고 있음을 전제로 한 개념이었음을 알 수 있고, 같은 호 각 목에서는 '동일인이 회사인 경우 그 동일인과 그 동일인이 지배하는 하나 이상의 회사(가목)', '동일인이 회사가 아닌 경우 그 동일인이 지배하는 2 이상의 회사 집단(나목)'을 기업집단이라고 규정하고 있어, 기업집단을 지배하는 자가 "개인"일 수도 있고, "법인"일 수도 있음을 알 수 있으며, "지배"의 개념 역시 구 공정거래법 시행령(2011. 12. 30. 대통령령 제23475호로 개정되어 2012. 1. 1. 시행된 것) 제3조에서 '임원에 대한 임면권의 행사 및 사업방침의 결정 등을 통하여 그 경영에 관하여 지배적인 영향력을 행사하는 경우(제2호)' 등을 규정하고 있다.

그렇다면 '출연자와 기획재정부령이 정하는 기업집단 관계'란 '출연자와 출연자가 지배하는 기업집단 관계'라는 의미로 해석할 수 있고, '출연자와 출연자가 지배하는 기업집단의 소속기업', '출연자와 출연자가 지배하는 기업집단의 소속기업 임원'은 특수관계에 해당한다고 볼 수 있으므로, 이 사건에서도 출연자인 A와 A가 지배하는 기업집단 ○○그룹의 소속기업인 주식회사 J의 대표이사였던 E는 특수관계에 해당한다고 할 것이다.

2) 소결론

따라서 출연자가 지배하는 기업집단 소속 임원은 출연자와 특수관계에 있다 할 것이고, 그 임원에는 퇴직 후 5년이 경과하지 않은 임원이었던 자가 포함된다 할 것인바, E는 출연자인 A의 임원에 대한 임면권의 행사 및 사업방침의 결정 등을 통하여 그 경영에 관하여 사실상의 영향력을 행사하고 있는 기획재정부령으로 정하는 기업집단 ○○그룹의 소속기업인 주식회사 J의 대표이사로 재직하다 퇴직한 후 5년이 지나지 않은 사람으로서 개정 전 시행령 제19조 제2항 제3호에 따라 A의 특수관계인에 해당한다.

(3) 국세기본법 우선 적용 여부에 관한 판단

1) 국세기본법이 2011. 12. 31. 법률 제11124호로 개정(2012. 1. 1. 시행, 이하 '개정 국세기본법'이라 한다)되면서 정의규정인 제2조에 특수관계인에 관한 규정을 신설하였는데, 그 내용을 보면 같은 조 제20호에서 '특수관계인이란 본인과 다음 각 목의 어느 하나에 해당하는 관계에 있는 자를 말한다. 이 경우 이 법 및 세법[국세의 종목과 세율을 정하고 있는 법률 등을 말한다(개정 국세기본법 제2조 제2호, 이하 편의상 '개별세법'이라 한다)]을 적용할 때 본인도 그 특수관계인의 특수관계인으로 본다'라고 하면서 각 목에서 '혈족·인척 등 대통령령으로 정하는 친족관계(가목)', '임원·사용인 등 대통령령으로 정하는 경제적 연관관계(나목)', '주주·출자자 등 대통령령으로 정하는 경영지배관계(다목)'를 규정하였고, 위와 같은 위임에 따라 국세기본법 시행령(2012. 2. 2. 대통령령 제23592호로 개정된 것) 제1조의 2에서 특수관계인의 구체적인 범위를 신설하였다. 한편, 개정 국세기본법 제3조 제1항 본문에서는 '이 법은 개별세법에 우선하여 적용한다'라고 하면서, 그 단서에서 열거한 사항에 관하여 개별세법에서 특례규정을 두고 있는 경우 그 개별세법에서 정하는 바에 따르도록 하고 있었는데, 특수관계인에 관한 제2조는

위 단서에서 열거한 사항에 포함되어 있지 않았다.

2) 그러나 다음과 같은 사정들에 비추어 보면, 국세기본법이 아닌 상증세법에 따라 E를 A의 특수관계인으로 본 것은 정당하다.

가) 국세기본법이 개정되기 전 개별세법은 개별 규정에 따라 필요한 경우 특수관계인 요건을 규정하고 있었고, 개별세법에 특수관계인의 정의가 산재되어 있어 납세자의 혼란을 초래한다는 문제점이 지적되자 특수관계인 범위에 관해 개별세법간 통일성을 기하는 한편, 어느 일방이 본인의 특수관계인에 해당되는 경우 국세기본법 또는 세법을 적용할 때 본인도 그 일방(특수관계인)의 특수관계인으로 간주하여 쌍방 관계임을 입법적으로 명확히 하기 위해 개정 국세기본법에서 특수관계인에 관한 일반적 정의규정을 신설하게 되었다. 이는 종래 특수관계인의 범위에 관한 반성적 고려에 기인한 것이 아니라 국세기본법의 정의 규정에서 정한 기본원칙에 반하거나 명시적 규정을 배척하는 것이 아니라면 개별세법에서 필요한 경우 추가적으로 특수관계인의 범위와 내용을 결정할 수 있다 할 것이고, 개별세법의 목적이나 특수성에 비추어 특수관계인의 범위를 달리 정할 필요성 또한 적지 않다.

나) 개정 국세기본법은 정부가 발의한 국세기본법 일부개정법률안과 4건의 의원 발의 일부개정법률안이 대안반영 폐기된 후 마련된 것으로서, 특수관계인에 관한 내용은 정부가 발의한 국세기본법 일부개정안에 포함되어 있었는데, 국세기본법의 소관부처이자 개별세법의 소관부처인 기획재정부는 개정 국세기본법의 특수관계인 규정과 관련하여 '개별세법에서는 국세기본법의 특수관계인을 인용하되, 각 제도의 취지상 범위 조정이 필요한 부분만 추가 규정'한다는 의견을 밝혀(을 제21호증), 개정 국세기본법의 입법의도가 개별세법에서 특수관계인의 범위를 달리 정하는 것을 금지하고자 한 것은 아니었음을 알 수 있다.

다) 개정 국세기본법상 특수관계인에 관한 규정이 같은 법 제3조 단서에 명시되지 않았음을 이유로 원고의 주장과 같이 해석하는 경우 국세기본법에서 정한 특수관계인의 범위와 달리 정한 다른 개별세법의 특

수관계인 규정 부분은 그 효력을 상실하게 되는 것일 텐데, 그러한 의도를 가진 국세기본법의 개정이었다면, 개별세법의 개정이 함께 추진되거나 적어도 그에 상응하는 개별세법의 후속개정이 뒤따르는 것이 자연스럽다. 또한 개정 국세기본법 및 그 시행령에서도 개별세법이 그 개정을 통하여 국세기본법에서 정한 특수관계인의 범위에 맞출 수 있는 시간적 여유를 두거나, 즉시 시행하는 것이라면 국세기본법의 개정으로 인하여 개별세법에 따른 특수관계인의 범위가 달라지는 만큼(특히 국세기본법에서 정한 특수관계인의 범위가 개별세법에서 정한 특수관계인의 범위보다 넓은 경우) 경과조치 등을 두는 것이 맞다. 그러나 기획재정부는 국세기본법 개정안을 마련하면서 국세기본법에서 정한 특수관계인의 범위에 맞추어 개별세법의 개정을 추진하지 않았고, 개정 국세기본법 및 그 시행령에서도 별도의 유예기간 없이 즉시 시행하면서, 시행일 외에 특수관계인과 관련된 아무런 경과조치도 두지 않았다. 오히려 국세기본법 시행령 제1조의2에서 국세기본법의 위임에 따라 특수관계인의 범위를 규정하면서 같은 날 개별세법 시행령에서 별도로 특수관계인의 범위를 규정하면서 국세기본법에서 규정하고 있는 특수관계인의 범위 중 인용할 부분에 대하여 명시적으로 특정하는 외에 국세기본법 시행령과는 그 범위를 달리 정한 상증세법 시행령이 개정·시행(개정 시행령을 말한다)되었다.

　라) 국세기본법 정의규정의 조문형식 및 개정경과 등에 비추어 볼 때 '세법상 특수관계인의 범위를 통합·단순화'한다는 개정 국세기본법의 취지는 국세기본법과 개별세법상 공통된 범위에서 특수관계인 규정을 정비하면서 그 의미를 명확히 한 것으로 봄이 타당하나.

(4) 소결론

　그렇다면, D는 A의 특수관계인에 해당되지 않으나, E는 A의 특수관계인에 해당되어 결국 원고의 이사 6명 중 2명(C, E)이 특수관계인에 해당하므로, 원고는 성실공익법인의 지위를 상실하였다. 따라서 원고가 성실공익법인의 지위를 상실하였음을 사유로 한 이 사건 처분은 적법하다.

마. 평석

(1) 상증세법상 특수관계인 해당 여부 판단 시 적용될 법령이 국세기본법령인지 상증세법령인지

상증세법상 특수관계인 해당 여부 판단 시 적용될 법령이 상증세법령이 아니라 국세기본법령이라는 견해는 '2011. 12. 31. 법률 제11124호로 개정된 구 국세기본법 제3조 제1항은 "이 법은 세법에 우선하여 적용한다. 다만, 세법에서 이 법 제2장 제1절, 제3장 제2절·제3절·제4절 제26조(「조세특례제한법」 제99조의5에 따른 납부의무 소멸특례만 해당한다) 및 제5절, 제4장 제2절(「조세특례제한법」 제104조의7 제4항에 따른 제2차 납세의무만 해당한다), 제5장 제1절·제2절 제45조의2·제2절 제45조의3(「법인세법」 제62조에 따른 비영리내국법인의 과세표준신고의 특례만 해당한다)·제3절(「조세특례제한법」 제100조의10 및 같은 법 제100조의34에 따른 가산세만 해당한다), 제6장 제51조 및 제52조와 제8장에 대한 특례규정을 두고 있는 경우에는 그 세법에서 정하는 바에 따른다"라고 규정하고 있다. 즉, 국세기본법이 개별세법에 우선하여 적용되는 것이고, 이에 대한 예외는 위 제1항 단서에 열거된 사항에 한하여, 법률 형태의 특례규정으로만 허용되는데, 구 국세기본법 제3조 제1항 단서는 특수관계인의 범위를 정하고 있는 국세기본법 제1장 제1절 제2조를 열거하고 있지 않다'라는 점을 근거로 한다.

그러나 이 쟁점에 대해서는 원심이 판단한 바와 같이 구 국세기본법이 특수관계인의 범위에 관한 규정을 신설하게 된 경위, 위 당시 개별세법상 특수관계인 규정을 그대로 두고 있었던 점, 개별세법의 목적이나 특수성에 따라 특수관계인의 범위를 달리 정할 필요가 있는 점(소득세법과 법인세법의 특수관계인 규정 등) 등을 종합하여 볼 때, 상증세법상 특수관계인 해당 여부를 판단함에 있어서의 적용 법령은 국세기본법령이 아니라 상증세법령이라고 봄이 타당하다. 한편, 2020. 6. 9. 법률 제17354호로 개정된 현행 국세기본법 제3조 제1항은 "국세에 관하여 세법에 별도의 규정이 있는 경우를 제외하고는 이 법에서 정하는 바에 따른다"라고 하여 개별세법의 규정이 국세기본법에 우선한다는 점을 명시하고 있다.

(2) 공익법인의 사후관리규정 위반 시 적용될 법령

공익법인의 사후관리규정 위반 시 증여세 과세에 대하여 상증세법 제48조 제2항 본문은 위반사유가 발생한 날에 공익법인등이 증여받은 것으로 보아 즉시 증여세를 부과하도록 규정하고 있다. 위 규정에 따르면 사후관리규정 위반 시 보유비율 초과분을 증여받은 것으로 의제하고 있다. 원심이 제시한 이유 이외에 상증세법 제48조 제2항 본문의 문언에 따르더라도 사후관리규정 위반 시 적용할 법령은 증여로 의제되는 시점인 위반시의 법령으로 봄이 타당하다.

(3) 개정 전 시행령 적용 시 출연자의 특수관계인의 범위

대상 판결은 개정 전 시행령 적용 시 출연자의 특수관계인의 범위에 대해서는 판단을 하지 않았다. 원심이 이 쟁점에 대해 판단하였고, 실무적으로 이 쟁점이 문제되고 있어 이하에서 본다.

원심은 구 공정거래법령의 관련 규정을 근거로 '출연자와 기획재정부령이 정하는 기업집단 관계'란 '출연자와 출연자가 지배하는 기업집단 관계'라는 의미로 해석할 수 있고, 따라서 출연자가 개인이든 법인이든 '출연자와 출연자가 지배하는 기업집단의 소속기업', '출연자와 출연자가 지배하는 기업집단의 소속기업 임원'은 특수관계에 해당한다고 해석하였다.

그러나 위와 같은 원심의 판단은 아래와 같은 점에서 문제가 있다.

1) '출연자와 기획재정부령이 정하는 기업집단 관계'를 '출연자와 출연
   자가 지배하는 기업집단 관계'라는 의미로 해석하는 경우 "출연자
   가 지배하는" 부분은 법령에 없는 새로운 과세요건을 창설하는 것
   이고, 이는 법률에 근거 없이 납세자의 과세범위를 확장하는 것으로
   서 조세법률주의에 위반된다.

2) 개정 전 시행령 제19조 제2항은 최대주주를 판단하는 규정이고, 따
   라서 그 각 호에 규정된 자들(개인이나 기업)이 주주임을 전제로 한
   규정이다. 개정 전 시행령 제13조 제3항 제2호는 위 각 호에 해당하
   는 자를 출연자의 특수관계인으로 규정하고 있다. 그렇다면, 개정
   전 시행령 제13조 제3항 제2호에 같은 시행령 제19조 제2항 각 호
   를 적용함에 있어서는 동일한 논리를 적용하는 것이 타당하다. 즉,
   개정 전 시행령 제19조 제2항은 그 각 호의 자가 주주임을 전제로
   한 것이므로, 개정 전 시행령 제19조 제2항 각 호를 같은 시행령 제
   13조 제3항 제2호에 적용함에 있어서는 개정 전 시행령 제19조 제2
   항 각 호의 자가 출연자임을 전제로 하여야 한다. 따라서 친족(제1
   호), 사용인(제2호), 소속기업과 그 기업의 임원(제3호) 등 개정 전
   시행령 제19조 제2항 각 호의 자가 동일한 공익법인의 출연자인 경
   우에 특수관계가 인정되는 것이고, 이들이 출연자가 아닌 경우에는
   특수관계를 인정하기 어렵다.

3) 개정 전 시행령 제19조 제2항 각 호의 문언상 제1호는 주주가 개인
   인 경우에만 적용 가능하고(친족이나 혈족, 배우자는 법인의 경우
   상상할 수 없다), 제2호와 제5호 내지 제8호는 주주가 개인이나 법
   인인 경우 모두 적용 가능하며, 제3호와 제4호는 주주가 법인인 경
   우에만 적용 가능하다. 주주가 개인인 경우에도 위 제3호와 제4호

를 적용하는 것으로 해석하면, 기업집단의 모든 주주는 기업집단을 사실상 지배하는 자와 특수관계인이 된다는 결론이 되는데, 이러한 결론은 부당하다.

한편, 위 제3호는 "기획재정부령이 정하는 기업집단의 소속기업(당해 기업의 임원을 포함한다)과 다음 각목의 1의 관계에 있는 자 또는 당해 기업의 임원에 대한 임면권의 행사·사업방침의 결정 등을 통하여 그 경영에 대하여 사실상의 영향력을 행사하고 있다고 인정되는 자

가. 기업집단소속의 다른 기업

나. 기업집단을 사실상 지배하는 자

다. 나목의 자와 제1호의 관계에 있는 자"라고 규정하고 있다.

위 제3호의 문언에 따르면, 출연자의 특수관계인은 "기획재정부령이 정하는 기업집단의 소속기업(당해 기업의 임원을 포함한다)과 다음 각목의 1의 관계에 있는 자" 또는 "당해 기업의 임원에 대한 임면권의 행사·사업방침의 결정 등을 통하여 그 경영에 대하여 사실상의 영향력을 행사하고 있다고 인정되는 자"이다. 이를 구체적으로 보면, ① 기획재정부령이 정하는 기업집단소속의 다른 기업(임원 포함, 가목), ② 그 기업집단을 사실상 지배하는 자(나목), ③ ②의 친족 및 직계비속의 배우자의 2촌 이내의 부계혈족과 그 배우자(다목), ④ 당해 기업을 사실상 지배하는 자(제3호 본문 후단. 기업집단을 사실상 지배하는 자인 위 나목과 구분됨), ⑤ 기업집단 소속기업의 임원(제3호 본문)이다. 위 제3호에서 '당해 기업'은 출연자 본인을 의미하므로 출연자가 법인인 경우 당해 기업의 임원도 특수관계인에 해당된다고 볼 수 있다. 그러나 앞에서 본 바와 같이 개정 전 시행령 제19조 제2항 제3호를 적용함에 있어서 개인이 주주인 경우에는 위 제3호를 적용하기 어렵다는 점에 비추어 개정 전 시행령 제13조 제3항 제2호를 해석함에 있어서도 출연자가 법인이 아닌 개인인 경우에는 위 제3호를 적용하기 어렵다고 봄이 타당하다.

출연자가 법인인 경우에 한하여 위 제3호가 적용된다는 해석은 개정

시행령 제12조의2 제1항 제3호를 보더라도 명확하다.

개정 시행령 제12조의2 제1항은 "3. 다음 각 목의 어느 하나에 해당하는 자

가. 본인이 개인인 경우: 본인이 직접 또는 본인과 제1호에 해당하는 관계에 있는 자가 임원에 대한 임면권의 행사 및 사업방침의 결정 등을 통하여 그 경영에 관하여 사실상의 영향력을 행사하고 있는 기획재정부령으로 정하는 기업집단의 소속 기업[해당 기업의 임원(「법인세법 시행령」 제20조 제1항 제4호에 따른 임원과 퇴직 후 5년이 지나지 아니한 그 임원이었던 사람을 말한다. 이하 같다)을 포함한다]

나. 본인이 법인인 경우: 본인이 속한 기획재정부령으로 정하는 기업집단의 소속 기업(해당 기업의 임원을 포함한다)과 해당 기업의 임원에 대한 임면권의 행사 및 사업방침의 결정 등을 통하여 그 경영에 관하여 사실상의 영향력을 행사하고 있는 자 및 그와 제1호에 해당하는 관계에 있는 자"라고 규정하고 있다.

위와 같이 개정 시행령 제12조의2 제1항 제3호는 본인(출연자)이 개인인 경우와 본인이 법인인 경우의 특수관계인의 요건을 달리하여 규정하고 있다. 개정 시행령 제12조의2 제1항 제3호 가목은 본인이 개인인 경우 그의 특수관계인을 '본인 또는 친족 등이 사실상 영향력을 행사하는 기업집단 소속기업(임원 포함)'이라고 규정하고 있고, 나목은 본인이 법인인 경우 그의 특수관계인을 개정 전 시행령 제19조 제2항 제3호와 동일한 내용으로 규정하고 있다. 이러한 점에서도 개정 전 시행령 제19조 제2항 제3호는 출연자가 법인인 경우에 한하여 적용되는 것으로 해석하는 것이 타당하다.

(4) 공익법인 이사 초과시 판단기준인 출연자 관련

대상 판결에서의 쟁점은 아니었지만, 10% 주식 보유한도인 공익법

인의 요건 중 하나인 '출연자 또는 그의 특수관계인이 이사 현원의 5분의 1을 초과한 경우'에 있어서 출연자가 2인 이상인 경우 특수관계인의 범위를 어떻게 해석할 것인지가 문제된다. 상증세법 시행령 제41조의2 제3항 제1호의 문언상으로는 특수관계가 없는 출연자들이 이사로 있고 이들이 이사 현원의 5분의 1을 초과한 경우, 출연자들 사이에 특수관계가 없는데 그 출연자들의 특수관계인이 이사로 있고 이들이 이사 현원의 5분의 1을 초과한 경우에는 위 요건을 충족한 것으로 해석할 수 있다. 그러나 이러한 해석은 아래에서 보는 바와 같이 위 규정의 입법취지에 부합하지 않는 문제점이 있다.

2022. 1. 21. 대통령령 제32352호로 개정된 현행 상증세법 시행령 제41조의2 제3항 제1호는 10% 주식 보유한도인 공익법인의 요건의 하나로 "출연자(재산출연일 현재 해당 공익법인등의 총출연재산가액의 100분의 1에 상당하는 금액과 2천만 원 중 적은 금액을 출연한 자는 제외한다) 또는 그의 특수관계인이 공익법인등의 이사 현원(이사 현원이 5명에 미달하는 경우에는 5명으로 본다)의 5분의 1을 초과하지 않을 것"을 규정하고 있다. 이와 같이 2천만 원 이상 출연하면 위 규정의 출연자에 해당되므로 기본재산이 수억 원 이상 되는 공익법인에 대해서는 모두 이 항목에서 검토하는 문제가 발생할 것이다.

상증세법 제48조 제1항 본문은 공익법인의 활동을 조세정책적 차원에서 지원하기 위한 규정으로서, 공익법인이 영위하는 공익사업은 원래 국가 또는 지방자치단체가 수행하여야 할 업무라는 점을 고려하여 공익법인이 출연받은 재산에 대하여는 증여세를 부과하지 않도록 한 것이다. 그리고 같은 항 단서는 '공익법인이 내국법인의 주식을 출연받은 경우 출연받은 주식 등이 당해 내국법인의 의결권 있는 발행주식 총수의 100분의 5(추가 요건 충족시 100분의 10 또는 100분의 20)를 초과하는 경우'에는 증여세를 부과하도록 규정하고 있는데, 이는 공익법인에 출연한 재산에 대하여 증여세를 부과하지 않는 점을 틈타서 공익법인에 대한 주식 출연의 방법으로 공익법인을 내국법인에 대한 지배수단으로 이용하면서도 상속세 또는 증여세를 회피하는 것을 막기 위한 것이다. 또한 상증세법 제48조 제1항 단서의 괄호 부분[(제16조 제3항 각 호에 해당하는 경우는 제외한다)]은 '공익법인에 출연자와 특수관계에 있지 아니하는 내국법인의 주식을 출연하는 경우'에는 증여세가 부과되지 않도록 규정하고 있는데, 이는 내국법인의 의결권 있는 발행주식 총수의 100분의 5(추가 요건 충족시 100분의 10 또는 100분의 20)를 초과하는 주식을 공익법인에 출연하더라도, 공익법인에 대한 주식 출연의 방법으로 공익법인을 내국법인에 대한 지배수단으로 이용할 우려가 없는 경우에는 다시 원칙으로 돌아가 증여세를 부과하지 않으려고 하는 것이다. 이와 같이 상증세법 제48조의 취지는 조세를 회피하면서 공익법인을 내국법인에 대한 지배수단으로 이용하는 것을 방지하고자 하는 데에 있다.[32]

이와 같은 상증세법상 공익법인의 주식 보유에 대한 규제 취지를 고려하면, 10% 주식 보유한도인 공익법인의 경우 상증세법 시행령 제41조의2 제3항 제1호에서 출연자와 그의 특수관계인의 이사 취임을 일정 한도로 제한하는 취지도 결국 출연자와 그의 특수관계인이 공익법인을 내국법인에 대한 지배수단으로 이용하는 것을 방지하고자 하는 데에 있다고 할 것이다. 그렇다면 상증세법 시행령 제41조의2 제3항 제1호는 출연자가 2인 이상인 경우 출연자 사이에 특수관계가 있어서 이해관계가 일치하는 경우[33]에 한하여 적용하고, 출연자 사이에 특수관계가 없다면 이들이 공익법인을 내국법인에 대한 지배수단으로 이용할 것을 기대하기 어려우므로 상증세법 시행령 제41조의2 제3항 제1호를 적용하지 않는 것이 입법취지에 부합하는 해석이다.

그렇다면 상증세법 시행령 제41조의2 제3항 제1호는 ① 특수관계가 있는 2인 이상의 출연자가 공익법인의 이사이고 이들이 이사 현원의 5분의 1을 초과하는 경우,[34] ② 출연자 사이에는 특수관계가 없으나, 각

---

32) 대법원 2017. 4. 20. 선고 2011두21447 전원합의체 판결.
33) 공익법인을 내국법인에 대한 지배수단으로 이용할 가능성이 있는 경우를 의미한다.

각의 출연자를 기준으로 그 출연자와 그의 특수관계인이 이사 현원의 5분의 1을 초과하는 경우35)에 한하여 적용하는 것이 타당하다. 이와 달리 2인 이상의 출연자가 있는 경우라고 하더라도 각각의 출연자 사이에 특수관계가 없다면 각각의 출연자나 그의 특수관계인이 이사 현원의 5분의 1을 초과36)하더라도 위 규정이 적용되지 않는 것으로 해석함이 타당하다.

(5) 대상 판결의 의의

대상 판결은 ① 공익법인의 특수관계인 판단 시 적용법령을 국세기본법령으로 할 것인지, 아니면 상증세법령으로 할 것인지, ② 공익법인의 사후관리규정 위반 시 적용법령을 당초 증여 시의 법령으로 할 것인지, 아니면 사후관리규정 위반 시의 법령으로 할 것인지에 대한 법리를 제시한 판결로서 의미가 있다. 다만, 대법원이 위 각 쟁점에 대해 명확한 법리를 제시하지 않은 점은 아쉽다.

Ⅲ. 맺는 글

2000년 이후 현재까지 20여 년간 대법원이 선고한 공익법인 관련 조세소송판결 중 주요한 판결 9개를 검토해 보았다. 대다수의 공익법인이

---

34) 예를 들면, 이사 현원 5명인 공익법인의 출연자 A와 출연자 B가 특수관계인으로서 이사로 있는 경우.
35) 예를 들면, 이사 현원 5명인 공익법인의 출연자 A와 그의 특수관계인 B가 이사로 있는 경우.
36) 예를 들면, 이사 현원 5명인 공익법인에 특수관계가 없는 출연자 A와 출연자 B 등 출연자 2인이 이사로 있는 경우, 또는 출연자 A와 출연자 B는 특수관계가 없는데 출연자 A의 특수관계인과 출연자 B의 특수관계인 등 2인이 이사인 경우 등.

소규모인 관계로 과세관청이 지금까지 공익법인에 대해 큰 관심을 갖지 않은 탓인지 위 기간 동안 대법원이 선고한 공익법인 관련 조세소송판결이 많지 않아 판례의 일정한 동향이나 흐름을 분석하기는 쉽지 않다. 위 Ⅱ.항에서 본 9개의 판결을 보면, 대법원은 공익법인 관련 판결에서도 다른 조세소송판결에서와 마찬가지로 일반적으로 조세법률주의 중 조세법규 엄격해석의 원칙에 따라 판단하고 있다는 점을 확인할 수 있다.

그런 가운데서도 대법원 2000. 12. 8. 선고 98두15320 판결은 직접 공익목적사업에의 사용을 공익법인이 출연재산을 직접 공익목적사업에 사용하는 경우뿐만 아니라 타인에게의 위탁을 통하여 해당 공익법인의 고유목적사업에 사용하는 경우도 포함하는 것으로 해석하였다는 점, 대법원 2010. 5. 27. 선고 2007두26711 판결은 출연재산 운용소득의 기준금액 이상 사용 요건을 판단함에 있어서 출연재산과 관련이 없는 수익사업에서 발생한 소득금액은 기준금액에서 제외되는 것으로 해석하였다는 점, 대법원 2017. 4. 20. 선고 2011두21447 전원합의체 판결은 '비영리법인을 설립한 자'를 단지 재산을 출연하여 비영리법인을 설립한 경우가 아니라, 출연자가 비영리법인의 설립에 실질적으로 지배적인 영향력을 행사한 자로 한정하여 해석하였다는 점에서 문언에 따른 해석보다는 공익법인에게 우호적인 결론을 내렸는데, 이는 공익법인의 활동을 지원한다는 공익법인 관련 세제의 입법 취지를 고려한 해석으로 보인다.

위 Ⅱ.항에서 본 판결들의 법리는 관련 규정에 큰 변화가 없는 현행 상증세법의 해석에 있어서도 동일하게 적용될 수 있는 법리들이라는 점에서 큰 의미가 있다. 다만, 위 판결들의 사안에서 문제되었던 쟁점들 중 일부 사항들에 대해서는 입법 측면에서 아직 불명확한 부분이 있으므로 조속한 입법 개선이 필요하다.

참고문헌

강나라, "중소기업주식의 공익법인 출연에 관한 연구", 기업경영리뷰 8(1) (2017. 2.)

곽관훈, "대기업집단 소속 공익법인의 계열사 주식보유규제의 개선방안", 기업법연구 29(4) (2015. 12.)

곽윤재, "대규모기업집단 소속 공익법인 주식 보유 실태와 주식 보유 제한 입법의 필요성", KHU 글로벌 기업법무 리뷰 제11권 제2호

김무열, "공익법인의 설립·운영·해산 단계에 따른 과세제도 연구", 한국조세재정연구원(2019. 12.)

김을순·노직수, "비영리법인의 과세제도 개선방안에 관한 연구", 경영교육저널 제11권(2002)

김일석, "세법상 공익법인 규제제도의 쟁점과 현황", 월간 조세 통권 제372호 (2019. 5.)

김종근·전병욱, "공익법인에 대한 주식 출연 관련 증여세 과세문제", 세무학연구 제29권 제3호(2012)

김진수, "공익법인의 주식 취득·보유 제한에 대한 타당성 검토", 재정포럼 제14권 제8호, 한국조세연구원(2009)

박정우·육윤복·윤주영, "비영리법인의 과세제도에 관한 연구", 세무학연구 제2권 제1호(2004)

신상철·이성봉, "장수기업 육성을 위한 정책적 지원방안", 중소기업연구원(2014)

유철형, "기업공익재단의 주식 보유 관련 세제 개선방안", 기업공익재단법제연구, 재단법인 동천(2021)

윤현경·박훈, "공익법인 주식출연시 증여세 과세가액 불산입 인정 요건에 대한 소고", 조세와 법 제10권 제2호(2017. 12.)

윤현석, "비영리법인과 상속세 및 증여세법", 조세법연구 제14-2집(2008)

이동식, "공익재단에 대한 주식 출연 한도 높여야", 한국경제, https://www.hankyung.com/news/article/2016050597931, (2022. 5. 27. 확인)

이상신, "공익법인에 대한 주식 출연의 제한 및 그 개선방안에 관한 연구", 조세법연구 제21-2집, 한국세법학회(2015)

이수정, "대기업집단 소속 공익법인의 주식 보유현황 분석(2015년)", 경제개혁리
        포트 2016-11호, 경제개혁연구소(2016. 10.)
이승희, "재벌 소속 공익법인의 계열사 주식 보유현황 및 지배구조(2010)", 경제
        개혁리포트 2010-8호, 경제개혁연구소(2010. 6.)
이총희, "대기업집단 소속 공익법인의 현황과 개선과제", 경제개혁리포트 2018-
        09호, 경제개혁연구소(2018. 8.)
허원, "2017년 상속세 및 증여세법 판례 회고", 조세법연구 제24권 제1호, 한국
        세법학회(2018)

| 초 록 |

　2000년 이후 현재까지 20여 년간 대법원이 선고한 공익법인 관련 조세소송판결은 10여 건이 조금 넘는 정도로 많지 않다. 이와 같이 공익법인 관련 조세소송판결이 많지 않아 판례의 일정한 동향이나 흐름을 분석하기는 쉽지 않다. 본고에서는 현행 상증세법의 해석에도 영향을 미치는 9개의 판결을 선정하여 검토해 보았는데, 대법원은 공익법인 관련 판결에서도 다른 조세소송판결에서와 마찬가지로 일반적으로 조세법률주의 중 조세법규엄격해석의 원칙에 따라 판단하고 있다는 점을 확인할 수 있다.

　그런 가운데서도 대법원 2000. 12. 8. 선고 98두15320 판결은 직접 공익목적사업에의 사용을 공익법인이 출연재산을 직접 공익목적사업에 사용하는 경우뿐만 아니라 타인에게의 위탁을 통하여 해당 공익법인의 고유목적사업에 사용하는 경우도 포함하는 것으로 해석하였다는 점, 대법원 2010. 5. 27. 선고 2007두26711 판결은 출연재산 운용소득의 기준금액 이상 사용 요건을 판단함에 있어서 출연재산과 관련이 없는 수익사업에서 발생한 소득금액은 기준금액에서 제외되는 것으로 해석하였다는 점, 대법원 2017. 4. 20. 선고 2011두21447 전원합의체 판결은 '비영리법인을 설립한 자'를 단지 재산을 출연하여 비영리법인을 설립한 경우가 아니라, 출연자가 비영리법인의 설립에 실질적으로 지배적인 영향력을 행사한 자로 한정하여 해석하였다는 점에서 문언에 따른 해석보다는 공익법인에게 우호적인 결론을 내렸는데, 이는 공익법인의 활동을 지원한다는 공익법인 관련 세제의 입법 취지를 고려한 해석으로 보인다.

　본고에서 본 판결들의 법리는 현행 상증세법의 해석에 있어서도 동일하게 적용될 수 있는 법리들이라는 점에서 큰 의미가 있다. 다만, 위 판결들의 사안에서 문제되었던 쟁점 중 일부 사항에 대해서는 입

법 측면에서 아직 불명확한 부분이 있으므로 조속한 입법 개선이 필
요하다.

개인기부와 법인기부의 세제혜택 비교

허원*

Ⅰ. 서론

기부행위에 대한 인식이나 판단은 사람에 따라 달라질 수 있는 주관적 영역이다. 도덕적 요구에 의한 행위로 볼 수도 있고, 종교적 의무로 볼 수도 있으며, 개인적 선호의 문제로 볼 수도 있다. 어느 조사에 따르면 미국인은 평생 사는 동안 자선 기부의 60%를 종교단체에 하고 2%만을 국제원조에 하는 반면, 영국인은 기부금의 14%를 국제원조에 하고 8%만 종교단체에 한다고 한다. 또한 미국인은 캐나다인에 비해 자선 기부를 2배 넘게 하고, 프랑스인에 비해서는 10배를 하는데, 유럽인은 사적 기부라는 자의적 통로를 거치기보다는 정부에 세금을 납부하는 행위를 통해 도덕적 의무를 더 잘 채울 수 있다고 생각하는 경향이 강한 것에 따른 결과로 분석되기도 한다.[1]

이와 같은 조사와 분석의 결과는 개인(법인을 포함한 민간경제주체)의 기부행위에 관하여 세제혜택을 제공할 이유가 있는지에 관한 논란으로 이어지기도 한다. 조세 유인을 제공하여 기부를 활성화할 필요가 있는지 아니면 세제혜택 제공에 따른 불필요한 사회적 비용을 줄이고 그

---

* 고려사이버대학교 세무회계학과 교수

1) Pattricia Illingworth, Thomas Pogge, and Lief Wenar (유강은 번역), 기빙웰-잘 주고 잘 받는 나눔의 윤리, 아름다운재단 기부문화총서12, 이매진(2017), 14 [Giving Well: The Ethics of Philanthoropy, Oxford University Press 2011].

만큼 조세수입을 확대하여 국가의 정책기조 하에 복지정책 및 소득의 재분배를 실시하는 것이 효율적인지에 관한 논란이다.

이러한 논란이 존재함에도 불구하고 일반적으로 현대의 복지국가들은 초저출산 및 초고령화 사회로의 진입에 따른 복지재정 수요의 급격한 증가에 대응하는 방안으로 증세 외에 민간에 의한 공익서비스 제공을 지원하는 목적의 세제혜택들을 두고 있는 것이 현실이다. 우리나라의 조세제도도 기부금의 지급처를 공익성에 따라 분류하고 그에 따라 차별적 세제혜택을 부여하는 방식을 적용함으로써 국가기능의 보완 정도에 따라 세제혜택의 당위성을 인정하는 형태를 띠고 있다고 할 수 있다. 다만, 기부금에 대한 세제혜택이 때로는 우회적이고 변칙적인 부의 세습이나 조세회피의 수단으로 이용됨에 따라 이를 방지하려고 여러 규제가 추가되면서 관련 세제는 더욱 복잡해져 있다.

기부금에 대한 세제지원의 사회적 효과를 의심하는 것 외에 또 하나의 논란은 영리추구라는 법인의 목적에 반하는 지출행위를 국가가 인정해주는 것이 정당한가에 대한 것이다. 영리법인의 경우 주주의 이익을 위해 영업활동을 하고 그 결과를 분배하기 위해 존재하는 것인데, 기부금의 지출을 법인의 손금으로 인정해주는 것은 주주의 이익에 반하는 행위를 국가가 지원함으로써 회사제도를 보호하지 않는 결과를 가져오는 것이 아니냐에 대한 비판이다. 그러나 수익창출에 기여하지 못하는 지출이라 하더라도 기업이 경제활동을 하여 얻은 부(富)를 사회에 환원하는 데 의의가 있는 지출이라는 점에서 기부금 손금산입은 그 정당성이 인정되고 있다. 또한 최근에는 '기업의 사회적 책임' 또는 '지속가능 경영'에 대한 요구가 ESG경영2) 선언으로 확대되면서 이러한 논란은 점

---

2) ESG란 환경보호(Environment)·사회공헌(Social)·윤리경영(Governance)의 약자로, ESG경영이란 기업이 환경보호에 앞장서며, 사회적 약자에 대한 지원 등 사회공헌 활동을 하며, 법과 윤리를 철저히 준수하는 경영 활동을 말한다. ESG경영은 기업의 지속적 성장을 평가하는 비재무적 성과를 측정하는 방법으로 유럽연합이나 미국 등에서는 이미 기업을 평가하는 데 중요한 기준으로 자리 잡았다.

점 줄어들게 되었다.

결론적으로 기부금 지출에 대한 세제 지원 및 기부활성화를 위한 조세유인 정책은 현대 복지국가에서 국가기능의 보완 및 기업의 사회적 책임 측면에서 그 필요성을 인정받고 있다고 하겠다. 이하에서는 우리나라의 기부자 관련 세제혜택을 개인과 법인의 경우로 나누어 살펴보고, 개인기부와 법인기부에 대한 세제혜택상 유의미한 차이가 있는지, 나아가 관련 제도상 개선할 사항이 있는지 살펴보기로 한다.

II. 기부자 관련 세제혜택의 현황

1. 개관

현행 우리 세제에는 기부금을 지급하는 개인 및 법인에 대한 지원제도가 마련되어 있다. 엄밀히는 세법상 거주자와 내국법인에 대한 소득세 및 법인세 감면혜택으로서, 기부하는 자에 따라 지원방식이 달라진다. 우선 국내에 거주하는 개인이 기부금을 지급하는 경우 소득세 계산 시 필요경비로 산입하거나 특별세액공제를 받는 방식으로 소득세감면 혜택을 받을 수 있으며, 내국법인의 경우 지급한 기부금을 손금으로 인정받아 법인세 감면 혜택을 받을 수 있다.

기부금은 공익성의 정도에 따라 유형을 구분하며, 기부하는 자의 세법상 지위(거주자, 사업소득이 있는 거주자, 내국법인)에 따라 공제방식과 한도, 요율 등이 달라진다. 종전에는 기부금의 유형을 '법정기부금'과 '지정기부금' 등으로 명명하여 분류하였으나, 2020년 개정을 통해 이와

[네이버 지식백과] ESG 경영 (한경 경제용어사전)
https://terms.naver.com/entry.naver?docId=6225562&cid=42107&categoryId=42107,
(2022. 5. 1. 확인).

같은 용어를 삭제한 바 있다.[3] 그러나 해당 기부금의 범위에는 변함이 없으므로 이 글에서는 서술의 편의상 기존의 명칭을 사용하기로 한다.

세법상 "기부금"이란 사업자 또는 내국법인이 사업과 직접적인 관계 없이 무상으로 지출하는 금액을 의미하며, 특수관계인 외의 자에게 정당한 사유 없이 자산을 정상가액보다 낮은 가액으로 양도하거나 특수관계인 외의 자로부터 정상가액보다 높은 가액으로 매입하는 거래[4]를 통하여 실질적으로 증여한 것으로 인정되는 금액[5]을 포함한다(소득세법 제34조 제1항 및 동법 시행령 제79조 제1항, 법인세법 제24조 제1항 및 동법 시행령 제35조). 기부금을 "누군가를 돕기 위하여 대가 없이 내놓은 돈" 또는 "타인을 원조할 목적으로 하등의 대가도 바라지 않고 재산을 무상으로 주는 것" 등으로 정의하는 세간의 개념[6]과는 다소 차이가 있다고 할 수 있으나, '대가를 바라지 않는(개인의 사업 또는 기업의 영

---

3) 법인세법 [시행 2021. 1. 1.] [법률 제17652호, 2020. 12. 22., 일부개정] 【제정·개정이유】 라. 기부금을 법정기부금과 지정기부금으로 분류하던 용어를 삭제하고, 기부금 손금산입한도액 계산 시 차감하는 이월결손금의 한도를 정함(제24조).

4) 이 경우 정상가액은 시가에 시가의 100분의 30을 더하거나 뺀 범위의 가액이다 (소득세법 시행령 제79조 제1항, 법인세법 시행령 제35조).

5) 법인세법은 이러한 금액을 '간주기부금'이라고 하여 기부금에 포함시키며, 특수관계자와의 거래인 경우에는 부당행위계산부인 규정이 적용된다.

6) 출처: 나무위키(기부금) 1. 정의: 기부금(寄附金)은 누군가를 돕기 위하여 대가 없이 내놓은 돈을 말한다. 불우이웃을 돕거나, 공공사업을 지원하거나, 국가를 외환위기에서 벗어나게 하는 등 다방면으로 쓰인다. 돈을 내는 것뿐만이 아니라 크리스마스실 등의 형태로도 기부가 이루어지고 있다. 겨울철 빨간 자선냄비는 기부의 상징. 당연하지만 기부금은 투명하고 공정한 방법으로 적절한 곳에 사용되어야 마땅하다(https://namu.wiki/w/%EA%B8%B0%EB%B6%80%EA%B8%88, 2022. 5. 1. 확인).
[네이버 지식백과] 기부금 [donations, 寄附金] (회계·세무 용어사전, 2006. 8. 25., 고성삼) 민법상으로는 재산의 출손(出損), 즉 무상증여를 의미하며, 사회통념상으로는 타인을 원조할 목적으로 하등의 대가도 바라지 않고 재산을 무상으로 주는 것을 의미한다. 법인이나 개인 자신의 사업과는 직접적인 관련없이 타인의 보조를 위해 무상으로 지급되는 재산적 급부인 것이다(https://terms.naver.com/entry.naver?docId=1602594&cid=50305&categoryId=50305, 2022. 5. 1. 확인).

업활동과는 직접적으로 관련이 없는) 지출'이라는 점에서 보면 본질적
으로 동일한 개념이라고 할 수 있다. 특히 세법에서는 필요경비(소득세)
및 손금(법인세)의 요건으로서 사업과의 관련성이나 수익과의 직접 관
련성을 중시함에 따라[7] 이러한 연관성이 없음에도 손금으로 인정하는
데에는 몇 가지 제약(한도, 요율 등)을 두고 있으므로, 무대가성보다는
비관련성이 더욱 중요한 정의개념이 되는 것이다.

세제 지원의 대상이 되는 기부금의 종류는 법정기부금, 지정기부금,
정치자금기부금, 우리사주조합기부금으로 구분할 수 있으며,[8] 금전기부
가 아닌 용역기부의 경우 세법상 재난지역구호에 대해 용역의 가액을 산
정하여 기부금으로 인정하는 형태가 유일하다(소득세법 제34조 제2항 제
1호 나목).[9] 부동산이나 주식 등의 현물기부에 대해서는 원칙적으로는
제한이 없으나, 농지의 기부와 주식의 출연에 있어서는 제한이 있다.[10]

---

7) 소득세법 제27조(사업소득의 필요경비의 계산) ① 사업소득금액을 계산할 때 필
   요경비에 산입할 금액은 해당 과세기간의 총수입금액에 대응하는 비용으로서
   일반적으로 용인되는 통상적인 것의 합계액으로 한다.
   법인세법 제19조(손금의 범위) ① 손금은 자본 또는 출자의 환급, 잉여금의 처분
   및 이 법에서 규정하는 것은 제외하고 해당 법인의 순자산을 감소시키는 거래로
   인하여 발생하는 손실 또는 비용[이하 "손비"(損費)라 한다]의 금액으로 한다.
   ② 손비는 이 법 및 다른 법률에서 달리 정하고 있는 것을 제외하고는 그 법인
   의 사업과 관련하여 발생하거나 지출된 손실 또는 비용으로서 일반적으로 인정
   되는 통상적인 것이거나 수익과 직접 관련된 것으로 한다.
8) 이 유형들에 해당하지 않는 기부금의 경우 단체에서 기부받을 수는 있으나, 기
   부자는 세제혜택을 받을 수 없다.
9) 일반적인 용역기부의 경우 자신의 재능을 이용한 재능기부가 많이 이루어지고
   있으나, 현재 재능기부는 시가 산정 등의 어려움으로 인해 기부금 처리가 되지
   않고 있다. 권성준·송은주·김효림, "개인기부 관련 과세제도 연구", 한국조세재
   정연구원(2020. 10.), 17.
10) 농업경영을 목적으로 하지 않는 경우 농지를 소유할 수 없도록 한 농지법 규정
    [제6조(농지 소유 제한)]과 공익법인의 주식보유 범위를 제한하는 상속세 및 증
    여세법 규정[제49조(공익법인등의 주식등의 보유기준)]에 따라 제한이 발생한다.

2. 기부금의 구분

소득세법에 따른 기부금의 범위와 법인세법에 따른 기부금의 범위에는 일부 차이가 있다. 기본적으로 법인세법상 법정기부금 또는 지정기부금 외에 소득세법에서 추가적으로 인정하는 법정기부금 또는 지정기부금이 열거되어 있는 방식이다.

가. 법정기부금

근거법률	공제대상 기부금
법인세법 제24조 제2항 제1호 (소득세법 제34조 제2항 제1호 가목)	(1) 국가나 지방자치단체에 무상으로 기증하는 금품의 가액(「기부금품의 모집 및 사용에 관한 법률」의 적용을 받는 기부금품은 같은 법 규정에 따라 접수하는 것만 해당)(*주1) (2) 국방헌금과 국군장병 위문금품의 가액(*주2) (3) 천재지변(특별재난지역으로 선포된 경우 포함)으로 생기는 이재민을 위한 구호금품의 가액 (4) 다음의 기관(병원은 제외)에 시설비·교육비·장학금 또는 연구비로 지출하는 기부금 ① 「사립학교법」에 따른 사립학교 ② 비영리 교육재단(국립·공립·사립학교의 시설비, 교육비, 장학금 또는 연구비 지급을 목적으로 설립된 비영리 재단법인으로 한정) ③ 「국민 평생 직업능력 개발법」에 따른 기능대학 ④ 「평생교육법」에 따른 전공대학의 명칭을 사용할 수 있는 평생교육시설 및 원격대학 형태의 평생교육시설 ⑤ 「경제자유구역 및 제주국제자유도시의 외국교육기관 설립·운영에 관한 특별법」에 따라 설립된 외국교육기관 및 「제주특별자치도 설치 및 국제자유도시 조성을 위한 특별법」에 따라 설립된 비영리법인이 운영하는 국제학교 ⑥ 「산업교육진흥 및 산학연협력촉진에 관한 법률」에 따른 산학협력단 ⑦ 「한국과학기술원법」에 따른 한국과학기술원, 「광주과학기술원법」에 따른 광주과학기술원, 「대구경북과학기술원법」에 따른 대구경북과학기술원, 「울산과학기술원법」에 따른 울산과학기술원 및 「한국에너지공과대학교법」에 따른 한국에너지공과대학교 ⑧ 「국립대학법인 서울대학교 설립·운영에 관한 법률」에 따른 국립대

	학법인 서울대학교, 「국립대학법인 인천대학교 설립·운영에 관한 법률」에 따른 국립대학법인 인천대학교 및 이와 유사한 학교로서 대통령령으로 정하는 학교
	⑨ 「재외국민의 교육지원 등에 관한 법률」에 따른 한국학교(대통령령으로 정하는 요건을 충족하는 학교만 해당한다)로서 대통령령으로 정하는 바에 따라 기획재정부장관이 지정·고시하는 학교
	(5) 다음의 병원에 시설비·교육비 또는 연구비로 지출하는 기부금
	① 「국립대학병원 설치법」에 따른 국립대학병원
	② 「국립대학치과병원 설치법」에 따른 국립대학치과병원
	③ 「서울대학교병원 설치법」에 따른 서울대학교병원
	④ 「서울대학교치과병원 설치법」에 따른 서울대학교치과병원
	⑤ 「사립학교법」에 따른 사립학교가 운영하는 병원
	⑥ 「암관리법」에 따른 국립암센터
	⑦ 「지방의료원의 설립 및 운영에 관한 법률」에 따른 지방의료원
	⑧ 「국립중앙의료원의 설립 및 운영에 관한 법률」에 따른 국립중앙의료원
	⑨ 「대한적십자사 조직법」에 따른 대한적십자사가 운영하는 병원
	⑩ 「한국보훈복지의료공단법」에 따른 한국보훈복지의료공단이 운영하는 병원
	⑪ 「방사선 및 방사성동위원소 이용진흥법」에 따른 한국원자력의학원
	⑫ 「국민건강보험법」에 따른 국민건강보험공단이 운영하는 병원
	⑬ 「산업재해보상보험법」 제43조제1항제1호에 따른 의료기관
	(6) 사회복지사업, 그 밖의 사회복지활동의 지원에 필요한 재원을 모집·배분하는 것을 주된 목적으로 하는 비영리법인(전문모금기관의 지정 요건을 갖춘 법인(*주3)만 해당)으로서 기획재정부 장관이 지정·고시하는 법인에 지출하는 기부금
	- 법정기부금단체 중 전문모금기관의 범위(지정기간: 2017. 1. 1.~2022. 12. 31.)는 다음과 같음
	• 사회복지공동모금회법에 따른 사회복지공동모금회
	• 재단법인 바보의 나눔
	(7) 「공공기관의 운영에 관한 법률」 제4조에 따른 공공기관(공기업은 제외), 법률에 따라 직접 설립된 기관으로서 해당 법인의 설립목적이 공익목적 활동을 수행하고 정부지원금 및 기부금 합계액이 수입금액의 1/3 이상일 것 등의 요건을 갖춘 기관에 종전 규정에 따라 지출하는 기부금(*주4)
소득세법 제34조 제2항 제1호 나목	(1) 「재난 및 안전관리 기본법」에 따른 특별재난지역을 복구하기 위하여 자원봉사를 한 경우 그 용역의 가액(개인에 한함)(*주5)

(*주1) '국가 등에 무상으로 기증하는 금품의 가액'에는 개인 또는 법인이 개인 또는 다른 법인에게 자산을 기증하고 이를 기증받은 자가 지체없이 다시 국가 또는 지방자치단체에 기증한 금품의 가액을 포함한다(법인세법 시행령 제37조 제1항, 소득세법 시행령 제79조 제2항). 한편 여기에는 국·공립학교가 기부금품모집규제법의 규정에 따라 후원회 등을 통하여 받는 기부금도 포함되는데, 이는 기부금품모집규제법에 따른 기부심사위원회의 심의대상이 아니므로 동법에 따른 심의절차를 거치지 않은 경우에도 법정기부금에 해당한다(법인세법 기본통칙 24-0…2).

(*주2) '국방헌금'에는 향토예비군에 직접 지출하거나 국방부장관의 승인을 받은 기관 또는 단체를 통하여 지출하는 기부금을 포함한다(법인세법 시행령 제37조 제2항).

(*주3) 전문모금기관의 지정요건을 갖춘 법인: 다음의 요건을 모두 갖춘 법인을 말한다 (법인세법 시행령 제38조 제4항).

1. 기부금 모금액 및 그 활용 실적을 공개할 수 있는 인터넷 홈페이지가 개설되어 있을 것
2. 「주식회사 등의 외부감사에 관한 법률」 제2조제7호에 따른 감사인에게 회계감사를 받을 것
3. 「상속세 및 증여세법」 제50조의3제1항제1호부터 제4호까지의 규정에 해당하는 서류 등을 해당 비영리법인 및 국세청의 인터넷 홈페이지를 통하여 공시할 것
4. 「상속세 및 증여세법」 제50조의2에 따른 전용계좌를 개설하여 사용할 것
5. 신청일 직전 5개 사업연도(설립일부터 신청일 직전 사업연도 종료일까지의 기간이 5년 미만인 경우에는 해당 법인의 설립일부터 신청일이 속하는 달의 직전 달의 종료일까지의 기간(1년 이상인 경우만 해당한다)을 말한다. 이하 제6호에서 같다) 평균 기부금 배분 지출액이 총 지출금액의 100분의 80 이상이고 기부금의 모집·배분 및 법인의 관리·운영에 사용한 비용이 기부금 수입금액의 100분의 10 이하일 것
6. 신청일 직전 5개 사업연도 평균 개별 법인(단체를 포함한다. 이하 이 호에서 같다)별 기부금 배분지출액이 전체 배분지출액의 100분의 25 이하이고, 「상속세 및 증여세법 시행령」 제38조제10항에 따른 출연자 및 같은 영 제2조의2 제1항에 따른 출연자의 특수관계인으로서 같은 항 제4호·제5호 또는 제8호에 해당하는 비영리법인에 대해서는 기부금 배분지출액이 없을 것
7. 지정이 취소된 경우에는 그 취소된 날부터 3년, 같은 항에 따라 재지정을 받지 못하게 된 경우에는 그 지정기간의 종료일부터 3년이 지났을 것

(*주4) 종전에는 「공공기관의 운영에 관한 법률」 제4조에 따른 공공기관(공기업은 제외)과 법률에 따라 직접 설립된 기관을 법정기부금단체로 분류하였으나, 기부금단체 간 형평성을 높이기 위해서 지정기부금단체로 이관하여 이들 기관에 지출하는 기부금을 지정기부금으로 구분하도록 하였다. 이 규정은 2018년 1월 1일 이후 최초로 지출하는 기부금부터 적용한다. 다만, 2018년 1월 1일 이전에 종전 규정에 따라 법정기부금단체로 지정된 기관에 지출하는 기부금에 대해서는 종

전 규정에 따른 지정기간(시행규칙 별표 6의7)까지는 법정기부금으로 본다. 이에 따라 법정기부금단체 지정기간이 2017. 12. 31.까지였던 국방과학연구소 등은 2018. 1. 1.부터 지정기부금 단체로 이관되었고, 법정기부금단체 지정기간이 2018. 1. 1. 이후에 끝나는 다음의 단체는 종전 규정에 따른 지정기간(괄호의 기간)까지는 법정기부금단체의 지위를 유지한다.

① 대한적십자사, 한국국제교류재단, 한국장학재단 등 (2017. 1. 1.~2022. 12. 31.)
② 독립기념관, 대한장애인체육회, 한국과학기술원 등 (2017. 1. 1.~2022. 12. 31.)

(*주5) 자원봉사용역의 가액은 다음과 같이 계산한 금액의 합계액으로 한다(소득세법 시행령 제81조 제5항).

1. 다음 산식에 의하여 계산한 봉사일수에 5만 원을 곱한 금액(소수점 이하의 부분은 1일로 보아 계산한다). 이 경우 개인사업자의 경우에는 본인의 봉사분에 한한다.

[봉사일수 = 총 봉사시간 ÷ 8시간]

2. 당해 자원봉사용역에 부수되어 발생하는 유류비·재료비 등 직접비용 제공할 당시의 시가 또는 장부가액

나. 정치자금기부금

거주자가 「정치자금법」에 따라 정당(같은 법에 따른 후원회 및 선거관리위원회를 포함)에 기부한 정치자금은 이를 지출한 해당 과세연도의 소득금액에서 10만 원까지는 그 기부금액의 110분의 100을, 10만 원을 초과한 금액에 대해서는 해당 금액의 100분의 15(해당 금액이 3천만 원을 초과하는 경우 그 초과분에 대해서는 100분의 25)에 해당하는 금액을 종합소득산출세액에서 공제한다. 다만, 사업자인 거주자가 정치자금을 기부한 경우 10만 원을 초과한 금액에 대해서는 이월결손금을 뺀 후의 소득금액의 범위에서 손금에 산입한다(조세특례제한법 제76조 제1항 단서).

반면, 법인이 기부한 정치자금은 비지정기부금에 해당한다.

다. 우리사주조합기부금

거주자가 우리사주조합에 지출하는 기부금(우리사주조합원이 지출하는 기부금은 제외)은 필요경비에 산입하거나 종합소득산출세액에서 공제할 수 있다(조세특례제한법 제88조의4 제13항 전단). 거주자가 해당 과세연도의 사업소득금액을 계산할 때 해당 기부금을 필요경비에 산입하는 경우에는 [기준소득금액-이월결손금 공제액-법정기부금 손금산입액]의 30%를 한도로 하여 산입할 수 있고, 해당 기부금에 대하여 해당 과세연도의 종합소득산출세액에서 공제하는 경우에는 [종합소득금액-법정기부금 손금산입액]의 30%를 한도로 하여 공제할 수 있다.

법인이 우리사주조합에 지출하는 기부금은 해당 사업연도의 소득금액을 계산할 때[기준소득금액-이월결손금 공제액-법정기부금 손금산입액]의 30%를 한도로 하여 손금에 산입할 수 있다(조세특례제한법 제88조의4 제13항 후단).

여기서 '법인이 우리사주조합에 지출하는 기부금'이란 우리사주제도를 실시하는 회사의 법인주주 등이 우리사주 취득을 위한 재원 마련을 위해서 우리사주조합에 지출하는 기부금을 말한다. 반면에 우리사주제도를 실시하는 법인이 자기의 소속근로자가 설립한 우리사주조합에 출연하는 자사주의 장부가액이나 금품은 전액 손금에 산입하는 항목이다.

라. 지정기부금

지정기부금은 사회복지·문화·예술·교육·종교·자선·학술 등 공익성을 고려하여 대통령령으로 정하는 기부금을 말한다(법인세법 제24조 제3항 제1호).

근거법률	공제대상 기부금
법인세법 제24조 제3항 제1호 (소득세법 제34조 제3항 제1호)	(1) 공익법인등의 고유목적사업비로 지출하는 기부금(법인세법 시행령 제39조 제1항 제1호) 다음의 ①~⑥에 해당하는 비영리법인(단체 및 비영리외국법인을 포함하며, 이하 '공익법인등'이라 함)에 대하여 해당 공익법인등의 고유목적사업비(*주1)로 지출하는 기부금. 다만, ⑥에 따라 지정·고시된 법인에 지출하는 기부금은 지정일이 속하는 연도의 1월 1일부터 3년간(지정받은 기간이 끝난 후 2년 이내에 재지정되는 경우에는 재지정일이 속하는 사업연도의 1월 1일부터 6년간으로 한다. 이하 이 조에서 '지정기간'이라 함) 지출하는 기부금으로 한정. ① 「사회복지사업법」에 따른 사회복지법인 ② 「영유아보육법」에 따른 어린이집 ③ 「유아교육법」에 따른 유치원, 「초·중등교육법」 및 「고등교육법」에 따른 학교, 「국민 평생 직업능력 개발법」에 따른 기능대학, 「평생교육법」 제31조 제4항에 따른 전공대학 형태의 평생교육시설 및 같은 법 제33조 제3항에 따른 원격대학 형태의 평생교육시설 ④ 「의료법」에 따른 의료법인 ⑤ 종교의 보급, 그 밖에 교화를 목적으로 「민법」 제32조에 따라 문화체육관광부장관 또는 지방자치단체의 장의 허가를 받아 설립한 비영리법인(그 소속 단체를 포함) ⑥ 「민법」 제32조에 따라 주무관청의 허가를 받아 설립된 비영리법인, 비영리외국법인, 「협동조합 기본법」 제85조에 따라 설립된 사회적협동조합, 「공공기관의 운영에 관한 법률」 제4조에 따른 공공기관(같은 법에 따른 공기업은 제외) 또는 법률에 따라 직접 설립 또는 등록된 기관 중 일정한 지정 요건을 모두 충족한 것으로서 국세청장(주사무소 및 본점소재지 관할 세무서장을 포함)의 추천을 받아 기획재정부장관이 지정하여 고시한 법인 (2) 특정목적의 기부금(법인세법 시행령 제39조 제1항 제2호) ① 「유아교육법」에 따른 유치원의 장·「초·중등교육법」 및 「고등교육법」에 의한 학교의 장, 「국민 평생 직업능력 개발법」에 의한 기능대학의 장, 「평생교육법」 제31조 제4항에 따른 전공대학 형태의 평생교육시설 및 같은 법 제33조 제3항에 따른 원격대학 형태의 평생교육시설의 장이 추천하는 개인에게 교육비·연구비 또는 장학금으로 지출하는 기부금 ② 「상속세 및 증여세법 시행령」 제14조 제1항의 요건을 갖

춘 공익신탁으로 신탁하는 기부금

③ 사회복지·문화·예술·교육·종교·자선·학술 등 공익목적으로 지출하는 기부금으로서 기획재정부장관이 지정하여 고시하는 기부금

(3) 사회복지시설·기관 기부금(법인세법 시행령 제39조 제1항 제4호)

다음 중 어느 하나에 해당하는 사회복지시설·기관 중 무료 또는 실비로 이용할 수 있는 시설·기관에 기부하는 금품의 가액

① 「아동복지법」 제52조 제1항에 따른 아동복지시설

② 「노인복지법」 제31조에 따른 노인복지시설 중 다음의 시설을 제외한 시설

(a) 「노인복지법」 제32조 제1항에 따른 노인주거복지시설 중 입소자 본인이 입소비용의 전부를 부담하는 양로시설·노인공동생활가정 및 노인복지주택

(b) 「노인복지법」 제34조 제1항에 따른 노인의료복지시설 중 입소자 본인이 입소비용의 전부를 부담하는 노인요양시설·노인요양공동생활가정 및 노인전문병원

(c) 「노인복지법」 제38조에 따른 재가노인복지시설 중 이용자 본인이 재가복지서비스에 대한 이용대가를 전부 부담하는 시설

③ 「장애인복지법」 제58조 제1항에 따른 장애인복지시설. 다만, 다음 각 목의 시설은 제외.

(a) 비영리법인(「사회복지사업법」 제16조 제1항에 따라 설립된 사회복지법인을 포함한다) 외의 자가 운영하는 장애인 공동생활가정

(b) 「장애인복지법 시행령」 제36조에 따른 장애인생산품 판매시설

(c) 장애인 유료복지시설

④ 「한부모가족지원법」 제19조 제1항에 따른 한부모가족복지시설

⑤ 「정신건강증진 및 정신질환자 복지서비스 지원에 관한 법률」 제3조 제6호 및 제7호에 따른 정신요양시설 및 정신재활시설

⑥ 「성매매방지 및 피해자보호 등에 관한 법률」 제6조 제2항 및 제10조 제2항에 따른 지원시설 및 성매매피해상담소

⑦ 「가정폭력방지 및 피해자보호 등에 관한 법률」 제5조 제2항 및 제7조 제2항에 따른 가정폭력 관련 상담소 및 보호시설

	⑧ 「성폭력방지 및 피해자보호 등에 관한 법률」 제10조 제2항 및 제12조 제2항에 따른 성폭력피해상담소 및 성폭력피해자보호시설 ⑨ 「사회복지사업법」 제34조에 따른 사회복지시설 중 사회복지관과 부랑인·노숙인 시설 ⑩ 「노인장기요양보험법」 제32조에 따른 재가장기요양기관 ⑪ 「다문화가족지원법」 제12조에 따른 다문화가족지원센터 ⑫ 「건강가정기본법」 제35조 제1항에 따른 건강가정지원센터 ⑬ 「청소년복지 지원법」 제31조에 따른 청소년복지시설 (4) 국제기구에 지출하는 기부금(법인세법 시행령 제39조 제1항 제6호) 다음의 요건을 모두 갖춘 국제기구로서 기획재정부장관이 지정하여 고시하는 국제기구에 지출하는 기부금 ① 사회복지, 문화, 예술, 교육, 종교, 자선, 학술 등 공익을 위한 사업을 수행할 것 ② 우리나라가 회원국으로 가입하였을 것
소득세법 제34조 제3항, 동법 시행령 제80조 제1항	(1) 다음의 어느 하나에 해당하는 회비 ① 「노동조합 및 노동관계 조정법」 또는 「교원의 노동조합설립 및 운영 등에 관한 법률」에 따라 설립된 노동조합에 가입한 사람이 납부한 회비 ② 「교육기본법」 제15조에 따른 교원단체에 가입한 사람이 납부한 회비 ③ 「공무원직장협의회의 설립·운영에 관한 법률」에 따라 설립된 공무원 직장협의회에 가입한 사람이 납부한 회비 ④ 「공무원의 노동조합 설립 및 운영 등에 관한 법률」에 따라 설립된 노동조합에 가입한 사람이 납부한 회비 ⑤ 위탁자의 신탁재산이 위탁자의 사망 또는 약정한 신탁계약 기간의 종료로 인하여 「상속세 및 증여세법」 제16조 제1항에 따른 공익법인 등에 기부될 것을 조건으로 거주자가 설정한 신탁으로서 다음의 요건을 모두 갖춘 신탁(공익법인기부신탁)에 신탁한 금액 (2) 위탁자가 사망하거나 약정한 신탁계약기간이 위탁자의 사망 전에 종료하는 경우 신탁재산이 「상속세 및 증여세법」 제16조 제1항에 따른 공익법인 등에 기부될 것을 조건으로 거주자가 설정할 것 ① 신탁설정 후에는 계약을 해지하거나 원금 일부를 반환할 수 없음을 약관에 명시할 것 ② 위탁자와 ①의 공익법인 등 사이에 「국세기본법 시행령」 ③ 제20조 제13호에 해당하는 특수관계가 없을 것

	④ 금전으로 신탁할 것
	(3) 「비영리민간단체 지원법」에 따라 등록된 단체 중 수입 중 개인의 회비·후원금이 차지하는 비율이 50%를 초과하는 등 일정한 요건을 충족한 것으로서 행정안전부장관의 추천을 받아 기획재정부장관이 지정한 단체(공익단체)에 지출하는 기부금

(*주1) '고유목적사업비'란 해당 비영리법인 또는 단체에 관한 정관에 규정된 설립목적을 수행하는 사업으로서 수익사업(보건업 및 사회복지 서비스업 중 보건업은 제외) 외의 사업에 사용하기 위한 금액을 말한다.

마. 비지정기부금

위에 열거된 것 외의 기부금은 모두 비지정기부금에 속한다. 동창회·종친회·향우회에 대한 기부금, 신용협동조합이나 새마을금고에 지출하는 기부금 등이 이에 해당한다. 앞서 정치자금기부금에서 살펴본 바와 같이 법인이 정당에 지급한 기부금은 비지정기부금에 포함된다.

이러한 비지정기부금은 전액 해당 과세기간의 사업소득금액 계산 시 필요경비에 산입하지 않으며(소득세법 제34조 제2항 내지 제4항), 해당 사업연도의 소득금액을 계산할 때 손금에 산입하지 않는다(법인세법 제24조 제4항).

3. 개인기부에 대한 조세지원제도

가. 개요

국내에 주소를 두거나 183일 이상의 거소(居所)를 둔 개인인 거주자(이하 "거주자"라 함)는 각자의 소득에 대해 소득세를 납부할 의무가 있으며(소득세법 제1조의2 제1항 제1호 및 제2조 제1항 제1호), 소득세 계

산 시 기부금의 필요경비 산입 및 세액공제가 가능하다. 사업소득만 있
는 자는 필요경비산입방법을, 사업소득 외의 종합소득이 있는 자는 세
액공제방법을 각각 적용하며, 사업소득과 다른 종합소득이 함께 있는
자는 필요경비산입방법과 세액공제방법을 모두 적용받을 수 있다. 연말
정산 대상 사업소득만 있는 보험모집인·방문판매원 및 음료품배달원은
예외적으로 기부금 세액공제를 받을 수 있다(소득세법 시행령 제118의7
조 제3항). 이들은 추계방법으로 사업소득금액(수입금액×소득률)을 계
산하므로 실제 지출된 기부금을 필요경비로 산입할 수 없다는 점을 고
려한 것이다.

위 두 가지 방법 중 '필요경비산입방법'은 사업소득금액을 계산할 때
기부금을 필요경비에 산입하는 방법이며, '세액공제방법'은 거주자(사업
소득만 있는 자는 제외하되, 연말정산 대상 사업소득만 있는 자는 포함)
가 기부금 세액공제액을 해당 과세기간에 합산되는 종합소득산출세액
(사업소득 또는 원천징수세율을 적용받는 금융소득금액에 대한 산출세
액은 제외)에서 공제하는 방법을 의미한다.

나. 사업소득이 있는 거주자의 경우(필요경비 산입)

(1) 적용대상

사업소득이 있는 거주자(이하 "사업자"라 함)는 해당 과세기간에 지
출한 기부금을 소득세 계산 시 필요경비로 산입할 수 있다(소득세법 제
34조).

(2) 법정기부금의 필요경비 산입 한도액

사업자가 해당 과세기간에 지출한 기부금 및 소득세법 제34조 제5항
에 따라 이월된 기부금(소득세법 제34조 제3항 제1호에 따른 기부금은
제외) 중 법인세법에 따른 법정기부금과 특별재난지역을 복구하기 위하

여 자원봉사한 경우 그 용역의 가액은 필요경비 산입한도액 내에서 해당 과세기간의 사업소득금액을 계산할 때 필요경비에 산입하고, 필요경비 산입한도액을 초과하는 금액은 필요경비에 산입하지 않는다(소득세법 제34조 제2항).

이때 필요경비 산입한도액은 다음과 같이 기준소득금액에서 이월결손금을 차감하여 계산한다. 기준소득금액운 종합소득금액에 필요경비에 산입한 기부금을 가산하고 원천징수세율 적용 금융소득금액을 차감하여 계산한다.

> ▶ 필요경비 산입한도액 = A − B
> A: 기부금을 필요경비에 산입하기 전의 해당 과세기간의 소득금액(이하 "기준소득금액"이라 함)
> B: 「소득세법」 제45조에 따른 이월결손금(이하 "이월결손금"이라 함)

(3) 지정기부금의 필요경비 산입 한도액

사업자가 해당 과세기간에 지출한 기부금 및 소득세법 제34조 제5항에 따라 이월된 기부금(소득세법 제34조 제2항 제1호에 따른 기부금은 제외) 중 사회복지·문화·예술·교육·종교·자선·학술 등 공익성을 고려하여 대통령령으로 정하는 기부금은 필요경비 산입한도액 내에서 해당 과세기간의 사업소득금액을 계산할 때 필요경비에 산입하고, 필요경비 산입한도액을 초과하는 금액은 필요경비에 산입하지 않는다(소득세법 제34조 제3항).

이때 필요경비 산입한도액은 다음과 같이 종교단체에 기부한 금액이 있는 경우와 없는 경우로 구분하여 계산하고, 우리사주조합기부금이 있는 경우 먼저 차감한다.

1. 종교단체 기부금이 있는 경우

▶ 필요경비 산입한도액
= [{ A - (B + C) } × 100분의 10] + [{ A (B + C) } × 100분의 20 과 종교단체 외에 기부한 금액 중 적은 금액]
A: 기준소득금액
B: 「소득세법」 제34조제2항에 따라 필요경비에 산입하는 기부금(위 (2)의 기부금)
C: 이월결손금

2. 종교단체 기부금이 없는 경우

▶ 필요경비 산입한도액
= [A - (B + C)] × 100분의 30
A: 기준소득금액
B: 「소득세법」 제34조제2항에 따라 필요경비에 산입하는 기부금(위 (2)의 기부금)
C: 이월결손금

(4) 필요경비 산입한도액을 초과한 기부금의 이월

사업자가 해당 과세기간에 지출하는 기부금 중 소득세법 제34조 제2항 2호 및 소득세법 제34조 제3항 2호에 따른 기부금의 필요경비 산입한도액(위 나. 및 다.의 필요경비 산입 한도액)을 초과하여 필요경비에 산입하지 않은 기부금의 금액(종합소득세 신고 시 세액공제를 적용받은 기부금의 금액은 제외함)은 해당 과세기간의 다음 과세기간 개시일부터 10년 이내에 끝나는 각 과세기간에 이월하여 필요경비에 산입할 수 있다(소득세법 제34조 제5항).

(5) 기부금 명세서 제출

사업자가 법정기부금(소득세법 제34조 제2항 제1호의 기부금)과 지정기부금(소득세법 제34조 제3항 제1호의 기부금)을 지출한 때에는 과세표준확정신고서에 기부금 명세서(소득세법 시행규칙 별지 제45호 서식)를 첨부하여 관할세무서장에게 제출하여야 한다(소득세법 시행령 제

79조 제5항 및 소득세법 시행규칙 제101조 제5호).

사업자가 기부금을 금전 외의 자산으로 제공한 경우 해당 자산의 가액은 이를 제공한 때의 시가(시가가 장부가액보다 낮은 경우에는 장부가액을 말함)로 작성한다(소득세법 시행령 제81조 제3항).

다. 사업소득 외의 소득이 있는 거주자의 경우(세액공제)

(1) 적용대상

거주자(사업소득만 있는 경우는 제외하고, 소득세법 시행령으로 정하는 자는 포함함)는 해당 과세기간에 지급한 기부금을 종합소득산출세액에서 공제할 수 있다(소득세법 제2조 제1항 제1호 및 제59조의4 제4항). 종전에는 기부금에 대해 소득공제제도가 적용되었으나, 과세 형평성 제고의 목적으로 2014년 1월 1일 이후 기부금을 지급하는 분부터는 세액공제제도로 전환되었다.[11]

(2) 기부금 세액공제액

거주자가 해당 과세기간에 지급한 기부금[거주자의 배우자 및 부양가

---

11) 소득세법 [시행 2014. 1. 1.] [법률 제12169호, 2014. 1. 1., 일부개정] 【제정·개정이유】 사. 특별공제 등 일부 소득공제제도의 세액공제제도로의 전환(현행 제51조의3 제1항 제2호, 제52조 제1항 제2호, 같은 조 제2항·제3항·제6항·제7항, 같은 조 제8항 단서 및 같은 조 제9항 삭제, 제59조의3 및 제59조의4 신설)
  1) 현행 소득공제제도는 같은 금액에 대하여 소득공제를 하더라도 소득 수준에 따라 그 혜택에 차이가 발생하여 과세 형평성 차원에서 개신이 필요함.
  2) 보장성 보험이나 연금계좌는 보험료나 연금계좌 납입액의 12%를, 의료비·교육비는 지급액의 15%를, 기부금은 기부금 3천만 원 이하분의 경우 지급액의 15%를, 기부금 3천만 원 초과분의 경우 25%를 각각 종합소득산출세액에서 공제하되, 공제한도 등은 현행 수준을 유지하며, 특별공제의 하나인 표준공제는 표준세액공제로 전환하여 근로소득자나 성실사업자는 12만 원을, 근로소득이 없는 거주자로서 종합소득이 있는 사람은 7만 원을 각각 종합소득산출세액에서 공제함.

즉(소득세법 제50조 제1항 제2호 및 제3호. 나이의 제한을 받지 않으며, 다른 거주자의 기본공제를 적용받은 사람은 제외함)이 지급한 기부금도 포함]이 있는 경우 다음의 금액을 해당 과세기간의 합산과세되는 종합소 득산출세액(필요경비에 산입한 기부금이 있는 경우 사업소득에 대한 산출세액은 제외함)에서 공제한다(소득세법 제59조의4 제4항 전단).

> ▶ 기부금 세액공제액
> = [(법정기부금 + 지정기부금) − 사업소득금액을 계산할 때 필요경비에 산입한 기부금] × 15%(해당 금액이 1천만 원을 초과하는 경우 그 초과분에 대해서는 30%)

이때 법정기부금(소득세법 제34조 제2항 제1호의 기부금)과 지정기부금(소득세법 제34조 제3항 제1호의 기부금) 함께 있으면 법정기부금을 먼저 공제하고, 2013년 12월 31일 이전에 지급한 기부금을 2014년 1월 1일 이후에 개시하는 과세기간에 이월하여 소득공제하는 경우에는 해당 과세기간에 지급한 기부금보다 먼저 공제한다(소득세법 제59조의4 제4항 후단).

2021년 개정에서는 소외계층 지원과 코로나19 극복 및 나눔문화 확산의 취지로 1년간(2021. 1. 1.~2021. 12. 31.) 추가세액공제를 적용하도록 한 바 있다. 이 규정은 2022년 1월 1일 이후 과세표준을 신고(또는 소득세를 결정)하거나 연말정산 하는 분부터 적용하며, 기존의 기부금 세액공제액 외에 '세액공제 대상 기부금의 5%에 해당하는 금액'을 추가로 공제한다(소득세법 제59조의4 제8항).

(3) 기부금 세액공제 한도액

기부금 세액공제의 한도액은 다음과 같다(소득세법 제59조의4 제4항).

---

1. 법정기부금 한도액 : 기준소득금액 × 100%

2. 지정기부금 한도액

▶ 종교단체 기부금이 있는 경우
= 기준소득금액-(한도 내의 법정기부금 + 우리사주조합기부금)×10% + MIN[①, ②]
① 기준소득금액-(한도 내의 법정기부금 + 우리사주조합기부금)×20%
② 종교단체 외에 기부한 지정기부금

▶ 종교단체 기부금이 없는 경우
= 기준소득금액-(한도 내의 법정기부금 + 우리사주조합기부금)×30%

---

(4) 기부금 영수증 제출

거주자는 기부금 세액공제를 받기 위해 기부금 명세서(소득세법 시행규칙 별지 제45호 서식)에 기부금 영수증(소득세법 시행규칙 별지 제45호의2 서식)을 첨부하여 제출해야 한다(소득세법 시행령 제113조 제1항 및 소득세법 시행규칙 제58조 제1항 제5호).

사업자가 아닌 거주자가 기부금을 금전 외의 자산으로 제공한 경우 해당 자산의 가액은 이를 제공한 때의 시가를 기부금액으로 한다.[12]

(5) 기부장려금 제도

소득세법에 따라 기부금 세액공제를 신청할 수 있는 거주자는 본인이 기부금 세액공제를 받는 대신 그 기부금에 대한 세액공제 상당액(이하 '기부장려금'이라 한다)을 당초 기부금을 받은 자가 지급받을 수 있도록 기부장려금을 신청할 수 있다(조세특례제한법 제75조 제1항). 다만, 기부자가 기부금 세액공제와 기부장려금을 중복하여 신청한 경우에는 기부금 세액공제를 신청한 것으로 본다(조세특례제한법 제75조 제10항).

기부장려금 제도는 진정한 기부문화를 정착시키고 기부금 단체의 재정을 확충하고자 마련된 것으로서, 2016년 1월 1일 이후 기부하는 경우

---

12) 서면1팀-1011, 2005. 8. 26. 참조

부터 적용하고 있다.

기획재정부장관은 기부금영수증을 발급하는 자로서 기부금영수증 발급명세서의 작성·보관 의무 등 납세협력의무의 이행과 회계 투명성 등 대통령령으로 정하는 요건을 갖춘 것으로 인정되어 국세청장이 추천하는 자를 기부장려금단체로 지정할 수 있다(조세특례제한법 제75조 제2항). 지정된 기부장려금단체는 기부자에게 기부금영수증을 발급할 때 기부장려금 신청 여부를 확인하여 기부금영수증 발급명세서를 납세지 관할 세무서장에게 제출할 때 기부장려금 신청명세를 제출하여야 한다(조세특례제한법 제75조 제3항).

기부장려금단체로부터 기부장려금 신청명세를 제출받은 납세지 관할 세무서장은 [기부장려금을 신청한 기부자의 해당 과세기간의 종합소득 결정세액]에서 [기부자가 기부장려금을 신청한 기부금에 대하여 소득세법에 따른 기부금 세액공제를 신청한 것으로 보아 계산한 종합소득 결정세액]을 차감한 금액을 기부장려금으로 결정한다. 이 경우 납세지 관할 세무서장은 기부장려금 신청명세 제출기한이 지난 후 4개월 이내에 기부장려금을 결정하여야 한다. 이 경우 소득세법에 따른 기부금 세액공제액을 계산할 때 기부장려금을 신청한 기부금에 대해서는 세액공제 대상 기부금의 한도액을 적용하지 않는다(조세특례제한법 제75조 제4항).

납세지 관할 세무서장은 결정된 기부장려금을 기부장려금단체에 국세환급금에 관한 국세기본법(제51조)을 준용하여 지급한다. 이 경우 "국세환급금"은 "기부장려금"으로, "환급"은 "지급"으로 본다(조세특례제한법 제75조 제5항).

라. 식품기부의 소득세 감면

식품등 기부 활성화에 관한 법률 제2조 제1호 및 제1호의2에 따른 식품 및 생활용품의 제조업·도매업 또는 소매업을 경영하는 거주자가 해당 사업에서 발생한 잉여 식품 등을 동법 제2조 제5호에 따른 사업자 또는 그 사업자가 지정하는 자에게 무상으로 기증하는 경우, 그 기증한 식품 등의 장부가액은 해당 거주자의 사업소득세를 계산할 때 필요경비로 산입한다(소득세법 시행령 제55조 제6항).

마. 정치자금기부의 세액공제

정치자금법에 따라 정치자금을 기부한 개인은 이를 지출한 해당 과세연도의 소득금액에서 10만 원까지는 그 기부금액의 110분의 100을, 10만 원을 초과한 금액에 대해서는 해당 금액의 100분의 15(해당 금액이 3천만 원을 초과하는 경우 그 초과분에 대해서는 100분의 25)에 해당하는 금액을 종합소득산출세액에서 공제하고, 지방세특례제한에 따라 그 공제금액의 100분의 10에 해당하는 금액을 해당 과세연도의 개인지방소득세 산출세액에서 추가로 공제받을 수 있다(정치자금법 제59조 제1항 및 조세특례제한법 제76조 제1항 본문). 다만, 사업자인 거주자가 정치자금을 기부한 경우 10만 원을 초과한 금액에 대해서는 이월결손금을 뺀 후의 소득금액의 범위에서 손금에 산입한다(조세특례제한법 제76조 제1항 단서).

한편 익명기부, 후원회 또는 소속 정당 등으로부터 기부받거나 지원받은 정치자금을 당비로 납부하거나 후원회에 기부하는 경우에는 세제혜택을 받을 수 없다(정치자금법 제59조 제1항 단서).

바. 고향사랑 기부금 세액공제

최근 고향사랑 기부금에 관한 법률이 제정되어 개인이 원하는 지방자치단체에 500만 원 이하의 금액을 기부할 수 있게 됨에 따라 고향사랑 기부금에 대한 세액공제가 조세특례제한법상 신설되었다. '고향사랑 기부금'이란 지방자치단체가 주민복리 증진 등의 용도로 사용할 재원을 마련하려고 해당 지방자치단체의 주민이 아닌 사람으로부터 자발적으로 제공받거나 모금을 통하여 취득하는 금전을 말한다(고향사랑 기부금에 관한 법률 제2조 제1호).

거주자가 고향사랑 기부금에 관한 법률에 따라 고향사랑 기부금을 지방자치단체에 기부한 경우 다음의 계산식에 따라 계산한 금액을 이를 지출한 해당 과세연도의 종합소득산출세액에서 공제한다. 다만, 사업자인 거주자의 경우 10만 원 이하의 금액에 대해서는 제1호를 따르되, 10만원을 초과하는 금액에 대해서는 이월결손금을 뺀 후의 소득금액의 범위에서 손금에 산입한다(조세특례제한법 제58조 제1항).

1. 10만 원 이하의 금액을 기부한 경우: 고향사랑 기부금 × 110분의 100
2. 10만 원 초과 500만 원 이하의 금액을 기부한 경우: 10만 원 × 110분의 100 + (고향사랑 기부금 - 10만 원) × 100분의 15

이 규정에 따라 세액공제받는 금액은 해당 과세기간의 종합소득산출세액을 한도로 하며, 사업자인 거주자가 필요경비에 산입하는 경우 해당 과세기간의 소득금액에서 「소득세법」 제45조에 따른 이월결손금을 뺀 금액을 한도로 한다(조세특례제한법 제58조 제2항). 그리고 이 규정에 따라 세액공제받거나 필요경비에 산입한 고향사랑 기부금과 세액공제·필요경비산입 한도를 초과한 고향사랑 기부금에 대해서는 소득세법에 따른 법정기부금 필요경비산입 또는 기부금 세액공제를 적용하지 않는다(조세특례제한법 제58조 제3항).

이 규정은 2023년 1월 1일 이후 개시하는 과세연도부터 적용한다.

사. 기부금 공제 순서

여러 종류의 기부금을 지출한 경우에는 해당 과세기간의 소득금액에서 해당 기부금의 공제 한도액을 기준으로 다음과 같은 순서에 따라 기부금 공제를 받아야 한다(소득세법 제59조의4 제4항, 소득세법 시행령 제81조 제4항 및 제118조의7 제1항).

---

1. 정치자금기부금 + 법정기부금
▶ 해당 과세기간의 소득금액(기부금을 필요경비에 산입하기 전의 소득금액) – 이월결손금

2. 우리사주조합기부금(해당 사항이 있는 경우에 한함)
▶ (해당 과세기간의 소득금액 – 이월결손금 – 정치자금기부금 – 법정기부금) × 30%

3. 종교단체 외 소득세법 제34조 제3항 제1호의 기부금
▶ (해당 과세기간의 소득금액 – 이월결손금 – 정치자금기부금 – 법정기부금 – 우리사주조합기부금. 이하 "기부금 등 합계액"이라 함) × 10% + [(해당 과세기간의 소득금액 – 기부금 등 합계액) × 20%와 종교단체 외에 지급한 금액 중 적은 금액]

4. 종교단체 기부금
▶ (해당 과세기간의 소득금액 – 기부금 등 합계액) × 30%

---

4. 법인기부에 대한 조세지원제도

가. 개요

국내에 본점이나 주사무소 또는 사업의 실질적 관리장소를 둔 내국법인은 그 소득에 대한 법인세를 납부할 의무가 있으며(법인세법 제2조 제1호 및 제3조 제1항 제1호), 내국법인이 지급한 기부금은 손금으로 처리하여 법인세 감면 혜택을 받을 수 있다. 법률에 따른 공익법인등(기존 지정기부금단체) 및 한국학교 등(기존 법정기부금단체)에 지출하거나

법인세법 제24조 제5항에 따라 이월된 기부금은 법인세 계산 시 손금으로 처리하여 세액 감면의 혜택을 받을 수 있는 것이다(「법인세법」 제24조 제2항 및 제3항).

법인세법상 기부금이란 법인이 i) 사업과 직접적인 관계없이 ii) 무상으로 지출하는 금액이므로(법인세법 제24조 제1항), 업무와 직접 관련성이 없다는 점에서 본래 손금이 될 수 없다. 그러나 기부금 가운데 기업 활동의 원활한 수행을 위해서 사실상 불가피하게 요구되거나 공익성이 있는 것은 특별히 손금으로 인정할 필요가 있기 때문에, 현행 법인세법은 일정한 한도액 범위에서 공익성 기부금을 손금인정하고 있다.

기부금은 법령에 따라 그 지출이 강제되지 않는다는 점에서 공과금과 구별되며, 접대비, 광고선전비, 복리후생비와는 업무관련성과 지출 대상 측면에서 구분된다.

나. 간주기부금 제도

법인이 특수관계인 외의 자에게 정당한 사유 없이 자산을 i) 정상가액보다 낮은 가액으로 양도하거나 ii) 정상가액보다 높은 가액으로 매입함으로써, 그 차액 중 실질적으로 증여한 것으로 인정되는 금액은 기부금으로 의제한다. 이때 '정상가액'은 시가에 시가의 30%를 더하거나 뺀 범위의 가액으로 한다(법인세법 시행령 제35조). 정상가액과 시가와의 차액이 일정 범위를 넘어서는 경우 그 금액을 사업과 직접적인 관계없이 무상으로 지출한 금액으로 보아 기부금으로 간주하는 것이며, 거래 상대방에 따라 법정기부금, 지정기부금, 비지정기부금 등으로 구분한다.

법인이 특수관계인 외의 자에게 해당 법인의 사업과 직접 관계없이 부동산을 무상으로 임대하거나 정당한 사유 없이 정상가액보다 낮은 가액으로 임대하는 경우에도 기부금 또는 간주기부금의 규정이 적용된다(법인세법 기본통칙 24-35…1).

특수관계인과의 거래인 경우 부당행위계산부인의 대상이 되므로 기부금에 해당하지 않는다. 마찬가지로 특수관계인에게 저가양도하거나 특수관계인으로부터 고가양수한 경우에도 부당행위계산부인규정이 적용되므로 기부금으로 간주될 수 없다. 이 경우에는 시가와 거래가액의 차액이 시가의 5% 이상이거나 그 차액이 3억 원 이상인 경우에 시가와 양도가액(양수가액)의 차액만큼 부인된다(법인세법 제52조, 동법 시행령 제88조 제3항).

다. 법정기부금의 손금산입

내국법인이 각 사업연도에 지출한 법정기부금(법인세법 제24조 제2항 제1호에 따른 기부금)은 다음의 금액을 한도로 해당 사업연도의 소득금액을 계산할 때 손금에 산입할 수 있다(법인세법 제13조 제1항 제1호 및 제24조 제2항). 이때 손금산입한도액을 초과하는 금액은 손금에 산입하지 아니한다(법인세법 제24조 제3항).

> ▶ 손금산입 한도액
> = [해당 사업연도 소득금액－각 사업연도의 개시일 전 10년 이내*에 개시한 사업연도에서 발생한 결손금으로서 그 후의 각 사업연도의 과세표준 계산을 할 때 공제되지 않은 금액)] × 50%
> * 2020. 1. 1. 이후 개시하는 사업연도에서 발생하는 결손금은 15년 이내

'해당 사업연도의 소득금액(기준소득금액)'은 법정기부금·우리사주조합기부금 및 지정기부금을 손금에 산입하기 전의 해당 사업연도의 소득금액(합병·인적분할로 발생하는 양도손익은 제외)을 말한다(법인세법 제24조 제2항 제2호). 즉, 전기 이전 기부금 한도 초과액의 이월손금산입 및 당기지출 기부금 한도초과액의 손금불산입을 제외한 모든 세무조정이 완료된 후의 금액에 손금계상된 법정기부금·우리사주조합

기부금·지정기부금을 더한 금액이다. 그리고 조세특례제한법 제6조 제1항에 따른 중소기업과 회생계획을 이행 중인 기업 등 법인세법 시행령 제10조에 따른 법인을 제외한 내국법인의 경우 이월결손금의 공제 범위는 각 사업연도 소득의 100분의 60을 한도로 한다(법인세법 제13조 제1항 단서).

라. 지정기부금의 손금산입

내국법인이 각 사업연도에 사회복지·문화·예술·교육·종교·자선·학술 등 공익성을 고려해 지출하거나 법인세법 제24조 제5항에 따라 이월된 지정기부금은 다음의 금액을 한도로 해당 사업연도의 소득금액을 계산할 때 손금에 산입할 수 있다(법인세법 제13조 제1항 제1호 및 제24조 제3항). 이때 손금산입한도액을 초과하는 금액은 손금에 산입하지 아니한다(법인세법 제24조 제3항).

> ▶ 손금산입 한도액
> = [해당 사업연도 소득금액−(각 사업연도의 개시일 전 10년 이내*에 개시한 사업연도에서 발생한 결손금으로서 그 후의 각 사업연도의 과세표준 계산을 할 때 공제되지 않은 금액 + 법정기부금 손금산입액 + 우리사주조합기부금 손금산입액)] × 10%(20%)**
> * 2020. 1. 1. 이후 개시하는 사업연도에서 발생하는 결손금은 15년 이내
> ** 사회적기업[13]의 경우에는 20%

---

13) '사회적기업'이란 사업연도 종료일 현재 사회적기업 육성법에 따른 사회적기업에 해당하는 것을 말한다(법인세법 제24조 제2항 제2호, 제3항 제2호). 구체적으로 '사회적기업'이란 최약계층에게 사회서비스 또는 일자리를 제공하거나 지역사회에 공헌함으로써 지역주민의 삶의 질을 높이는 등의 사회적 목적을 추구하면서 재화 및 서비스의 생산·판매 등 영업활동을 하는 기업으로서 인증 요건을 갖추어 고용노동부장관의 인증을 받은 자를 말한다(사회적기업 육성법 제2조 제1호).

지정기부금 이월결손금의 공제범위도 일반기업은 60%, 중소기업과
회생계획을 이행 중인 기업 등에는 100% 한도가 적용된다.

마. 기부금 명세서 및 영수증 제출

법인이 기부금을 지출한 때에는 각 기부금의 종류를 구분하여 작성
한 기부금 명세서(법인세법 시행규칙 별지 제22호 서식)와 기부금 영수
증(법인세법 시행규칙 별지 제63호의3 서식)을 제출해야 한다(법인세법
시행령 제39조 제4항 및 제37조 제3항).

법인이 금전 외의 자산으로 법정기부금 및 지정기부금을 제공한 경
우에는 해당 자산의 장부가액을 기부금으로 한다(법인세법 시행령 제36
조 제1항).

바. 식품기부의 법인세 감면

식품등 기부 활성화에 관한 법률 제2조 제1호 및 제1호의2에 따른
식품 및 생활용품의 제조업·도매업 또는 소매업을 영위하는 내국법인이
해당 사업에서 발생한 잉여 식품 등을 동법 제2조 제4호에 따른 제공자
또는 제공자가 지정하는 자에게 무상으로 기증하는 경우, 기증한 잉여
식품 등의 장부가액은 해당 법인의 법인세를 계산할 때 손비처리가 가
능하다(법인세법 제19조 제1항 및 동법 시행령 제19조 제13호의2).

Ⅲ. 개인기부와 법인기부의 차이점

1. 기부금의 범위

소득세법에 따른 기부금의 범위와 법인세법에 따른 기부금의 범위에는 일부 차이가 있다. 기본적으로 법인세법상 법정기부금 또는 지정기부금 외에 소득세법에서 추가로 인정하는 법정기부금 또는 지정기부금이 열거되어 있는 방식이다.

2. 세제혜택의 방식

기부자의 세법상 지위에 따라 세제혜택의 방식은 다음과 같이 달라진다.

구분		세제혜택방식
거주자	사업소득만 있는 자	필요경비 산입
	사업소득 외의 종합소득이 있는 자, 연말정산 대상 사업소득만 있는 자	세액공제
	사업소득과 다른 종합소득이 함께 있는 자	필요경비 산입 + 세액공제
내국법인		손금 산입

3. 필요경비 또는 손금 산입 한도액 계산

사업소득이 있는 거주자의 필요경비 산입 한도액을 계산하기 위한 기준소득금액은 기부금을 필요경비에 산입하기 전의 해당 과세기간의 소득금액으로 법인의 경우와 같으나, 한도액 계산에 있어서는 다음과 같은 차이가 있다.

구분		법인	개인사업자
한도액	법정기부금	소득금액의 50%	소득금액의 100%
	지정기부금	소득금액의 10% (사회적기업 20%)	소득금액의 30% (종교단체 기부금 10%)
기준소득금액에서 차감하는 이월결손금의 범위		일반기업: MIN(①, ②) ①공제대상 이월결손금 ②기준소득금액×60% 중소기업 및 회생계획을 이행 중인 기업 등: MIN(①, ②) ①공제대상 이월결손금 ②기준소득금액×100%	MIN(①, ②) ①공제대상 이월결손금 ②기준소득금액×100%

4. 이월공제와 세액공제

　개인사업자는 기부금 중 필요경비에 산입한 금액을 차감한 금액을 종합소득산출세액에서 기부금 세액공제를 받을 수 있다는 점에서 법인과의 차이점이 있다. 이 경우 법정기부금·지정기부금의 한도초과액 중 종합소득세 신고 시 세액공제를 적용받는 기부금을 차감한 금액은 해당 과세기간의 다음 과세기간 개시일부터 10년 이내에 끝나는 각 과세기간에 이월하여 필요경비에 산입할 수 있다. 구체적으로 법정기부금 및 지정기부금 필요경비 산입한도액의 범위에서 법정기부금과 지정기부금을 구분하여 이전 과세기간에 발생하여 이월된 기부금의 금액부터 필요경비에 산입한 다음, 해당 과세기간에 발생한 기부금을 필요경비에 산입한다. 이 경우 먼저 발생하여 이월된 기부금부터 차례대로 필요경비에 산입한다(소득세법 제34조 제5항, 소득세법 시행령 제79조 제4항).

　이월공제기간은 개인사업자와 법인 모두 10년으로 동일하다.

구분	이월공제 기간
① 법정기부금 한도초과액	10년
② 우리사주조합기부금 한도초과액	- (규정 없음)
③ 지정기부금 한도초과액	10년

5. 현물기부의 평가

현행 세법에서는 기부금으로 인정하는 물품에 대하여 별도의 규정을 두고 있지 않으며, 금전 외의 자산으로 제공하는 기부금의 경우에는 기부자에 따라 해당 자산의 평가 기준을 제시하고 있다.

개인사업자의 현물기부는 시가를 기준으로 해당 자산의 가액을 평가하되, 시가가 장부가액보다 낮은 경우에는 장부가액으로 한다(소득세법 시행령 제81조 제3항). 종전에는 법정기부금에 대해서는 장부가액으로 평가하고, 지정기부금은 장부가액과 시가 중 큰 금액으로 평가하도록 하여 기부받는 단체에 따라 차별을 두었으나 2020년 개정으로 통해 평가방법을 통일하였다.[14] 따라서 현재는 기부받는 단체의 구분에 관계없이 개인사업자의 현물기부에 대해서는 장부가액와 시가 중 큰 금액으로 평가한다. 사업소득이 없는 거주자의 경우 개인사업자에 관한 규정을 준용한다(소득세법 시행령 제118조의7).

반면, 법인의 경우에는 법정기부금과 지정기부금 중 특수관계인 외의 자에게 기부한 경우에는 장부가액으로 평가하지만, 특수관계인에게 기부한 지정기부금과 비지정기부금의 경우에는 장부가액과 시가 중 큰 금액으로 평가한다는 점에서 차이가 있다. 법인의 경우에도 종전에는 법정기부금은 장부가액으로 평가하고, 특수관계인 외의 자에게 지출한 지정기부금에 대해서는 시가와 장부가액 중 큰 금액으로 하도록 하였으나, 2011. 3. 31. 법인세법 시행령 개정을 통해 법정기부금과 동일하게

---

14) 소득세법 시행령 [대통령령 제30395호, 2020. 2. 11., 일부개정] 【제정·개정이유】
   바. 기부금공제 계산방법 등에 대한 조정(제79조 제4항 및 제81조 제3항)
   해당 과세기간에 발생한 기부금과 이월된 기부금 중 이월된 기부금을 발생순서에 따라 순차적으로 필요경비에 산입하고, 남은 한도액의 범위에서 해당연도에 발생한 기부금을 필요경비에 산입하도록 하는 한편, 현물로 기부하는 경우 법정기부금의 가액을 평가할 때 종전 장부가액으로 평가하던 것을 앞으로는 시가와 장부가액 중 큰 것을 적용하도록 함.

장부가액으로 평가하도록 하였다.15)

구분		기부한 때의 금전 외 자산가액의 평가액	
		법인	개인사업자
법정기부금		장부가액	MAX(시가, 장부가액)(*주1)
지정기부금	특수관계인이 아닌 자에게 기부한 경우	장부가액	MAX(시가, 장부가액)
	특수관계인에게 기부한 경우	MAX(시가, 장부가액)	

　국립 박물관 및 국립 미술관에 기증하는 경우와 기부자가 경영하는 사업에서 발생한 잉여식품 등을 기부하는 경우에는 별도의 규정이 적용된다.

　박물관 및 미술관 진흥법 제3조에 따른 국립 박물관 및 국립 미술관에 제공하는 기부금에 대해서는 기증유물의 감정평가를 위하여 문화체육관광부에 두는 위원회에서 산정한 금액으로 할 수 있다(소득세법 시행령 제81조 제3항 단서).

　식품 등 기부 활성화에 관한 법률 제2조 제1호 및 제1호의2에 따른 식품 및 생활용품의 제조업·도매업 또는 소매업을 경영하는 거주자가 해당 사업에서 발생한 잉여 식품 등을 동법 제2조 제5호에 따른 사업자 또는 그 사업자가 지정하는 자에게 무상으로 기증하는 경우에는 해당 식품 등의 장부가액을 필요경비로 산입하며, 이 경우 기부금에는 포함하지 않는다(소득세법 시행령 제55조 제6항).

---

15) 기획재정부는 개정이유로 "세금이 선의의 기부에 장애가 되지 않도록 지정기부금도 법정기부금과 동일하게 장부가로 평가하되, 특수관계자를 통한 편법상속·증여소지 차단을 위해 특수관계자에 대한 기부는 현행대로 시가로 평가"하는 것이라고 밝히고 있다.

IV. 시사점 및 제언

개인기부와 법인기부에 대한 세제혜택 관련 제도를 검토한 결과, 기부자의 세법상 지위에 따라 특별히 불합리한 차별을 유발할 수 있는 구조를 발견하기는 어려웠으며, 기부행위 유인 및 활성화에 추가적인 영향을 줄 만한 차별점도 확인할 수 없었다. 다만, 이러한 결론은 개인기부와 법인기부라는 구분에 따른 과세상 영향을 판단한 것일 뿐 현행 세제혜택의 제도적 개선과제가 없다는 것을 의미하는 것은 아니다.

선행연구들을 통해서도 세제지원 방식이 기부행위에 미치는 영향은 크지 않다는 점을 확인할 수 있는데, 2016년의 기부 의향 및 행태에 관한 설문조사에 따르면 제도변화 자체를 인식하지 못한 사람들이 60%이고, 제도 변화를 인식하고 있는 사람들 중에서 제도 변화가 기부행위에 영향이 없다고 응답한 자가 86%에 이르는 것으로 조사되었다.[16) 또한 2014년 사업소득이 없는 거주자에 대한 지원방식이 소득공제방식에서 세액공제방식으로 전환될 당시 향후 고소득 근로소득자의 기부가 감소할 수 있다는 우려가 제기되기도 하였지만, 제도 전환 이후에도 고소득층의 기부금 규모에 유의한 변화는 확인되지 않았다고 한다.[17)

한편, 소득원천에 따른 차별적 조세지원으로 인해 수평적 형평성이 저해되는 문제를 지적한 선행연구도 존재한다. 이 연구에 따르면 세액공제방식의 적용자는 기부금에 대해 15% 또는 30%의 세액공제율을 적용한 세액감면을 받을 수 있지만 필요경비 산입 방식이 적용되는 사업소득자는 자신의 소득구간에 따른 한계세율에 따라 세부담 감소액이 증가하기 때문에 1천만 원 이하의 기부에 대해 4,600만 원을 초과하는 소득구간에서는 소득공제방식을 적용하는 사업소득자가 세액공제를 적용

---

16) 박명호 외, "기부금 조세정책이 개인의 자발적 기부행위에 미치는 경향", 한국조세재정연구원(2016. 12.), 111.
17) 박명호·전병목, 앞의 글, 111.

하는 근로소득자에 비해 조세지원 효과가 커진다고 분석하였다. 그리고 이러한 효과는 최근 소득세 최고세율 인상에 따라 더욱 커질 수 있다고 보았다.[18] 하지만 사업자의 경우 필요경비의 이월 산입이 10년간 허용되고, 사업소득과 다른 종합소득이 함께 있는 경우 기부금 중 필요경비에 산입한 금액을 차감한 금액을 종합소득산출세액에서 기부금 세액공제로 받을 수 있다는 점을 고려하면 소득원천에 따른 차별적 취급으로 인해 침해되는 형평성보다 법인에 대한 손금산입방식과의 정합성 추구에 의미를 둘 수 있다고 판단된다.

한편, 현행 관련 규정에서는 특별재난지역의 자원봉사를 제외한 용역기부를 인정하고 있지 않다. 이에 따라 개인이 사회복지시설에 무상으로 자문용역을 제공하거나 의료업자가 무료 치료·수술 등의 의료용역을 제공하는 경우와 같이 인적용역을 기부한 경우에는 해당 금액을 기부자의 수입으로 산입하지 않으며, 무상으로 제공한 용역도 기부금에 해당하지 않아 기부금 공제를 받을 수 없다(서면인터넷방문상담1팀-1443, 2004. 10. 26.; 소득세과-0438, 2011. 5. 27.; 소득세과-306, 2012. 4. 9.). 법인의 경우에도 무상으로 제공하는 용역에 대해서는 기부금에 해당하지 않는다고 해석하고 있다(법인세과-804, 2011. 10. 26.; 법인세과-786, 2011. 10. 21.; 법규과-1350, 2011. 10. 13.). 최근에는 용역기부를 세제혜택 대상으로 인정하고 그 가액을 평가하는 규정을 마련해야 한다는 논의도 이루어지고 있으나, 용역기부의 범위 및 판정, 가액산정 등의 복잡성과 모호성 등을 고려하면 신중히 접근해야 할 것으로 보인다. 자칫 조세회피의 수단이 될 수 있으며, 추가되는 세수입 및 사회적 기내효과에 비해 관련 행정비용이 훨씬 많이 발생할 수 있기 때문이다. 미국, 일본, 프랑스, 캐나다 등 주요국에도 개인 용역기부에 대한 조세지원 제도는 마련되어 있지 않다는 점도 참고가 될 수 있다.[19]

---

18) 권성준·송은주·허윤영, "기부금 조세지원제도에 관한 연구-기부자를 중심으로-", 한국조세재정연구원(2021. 9.), 120.

19) 권성준 외, 앞의 글, 110. 미국의 경우 용역제공 자체는 기부금으로 인정하지 않

결론적으로 기부자 입장에서는 기부행위에 따른 세제혜택의 유불리 측면에서 기부형태를 결정한다고 보기는 어려우며, 법정기부금의 경우 개인이든 법인이든 일반적으로 한도와 이월공제 기간 내에서 세액공제 및 필요경비·손금 산입이 모두 가능하다는 점을 고려하면 현행 기부금에 대한 세제지원제도가 기부자별로 불합리한 차별을 유발하고 있다고 보기는 어렵다. 현행 제도들은 제도의 연혁적 측면에서 볼 때 기부를 활성화하고 이에 대한 세제혜택을 주는 한편, 우회적 증여 등 조세회피수단으로 이용되는 것을 방지한다는 큰 틀에서 합리적으로 운영되어 왔다고 평가할 수 있다.

다만, 현물기부의 경우 현실을 반영하지 못하거나 과중한 납세순응비용을 유발하는 등의 문제점을 지니고 있고, 이러한 복잡한 제도운영의 합리적인 근거를 찾기 어려우므로 반드시 제도 개선이 요구되는 분야이다. 현재 개인의 경우 개인사업자에 관한 평가규정이 준용되어 시가와 장부가액 중 큰 금액으로 현물기부가액을 평가하도록 되어 있다. 그런데 거주자에 대해서는 장부작성의 의무가 없기 때문에 장부가액을 입증할 수 없고, 따라서 대부분 시가에 따라 기부금영수증을 발급받을 수밖에 없다.[20] 기부를 받는 단체 입장에서도 기부자의 세법상 지위를 확인하고 그에 따라 시가와 장부가액 등을 확인하여 기부금영수증을 발급하는 과정에서 착오에 따른 오류발급이 빈번한 상황이다. 더군다나 장부가액으로 인식한 현물기부금을 처분하고, 그 이후에 출연재산 사후

지만, 적격단체에 용역을 제공함으로써 발생하는 직접비용으로 본인이 부담하고 환급받지 않은 비용은 일반적인 기부금 공제 대상이 된다고 한다. 그리고 프랑스의 경우에는 개인이 아닌 법인의 용역기부에 대해서는 세제혜택을 제공하고 있다고 한다. 기업의 직원들을 통해 공익성이 있는 단체에 무료로 용역을 제공하는 경우, 용역에 투입된 각 직원의 보수 및 관련 사회부담금의 합계(총임금비용)를 기부가액으로 인정하는 것이다.

20) 만약 해당 자산의 구입 당시 영수증을 보관하고 있는 경우 시가와 장부가액의 구분과 입증이 가능하지만, 실무상 현물기부자가 구입 당시의 영수증을 지참하여 기부금영수증 발급을 요청하는 경우는 극히 드물다고 할 수 있다.

관리 위반으로 증여세가 과세되는 경우 처분 시에는 장부가액과 양도가액의 차액에 대한 법인세를 부담하고(수익사업과세), 추징에 따른 증여세는 시가로 평가하여 부담하게 되어 장부가액과 시가의 차액만큼 이중과세의 발생가능성도 존재한다. 모쪼록 기부받는 단체의 영세성과 다양한 현물자산에 대한 장부가액 입증의 어려움 등 그 현실을 고려하여 평가기준을 단순화하고, 특수관계인과의 거래를 제외한 경우에 대해서는 합리적인 산정방식으로 일원화 할 필요성이 있다. 구체적으로는 공익법인이 출연받은 현물기부금을 직접 사용하는 경우와 재판매 후 수익금을 얻는 경우로 구분하여 평가방법을 달리하고, 직접 사용하는 경우에는 회계기준과 상증세법상 시가평가 규정에 따라 산정하고, 재판매하는 경우에는 회계기준에 따라 재판매가격으로 산정하는 방식을 고려할 수 있을 것이다.

이상으로 개인기부와 법인기부의 세제혜택을 비교하고, 시사점 및 제언사항을 살펴보았다. 기부에 대한 세제의 역할은 초창기 기부에 대한 인식을 바꾸고 활성화하기 위해 노력하던 시기를 지나, 기부를 이용한 조세회피를 방지하고 기부받는 단체의 운영을 관리·감독하는 데 집중하는 과도기를 지나고 있다. 이제는 무차별적·비합리적 혜택이나 비효율적 규제를 만들고 없애는 것보다는 민간에 의한 공익활동 지원 차원의 합리적인 혜택과 차별을 제공하고, 더 이상 세제가 기부행위 자체에 영향을 미치지 않는 중립적인 역할을 수행할 수 있기를 기대해 본다.

참고문헌

국세청, 국세법령정보시스템, https://txsi.hometax.go.kr, (2022. 5. 27. 확인)

권성준·송은주·김효림, "개인기부 관련 과세제도 연구", 한국조세재정연구원 (2020. 10.)

권성준·송은주·허윤영, "기부금 조세지원제도에 관한 연구-기부자를 중심으로-", 한국조세재정연구원(2021. 9.)

김일석, "공익법인 출연재산의 사후관리규정에 관한 연구", 박사학위 논문, 국민 대학교(2021. 10.)

김진수·김태훈·김정아, "주요국의 기부관련 세제지원제도와 시사점", 한국조세 연구원(2009. 8.)

박명호·전병목, "기부금 조세정책이 개인의 자발적 기부행위에 미치는 경향", 한 국조세재정연구원(2016. 12.)

법제처, 국가법령정보센터, https://www.law.go.kr, (2022. 5. 27. 확인)

_____, 국가법령정보센터, https://easylaw.go.kr, (2022. 5. 27. 확인)

이상신, "기부활성화를 위한 정책과제", 한국경제연구원(2015. 11.)

Partricia Illingworth, Thomas Pogge, and Lief Wenar (유강은 번역), 기빙웰-잘 주고 잘 받는 나눔의 윤리, 아름다운재단 기부문화총서12, 이매진(2017) [Giving Well: The Ethics of Philanthoropy, Oxford University Press 2011].

| 초 록 |

기부금 지출에 대한 세제 지원 및 기부활성화를 위한 조세유인 정책은 현대 복지국가에서 국가기능의 보완 및 기업의 사회적 책임 측면에서 그 필요성을 인정받고 있다. 우리 세제에는 기부금을 지급하는 개인 및 법인에 대한 지원제도가 마련되어 있고, 기부하는 자에 따라 지원방식이 달라진다. 국내에 거주하는 개인이 기부금을 지급하는 경우 소득세 계산 시 필요경비로 산입하거나 특별세액공제를 받는 방식으로 소득세감면 혜택을 받을 수 있으며, 내국법인의 경우 지급한 기부금을 손금으로 인정받아 법인세 감면 혜택을 받을 수 있다.

기부금은 공익성의 정도에 따라 유형을 구분하며, 기부하는 자의 세법상 지위에 따라 공제방식과 한도, 요율 등이 달라진다. 세제 지원의 대상이 되는 기부금의 종류는 법정기부금, 지정기부금, 정치자금기부금, 우리사주조합기부금으로 구분할 수 있으며, 이 유형들에 해당하지 않는 기부금의 경우 단체 입장에서 기부를 받을 수는 있으나, 기부자는 세제혜택을 받을 수 없다.

금전기부가 아닌 용역기부의 경우 세법상 재난지역구호에 대해 용역의 가액을 산정하여 기부금으로 인정하는 형태가 유일하고, 부동산이나 주식 등의 현물기부에 대해서는 원칙적으로는 제한이 없으나 농지의 기부와 주식의 출연에 있어서는 제한이 있다.

개인기부와 법인기부에 대한 조세지원제도는 기부금의 범위, 세제혜택의 방식, 필요경비 또는 손금 산입 한도액의 계산, 이월공제와 세액공제 적용, 현물기부의 평가에 있어서 차이점이 존재한다. 이러한 차이점들에 대해 검토한 결과, 기부자의 세법상 지위에 따라 특별히 불합리한 차별을 유발할 수 있는 구조를 발견하기는 어려웠으며, 기부행위 유인 및 활성화에 추가적인 영향을 줄 만한 차별점도 확인할 수 없었다. 다만 이러한 결론은 개인기부와 법인기부라는 구분에 따른 과세상 영향을 판단한 것일 뿐 현행 세제혜택의 제도적 개선과제가 없다는 것을 의미하는 것은 아니다.

결론적으로 기부자 입장에서는 기부행위에 따른 세제혜택의 유불리 측면에서 기부형태를 결정한다고 보기는 어려우며, 법정기부금의 경우 개인이든 법인이든 일반적으로 한도와 이월공제 기간 내에서 세액공제 및 필요경비·손금 산입이 모두 가능하다는 점을 고려하면 현행 기부금에 대한 세제지원제도가 기부자별로 불합리한 차별을 유발하고 있다고 보기는 어렵다. 현행 제도들은 제도의 연혁적 측면에서 볼 때 기부를 활성화하고 이에 대한 세제혜택을 주는 한편, 우회적 증여 등 조세회피수단으로 이용되는 것을 방지한다는 큰 틀에서 합리적으로 운영되어 왔다고 평가할 수 있다. 다만, 현물기부의 경우 현실을 반영하지 못하거나 과중한 납세순응비용을 유발하는 등의 문제점을 지니고 있고, 이러한 복잡한 제도운영의 합리적인 근거를 찾기 어려우므로 반드시 제도 개선이 요구되는 분야이다.

기업집단 소속 공익법인 과세에 관한 고찰
- 상증세법상 의결권주식 과세를 중심으로 -

Ⅰ. 서론

2019년 12월 전부개정된 「독점규제 및 공정거래에 관한 법률」(이하 '공정거래법')은 기업집단에 대한 규제를 강화하고 있다. 상호출자제한 기업집단의 자산규모 요건을 종래 10조 원 이상에서 국내총생산액의 0.5%로 변경하였다(공정거래법 제31조[1]). 공정거래법상 상호출자제한 기업집단에 속하는 국내 회사는 자기의 주식을 취득 또는 소유하고 있는 국내 계열회사의 주식을 취득 또는 소유해서는 안된다(공정거래법 제21조). 상호출자제한제도는 회사 간에 상대회사의 주식을 상호 보유하는 것을 억제함으로써 경제력 집중을 완화하는 제도이다.[2] 상호출자

---

* 한양대학교 법학과/법학전문대학원 교수

1) 상호출자제한기업집단의 범위가 경제규모의 성장에 연동하여 자동적으로 결정될 수 있도록 하기 위함이다. 변경된 지정기준은 개정법률 시행 이후 최초로 국내총생산액이 2,000조 원을 초과하는 것으로 발표된 해의 다음 연도에 이루어지는 상호출자제한기업집단의 지정부터 적용한다(개정법률 부칙 제4조).

2) 상호출자는 기업의 자본충실원칙을 저해하고 가공의결권을 형성하는 부작용이 있는 것이다. 상법은 모자회사관계에서 상호출자를 금지하며(상법 제342조의2), 회사, 모회사 및 자회사 또는 자회사가 다른 회사의 발행주식의 총수의 10분의 1을 초과하는 주식을 가지고 있는 경우 그 다른 회사가 가지고 있는 회사 또는 모회사의 주식의 의결권을 제한한다(상법 제369조 제3항).

제한집단 소속 계열회사 간에는 상호출자금지를 우회적으로 회피하는 성격이 있는 신규 순환출자를 금지한다(공정거래법 제22조).

개정된 공정거래법은 상호출자제한 기업집단 지정 당시 그 소속회사가 보유한 기존 순환출자에 대한 의결권을 제한한다(공정거래법 제23조). 상호출자제한기업집단 지정이 예상되는 기업집단이 그 지정 전까지의 순환출자를 그대로 유지하여 금지규정을 회피하는 일이 발생하지 않도록 하기 위함이다.

개정된 공정거래법에 의하면 상호출자제한기업집단 소속 공익법인의 국내 계열회사 주식에 대한 의결권 행사는 원칙적으로 제한된다. 다만, 계열회사가 상장회사인 경우에는 임원 임면, 합병 등의 사유에 한정하여 특수관계인이 행사할 수 있는 주식의 수와 합산하여 그 계열회사 발행주식 총수의 15% 한도 내에서 의결권 행사가 허용된다(공정거래법 제25조 제2항). 이는 공시대상기업집단 소속 공익법인이 세금 혜택까지 받아 가면서 총수의 기업집단에 대한 지배력 확대의 수단으로 이용되지 않도록 하기 위함이다.

공정거래법 제25조 제2항의 규정상 공익법인은 「상속세 및 증여세법」(이하 '상증세법')상 공익법인등을 말한다(상증세법 제16조). 상증세법은 공익법인등이 기업지배의 간접적 수단이 되는 것을 막기 위해 1990년부터 공익법인등의 의결권주식 보유에 대한 규제를 강화하여 왔다.

본고에서 연구자는 공정거래법과 상증세법상 기업집단 소속 공익법인의 의결권주식 규제에 관한 제도를 살펴보고, 세제의 관점에서 상증세법이 추구하는 조세정의의 확보와 공익법인이 도모하는 공익목적사업 증대라는 가치의 조화를 도모하는 방안이 있는지 검토하고자 한다.

II. 공익법인등의 의결권주식 과세

공익법인에 대한 조세특례 부여의 효용이라면 무엇보다도 후생경제학적인 입장에서 외부효과가 있는 공공재의 크기를 늘리는 효과가 기대된다는 것이다. 조세특례 부여의 사회적 비용으로는 세수의 감소를 먼저 들지 않을 수 없겠지만, 그보다는 공익법인이 세제상 혜택을 보아가면서 일반상업활동을 하는 데에 따른 일반영리법인과의 관계에서의 경쟁중립성 훼손, 자선을 빙자한 정치권력의 행사 등이 거론되고 있다. 조세특례 부여의 장점을 살리면서 부작용을 최소화하는 것이 바람직하다는 데에는 많은 논자가 동의하고 있으며, 각국의 법제 또한 공익법인의 공익적 활동을 장려하는 제도적 장치를 마련하고 있다.[3]

공익법인에 관한 제도는 공익법인이 공익목적 지출을 증대하여 공익성을 제고하고, 출연자 등의 부당한 간섭을 받지 않고 자유롭게 운영되어 독립성을 제고하며, 이러한 요청이 제대로 충족되고 있는지에 대한 외부적인 감시를 통해 공정성을 제고하도록 설계되어야 할 것이다. 공익법인이 영리법인의 주식을 보유하는 방법으로 재원을 조달하는 것이 이와 같은 조세특례를 받을 가치가 있는 대상인지가 문제된다.

1. 공익법인등의 과세

1976년 시행된 공익법인의설립·운영에관한법률('공익법인법')상 '공익법인'은 사회 일반의 이익에 이바지하기 위하여 학자금·장학금 또는 연구비의 보조나 지급, 학술, 자선에 관한 사업을 목적으로 하는 법인이라고 규정하였으므로 공익법인법상 공익법인은 학술, 장학 및 자선사업을 목적으로 하는 법인이라고 이해할 수 있을 것이다(공익법인법 제2조).

---

3) OECD, Taxation and Philanthropy, Tax Policy Studies(2020), 22-40.

　　공익법인법은 공익법인의 안정적 목적사업 수행 및 재무건전성 유지를 위해 공익법인의 재산처분 및 이사회 구성 등에 관한 조항을 두고 있다. 공익법인은 기본재산과 보통재산으로 구분하여 재산을 취득하여야 하며, 기본재산 처분 시에는 주무관청의 허가를 받아야 한다(공익법인법 제11조). 이사회 구성에 있어서는 특수관계자가 이사 현원의 5분의 1을 초과할 수 없다(공익법인법 제5조, 공익법인법 시행령 제12조).

　　상증세법은 상속이나 증여를 받은 법인 등이 '공익법인등'에 해당할 경우 해당 상속재산가액이나 증여재산가액을 상속세 또는 증여세의 과세가액에 불산입하도록 하고 있다. 상증세법상 '공익법인등'은 종교·자선·학술 관련 사업 등 공익성을 고려하여 대통령령으로 정하는 사업을 하는 자를 말한다(상증세법 제16조). 상증세법 시행령 제12조는 상증세법 제16조의 규정에 의한 공익법인등을 공익법인등4) 및 공익단체5)가 운영하는 고유목적사업,6) 기획재정부장관지정기부금7)을 받는 자가 해당 기부금으로 운영하는 사업,8) 종교의 보급 기타 교화에 현저히 기여하는 사업, 학교9)·유치원10)을 설립·경영하는 사업, 사회복지법인11)이 운영하는 사업, 의료법인12)이 운영하는 사업 및 법정기부금13)으로 운영하는 사업 중 어느 하나의 사업을 하는 자를 말한다고 규정하고 있다.

---

4) 법인세법 시행령 제39조 제1항 제1호 각 목의 공익법인등. 2020년까지 '법인세법상 법정·지정기부금단체'로 불리었다.
5) 소득세법 시행령 제80조 제1항 제5호의 공익단체. 2020년까지 '소득세법상 기부금민간단체'로 불리었다.
6) 회원의 친목 또는 이익을 증진시키거나 영리를 목적으로 대가를 수수하는 등 공익성이 있다고 보기 어려운 고유목적사업은 제외한다.
7) 법인세법 시행령 제39조 제1항 제2호 다목에 해당하는 기부금.
8) 회원의 친목 또는 이익을 증진시키거나 영리를 목적으로 대가를 수수하는 등 공익성이 있다고 보기 어려운 고유목적사업은 제외한다.
9) 「초·중등교육법」 및 「고등교육법」에 의한 학교.
10) 「유아교육법」에 따른 유치원.
11) 「사회복지사업법」의 규정에 의한 사회복지법인.
12) 「의료법」에 따른 의료법인.
13) 「법인세법」 제24조 제2항 제1호에 해당하는 기부금을 받는 자가 해당 기부금.

상증세법상 공익법인등은 법인세법상 공익법인등보다 그 범주가 넓다.
2021년 상증세법상 성실공익법인확인제는 공익법인신고제로 전환되
었다. 아울러 성실공익법인과 일반공익법인의 구분이 폐지되었다. 종래
상증세법상 성실공익법인의 개념이 규정되어 있어서[14] 그 이외의 공익
법인은 실무상 일반공익법인으로 부르고 있었다. 현행 규정상으로는 모
두 구분 없이 공익법인등이 된다. 성실공익법인에 대해서는 5년에 한
번 과세관청이 확인하는 절차를 거치도록 하고 있었는데 이는 법인세
신고와 달리 매년 검증되는 것이 아니어서 관리의 사각지대라는 비판이
있었다.[15] 이에 성실공익법인확인제를 폐지하면서 상증세법 제48조 제
11항의 요건[16](이하 '성실요건')을 충족하는 등으로 영리법인 보유지분
확대 등 추가적인 조세특례를 받는 경우에는 성실요건 충족 등 의무이
행 여부를 매년 지방국세청장에게 신고하는 제도로 전환한 것이다.

---

14) 2021년 성실공익법인 개념 폐지 전 규정상 그 확인요건(5년마다 지방국세청장
   확인)은 다음과 같았다. ① 출연재산 운용소득 80% 이상 지출(일반 공익법인
   70%), ② 이사 현원의 5분의 1 이하, ③ 자기내부거래 금지, ④ 광고 홍보 제한,
   ⑤ 외부감사·전용계좌·장부작성 비치. 성실공익법인에 대해서는 다음과 같은 혜
   택이 부여되었다. 의결권주식 보유비율 5 → 10%로 확대, 10% 초과출연 3년 내
   매각 특례, 계열기업 초과지분율 30% 적용 배제.
   2021년 의무이행 여부 신고제(매년 공익법인이 신고)가 도입되었다. 주식초과
   보유를 허용받는 조건으로 이행하여야 할 의무가 주어지는데, 그 의무로 앞의
   ①~④까지와 더불어 출연재산가액의 1% 상당액 이상 사용의무가 추가되었다.
   이는 2022. 1. 1. 이후 개시하는 사업연도 분부터 적용된다. 미신고 가산세가 신
   설되었으며, 금액은 자산총액의 0.5%이다.
15) 감사원의 2020. 11. 10. 국세청에 대한 '성실공익법인 요건을 충족하지 못한 공
   익법인에 대한 세원 관리 부적정' 감사통보 참조.
16) ① 출연받은 재산을 수익용 또는 수익사업용으로 운용할 경우 그 운용소득을 1
   년내 80% 이상 공익목적사업에 사용, ② 출연재산가액의 1% 상당액 이상 공익
   목적사업에 사용, ③ 출연자 및 특수관계인인 이사의 1/5 초과 취임 금지, ④ 자
   기내부거래 금지, ⑤ 정당한 대가 없이 특수관계법인 광고·홍보 금지.

가. 조세특례의 부여 - 과세가액 불산입

상속재산 중 피상속인이나 상속인이 공익법인등에게 출연한 재산의 가액으로서 상속세 신고기한까지 출연한 재산의 가액은 상속세 과세가액에 산입하지 않는다(상증세법 제16조 제1항, 상증세법 시행령 제12조). 상속인이 공익법인등에 출연한 경우[17]에는 그 상속인이 출연된 공익법인등의 이사 현원[18]의 5분의 1을 초과하여 이사가 될 수 없으며, 이사의 선임 등 공익법인등의 사업운영에 관한 중요사항을 결정할 권한이 없다(상증세법 시행령 제13조 제2항 제2호).

공익법인등이 출연받은 재산의 가액은 증여세 과세가액에 산입하지 아니한다(상증세법 제48조 제1항 본문). 증여자가 학술, 종교, 제사, 자선, 기예, 기타 공익을 목적으로 하는 공익신탁[19]을 통하여 공익법인에 출연하는 재산의 가액은 증여세 과세가액에 산입하지 않는다(상증세법 제52조).

---

17) 피상속인이 출연한 경우는 제외한다.

18) 5명에 미달하는 경우에는 5명으로 본다.

19) 여기서 공익신탁의 개념은 상속세 과세의 경우와 동일하다. 공익신탁법상 '공익신탁'은 공익사업을 목적으로 하는 신탁법에 따른 신탁으로서 법무부장관의 인가를 받은 신탁을 말한다(공익신탁법 제2조). 공익신탁법상 '공익사업'은 학문·과학기술·문화·예술의 증진을 목적으로 하는 사업 등 공식신탁법 제2조 제1호에서 열거한 사업을 말한다. 공익신탁법 시행령은 공익신탁법 제2조 제1호 가목부터 파목까지의 사업 또는 공익신탁법 시행령 제1호·제2호의 사업에 준하는 것으로서 공익 증진을 목적으로 하는 사업을 공익사업에 포함시키고 있다(공익신탁법 시행령 제2조 제3호). 공익신탁법상 '공익사업'은 공익법인법상 공익법인의 목적사업에 비해 광범위한 영역의 사업을 그 대상으로 하고 있는 것이다. 공익신탁제도로 미국 내국세입법상 Charitable trusts that support public charities를 참고할 수 있다(IRS, Internal Revenue Code Section 509(a)(3) charitable trusts, https://www.irs.gov/charities-non-profits/private-foundations/charitable-trusts-that-support-public-charities, (2022. 1. 31. 확인)).

나. 공익성 확보 – 직접 공익목적사업 사용

공익법인등은 수유 또는 증여에 따라 과세가액불산입의 혜택을 받아 출연받은 재산을 정관상 규정된 직접 공익목적사업에 사용해야 한다. 직접 공익목적 사용은 공익법인 등의 정관상 고유목적사업의 수행에 직접 사용하는 자산을 취득하는 경우와 직접 공익목적사업에 충당하기 위하여 수익용 또는 수익사업용으로 운용하는 경우를 포함한다. 공익법인 등이 운용소득으로 수익용 재산을 취득한 금액은 포함되지 않는다.[20]

세무서장 등은 수유 또는 증여로 출연받은 재산을 상속세과세가액 또는 증여세과세가액에 산입하지 않은 공익법인등이 직접 공익목적사업에 사용하지 않는 등 일정한 사유[21]에 해당하는 경우에는 그 사유가 발생한 날에 일정한 가액을 공익법인등이 증여받은 것으로 보아 즉시 증여세를 부과한다(상증세법 제48조 제2항).

과세가액불산입의 혜택을 받아 출연받은 재산을 직접 공익목적사업 등의 용도 외에 사용하거나 출연받은 날부터 3년 이내에 직접 공익목적사업 등에 사용하지 않거나 또는 3년 이후 직접 공익목적사업 등에 계속하여 사용하지 않는 경우 증여세를 과세한다(상증세법 제48조 제2항 제1호, 상증세법 시행령 제38조 제3항).[22]

---

20) 상증세법기본통칙 48-38…3.
21) 상증세법 제48조 제2항 제1호부터 제4호까지, 제6호 및 제8호.
22) 그 사용에 장기간을 요하는 등 부득이한 사유가 있는 경우에는 예외를 인정하되 그에 관하여 과세관청이 조건의 이행 여부를 계속하여 사후관리할 수 있도록 주무부장관의 인정 및 그 인정사실에 대한 세무서장에 대한 보고라는 절차적 제한을 두고 있다. 주무부장관이 인정하면 증여세 추징대상에서 제외되는지 여부에 관하여 판례는 상증세법 제48조 제2항 제1호 단서 등에서 정한 증여세 추징의 제외대상에 해당하는지는 '출연받은 재산을 직접 공익목적사업 등에 사용하지 못한 부득이한 사유'가 있는지에 따라 결정되는 것이지 상증세법 시행령 제38조 제3항에서 말하는 주무부장관의 인정 여부에 따라 결정되는 것이 아니라고 한다. 그리고 세무서장에 대한 보고가 반드시 필요한 요건인지 여부에 관하여 판례는 엇갈리고 있고, 국세심판례는 반드시 필요한 요건으로 보지 않는다.

　　출연받은 재산을 매각하고 그 매각대금을 매각한 날이 속하는 과세
기간 또는 사업연도의 종료일부터 3년 이내에 매각대금 중 직접 공익목
적사업에 사용한 실적이 매각대금의 100분의 90에 미달하는 경우에는
증여세를 부과한다(상증세법 제48조 제2항 제4호, 상증세법 시행령 제
38조 제4항). 이에는 매각대금으로 직접 공익목적사업용, 수익용 또는
수익사업용 재산을 취득한 경우가 포함된다. 다만, 공시대상기업집단에
속하는 법인과 동일인 관련자의 관계에 있는 공익법인등이 출연재산의
매각대금으로 2019. 2. 12.부터 해당 기업집단에 속하는 법인의 의결권
있는 주식 등을 취득한 경우는 제외한다(상증세법 시행령 제38조 제4항
괄호안).

　　종교법인 및 공공기관 등의 공익법인을 제외한 공익법인으로서 총자
산가액 5억 원 이상이거나 해당 사업연도의 수입금액과 출연재산가액
합계액이 3억 원 이상인 공익법인(상증세법시행령 제43조의 3 제2항)
및 동일한 내국법인의 의결권 있는 주식 등을 그 내국법인 발행주식총
수 등의 5%를 초과하여 보유하고 있는 공익법인등은 매년 과세가액불
산입의 혜택을 받은 출연재산가액의 1%에 상당하는 금액(기준금액)을
직접 공익목적사업에 사용하여야 한다. 세무서장 등은 수유 또는 증여
에 따라 재산을 출연받은 공익법인등이 출연재산의 매각대금이나 그 운
용소득을 직접 공익목적사업에 기준금액 미만 사용하는 등 일정한 사
유23)에 해당하는 경우에는 가산세24)를 부과한다(상증세법 제48조 제2
항 제5호 및 제7호, 제78조 제9항,25) 상증세법시행령 제38조 제18항~제
20항).

　　공익법인이 과세가액불산입의 혜택을 받아 출연받은 재산을 사회 전

---

23) 상증세법 제48조 제2항 제5호 및 제7호.
24) 기준금액에서 직접 공익목적사업에 사용한 금액을 차감한 금액의 100분의 10에
　　상당하는 금액을 그 공익법인등이 납부할 세액에 가산하여 부과한다.
25) 상증세법 제78조 제9항 제1호와 제3호가 동시에 해당하는 경우에는 더 큰 금액
　　적용.

체의 불특정다수인의 이익을 위하여 사용하지 아니하고 사회적 지위·직업·근무처 및 출생지 등에 의하여 일부에게만 혜택을 제공하는 경우에는 출연받은 재산을 공익목적에 맞게 사용하지 아니한 것으로 보아 공익법인에 증여세를 과세한다(상증세법 제48조 제2항 제8호, 상증세법시행령 제38조 제8항 제2호).[26]

다. 독립성·공정성 확보 - 자기내부거래 금지 등

공익법인이 출연받은 재산, 출연받은 재산을 원본으로 취득한 재산, 출연받은 재산의 매각대금 등을 출연자 및 특수관계에 있는 자가 정당한 대가를 지급하지 않고 사용·수익하는 등 자기내부거래(self-dealing)를 하는 경우[27](예: 임대차, 금전소비대차, 사용대차 등)에는 공익법인이 증여받은 것으로 보아 증여세를 과세한다(상증세법 제48조 제3항, 상증세법시행령 제39조).

---

26) 다만, 해당 공익법인의 설립 또는 정관의 변경을 허가하는 조건으로 주무부장관이 기획재정부장관과 협의하여 공익사업 수혜자의 범위를 정하는 경우에는 증여세 과세대상에서 제외한다. 대부분의 장학회가 여기에 해당된다. 예를 들어, 공익법인이 특정지역 자녀의 장학금 지원사업을 정관에 명시하고 출연자도 같은 목적으로 출연한 경우 증여세 과세대상이 아니다(국심2003서1779, 2003. 10. 15.).
27) 자기내부거래의 개념은 상증세법 제48조 제3항이 규정하고 있다. 공익법인등이 과세가액불산입되는 출연받은 재산, 출연받은 재산을 원본으로 취득한 재산, 출연받은 재산의 매각대금 등을 ① 출연자 및 그 친족, ② 출연자가 출연한 다른 공익법인등, ③ 제1호 또는 제2호에 해당하는 자와 특수관계에 있는 자의 어느 하나에 해당하는 자에게 임대차, 소비대차(消費貸借) 및 사용대차(使用貸借) 등의 방법으로 사용·수익하게 하는 경우를 말한다. 이 경우에는 일정한 가액을 공익법인등이 증여받은 것으로 보아 즉시 증여세를 부과한다. 다만, 공익법인등이 직접 공익목적사업과 관련하여 용역을 제공받고 정상적인 대가를 지급하는 등의 경우에는 그러하지 아니하다. 규제대상 자기거래의 예로서 영리법인(병)의 주주(갑)이 공익법인(을)에 토지를 출연하여 증여세 과세가액불산입을 하고 공익법인은 토지를 공익목적으로 사용하지 않고 사실상 지배관계에 있는 대기업에 토지를 무상 임대하는 경우를 들 수 있다.

출연자[28] 또는 그의 특수관계인[29]이 공익법인등(의료법인은 제외)의 현재 이사 수의 5분의 1을 초과하여 이사가 되거나, 그 공익법인등의 임·직원이 되는 경우에는 가산세를 부과한다(상증세법 제48조 제8항). 이사 수 기준(1/5)을 초과하는 이사 또는 임·직원이 된 출연자 등이 있는 경우 그 사람을 위하여 지출된 급료, 판공비, 비서실 운영경비, 차량 유지비 등 직·간접경비 상당액 전액을 매년 가산세로 부과한다.

공익법인등이 특수관계에 있는 내국법인[30]의 이익을 증가시키려고 정당한 대가를 받지 아니하고 광고·홍보를 하는 경우에는 가산세를 부과한다(상증세법 제48조 제10항 및 제78조 제8항).

이외에도 결산서류 등의 제출·공시 의무(상증세법 제50조의3), 외부 전문가의 세무 확인(상증세법 제50조 제1항), 장부의 작성·비치 의무(상증세법 제51조), 외부감사 의무(상증세법 제50조 제3항) 등이 있다.

2. 공익법인등의 의결권주식 보유한도

가. 상증세법상 주식보유 제한 경위

1990년 상속세법 개정으로 공익법인이 동일 내국법인의 의결권주식을 발행주식 총수의 각각 20%를 초과하여 출연받거나 취득하는 경우에는 과세가액불산입규정을 적용하지 않게 되었다(구 상속세법 제8조의2 제1항). 이 제도 도입의 취지는 상속세 또는 증여세의 회피를 방지하기 위한 것이었다. 1993년 상속세법 개정 시에는 그 비율이 5%로 줄어들었다. 당시 규정상으로는 각 개정일 이전부터 보유하고 있던 초과주식

---

28) 재산출연일 현재 해당 공익법인등의 총출연재산가액의 1%에 상당하는 금액과 2,000만 원 중 적은 금액을 초과하여 출연한 자.
29) 상증세법시행령 제2조의2에 해당하는 관계에 있는 자.
30) 특수관계법인의 범위는 상증세법시행령 제38조 제13항의 규정에 따른다.

에 대하여는 해당 개정 규정의 적용이 배제되었다.[31]

1996년 상속세법이 상증세법으로 전부개정되면서 그 시점 현재 공익법인이 동일 법인의 의결권주식 20%를 초과하여 보유하고 있는 경우에는 5년(2001년 말까지) 내에, 5% 초과 20% 이하 보유하고 있는 경우에는 3년(1999년 말까지) 내에 그 초과분을 다른 주식으로 대체하여 보유하거나 처분하여 5%의 기준을 맞추도록 하는 '5% 초과 보유주식 매각의무 기준'이 신설되었다. 그간 1990년과 1993년의 개정 이전 보유하던 주식이라면 상속세 또는 증여세의 부과 없이 20% 또는 5%를 초과하여 보유할 수 있었지만, 이제 기한 내 매각하지 않으면 가산세를 부과하는 방식으로 매각을 강제하는 제도를 도입한 것이었다.

1999년 말 상증세법 개정시 기업집단 내 동일기업 보유한도 30%(공익법인등 자산 대비) 규정이 도입되었다.

2000년 말 상증세법 개정시 성실공익법인에 대해 5% 매각의무 적용예외 특례규정이 신설되었는데 기업집단 소속 공익법인은 그 특례의 적용대상에서 제외되었다. 기업집단에 속하지 않는 성실공익법인이 출연자와 특수관계가 없는 법인의 주식을 취득·보유하는 경우로서 주무부장관이 공익법인등의 목적사업을 효율적으로 수행하기 위하여 필요하다고 인정하는 경우에는 그 법인의 발행주식 총수의 5% 이상을 취득·보유하여도 증여세를 과세하지 않게 되었다(구 상증세법 제16조 제2항 단서[32]). 이 개정의 취지는 주식 보유제한을 완화하여 공익사업 수행을 위한 재원확보를 원활하게 할 수 있도록 하기 위함이었다.[33]

---

31) 예로서 <법률 제4283호, 1990. 12. 31.> 상증세법 개정 부칙 제3조(공익법인에 초과출연한 주식의 상속세 과세가액산입에 관한 적용례) 제8조의2 제1항 제1호 단서의 개정규정은 이 법 시행 후 최초로 발행주식 총액 또는 출자총액의 100분의 20을 초과하여 출연(주식 또는 출자지분 외의 재산을 출연받은 후 그 출연받은 금액으로 내국법인의 발행주식총액 또는 출자총액의 100분의 20을 초과하여 소유하게 되는 경우를 포함한다)하는 것부터 적용한다.

32) 현행 상증세법 제16조 제3항.

33) 이때 상증세법에 "직접 공익목적사업에의 사용실적 기타 당해 공익법인등의 공

2007년 말 성실공익법인에 한해 의결권주식 출연·취득 제한을 10%
로 완화하는 특례를 부여하는 상증세법 개정이 있었다.[34] 이는 기부문
화의 활성화를 위한 것이었다. 이 개정 규정상 기업집단 소속 공익법인
도 10% 규정을 적용받을 수 있었다. 2011년에는 성실공익법인이 10%
를 초과하여 의결권주식을 출연받더라도 초과 보유일부터 3년 이내 출
연자 또는 특수관계인 이외의 자에게 매각하는 경우에는 과세를 배제하
는 규정이 도입되었다.

2017년 7월 상호출자제한기업집단과 특수관계에 있는 공익법인을
성실공익법인 특례 적용대상에서 배제하는 상증세법 개정이 있었다.[35]

2018년 1월부터는 의결권을 행사하지 않고 상호출자제한기업집단과
특수관계에 있지 않은 자선·장학·사회복지 목적의 성실공익법인 등에
대하여 주식 보유비율 20%를 적용하게 되었다. 일정 요건을 충족하는

익기여도 등을 감안하여 대통령령이 정하는 기준에 해당하는 공익법인등"의 개
념이 도입되었는데, 상증세법시행령에서 이를 "당해 공익법인등의 운용소득의
100분의 90 이상을 직접 공익목적사업에 사용한 공익법인등"으로 규정하면서
'성실공익법인등'으로 지칭하였다. '성실공익법인'의 개념은 동 조항에서 1996
년부터 사용되기 시작하던 것이다(구 상증세법 시행령 제42조 제1항).

34) 현행 상증세법 제16조 제2항 제2호 본문.
35) 2016년 12월 국회 기획재정위에 제출된 상증세법 개정 법률안 심사보고서에 의
하면 당시 국회의원에 의해 ① 공익법인 주식출연에 대한 상속세 또는 증여세
면제한도를 일반공익법인의 경우 발행주식 총수의 5%에서 10%로, 성실공익법
인은 10%에서 20%로 각각 상향하는 안, ② 공익법인이 출연받은 주식의 의결
권 행사를 금지하고, 상속·증여세 면제한도를 20%로 확대하는 안, ③ 성실공익
법인이 일부 대기업집단에 의해 편법 상속·증여수단 등으로 악용되고 있으므로
이를 폐지하는 안, ④ 출연재산가액의 공익목적 사용 등을 요건으로 하는 투명
공정공익법인 제도를 신설하고, 투명공정공익법인의 경우 주식 보유한도를
30%까지 확대하는 안들이 제안되었다. 정부는 공익법인의 회계기준을 제정하
고, 외부회계감사를 받는 법인도 세무확인서 제출을 의무화하며, 외부회계감사
미이행 시 가산세를 부과하는 등 공익법인에 대한 관리를 강화하는 안을 제출
하였다. 각 개정법률안이 대안폐기되고 기업집단 소속 공익법인은 성실공익법
인 10% 특례의 적용대상에서 배제되는 것으로 대안개정법률안에 반영되었는데
국회속기록에는 그와 같은 합의에 이른 구체적인 경위가 나타나지 않는다.

성실공익법인에 대해 주식 보유비율을 20%로 또 상향조정한 것은 대법원 2017. 4. 20. 선고 2011두21447전원합의체 판결[36])의 영향에 따른 것이었다. 공익목적으로 출연한 주식에 대해 무조건적으로 편법 증여를 방지하기 위한다는 이유로 증여세를 부과하는 것은 타당하지 않다는 판례의 입장을 반영한 것이었다.[37])

2021년 성실공익법인과 일반공익법인의 구분이 폐지되고 성실공익법인확인제는 공익법인신고제로 변경되었다.

현행 상증세법상 공익법인등에 출연하는 의결권주식은 일정 한도 안에서만 과세가액불산입 규정이 적용된다. 아래 소개하는 상속세에 관한 의결권주식 제한 규정은 증여세에도 동일하게 적용된다.

---

36) 구 상속세 및 증여세법(2007. 12. 31. 법률 제8828호로 개정되기 전의 것) 제48조 제1항과 제16조 제2항 단서—5% 매각 의무 적용 예외에 관한 특례규정—의 해석 적용에 관한 판결이다. 판결에 의하면 "공익법인에 출연한 주식이 '출연자 및 그와 특수관계에 있는 자(이하 '출연자 등'이라고 한다)가 보유하고 있는 주식의 합계가 가장 많은 내국법인'의 주식인 경우에는, 내국법인에 대한 지배력을 바탕으로 배당 등에 관한 영향을 통하여 공익법인에 영향을 미침으로써 공익법인을 내국법인에 대한 지배수단으로 이용할 수 있으면서도 이러한 공익법인에 대한 주식 출연의 방법으로 상속세 또는 증여세를 회피할 수 있으므로, 이러한 폐해를 방지하고자 이와 같은 규정을 두게 된 것이다. 따라서 —구 상속세 및 증여세법 시행령(2003. 12. 30. 대통령령 제18177호로 개정되기 전의 것) 제13조 제4항상— '최대주주 요건'에 해당하는지는 주식이 출연되기 전의 시점이 아닌 출연된 후의 시점을 기준으로 판단하여야 한다. 비록 주식이 출연되기 전에 최대주주였다고 하더라도 출연에 따라 최대주주로서의 지위를 상실하게 되었다면 출연자는 더 이상 내국법인에 대한 지배력을 바탕으로 공익법인에 영향을 미칠 수 없고 공익법인을 내국법인에 대한 지배수단으로 이용할 수 없기 때문이다"라고 한다.

37) 박훈, "공익활동 활성화를 위한 공익법인 과세제도의 개선방안", 조세연구 제19권 제1집(2019. 3.), 73.

나. 동일기업 보유한도 초과 출연분 과세가액산입 - 5% 룰

과세가액불산입을 위한 보유한도는 원칙적으로 동일기업 의결권주식 5%로 설정하고 예외적으로 10%와 20%를 인정하고 있다. 2020년 말 상증세법 개정 이전에도 주식보유비율은 5%, 10%,[38] 20%[39])의 3단계로 되어 있었는데 각각의 요건은 현행과 다소 차이가 있었다.

(1) 초과출연 시 과세가액산입

상속재산 중 내국법인의 의결권 있는 주식 등[40])을 상증세법상 성실요건을 충족하지 못하는 공익법인등에 출연하는 경우로서 출연하는 주식등과 달리 규정하는 동일 내국법인의 주식 등[41])을 합한 것이 그 내국법인의 의결권 있는 발행주식 총수 등[42])의 100분의 5를 초과[43])하는 가액을

---

38) 2020년 말 개정 전 구상증세법상으로는 2008. 1. 1. 이후 출연·취득하는 성실공익법인 등에 적용(2017. 7. 1. 이후부터는 상호출자제한기업집단과 특수관계에 있지 아니한 성실공익법인 등에 적용)되었다.
39) 2020년 말 개정 전 구상증세법상으로는 2018. 1. 1. 이후 출연받은 주식 등의 의결권을 행사하지 않는 조건으로 주식 등을 출연받은 상호출자제한기업집단과 특수관계가 없는 자선·장학·사회복지 목적의 성실공익법인에 적용되었다.
40) 주식 또는 출자지분.
41) 출연자가 출연할 당시 해당 공익법인등이 보유하고 있는 동일한 내국법인의 주식등; 출연자 및 그의 특수관계인이 해당 공익법인등 외의 다른 공익법인등에 출연한 동일한 내국법인의 주식 등; 상속인 및 그의 특수관계인이 재산을 출연한 다른 공익법인등이 보유하고 있는 동일한 내국법인의 주식 등.
42) 발행주식총수 또는 출자총액(자기주식과 자기출자지분은 제외).
43) 초과부분의 계산은 (Ⓐ-Ⓑ)로 한다(상증세법 제48조 제1항 제1~3호).
   Ⓐ [ⓐ+ⓑ+ⓒ+ⓓ] > Ⓑ 내국법인 발행주식 총수 등의 5%(10%, 20%)
   ⓐ: 출연받은 내국법인의 주식 등.
   ⓑ: 출연받을 당시 보유하고 있는 동일한 내국법인의 주식 등(1호).
   ⓒ: 출연자 및 그의 특수관계인이 해당 공익법인 외의 다른 공익법인 등에 출연한 동일한 내국법인의 주식 등(2호).
   ⓓ: 출연자 및 그의 특수관계인으로부터 재산을 출연받은 다른 공익법인 등이 보유하고 있는 동일한 내국법인의 주식 등(3호).

상속세 과세가액에 산입44)한다(상증세법 제16조 제2항 제2호 다목).

상증세법상 성실요건을 충족하는 공익법인등의 경우에는 내국법인의 의결권 있는 발행주식 총수 등의 100분의 10을 초과하는 가액을 상속세 과세가액에 산입한다(상증세법 제16조 제2항 제2호 본문). "상증세법 제48조 제11항 각 호의 요건45)을 충족하는 공익법인등"은 내용적으로 1996년부터 사용되어 온 '성실공익법인'과 유사한 개념이다.

성실요건을 충족할 것, 출연받은 주식 등의 의결권을 행사하지 아니할 것, 자선·장학 또는 사회복지를 목적으로 할 것 및 상호출자제한기업집단 소속 공익법인등이 아닐 것의 요건을 모두 갖춘 공익법인등에 출연하는 경우에는 동 비율은 100분의 20까지 인정된다(상증세법 제16조 제2항 제2호 가목).

상호출자제한기업집단과 특수관계에 있는 공익법인등에게는 100분의 5까지만 인정된다(상증세법 제16조 제2항 제2호 나목). "상호출자제한기업집단과 특수관계에 있는 공익법인등"이란 공정거래법 제31조 제

"특수관계인"이란 본인과 친족관계, 경제적 연관관계 또는 경영지배관계 등 대통령령으로 정하는 관계에 있는 자를 말한다. 이 경우 본인도 특수관계인의 특수관계인으로 본다(상증세법 제2조 제10호). 상증세법시행령 제2조의2(특수관계인의 범위)에 7개 호에 걸쳐 상세한 규정을 두고 있다. 이 중 제4호, 제5호 및 제7호는 비영리법인인 특수관계인에 관해 규정하고 있다. 상증세법시행령 제2조의2 제1항 제2호에 따른 사용인은 같은 조 제2항에 따라 임원, 상업사용인, 그 밖에 고용계약관계에 있는 자를 말하며, 이 경우 임원은 같은 조 제1항 제3호에 따라 법령 제20조 제1항 제4호에 따른 임원과 퇴직 후 5년이 지나지 아니한 그 임원이었던 사람으로서 사외이사가 아니었던 사람을 말한다(국세청 상속증여세과-956, 2016. 8. 30.). 특수관계에 있는 자의 범위는 출자에 의하여 지배하고 있는 법인의 사용인도 포함하는 것이다(대법원 2012. 10. 11 선고 2011두6899판결). 단순히 동일한 법인의 주주관계라는 사실만으로는 특수관계에 있는 자에 해당하지 아니하는 것이다(국세청 재산-3772, 2008. 11. 14.).
44) 공익법인이 보유하고 있는 주식 등을 발행한 내국법인이 다른 법인을 흡수합병하여 그 합병존속법인의 의결권 있는 발행주식 총수의 5%(성실공익법인의 경우 10%)를 초과한 경우 5%(10%) 초과분에 대하여는 증여세가 과세된다(재산세과-300, 2012. 8. 26.).
45) 본고에서는 '성실요건'이라고 한다.

1항에 따라 지정된 상호출자제한기업집단에 속하는 법인과 공정거래법 시행령 제4조 제1호 각 목 외의 부분에 따른 동일인 관련자[46]의 관계에 있는 공익법인등을 말한다(상증세법시행령 제13조 제5항). 본고에서는 "…기업집단과 특수관계에 있는 공익법인등"을 "…기업집단 소속 공익법인등"이라고 한다. 여기서 '기업집단'은 공시대상기업집단 또는 상호출자제한기업집단이 될 수 있을 것이다.

출연받은 재산으로 동일한 내국법인의 의결권 있는 발행주식 총수 등의 법정비율을 초과하여 취득하는 데 사용한 재산의 가액에 대해서는 증여세를 부과한다(상증세법 제16조 제2항, 상증세법 제48조 제2항 제2호, 상증세법 시행령 제37조).

(2) 초과출연 시 과세가액산입 배제 특례

상증세법상 성실요건을 충족하는 공익법인등과 국가·지방자치단체가 출연하여 설립한 공익법인등 및 이에 준하는 것으로서 대통령령으로 정하는[47] 공익법인등[48])으로서 상호출자제한기업집단 소속이 아닌 공익

---

46) 가. 배우자, 6촌 이내의 혈족, 4촌 이내의 인척(이하 "친족"이라 한다)

나. 동일인이 단독으로 또는 동일인 관련자와 합하여 총출연금액의 100분의 30 이상을 출연한 경우로서 최다출연자이거나 동일인 및 동일인 관련자 중 1인이 설립자인 비영리법인 또는 단체(법인격이 없는 사단 또는 재단으로 한정한다. 이하 같다).

다. 동일인이 직접 또는 동일인 관련자를 통해 임원의 구성이나 사업운용 등에 지배적인 영향력을 행사하고 있는 비영리법인 또는 단체.

라. 동일인이 이 호 또는 제2호에 따라 사실상 사업내용을 지배하는 회사

마. 동일인 및 동일인과 나목부터 라목까지의 관계에 있는 자의 사용인(법인인 경우에는 임원, 개인인 경우에는 상업사용인 및 고용계약에 따른 피고용인을 말한다).

47) 상증세법 시행령 제42조.

1. 국가·지방자치단체가 출연하여 설립한 공익법인등이 재산을 출연하여 설립한 공익법인등.

2. 「공공기관의 운영에 관한 법률」 제4조 제1항 제3호에 따른 공공기관이 재산을 출연하여 설립한 공익법인등.

법인등에 그 공익법인등의 출연자와 특수관계에 있지 않는 내국법인[49]의 주식 등을 출연하는 경우[50]로서 주무관청이 공익법인등의 목적사업을 효율적으로 수행하기 위하여 필요하다고 인정하는 경우에는 그 내국법인의 발행주식총수등의 법정 비율을 초과하는 경우에도 그 초과하는 가액을 상속세 과세가액에 산입하지 않는다(상증세법 제16조 제3항). 공익법인의 출연자(특수관계인 포함)가 공익법인이 출연받는 주식의 발행회사 주주가 아닌 경우에는 출연자가 공익법인을 통하여 계열회사를 간접지배할 우려가 없으므로 그 공익법인의 출연자와 특수관계에 있지 않은 내국법인의 주식 등의 경우 주식보유 한도에 예외를 인정한다.[51]

---

3. 제2호의 공익법인등이 재산을 출연하여 설립한 공익법인등.

48) 상증세법 제49조 제1항 각 호 외의 부분 단서에 해당하는 공익법인등.

49) "그 공익법인의 출연자와 특수관계에 있지 아니하는 내국법인"이란 다음의 어느 하나에 해당하지 않는 내국법인을 말한다(상증세법시행령 제13조 제10항).

① 출연자 또는 그의 특수관계인(해당 공익법인 제외)이 주주 또는 출자자이거나 임원의 현원(5명에 미달하는 경우에는 5명으로 본다) 중 5분의 1을 초과하는 내국법인으로서 출연자 및 그의 특수관계인(당해 공익법인 포함)이 보유하고 있는 주식 등의 합계가 가장 많은 내국법인.

② 출연자 또는 그의 특수관계인(해당 공익법인 제외)이 주주 등이거나 임원의 현원 중 5분의 1을 초과하는 내국법인에 대하여 출연자, 그의 특수관계인 및 공익법인(해당 공익법인 등이 발행주식 총수 등의 100분의 5(상증세법 제48조 제11항의 요건 충족 공익법인은 100분의 10)를 초과하여 보유한 내국법인) 등 출자법인이 보유하고 있는 주식 등의 합계가 가장 많은 경우에는 해당 공익법인 등 출자법인.

50) 그 공익법인의 출연자와 특수관계에 있지 아니하는 내국법인의 주식을 출연받은 경우인지의 판단과 관련하여, 재산을 출연하여 비영리법인을 설립한 자란 비영리법인의 설립을 위하여 재산을 출연하고 정관작성, 이사선임 등 비영리법인 설립에 지배적인 영향력을 행사한 자를 의미한다(서울고등법원 2017. 12. 6. 선고 2017누154판결).

51) 예를 들어, 공익법인이 100% 출자하여 설립한 내국법인의 경우에는 출연자 및 특수관계인이 당해 법인의 주주일 수 없으므로 주식 보유한도에 예외를 인정한다. 또한, 甲그룹의 사주가 출연·설립한 공익법인이 공익사업의 재원조달을 위하여 乙그룹 소속법인 주식을 5% 초과 보유하는 경우는 간접지배 우려가 없으므로 주식 보유한도에 예외를 인정한다. 그러나 甲그룹의 사주가 출연·설립한

위의 특례는 상호출자제한기업집단 소속이 아닌 공익법인등으로서 상증세법상 성실요건을 충족하는 공익법인등[52]에 발행주식 총수 등의 위에서의 각 법정비율을 초과하여 출연하는 경우로서 해당 공익법인등이 초과보유일부터 3년 이내에 초과하여 출연받은 부분을 매각[53]하는 경우[54] 또는 공익법인 등의 법령에 따라 내국법인의 주식 등을 출연하는 경우에도 인정된다.

위의 요건을 충족하여 상속세 과세가액에 산입하지 아니한 재산과 그 재산에서 생기는 이익의 전부 또는 일부가 상속인(상속인의 특수관계인을 포함한다)에게 귀속되는 경우에는 상속세 과세가액에 산입한다(상증세법 제16조 제4항).

(3) 초과보유 가산세

공익법인등이 1996년 말 현재 주식 등의 보유기준 5%를 초과하는 동일한 내국법인의 의결권 있는 주식 등을 보유하고 있는 경우에는 규정된 기한까지[55] 주식 등의 보유기준을 초과하여 보유하지 않아야 한다(상증세법 제49조 제1항).[56] 세무서장등은 공익법인등이 규정된 기한이 지난 후에도 같은 항에 따른 주식 등의 보유기준을 초과하여 보유하는

공익법인이 甲그룹 소속법인 주식을 5% 초과 보유하는 경우에는 간접지배의 우려가 있으므로 예외를 인정하지 않는다.

52) 공익법인등이 설립된 날부터 3개월 이내에 주식등을 출연받고, 설립된 사업연도가 끝난 날부터 2년 이내에 해당 요건을 충족하는 경우를 포함한다.

53) 주식등의 출연자 또는 그의 특수관계인에게 매각하는 경우는 제외한다.

54) 초과보유일부터 3년 이내에 발행주식 총수 등의 위에서의 각 법정비율을 초과하여 출연받은 주식 등을 매각(주식 등의 출연자 또는 그의 특수관계인에게 매각하는 경우는 제외한다.)하지 않는 경우에는 상속세 과세가액에 산입한다(상증세법 제16조 제4항).

55) 1999년 말(5~20% 보유 시), 2001년 말(20% 초과 보유 시).

56) 공익법인 등이 1997. 1. 1. 이후 내국법인의 주식 5%를 초과 취득해 취득 시점에 증여세가 부과되는 경우, 공익법인 등의 주식 등의 보유기준 규정은 적용 안 됨(재산상속46014-849, 2000. 7. 11.).

경우에는 규정된 기한의 종료일 현재 그 보유기준을 초과하는 의결권 있는 주식 등에 대하여 매년 말 현재 시가의 100분의 5에 상당하는 금액을 그 공익법인등이 납부할 세액에 가산하여 부과한다. 이 경우 가산세의 부과기간은 10년을 초과하지 못한다(상증세법 제78조 제4항). 여기서 '부과기간'이라 함은 가산세의 납세의무 성립의 기간을 의미하는 것으로 보아야 할 것이다(국세기본법 제21조 제2항 제11호 마목).[57]

　국가나 지방자치단체가 설립한 공익법인등 및 이에 준하는 것으로서 대통령령으로 정하는 공익법인등[58]과 상증세법상 성실요건을 충족하는 공익법인등은 주식 매각의무 부과대상에서 제외된다(상증세법 제49조 제1항 단서).

다. 기업집단 내 동일기업 보유한도 초과 보유 가산세 - 30% 룰

　1999년 12월 상증세법 개정 이후 공익법인등이 "특수관계에 있는 내국법인[59]"(계열기업)의 의결권 있는 주식 등[60]을 보유하는 경우로서 그

---

57) 본 사안과 같이 본세의 납부의무가 발생하지 않은 경우의 가산세로서 그 부과의 제척기간에 관한 별도의 규정이 없는 경우라면 국세기본법 제26조의2 제1항의 규정에 따라 5년의 부과제척기간이 적용될 것이다. 따라서 위에서 '규정된 기한'이 2001년 말인 경우로서 초과보유사실이 지속된다면 2011년 말까지 가산세 납부의무가 성립하게 되며, 2011년 귀속분에 대한 가산세의 부과제척기간은 5년이므로 관할과세관청은 2011년 귀속분 법인세신고납부기한의 다음날부터 5년이 되는 날까지 부과할 수 있을 것이다.

58) 1. 국가·지방자치단체가 출연하여 설립한 공익법인등이 재산을 출연하여 설립한 공익법인등.

　　2. 「공공기관의 운영에 관한 법률」 제4조 제1항 제3호에 따른 공공기관이 재산을 출연하여 설립한 공익법인등.

　　3. 제2호의 공익법인등이 재산을 출연하여 설립한 공익법인등.

59) "특수관계에 있는 내국법인"은 다음 ①~③ 어느 하나에 해당하는 자가 ①에 해당하는 기업의 주식 등을 출연하거나 보유한 경우의 해당 기업(해당 기업과 함께 ①에 해당하는 자에 속하는 다른 기업을 포함)을 말한다(상증세법시행령 제38조 제13항).

내국법인의 주식 등61)의 가액이 해당 공익법인등의 총 재산가액의 100
분의 30(투명성을 갖춘 경우에는62) 100분의 50)을 초과하는 경우에는
매 사업연도 말 현재 그 초과하여 보유한 주식 등의 시가의 100분의 5
에 상당하는 금액을 그 공익법인등이 납부할 세액에 가산하여 부과한다
(상증세법 제48조 제9항, 상증세법 시행령 제38조 제13항 및 제14항, 상
증세법 시행규칙 제13조의2 제3호 및 상증세법 제78조 제7항). 초과분
중 1/2 이상은 2000년 말까지, 나머지는 2001년 말까지 처분하는 경우
에는 가산세를 부과하지 않는다(법률 제6048호 부칙 제7조 제3항).

국가나 지방자치단체가 설립한 공익법인등 및 이에 준하는 것으로서
대통령령으로 정하는 공익법인등과 상증세법상 성실요건을 충족하는
공익법인등은 제외한다.

---

① 기획재정부령이 정하는 기업집단의 소속기업(해당 기업의 임원 및 퇴직임원
을 포함한다)과 다음의 어느 하나에 해당하는 관계에 있는 자 또는 해당 기
업의 임원에 대한 임면권의 행사·사업방침의 결정 등을 통하여 그 경영에
대하여 사실상의 영향력을 행사하고 있다고 인정되는 자.
가) 기업집단 소속의 다른 기업.
나) 기업집단을 사실상 지배하는 자.
다) 나)의 자와 친족 및 직계비속의 배우자의 2촌 이내의 혈족과 그 배우자
② 상기 ①의 본문 또는 가)에 따른 기업의 임원 또는 퇴직임원이 이사장인 비
영리법인.
③ ① 및 ②에 해당하는 자가 이사의 과반수이거나 재산을 출연하여 설립한 비
영리법인.
"기획재정부령이 정하는 기업집단의 소속기업"은 공정거래법 시행령 제4조
각 호의 어느 하나에 해당하는 기업집난(즉, 공시대상기업집단)에 속하는 계
열회사를 말한다.
60) 계열기업 주식보유 제한규정은 의결권 있는 주식에 대해 적용한다(국세청 서일
46014-11705, 2003. 11. 25.).
61) 내국법인 주식에만 계열기업 주식보유제한규정이 적용된다(국세청 서면4팀-441,
2005. 3. 24.).
62) 외부감사, 전용계좌 개설·사용, 결산서류 공시 이행하는 경우. 이 규정은 2009.
1. 1. 이후 개시하는 사업연도분부터 적용한다.

라. 초과보유 특례 사후관리

(1) 의무이행 여부 신고제

2021년 이후 개시하는 법인세 사업연도분부터는 상증세법상 성실요건을 모두 충족하여 주식 등의 출연·취득 및 보유에 대한 증여세 및 가산세 등의 부과대상에서 제외되는 주식 등의 보유한도를 초과하여 보유하는 공익법인등[63]은 매년 의무이행 여부를 지방국세청장에게 신고해야 한다(상증세법 제48조 제13항, 상증세법 시행령 제41조의2).[64] 미신고 시 자산총액의 0.5%의 가산세를 부과한다(상증세법 제78조 제14항). 신고대상 공익법인등은 다음과 같다.

① 동일 내국법인 발행주식총수의 5%를 초과하여 출연받거나 취득한 공익법인등(상증세법 제48조 제1항 및 제2항 제2호)
② 1996년 말 당시 동일 내국법인 주식을 5%를 초과하여 보유한 공익법인으로서 현재까지 해당 주식을 5% 초과하여 보유한 공익법인등 (상증세법 제49조 제1항)
③ 특수관계 있는 내국법인 주식을 총재산가액의 30%(50%)를 초과하여 보유하는 공익법인등(상증세법 제48조 제9항)

(2) 의무 불이행 시 증여세 부과

공익법인등이 내국법인의 발행주식총수등의 100분의 5를 초과하여 주식 등을 출연받은 후 상증세법상 성실요건을 충족하지 못하게 되는 경우에는 현재 해당 공익법인등이 초과하여 보유하고 있는 주식등의 가

---

63) 상증세법 제16조 제2항, 제48조 제1항, 같은 조 제2항 제2호, 같은 조 제9항 및 제49조 제1항 단서.
64) 2021. 1. 1. 이후 개시하는 사업연도분부터 적용하며, 2020. 12. 31. 이전 개시한 사업연도분에 대해서는 종전 규정에 따라 성실공익법인 확인한다.

액을 상속세 과세가액 또는 증여세 과세가액에 산입하거나 그 사유가
발생한 날에 증여세를 부과한다(상증세법 제48조 제11항, 상증세법 시
행령 제40조 제2항).65) 일반 재산의 경우에는 출연재산, 출연재산의 매
각대금 또는 출연재산의 운용소득을 기준금액 미만 사용하는 등 일정한
사유가 발생할 때에 가산세 부과에 그치는 것과 비교된다.

과세가액불산입 비율 초과 출연 예외 인정 공익법인등66)이 해당 출
연자와 특수관계에 있는 내국법인의 주식 등을 보유기준을 초과하여 보
유하게 되거나 출연재산 또는 그 운용소득을 기준금액 미만으로 직접
공익목적에 사용하는67) 경우에는 현재 해당 공익법인등이 초과하여 보
유하고 있는 주식 등의 가액을 상속세 과세가액 또는 증여세 과세가액
에 산입하거나 즉시 증여세를 부과한다(상증세법 제48조 제12항, 상증
세법 시행령 제40조 제2항).

Ⅲ. 기업집단 소속 공익법인등의 의결권주식

1. 기업집단 소속 공익법인

가. 개념의 성격

1986년 공정거래법 개정으로 기업집단에 대한 법적 규율이 도입되었

---

65) 2021. 1. 1. 이후 개시하는 사업연도분부터 적용한다. 다만, 출연재산가액의 1%
   상당액 미달 사용 시 증여세 부과는 2022. 1. 1. 이후 개시하는 사업연도분부터
   적용한다.
66) 상증세법 제16조 제3항 각 호의 어느 하나 또는 제48조 제2항 제2호 단서.
67) 제49조 제1항 각 호 외의 부분 단서에 따른 공익법인등에 해당하지 아니하게
   되는 경우.

다.68) 이러한 법적 규율의 대표적인 것으로 상호출자제한기업집단제도
가 있으며, 공정거래위원회는 매년 5월 1일 자산총액 5조 원 이상인 기
업집단을 공시대상 기업집단으로, 자산총액 10조 원 이상인 기업집단을
상호출자제한기업집단으로 지정한다(공정거래법 제31조).

공정거래법상 '기업집단'이란 동일인 단독으로 또는 특수관계인69)과
합쳐서 동일인이 사실상 사업내용을 지배하는 회사70)의 집단을 말한다.
이러한 기업집단과 경제적으로 하나의 동일체를 이루는 공익법인을 "기
업집단 소속 공익법인"이라고 할 수 있는데, 공정거래법 제25조 제2항
의 규정의 취지에 따르자면 규제 대상이 되는 "기업집단 소속 공익법
인"은 기업집단의 동일인, 즉 총수의 특수관계인에 해당하는 공익법인
을 의미하며, 공정거래법시행령 제14조의 규정상 동일인관련자인 공익
법인71)이 이에 해당한다. 상증세법은 위의 "기업집단 소속 공익법인"과

---

68) 김성삼, 현행 기업집단 규율체계의 문제점과 그 개선방안, 한양대학교 박사학위
   논문(2021. 8.), 1-3.
69) '특수관계인'이란 ① 당해 회사를 사실상 지배하고 있는 자(동일인), ② 동일인관
   련자[친족(배우자, 6촌 이내의 혈족, 4촌 이내의 인척), 계열회사, 계열회사의 임
   원, 비영리법인·단체]로서 공정거래법 시행령 제6조 제1항(독립경영친족 및 독립
   경영친족관련자) 및 제2항의 규정에 의하여 동일인관련자에서 제외된 자 이외의
   자, 경영을 지배하려는 공동의 목적을 가지고 당해 기업결합에 참여하는 자 등
   을 말한다(공정거래법 시행령 제4조 및 제14조). '계열회사'란 둘 이상의 회사가
   동일한 기업집단에 속하는 경우에 이들 각각의 회사를 서로 상대방의 계열회사
   라 한다(공정거래법 제2조 제12호). 공정거래법 시행령 제6조 제2항은 공정거래
   위원회는 동일인 및 동일인관련자가 임원의 구성이나 사업운용 등에 지배적인
   영향력을 행사하지 않는다고 인정되는 경우 이해관계자의 요청에 따라 비영리법
   인 또는 단체를 동일인관련자에서 제외할 수 있다고 규정하고 있다.
70) "동일인이 사실상 사업내용을 지배하는 회사"는 ① 동일인이 단독 또는 계열회
   사나 특수관계인과 합하여 당해 회사의 발행주식 총수의 30% 이상을 소유하고
   있는 회사이거나, ② 기타 임원의 임면 등을 통하여 당해 회사의 경영에 대하여
   영향력을 행사하고 있다고 인정되는 회사를 말한다(공정거래법 제2조 제11호,
   공정거래법시행령 제4조). 동일인이 회사인 경우에는 그 동일인과 그 동일인이
   지배하는 하나 이상의 회사의 집단이 되며, 동일인이 회사가 아닌 경우(총수)에
   는 그 동일인이 지배하는 둘 이상의 회사의 집단이 된다.

동일한 개념으로 "…기업집단과 특수관계에 있는 공익법인등"의 용어를 사용하는데, 그 개념을 전제로 상호출자제한기업집단과 특수관계에 있는 공익법인등의 경우 동일기업 주식보유한도를 5%로 제한하고 있다.72) 최근 기업의 ESG경영이 강화되면서 기업경영상 중요성이 강조되고 있는 '기업공익재단(corporate foundation)'의 개념은 본고의 '기업집단 소속 공익법인'을 포괄하는 것으로 볼 수 있다.

2018년 공정거래위원회의 "대기업집단 소속 공익법인 운영실태 분석 결과" 보도자료는 공정거래위원회의 "대기업집단 소속 공익법인"의 실태 조사 결과를 공개하였다. 2021년 현재 총수가 있는 60개 공시대상기업집단(전체 공시대상기업집단 71개)의 내부지분율은 58.0%(총수 1.6%, 친족 1.9%, 계열회사 51.7%, 비영리법인·임원·자사주 2.8%)이다. 비영리법인의 지분율은 0.2%이다. 공시대상기업집단 소속회사는 2,612개사이다. 공시대상기업집단 중 42개 집단 내 78개 비영리법인이 139개 계열회사에 대해 지분을 보유하고 있으며, 평균지분율은 1.18%이다. 계열출자 비영리법인 수(68개(2016) → 78개(2021)), 피출자 계열회사수(114

---

71) 비영리법인 또는 단체로서 동일인관련자가 되는 경우는 ① 동일인이 단독으로 또는 동일인관련자와 합하여 총출연금액의 100분의 30 이상을 출연한 경우로서 최다출연자이거나 동일인 및 동일인관련자 중 1인이 설립자인 비영리법인 또는 단체(법인격이 없는 사단 또는 재단으로 한정한다. 이하 같다), ② 동일인이 직접 또는 동일인관련자를 통해 임원의 구성이나 사업운용 등에 지배적인 영향력을 행사하고 있는 비영리법인 또는 단체인 때이다(공정거래법 시행령 제4조 제1호 나목 및 다목).

72) "상호출자제한기업집단과 특수관계에 있는 공익법인등"이란 상호출자제한기업집단에 속하는 법인과 동일인관련자의 관계에 있는 공익법인등을 말한다(상증세법시행령 제13조 제5항). 동일인관련자의 개념은 동일인과의 관계에서 사용되는 말이어서, 동일인이 지배하는 회사들이 상호간 계열회사가 되는 것과는 구별되는 개념이라고 할 수 있다. 계열회사들은 각각 동일인관련자의 자격을 가지고 있어서 상호간 동일인관련자라고 불릴 수 있다. 동일인관련자인 공익법인등은 계열회사는 아니지만 동일 기업집단 소속 계열회사간 특수관계에 있듯이 동일인관련자인 공익법인등은 동일 기업집단 소속 계열회사와 특수관계에 있다고 보는 것이다.

개(2016) → 139개(2021))는 지속적인 증가추세다. 위 비영리법인 중 37개 공시대상기업집단 소속 69개 비영리법인이 상증세법상 공익법인이며, 이것들은 125개 계열회사에 대해 출자하고 있다.[73]

나. 운영 실태

2018년 공정거래위원회의 "대기업집단 소속 공익법인 운영실태 분석 결과"[74]에 따르면 공익법인 출연재산은 현금만 출연하여 설립한 법인이 105개(63.6%)로 가장 많았고 설립 당시 주식이 출연된 경우(38개, 22.8%)는 상대적으로 적었다. 주식 출연자는 대부분 총수 일가(30개, 78.9%)이고, 계열회사가 출연한 경우는 4개(10.5%)에 불과했다. 공익법인이 주식을 보유한 119개 계열사 중 112개 계열사가 보유한 주식에 대해 상증세를 과세받지 않았다. 상증세를 부과받은 나머지 7개 계열사 주식은 모두 면세 한도를 초과하여 증여하였다.

공시대상기업집단 소속 공익법인의 고유목적 사업을 위한 수입·지출이 전체 수입·지출에서 차지하는 비중은 30% 수준으로 전체 공익법인(60% 수준)의 절반에 그쳤다. 공시대상기업집단 소속 공익법인(21.8%)은 자산 중 주식이 차지하는 비중이 전체 공익법인(5.5%)의 4배에 이른다. 그들의 보유 주식은 대부분(74.1%)이 계열사 주식이다.[75] 공시대상

---

73) 2021. 9. 1.자 공정거래위원회 보도자료("2021년 공시대상기업집단 주식소유현황 분석·공개").

74) 2016년 말 상증세법상 전체 공익법인 9,082개 중 51개 공시대상기업집단(상호출자제한기업집단 28개, 총수 있는 기업집단 44개) 소속 공익법인 165개(상호출자제한기업집단 소속 공익법인 115개, 총수 있는 기업집단 소속 149개)의 일반현황, 설립현황, 지배구조 및 운영실태 등을 비교분석한 결과를 담고 있다. 165개 공익법인의 평균 자산규모는 1,229억 원이다.

75) 공시대상기업집단 소속 공익법인(165개) 가운데 66개(40%) 공익법인이 총 119개 계열사 주식을 보유 중이었다. 66개 공익법인은 대부분 총수 있는 집단 소속(59개, 89.4%)으로서 총 108개 계열사 주식을 보유 중이었다. 총수일가가 대표

기업집단 소속 공익법인의 자산 구성에서 계열사 주식이 차지하는 비중 (16.2%)에 비해 그것으로부터의 소득이 전체 수입에서 차지하는 비중은 미미(1.06%)하다.[76]

공시대상기업집단 소속 공익법인 이사회에서 동일인·친족·계열사 임원 등 특수관계인이 이사로 참여하는 경우는 83.6%(138개)이다. 이들 특수관계인이 전체 공익법인 이사회 구성원 수에서 차지하는 비중은 평균 19.2%[77](동일인 및 친족은 7.9%)이다. 동일인·친족·계열사 임원 등 특수관계인이 공시대상기업집단 소속 공익법인의 대표자(이사장 또는 대표이사)인 경우가 59.4%(98개)이다.[78]

165개 공익법인 중 2016년에 동일인관련자와 자금거래, 주식 등 증권거래, 부동산 등 자산거래, 상품용역 거래의 자기거래 중 어느 하나라도 있는 공익법인은 100개(60.6%)이다. 특히, 상품용역 거래가 있는 공익법인은 92개(55.8%)였으며, 공익법인들의 동일인관련자와의 평균 상품용역 거래 비중은 18.7%이다.

자인 경우는 38개(57.6%)이었다. 반면, 계열사 주식을 보유하지 않은 공익법인 (99개)은 총수일가가 대표자인 경우가 29개(29.3%)에 그쳤다.

76) 계열사 주식을 보유한 공익법인(36개 집단 소속 66개) 중 2016년도에 계열사로부터 배당을 받은 공익법인은 35개(53%)이고 평균 배당금액은 14.1억 원이었다. 계열사주식 배당금액을 수익률로 환산해 보면, 보유계열사 주식의 평균 장부가액(538억 원) 대비 2.6%였다.

77) 상증세법에서 특수관계인의 이사 취임을 20%로 제한하고 있다(상증세법 제48조 제8항).

78) 동일인·친족 등 총수일가가 대표자인 경우는 41.2%(68개)이다.

2. 기업집단 소속 공익법인등 보유 의결권주식의 의결권 제한 과 중과세

가. 공정거래법상 기업집단 소속 공익법인의 의결권 행사 제한 등

2020년 말 전부개정된 공정거래법에 의하여 신설된 제25조 제2항에 의하면 상호출자제한기업집단에 속하는 회사를 지배하는 동일인의 특수관계인에 해당하는 공익법인(상증세법상 공익법인등)은 취득 또는 소유한 주식 중 그 동일인이 지배하는 국내 계열회사 주식에 대하여 의결권을 행사할 수 없다.[79] 다만, 일정한 경우에는[80] 그 계열회사에 대하여

---

79) 공정거래법 개정 당시 국회 소관위원회인 정무위원회의 보고서에 의하면, 공정거래위원회의 실태조사 결과, 소속 공익법인들이 총수일가 출자회사 등 기업집단 지배와 관련된 회사 주식을 집중 보유하면서 의결권을 적극 행사하고 있는 반면, 출자가 된 계열사 주식이 공익법인의 수익원으로서 기여하는 역할은 크지 아니한 것으로 나타났다는 점을 고려하면, 종교·자선·학술 관련 사업 등 공익성을 고려한 사업을 수행해야 하는 공익법인이 당초의 설립 취지와는 다르게 동일인·특수관계인의 기업집단에 대한 지배력 확보수단으로 기능하고 있는 것으로 볼 여지가 있다는 점에서 의결권 제한에 찬성하는 입장과, 고객의 투자금·납입금 등이 자본의 대부분을 구성하고 있는 금융·보험사와는 달리 공익법인이 보유하고 있는 계열회사 지분은 총수일가의 상속·증여 또는 계열회사의 증여 등으로 확보된 것이므로 보유지분에 대한 자금의 출처가 상이하다는 점, 상증세법 제16조 등에 따른 과세가액 불산입범위를 초과한 지분을 보유한 공익법인의 경우 이미 세금을 납부한 경우가 많다는 점 및 의결권 제한이 공익법인 지원 축소·사회공헌활동 위축으로 이어질 것이라는 우려 등을 감안할 때, 금융·보험사 보유 지분에 준하는 수준의 의결권 제한에 대해서는 신중한 검토가 필요하다는 입장(대한상공회의소 등)이 각각 제시되었다. 일부 이해관계자는 의결권 제한이 필요하다면 규제 대상을 불성실법인에 국한하거나, 의결권 제한과 같은 직접적인 제한보다는 공시의무를 강화하면서 동시에 상증세법, 공익법인법 또는 민법 등 관련 법률에 따라 국세청 또는 감독관청의 관리·감독을 강화하는 등 간접적인 수단이 우선시되어야 한다는 대안을 제시하였다.
80) 해당 공시대상기업집단에 속하는 국내 회사 주식의 취득 또는 처분, 해당 공시대상기업집단의 특수관계인(국외 계열회사는 제외)을 상대방으로 하거나 특수

특수관계인 중 일정 요건을 충족하는 자를 제외한 자가 행사할 수 있는 주식 수를 합하여 그 계열회사 발행주식 총수의 100분의 15[81])까지 의결권을 행사할 수 있다.[82])

공시대상기업집단에 속하는 회사를 지배하는 동일인의 특수관계인에 해당하는 공익법인은 자기거래를 하는 경우[83]) 미리 이사회 의결을 거친 후 이를 공시하여야 한다(공정거래법 제29조).

나. 상증세법상 기업집단 소속 공익법인등에 출연된 의결권주식에 대한 중과세

(1) 출연재산 매각대금으로 취득한 계열기업 주식을 수익용 재산으로 보지 않음

출연받은 재산을 직접 공익목적사업 등의 용도 외에 사용하거나 출

관계인을 위하여 일정 규모 이상의 가지급금 또는 대여금 등의 자금을 제공 또는 거래하는 행위, 주식 또는 회사채 등의 유가증권을 제공 또는 거래하는 행위, 부동산 또는 무체재산권 등의 자산을 제공 또는 거래하는 행위 또는 주주의 구성 등을 고려한 일정 요건을 충족하는 계열회사를 상대방으로 하거나 그 계열회사를 위하여 상품 또는 용역을 제공 또는 거래하는 행위 중의 어느 하나에 해당하는 거래행위를 하거나 주요 내용을 변경하려는 경우.

81) 개정법률 부칙 제7조에 의하면, 2023년 12월 31일까지: 100분의 30; 2024년 1월 1일부터 2024년 12월 31일까지: 100분의 25; 2025년 1월 1일부터 2025년 12월 31일까지: 100분의 20의 비율로 한다.

82) 2022년 12월 30일 시행한다(개정법률 제17799호 부칙 제1조 단서).

83) 해당 공시대상기업집단에 속하는 국내 회사 주식의 취득 또는 처분, 해당 공시대상기업집단의 특수관계인(국외 계열회사는 제외)을 상대방으로 하거나 특수관계인을 위하여 일정 규모 이상의 가지급금 또는 대여금 등의 자금을 제공 또는 거래하는 행위, 주식 또는 회사채 등의 유가증권을 제공 또는 거래하는 행위, 부동산 또는 무체재산권 등의 자산을 제공 또는 거래하는 행위 또는 주주의 구성 등을 고려한 일정 요건을 충족하는 계열회사를 상대방으로 하거나 그 계열회사를 위하여 상품 또는 용역을 제공 또는 거래하는 행위 중의 어느 하나에 해당하는 거래행위를 하거나 주요 내용을 변경하려는 경우.

연받은 날부터 3년 이내에 직접 공익목적사업 등에 사용하지 않거나 3년 이후 직접 공익목적사업 등에 계속하여 사용하지 않는 경우에는 증여세를 과세한다. 직접 공익목적사업 사용은 직접 공익목적사업에 충당하기 위하여 수익용 또는 수익사업용으로 운용하는 경우를 포함한다.

공시대상기업집단에 속하는 법인과 동일인 관련자의 관계에 있는 공익법인등이 출연재산의 매각대금으로 2019. 2. 12.부터 해당 기업집단에 속하는 법인의 의결권 있는 주식 등을 취득했다면 수익용 재산을 취득한 경우로 보지 않는다.

(2) 5% 룰 예외의 적용대상에서 배제함

상호출자제한기업집단과 특수관계에 있는 공익법인등은 상증세법상 성실요건을 충족하더라도 내국법인의 의결권 있는 발행주식 총수 등의 100분의 5를 초과하여 100분의 10까지를 상속이나 증여로 출연받을 경우 상속세 과세가액 또는 증여세 과세가액에 산입하며, ①출연받은 주식등의 의결권을 행사하지 않을 것 ②자선·장학 또는 사회복지를 목적으로 할 것이라는 요건을 모두 갖추더라도 의결권 있는 발행주식 총수 등의 100분의 5를 초과하여 100분의 20까지를 상속이나 증여로 출연받을 경우에는 상속세 과세가액 또는 증여세 과세가액에 산입한다(상증세법 제16조 제2항 제2호 다목 및 제48조 제1항 단서).

상호출자제한기업집단과 특수관계에 있는 공익법인등은 상증세법상 성실요건을 충족하더라도 그 공익법인등의 출연자와 특수관계에 있지 않은 내국법인의 주식 등을 출연하는 것에 대해 주무관청이 공익법인등의 목적사업을 효율적으로 수행하기 위하여 필요하다고 인정하는 경우에는 초과출연의 예외를 인정받는 특례를 적용받지 못한다(상증세법 제16조 제3항 및 제48조 제1항 단서 괄호안).

(3) 30% 룰을 적용함

공익법인등이 특수관계에 있는 내국법인(공시대상기업집단 계열기업)의 의결권 있는 주식 등을 보유하는 경우로서 그 내국법인의 주식 등의 가액이 해당 공익법인등의 총 재산가액의 100분의 30(100분의 50[84])을 초과하였다면 매 사업연도 말 현재 그 초과하여 보유한 주식등의 시가의 100분의 5에 상당하는 금액을 그 공익법인등이 납부할 세액에 가산하여 부과한다(상증세법 제48조 제9항, 상증세법 시행령 제38조 제13항 및 제14항, 상증세법 시행규칙 제13조의2 제3호 및 상증세법 제78조 제7항). 다만, 상호출자제한기업집단과 특수관계에 있는 공익법인등이라 하더라도 상증세법상 성실요건을 충족할 경우에는 30% 룰의 적용을 받지 않는다.

Ⅳ. 외국의 사례

아래에서는 G7국가 중 공익법인의 영리기업 주식보유에 관한 규제 조항을 두고 있는 미국, 캐나다 및 일본의 제도를 살펴본다. 그 밖의 G7 국가—독일, 프랑스, 영국[85] 및 이태리—에서는 공익법인을 통한 기업지배를 규율하는 세법 및 비세법상의 제도적 사례를 찾아볼 수 없다. 유럽 전체로 시야를 넓혀 보면 대부분의 국가에서 민간재단이 영리법인의 최

---

84) 외부감사, 전용계좌 개설·사용, 결산서류 공시 이행하는 경우.

85) 영국에서 자선단체에 기부하는 자는 기부 재산에 대한 자본이득세를 면제받으며, 기부재산액을 소득금액 계산상 공제할 수 있다. 자선단체가 회사의 주식을 보유한 경우에는 수탁자들은 그들의 투자책임의 일환으로 정기적으로 자선단체 자산의 다변화를 고려하여야 한다. 수탁자들이 2000년 수탁자법(Trustee Act 2000)상 투자권한을 행사할 경우에는 법적 의무가 된다(Deloitte, Private foundations Establishing a vehicle for your charitable vision, https://www2.deloitte.com/content/dam/Deloitte/us/Documents/Tax/us-private-foundations-brochure.pdf, (2022. 1. 31. 확인)).

대주주의 지위를 갖는 것을 허용하고 있다. 다만, 해당 공익법인이 최대 주주 지분을 가진 영리법인이 경영에 적극적으로 참여하는 것은 금지되는 경우가 있다. 헝가리와 슬로베니아에서는 명시적으로 최대주주 지분을 갖는 것이 금지된다. 일정 산업에 있어서는 그 참여 정도에 대해 당국의 승인을 받아야 하는 경우도 있다(예로서, 스페인과 이태리에서는 은행 경영에 참여하는 경우 당국의 승인이 필요하다).[86]

1. 미국

내국세입청으로부터 기부금세제우대를 인정받는 면세단체(exempt organization)[87]는 내국세입법상 '공공자선단체(public charity)'와 '민간재단(private foundation)'으로 구분되어 있다.[88] 1913년 미국 세입법에서 종교·자선·학문·교육자선기관에 대한 면세규정이 도입되었으며[Section Ⅱ G. (a) Revenue Act 1913],[89] 1954년에 면세단체에 관한 내국세입법 (Internal Revenue Code) 제501조 (c) (3) 규정이 도입되었다. 면세단체의 과세대상소득으로 규정되어 있는 비관련사업소득(unrelated business income) 에서 배당, 이자, 연금, 사용료, 부동산임대료, 양도소득 및 기타 투자소득이 제외되어 있다. 아울러 수증재산에 대해서도 과세받지 않는다. 면세단체에 대한 기부에 대해서는 상속세 및 증여세가 과세되지 않는다.

---

86) Donors and Foundations Networks in Europe AISBL (Dafne) and European Foundation Centre, Comparative Highlights of Foundation Laws The Operating Environment for Foundations in Europe, October 2021, p.31.

87) 미국 내국세입법(Internal Revenue Code) 제501조 (c)(3) 단체.

88) 미국 내국세입법 Chapter 42. PRIVATE FOUNDATIONS; AND CERTAIN OTHER TAX-EXEMPT ORGANIZATIONS.

89) The normal tax hereinbefore...Provided, however that nothing this section shall apply to...nor to any corporation or association organized and operated exclusively for religious, charitable, scientific, or educational purposes, no part of the net income of which inures to the benefit of any private stockholder or individual,...

공공자선단체에 해당하는 단체로는 내국세입법 제509조 제a항 제1
호~제4호의 요건을 충족하는 ① 교회, 학교, 병원 등의 공적 기관, ② 공
적 지원을 받는 단체, ③ 공적 기관 또는 공적지원단체를 지원하는 단
체, ④ 공공안전의 심사를 목적으로 하는 단체 등 4가지가 있다.

민간재단은 1969년 세제개정에서 면세단체의 한 유형으로 규정되었
다. 포드 재단과 록펠러 재단 등 기업과 개인이 기본재산을 출연하여 조
성한 민간재단의 대부분이 이에 해당된다. 비관련사업소득에서 제외되
어 있는 배당, 이자, 사용료, 부동산임대료 등의 순투자소득에 대해 매
년 1% 또는 2%의 개별세(excise tax)가 부과된다. 민간재단이 부정한 사
적 자산의 축적에 이용되지 않도록 전년도의 투자자산 잔액의 5%를 공
익목적의 사업에 지출하게 하는 「5% payout rule」이 운영 중이다.[90)] 미
달한 부분에 대해서는 30%의 가산세(excise tax[91)])가 부과된다.

부적격자(disqualified person) 또는 그의 특수관계인의 이익을 위해
재단의 이익을 침해하는 것을 방지하기 위해[92)] 민간재단과의 자기거래
(self-dealing)[93)]를 금지하고 있다. 부적격자가 이를 위반하여 자기거래
를 한 경우에는 이득을 본 금전을 재단에 반환하여야 한다. 원칙적으로
자기거래를 한 부적격자에게는 거래액의 5%, 그것에 동의한 재단구성

---

90) Nonprofit Experts, Private Foundation Excise Taxes, https://www.nonprofitexpert.
com/nonprofit-irs-topic-index/private-foundation-excise-taxes/, (2022. 1. 31. 확인).
91) Charities and private foundations must pay an excise tax on prohibited transactions
and other failures. They are excise taxes as penalties.
92) 부적격자는 ① 재단에의 총출연액이 5,000달러 이상이면서 전체 재단 기부받은
금액이 2% 이상인 자(substantial contributor), ② 재단 관리자, ③ 해당 법인 의결
권 지분을 직간접적으로 20% 이상 보유한 자, ④ ①~③의 자의 가족, ⑤ ①~④의
자가 35% 이상의 지분을 가진 법인, 조합, 신탁 또는 상속재단, ⑥ ①~③의 자가
실질적으로 지배하고 있거나 사실상 모든 출연을 한 민간재단, ⑦ 관련 공무원
을 말한다.
93) 재산의 매각, 교환 또는 리스; 자금의 대여 또는 기타의 신용 공여; 재화, 용역
또는 시설의 제공; 보수의 지급 또는 상환; 재단의 소득이나 자산의 기타의 이
전 또는 사용; 공무원에 대한 지급.

원 등에게는 2.5%의 가산세가 부과된다.

민간재단(private foundation)은 영리기업 의결권 지분의 20%[94](특수관계인 포함)까지만 보유를 인정한다. 다만, 제3자가 이미 기업의 지배력을 가진 경우에는 35%까지 보유할 수 있도록 한다. 초과사업지분에 대해서는 최초 10%의 가산세를 부과하며, 일정 기간을 허용한 후 최초 가산세 부과일 전까지 처분하지 않을 경우에는 200%의 가산세가 부과된다. 이를 '초과사업지분(excess business holdings)' 제도라고 한다.[95] 초과사업지분은 재단과 부적격자(disqualified person)의 합계 보유분이 위 한도를 초과할 경우 그 초과부분을 말한다.[96]

이 제도를 도입할 당시 미 상원에 제출된 1965년 재무부보고서(1965 Treasury Report)는 배당지급결의를 배제하는 방법 등으로 해당 주식으로부터의 소득 발생보다는 해당 영리기업의 가치를 증대시키는 쪽으로 의결권을 행사하는 부작용이 발생하는 문제를 지적하였다.[97] 누군가 면세단체에게 세금 없이 family corporation stock[98]을 이전하는 방법으로 영리기업에 대한 지배권을 유지할 경우 그 면세단체가 간여하는 사업은 다른 일반 사업과의 경쟁에서 상대적으로 유리해지고, 출연자와 관련이 있는 사업에 간여할 경우 실질적으로 자기거래(self-dealing)가 이루어짐

---

94) 참고로 델라웨어주의 회사법은 의결권을 가진 주식의 20% 이상을 소유하고 있다면 지배권이 있는 것으로 추정한다(Delaware's General Corporation Law §203 (c)(4)).

95) 미국 내국세입법 제4943조.

96) 사업(business enterprise)은 법인, 조합, 신탁과 그것들의 보유지분을 포함한다. 보유분은 법인의 경우 의결권주와 무의결권주, 조합의 경우 소득과 자본에 대한 지분, 신탁의 경우 의결권주에 대한 실질적인 지분을 말한다.

97) Committee on Finance United States Senate, Treasury Department Report on Private Foundations, 1965. 2. 2, 37-45.

98) 1965년 당시 조사되었던 영리기업의 한 종류의 주식의 10% 이상을 보유하고 있던 180개의 재단 중 121개가 해당 기업의 20% 이상의 의결권주식을 보유하고 있었던 것으로 나타났다. 이러한 방식의 소유는 중간 크기의 재단에서 두드러진 현상으로 나타났으므로 이를 family corporation stock이라고 부르게 된 것으로 보인다.

으로써 민간재단의 목적사업에 대한 지출의 감소로 이어질 수 있다고 하였다.99) 당시 재무부보고서는 기업지배를 위한 공익법인의 이용은 그 자체로서는 문제가 아니지만, 자기거래 또는 목적사업 지출 지연의 문제를 심화시킬 수 있는 부작용이 예상된다고 보았다. 당초 재무부보고서는 초과보유지분에 해당하는 만큼 기부자의 상속세 또는 증여세의 공제와 기부자의 소득세 공제를 해당 지분의 처분 시까지 연기하자는 제안을 하였지만 의회는 이를 받아들이지 않았다.100) 이 제도는 실익보다는 사회적 비용이 더 크므로 면세단체가 보유할 수 있는 지분을 판단할 때 특수관계자 지분을 배제하고 단독으로만 20% 초과여부를 보자는 제안도 있다.101)

2. 캐나다

등록된 자선단체(registered charities, 자선조직(charitable organization), 공공재단 및 민간재단)는 면세단체(qualified donee)이다. 특수관계가 없는 수증자에 대해 주식을 증여할 경우에는 자본이득세가 과세되지 않는다. 다만, 민간재단에 대한 주식의 증여 시에는 자본이득세가 과세된다. 자선조직과 공공재단에 대해 증여할 때에는 기부자가 이사, 수탁인, 직원과 특수관계가 없을 경우 비과세된다. 면세단체에게 거래소 상장주식을 증여할 때에는 자본이득세가 비과세된다(2007년부터는 민간재단을 포함한다). 면세단체에게 거래소 상장 주식 이외의 주식, 즉 비적격주식을 증여하면서 비과세되지 않을 때에는 세금 납부를 유예할 수 있다.102)

---

99) Dana Brakman Reiser, FOUNDATION REGULATION IN OUR AGE OF IMPACT, Pitt Tax Review, 2020, 360.

100) 상계논문, 71-73.

101) Richard Schmalbeck, Reconsidering Private Foundation Investment Limitations, TAX LAW REVIEW, Vol. 58, 2004, 109.

102) Canada Revenue Agency, Capital Gains 2021.

등록된 자선단체에게는 '3.5% payout rule'이 적용된다. 2005년 4.5% 에서 3.5%로 낮추었다.[103]

등록된 자선 공공재단(public foundation)과 민간재단(private foundation) 이 다른 법인에 대한 지배권을 취득할 경우 당해 연도 해당 법인으로부터 받은 배당금의 5~100%의 가산세를 부과받는다. 가산세 부과규정을 적용할 때에는 '지배권'은 당해 재단 및 그의 특수관계인의 지분의 합이 해당 법인의 의결권주식의 50% 이상을 보유하고 있는 경우를 의미하는 것으로 본다. 자선단체 자격취소에 관한 규정을 적용할 때에는 '지배권'은 자선재단 이 해당 법인의 모든 종류 주식 중 어느 한 종류라도 5% 이상을 유상으로 취득한 경우를 의미하며, 그 경우 자선단체 자격을 취소한다. 무상으로 취득한 경우에는 그 지분이 얼마에 이르든 지배권을 취득한 것으로 보지 않는다.[104]

등록된 자선 민간재단[105]의 경우 출연자와 민간재단의 지분으로 민간재단과 관련 있는 자들이 혜택을 보기 위해 영향력을 행사할 가능성이 문제되었다. 이러한 자기거래(self-dealing)에 대응하고자 2007년 '초과법인지분제도(excess corporate holdings regime)'가 도입되었다.[106]

민간재단이 특수관계인과 더불어 영리법인이 어떤 종류든 주식 발행주의 20% 이상을 보유한 경우에는 초과지분을 처분하여야 한다. ① 과세연도 말 법정 비율 이상으로 영리법인의 주식을 보유하고 있으면 자선단체 등록이 취소된다. ② 초과지분을 보유하고 있을 때 처분하지 않

103) PFC, About PFC, https://pfc.ca/about/, (2022. 1. 31. 확인).

104) Maria Elena Hoffstein, PRIVATE FOUNDATIONS AND COMMUNITY FOU NDATIONS, Canadian Tax Foundation Fifty-Ninth Annual Tax Conference, November 25-27, 2007.

105) Canada Revenue Agency, Excess Corporate Holdings Regime for Private Foundations, https://www.canada.ca/content/dam/cra-arc/formspubs/pub/t2082/t2082-10e.pdf, (2022. 1. 31. 확인).

106) Canada Revenue Agency, Excess Corporate Holdings Regime for Private Foundations, https://www.canada.ca/en/revenue-agency/services/forms-publications/publications/t2 082/excess-corporate-holdings-regime-private-foundations.html, (2022. 1. 31. 확인).

으면 가액의 초과지분 가치의 5%가 가산세로 부과되며, 5년 후까지 여전히 초과지분 보유 시 10%의 가산세가 부과된다. 법정 정보를 공개하지 않으면 초과지분의 10%의 가산세를 부담한다. ①과 ②는 중첩적 또는 선택적으로 이루어질 수 있다.

　민간재단이 영리법인의 지분 2% 이상을 보유하고 있는 경우[107]에는 해당 법인의 이름, 해당 민간재단과 특수관계인의 모든 종류 주식의 보유지분 내역, 10만 달러와 해당 법인 발행 종류 주식의 전체 시장가치의 0.5% 중 작은 금액을 초과하는 해당 민간재단과 특수관계인에 의한 일련의 거래(취득과 매도, material transactions)를 보고하여야 한다.

3. 일본

　2007년 후생노동성의 「공익법인의 설립허가 및 지도감독기준」은 중 공익법인의 영리기업 주식보유에 관해 다음과 같은 규율을 두고 있었다.[108]

> (1) 공익법인은 원칙적으로 이하의 경우를 제외하고는 영리기업의 주식보유 등을 할 수 없다.
> 　1) 운용재산의 관리운용의 경우. 다만, 공개시장을 통하는 등 포트폴리오를 운용하는 것이 명확한 경우에 한한다.
> 　2) 재단법인에 대해 기본재산을 기부하는 경우
> (2) 상기 (1)에 따라 주식을 보유하는 경우에도 당해 영리기업의 전주식의 2분의 1을 초과하는 주식을 보유할 수 없다.
> (3) 상기 (1)의 이유에 따라 주식보유 등을 행하는 경우(전 주식의 20% 이상을 보유하는 경우에 한한다.)에 있어서 매사업연도의 사업보고

---

107) 민간재단이 어느 법인의 종류 주식 한 종류의 2% 이하의 지분을 보유하고 있을 때 그것은 미미한 지분(insignificant interest)으로서 그것을 처분하거나 특수관계인의 동일 법인 보유지분을 조사하여 보고할 의무가 없다.
108) 2007년 8월 15일 개정.

서에 당해 영리기업의 개요를 기재하여야 한다.

「공익법인의 설립허가 및 지도감독기준의 운용지침」은 위 부분에 대해 다음과 같은 설명을 하고 있었다.

(1) 공익법인은 적극적으로 불특정 다수의 자의 이익의 실현을 목적으로 하는 비영리법인이므로 영리기업을 설립할 수 없다. 따라서 공익법인의 이사가 당해 공익법인을 대표하여 영리기업의 설립발기인이 되거나 당해 영리기업에 출자할 수 없다. 또한 공익법인이 영리기업과 사업집행 형태 또는 경리의 혼동, 불합리한 자금의 융통, 시설의 무상대여 기타 과도한 편의제공을 행하는 등에 따라 영리기업의 실질적인 경영을 행하는 것도 엄격히 피하여야 한다.

(2) 공익법인이 주식을 보유할 수 있는 것은 원칙적으로 아래의 경우에 한한다.

1) 운용재산의 관리 운용의 경우. 다만, 오로지 관리운용하는 것을 명확히 하기 위해 상장주식 또는 점두공개주 중 증권회사의 통상적 거래를 통해 취득할 수 있는 것에 한한다.

2) 재단법인에 있어서 기본재산으로서 기부를 한 경우. 이것은 설립 시에 한하지 않고, 설립 후 기부하는 것도 포함한다.

(3) 기본재산으로서 주식 등을 기부하는 경우에는 재단법인으로서의 적절한 활동 등을 위해 관할관청에서는 기부를 받은 재산법인의 이사와 당해 영리기업의 관계자와의 관계, 기본재산의 구성, 주식 등의 기부목적에 대해 충분히 주의하여 필요에 따라 적절한 지도 등을 행한다.

(4) 본 기준에서 규정한 것은 아니지만, 법률에 따라 인정되는 것에 대해서 당연주식 등의 보유는 가능하다.

(5) 본문 (1) - 1), 2)과 같은 경우에는 주식의 보유 등은 인정되지만 그

경우에도 당해 공익법인이 당해 영리기업을 실질적으로 지배하는
것은 허용되지 않으므로 그 보유비율은 2분의 1을 초과할 수 없다.
(이하 생략)

2008년 법인개혁 3법[109]이 시행됨으로써 후생노동성의 지침은 더는
전국적인 지침으로서 역할을 하지 않게 되었다. 다만, 공익법인법 제5조
제15호의 위임을 받은 공익법인법 시행령 제7조는 공익법인이 영리기
업의 의결권 지분을 50%를 초과하지 않는 범위에서 보유하는 것을 허
용하고 있다. 이처럼 허용비율을 사실상 상향 조정한 것은 회사법 개정
으로 황금주의 일종으로 볼 수 있는 '거부권부 주식'을 도입하였고, 일
정한 단위의 주식 수를 1 의결권의 단위로 하는 '단원주' 제도를 통하여
그 단위 수 미만의 주식에는 의결권을 부여하지 않음으로써 복수의결권
주식과 동일한 효과를 달성하게 되어 낮은 비율에도 기업의 경영권 보
장이 가능하게 되었기 때문으로 보인다.[110]

4. 시사점

G7 국가를 중심으로 보자면, 과세상 특혜를 받는 공익법인을 통한
기업지배에 관해 세법 또는 비세법에 의한 규제를 두고 있는 국가로는
미국, 캐나다 및 일본이 있다. 미국과 캐나다의 세법은 공익성을 가진
면세단체에 세법상 특혜를 부여하면서 그 조건의 하나로 영리기업에 대

---

109) 「법인개혁 3법」은 「일반사단법인 및 일반재단법인에 관한 법률」(이하 '일반법
인법'), 「공익사단법인 및 공익재단법인의 인정 등에 관한 법률」(이하 '공익법
인법'), 「일반사단법인 및 일반재단법인에 관한 법률 및 공익사단법인 및 공익
재단법인의 인정 등에 관한 법률의 시행에 따르는 관계 법률의 정비 등에 관
한 법률」이다.
110) 이상신, "공익법인에 대한 주식 출연의 제한 및 그 개선방안에 관한 연구", 조
세법연구 21(2) (2015. 8.), 207-208.

한 지배를 일정 비율로 제한하고 있다. 일본에서는 비세법상 공익법인 인정기준의 하나로 공익법인을 통한 기업지배를 일정 비율로 제한하고 있다.[111] G7 국가에서 비세법인 기업집단 규율법에서 의결권을 제한하는 사례는 발견할 수 없다.

공익법인의 영리법인 주식보유에 대한 세법상 규제의 사례가 많지 않는 것은 공익법인에 대해서는 영리법인과의 경쟁중립성 차원에서 공익비관련사업에 대해서만 과세한 결과 자산수증익에 대해서는 대체로 과세하지 않는 법인세제를 두고 있다는 점(미국, 영국, 독일, 프랑스, 일본, 캐나다)과 세계적으로 상속세와 증여세가 폐지되고 있는 추세와도 관련이 있다[캐나다(1972), 호주(1979), 인도(1986), 뉴질랜드(1992), 스웨덴·포르투갈(2004), 러시아·홍콩(2006), 오스트리아·싱가포르(2008), 노르웨이·체코(2014)].[112]

미국과 캐나다에서 면세단체의 영리법인 지분보유를 규제하는 것은 공익법인을 통해 영리법인에 대한 지배권을 유지하는 것 자체를 금지하는 것이라기보다는 자기거래 또는 공익목적사업 지출감소를 우려한 때문이다. 지배권 확보 수준인 50% 또는 최대주주지분율 바로 아래까지 허용하지는 않고 그보다 낮은 20% 수준까지만 지분보유를 허용한다.

미국과 캐나다에서 면세단체가 영리법인 의결권주식 보유의 허용비율을 초과할 경우 과도한 주식보유로 고유의 공익목적사업을 게을리할 위험을 방지하려는 목적으로 처분을 강제하기 위해 가산세를 부과하고

---

111) 인도에서는 세법상 동일기업 지분 0.5%의 한도가 설정되어 있다(The Times of India, Charitable trusts must not exert corporate control, https://timesofindia. indiatimes.com/blogs/Swaminomics/charitable-trusts-must-not-exert-corporate-contr ol/, (2022. 1. 31. 확인)).

112) 영국에서는 사망 전 7년 이전의 증여재산에 대해서는 상속세가 부과되지 않는다. 사망 전 7년 이내의 증여재산과 상속재산에는 상속세가 부과되지만 자선단체에 대한 증여나 상속에는 상속세가 부과되지 않는다(GOV.UK, How Inheritance Tax works: thresholds, rules and allowances, https://www.gov.uk/ inheritance-tax/gifts, (2022. 1. 31. 확인)).

있다. 면세단체에 대한 기부라고 하여 과세가 면제되었던 상속세·증여세 또는 자본이득세[113]를 다시 부과하는 것은 아니다. 이미 재산 자체는 영구히 상속인 또는 증여자와 무관한 자에게 이전되었기 때문이다.

기업집단 법제에서 경제력 집중을 억제하기 위해 계열회사에 대한 기업집단 소속 공익법인의 의결권주식의 의결권을 제한하는 규율에 관한 제도적 사례를 발견할 수 없다. 기업집단 법제와 세법이 동시에 기업집단 소속 공익법인의 의결권을 중첩적으로 제한하는 경우도 없다.

V. 평가와 대안의 모색

1. 상증세법상 의결권주식 보유한도 규정에 대한 평가

가. 공익법인 보유 의결권주식의 본질

공익법인이 상속세와 증여세를 부담하지 않고 재산을 출연받거나 공익법인에 대한 출연자에게 세제상 혜택을 주는 것은 공익활동의 증가에 따른 사회적 편익의 증가가 조세수입의 손실에 따른 사회적 편익의 감소보다 크다는 사회적 합의를 바탕으로 하는 것이다.

우리 사회에서 공익활동은 정량적인 측면에서 OECD 국가들의 수준과 비교할 때 부족하다고 보기는 어려울 것이다.[114] 2019년 국세통계에

---

113) 상속세와 증여세가 폐지되고 대신 자본이득세가 부과되는 캐나다에서도 허용 비율을 초과하는 지분을 보유하는 경우라고 하여 면세단체에 대한 상속이나 기부에 대해 주어진 자본이득과세상의 특례를 회수하지는 않고 가산세가 부과되고 있어서 사정은 미국과 동일한 것으로 볼 수 있다.
114) 2015년 GDP 대비 기부액은 호주 0.23%, 캐나다 0.77%, 프랑스 0.11%, 독일 0.17%, 이태리 0.30%, 일본 0.12%, 우리나라 0.50%, 영국 0.54%, 미국 1.44%이

따르면 운영 중인 공익법인은 총 3만 4,843개이며, 종교법인을 제외한 공익법인은 1만 7,237개이다. 행정안전부의 기부통계에 따르면 2020년 기부금을 받은 것으로 보고한 공익법인은 1만 687개이고, 받은 기부금은 8조 2,478억 원(약 6,873백만 미국달러)이다.[115] 2018년 OECD는 27개국을 대상으로 국내세법상 조세특례를 적용받는 자선단체를 조사하였다. 조사대상 중 인구 2,000만 이상 국가의 조세특례단체의 수를 보면 아르헨티나 1.7만 개, 호주 19만 개, 캐나다 8.6만 개, 콜롬비아 4.4만 개, 독일 60만 개, 이태리 9.8만 개(비영리법인), 멕시코 0.9만 개, 미국 168만 개(교회 제외)이다. 2018년 중 국가별 조세특례 자선단체에 대한 기부액(백만 미국달러)은 아르헨티나 75, 캐나다 9,900, 독일 5,920, 이태리 788, 멕시코 2,477, 미국 345,400에 이른다.[116]

공익법인에게 출연된 재산이 영리법인의 주식일 경우 해당 주식은 매각되거나 배당을 지급받게 함으로써 공익사업을 위한 재원조달에 기여하게 될 것이다. 이런 긍정적인 효과에 불구하고 1990년부터 정부가 공익법인의 의결권주식 취득을 제한한 것은 공익법인을 상속세 또는 증여세 없이 영리법인에 대한 지배권을 이전하는 수단으로 활용하는 것을 방지하기 위한 것이었다. 영리법인 의결권주식을 가지고 있는 공익법인의 지분과 해당 공익법인의 특수관계자의 해당 영리법인에 대한 보유지분을 합산한 총 지분이 지배권 확보의 수준에 이르지 않는다면, 출연자와 특수관계인은 해당 공익법인이 공익법인보다는 출연자, 특수관계인 또는 해당 영리법인이 이득을 보게 하는 부당한 거래를 하도록 하는 것

다(Charities Aid Foundation, GROSS DOMESTIC PHILANTHROPY: An international analysis of GDP, tax and giving, U.K., January 2016). 한편, 국회입법조사처의 보고는 우리나라의 기부활동을 정량적으로 미흡한 것으로 보고하고 있다(국회입법조사처, "기부금품 모집 사용제도 현황과 개선방향", 입법·정책보고서 Vol. 71, 2020. 12. 31., 1).

115) 1365기부포털, https://www.nanumkorea.go.kr/cnst/ntpb/viewGnrlFnnrSttus.do, (2022. 1. 31. 확인).

116) OECD, Taxation and Philanthropy, Tax Policy Studies, 2020, 14-16.

이외에는 달리 이득을 볼 뚜렷한 방법을 찾기 곤란할 것이다. 이런 우회적인 거래를 통한 사익의 추구에 대해서는 이사취임 제한, 자기내부거래금지의 방지제도가 마련되어 있다. 여전히 남는 사익추구의 기회는 공익법인이 출연받은 영리법인의 주식의 의결권을 행사하여 출연자가 지배하는 영리법인의 경영에 우호적인 지분으로 작동하게 함으로써 해당 영리법인의 주식을 출연한 자와 그의 특수관계인에게 유리한 결과를 가져오게 하는 것이다. 해당 영리법인이 배당 성향을 높여 그 주식을 출연받은 공익법인이 더 많은 공익사업 지출재원을 확보하여야 하는데 출연자와 그의 특수관계인이 공익법인 이사를 통해 그와 같은 경영정책의 추진에 제동을 건다면 공익법인에게 바람직하지 않은 결과가 될 것이다. 출연된 주식이 직접 공익목적사업을 위한 재원이 되기보다는 영리법인을 지배하는 수단으로 활용되는 문제가 뒤따른다면 그 문제를 시정하기 위한 제도적 장치가 마련되어야 할 것이다. 출연자와 그의 특수관계인의 이사취임 제한, 자기내부거래 금지의 제도로써 직접 공익목적사업 지출을 확대하도록 유도하는 것이 필요하다. 아울러 공익법인 운영 전체에 관한 사항으로서 소득대비 및 자산가액 대비 공익사업지출 하한제도가 도움이 될 것이다. 주식 출연이 전적으로 공익목적사업 확대의 동기만으로 이루어진 것이 아니라고 하여 그 자체를 막는 것보다는 출연된 주식이 최대한 공익사업 재원조달 창구가 되도록 출연의 문호는 가급적 확대하고 부작용을 최소화하는 제도적 장치를 마련하는 것이 현명할 것이다.

공익법인의 영리법인 의결권주식 보유의 순기능을 유지하면서 부작용을 축소할 장치가 마련되어 있다면 종래의 의결권주식 보유 상한제도는 둘 필요는 없는 것인가? 의결권주식 보유 상한제도는 경제력 집중이 어느 영역에서 어느 정도 사회적 문제가 되어 있는가에 따라 국가별로 각기 다른 제도로 나타나는 것으로 보인다. 미국의 예를 수치로만 보자면, 매우 많은 공익법인이 설립되어 있고 건전한 기부문화가 생활화한 것처럼 보인다. 1965년 재무부보고서에 의하면, 그 이면에는 영리법인에 대한 지분을 세금 없이 출연함으로써 공익법인을 설립하고 타인으로부터 기부는 받으면서 해당 영리법인에 대한 지배권을 유지하고 각종 자본거래를 통해 그 영리법인의 기업가치를 제고하는 데에 몰두하는 사례가 많은 것으로 보인다. 이 보고서에 기반하여 excess business holding 제도가 도입되었으며 그간 동 제도에 대한 비판도 적지 않았지만 아직 건재하다.

　상증세법이 성실공익법인의 개념을 도입하면서 공익목적사업 지출 확대를 유도하는 쪽으로 제도를 개선해오고 있는 점은 올바른 방향으로 보인다. 최근 OECD의 조사[117])에서도 알 수 있듯이 우리 사회에서 공익 활동을 증대하는 것이 여전히 필요한 시점이므로 기부를 촉진하도록 현행의 규제지향의 제도를 유연화할 필요가 있다. 영리법인 의결권주식 보유와 관련해서는 간접적으로 자기거래 등을 통해 공익법인보다는 영리법인 또는 그의 특수관계인에게 더 이득이 되는 결과가 도출되지 않도록 할 필요가 있다. 영리법인 의결권주식을 최대 주주 지분에 미치지 못하는 낮은 수준의 지분율을 설정하고 그 이상 보유하면 공익법인에 불이익이 되는 행위를 할 것이라는 잠재적인 추정 하에 선험적으로 한도를 설정하고 그 이상 보유하는 것을 원천적으로 금지하는 것은 합리적인 정책이라고 보기는 어렵다. 또한 보유비율 한도의 이행을 확보하려는 수단으로 위반 시 초과보유지분에 대해 증여세를 부과하는 것은 증여세 제도 본래의 취지에 부합하지 않는다. 이미 출연된 주식 자체는 공익목적 이외의 용도로는 사용될 수 없으므로 그에 대해서는 증여세를 부과하는 것보다는 가산세를 부과하여 처분을 촉진하는 것이 타당할 것이다.

나. 기업집단 소속 공익법인의 차별적 취급의 당위성 여부

　상증세법은 기업집단 소속 공익법인의 의결권주식의 보유에 대해서

---

117) OECD, Taxation and Philanthropy, Tax Policy Studies(2020), 22-40.

는 상대적으로 엄격한 제한을 두고 있다. 1999년에 공익법인 자산 대비 30% 이상 동일 영리법인 의결권주식을 갖지 못하도록 하는 제도가 도입되었으며, 2017년에는 기업집단 소속 공익법인에 대해 성실공익법인 예외가 적용되지 않도록 하는 제도가 도입되었다. 2019년부터는 출연재산 매각대금으로 취득한 계열기업 주식을 수익용 재산으로 보지 않게 되었다. 기업집단 소속 공익법인에 대해서만 이와 같이 엄격한 규율을 하는 것은 재벌경제구조 내 경제력 집중 억제의 필요성 때문이다.

2018년 공정거래위원회의 기업집단 소속 공익법인의 운영실태에 관한 조사는 기업집단 소속 공익법인의 전체 지출 중 공익사업 지출의 비중이 일반적인 공익법인에 비해 낮은 수준임을 보여주고 있다. 공익법인이 계열기업의 지분을 보유하는 경우 공익사업 성과가 낮은 것으로 나타난 계량적 연구와[118] 기업집단 주식을 보유한 공익법인이 일정 수준 이상의 공익지출을 하지 않는 것은 공익성 원칙에 위배되는 것으로 보도록 할 필요가 있다는 연구도 있다.[119] 다수의 연구자가 기업집단 소속 공익법인이 상대적으로 양호한 재정상태를 이용하여 공익지출을 확대해야 할 필요성을 지적하고 있다. 반면 기업집단 소속 공익법인이 나라 경제 전체적으로 기업집단의 경제력 집중을 심화시키는 방향으로 작동한다는 연구결과는 없다.

성실요건을 충족하는 공익법인은 주무부장관의 승인을 받는다면 의결권주식 보유에 제한을 받지 않는다(상증세법 제16조 제3항). 기업집단 소속 공익법인에게는 이러한 특례가 인정되지 않고 있다. 기업집단 소속 공익법인은 성실요건을 충족하는 공익법인이 될 수 없다는 전제를 두고 있어서 기업집단 소속 공익법인에는 성실공익법인의 혜택을 부여하지 않을 것이니 그와 같은 성실요건을 충족하는 공익법인이 되도록

---

118) 김지혜, "공익법인 주식보유가 재벌계열사의 소유지배괴리도와 이익조정에 미치는 영향", 박사학위논문, 부산대학교 대학원 경영학과(2021. 2.).
119) 신성임·윤재원, "기업집단 주식을 보유한 공익법인의 재무성과에 관한 연구", 유라시아연구 vol.12, no.4, 통권 39호(2015).

노력하지 않아도 된다는 것과 다를 바 없다. 기업집단 소속 공익법인에 대해 이와 같은 엄격히 규율하는 태도는 5% 룰 적용에서도 동일하게 나타난다(상증세법 제16조 제2항 제2호). 기업집단 소속 공익법인이 보유하는 계열기업 의결권주식의 보유비율은 5%만 인정하고 10% 비율과 20%의 비율의 적용을 배제하고 있다. 반면 현행 상증세법 규정 중에는 예외적으로 기업집단 소속 공익법인이라 하더라도 성실요건을 충족하는 공익법인이 될 수 있다는 전제를 둔 것도 있다(상증세법 제48조 제9항). 30%(50%) 룰은 기업집단 소속 공익법인에게만 적용되지만 성실요건을 충족하는 기업집단 소속 공익법인에는 그 적용을 배제하고 있는 것이다. 경제력 집중 억제를 위하여 도입된 기업집단 소속 공익법인에 대한 차별적 취급의 제도가 사안별로 일관성을 결여하고 있는 것이다.

경제력을 가지고 있는 기업집단 소속 공익법인이 성실요건을 스스로 충족하는 길을 막는 것[120]은 누구에게도 이득이 되지 않는 것이며 특히 공익사업 확대를 위해서 바람직하지 않은 것이다. 상증세법상 성실요건을 충족하는 공익법인에 대해 매년 그 이행 여부를 신고하도록 하는 새로운 관리제도가 2021년 귀속분부터 시행되고 그것이 기업집단 소속 공익법인에도 동일하게 적용되므로 성실요건을 충족할 경우 모든 공익법인에 대해 동일한 규율이 적용되도록 하는 것이 타당하다.

2. 공정거래법 제25조 제2항을 전제로 한 대안의 모색

2020년 말 발효한 공정거래법 전부개정안으로 도입된 공정거래법 제25조 제2항은 공익법인이 보유하는 동일인관련자 관계에 있는 상호출자제한기업집단 소속 계열회사 주식의 의결권 행사를 제한하고 있다. 다만, 상장회사의 주식에 대해서는 임원의 임면 등 주요 의결 사항에 관

---

120) 손원익·이형민·정경화, "공익법인의 운영실태 분석 및 정책방향 −성실공익법인으로 중심으로−", 세법연구센터, 한국조세연구원(2012. 8.), 91.

한 한 15%까지 의결권을 인정하고 있다.[121] 공정거래법 제25조 제2항의 규정은 2022년 12월 30일부터 시행된다.

상증세법은 5% 룰의 적용대상은 공익법인이 보유하는 영리법인의 의결권주식이다. 상증세법 적용상 공정거래법은 상장기업에 대한 지분 15%까지에 대해서는 이사선임 등 주요 사항에 대한 의결권을 인정하고 있으므로 기업집단 소속 공익법인이 보유한 상장기업의 의결권 주식 중 15%까지의 부분은 의결권주식으로 보는 것이 타당할 것이다.[122] 기업집단 소속 공익법인이 보유하는 계열회사의 주식에 대해서는 공정거래법 제25조 제2항이 아예 의결권을 부여하지 않고 있으므로 상증세법상 의결권주식으로 보지 않는 것으로 해석하는 것이 타당하다.

공정거래법 제25조 제2항은 공익법인을 통한 기업집단의 세금 없는 기업지배권의 세대 간 이전을 방지하기 위한 규정이다. 현행 상증세법은 세금 없는 부의 이전을 하는 방편으로 공익법인을 이용하는 행위를 규율하기 위해 공익법인의 의결권 주식 보유를 제한하는 규정을 두고 있다. 상증세법이 주식 중 의결권 주식에 대해서만 그 보유에 제한을 두는 것은 의결권의 행사를 제한하기 위함이다. 상증세법은 그에 더하여 기업집단의 경제력 집중을 완화하기 위해 기업집단 소속 공익법인에 대해 위 규정상 제한을 강화하는 특칙을 두고 있다. 공익법인을 통한 의결권 행사에 관해 공정거래법이 비록 기업집단 소속 공익법인에 대해 상장기업의 주요 사항 의결에 국한된 것이지만 15%까지 인정하고 있다. 기업집단의 경제력 집중을 주관하는 공정거래법에서 공익법인을 이용

---

121) 공정거래법 제25조 제1항이 규정하는 금융·보험회사가 보유하는 동일 상호출자 제한기업집단 소속 계열회사 주식의 의결권 행사 제한에 관한 규정과 동일한 방식에 의한 의결권 행사 제한 규정이다.

122) 미국 내국세입법상으로는 이사 선임권이 있는 경우에는 의결권주식으로 본다 (University at Buffalo School of Law, The Definition of Voting Stock and the Computation of Voting Power Under Sections 368(c) and 1504(a): Recent Developments and Tax Lore, Summer 1997, https://digitalcommons.law.buffalo.edu /cgi/viewcontent.cgi?article=1257&context=journal_articles, (2022. 1. 31. 확인)).

한 기업집단의 경제력 집중을 방지하기 위한 규정을 두게 되었으므로 동일한 규율영역에 대해 다시 상증세법에서 현행과 같은 공정거래법상 인정되는 15%를 하회하는 5%, 10%의 의결권 제한의 결과가 되는 의결권주식 보유 제한의 특칙을 둘 필요는 없다고 할 것이다. 국회가 기업집단 소속 공익법인의 동일 계열 상장기업에 대한 주식의 15% 부분에 대해서는 사실상 의결권을 인정하는 정책적 판단을 한 것이므로 위 공정거래법 제25조 제2항과 동일한 목적을 추구하는 상증세법 규정상으로도 15%의 비율의 범위 내에서는 차별적인 중과세를 하지 않는 것이 타당할 것이다.

기업집단 소속 공익법인이 출연재산 매각대금으로 해당 기업집단 계열기업의 의결권주식을 취득하는 것을 수익용 재산의 취득으로 보지 않는 상증세법 시행령 제38조 제4항 괄호안의 부분은 5%의 보유한도에 못 미치는 지분을 보유하고 있는 기업[123]에게 계열기업주식의 추가적인 취득을 막고자 하는 규정이다. 엄연히 배당을 받는 주식임에도 수익용으로 보지 않는 것이어서 그간의 해석 관행에도 어긋나므로 폐지하는 것이 타당할 것이다.

VI. 결론

본고에서 연구자는 상증세법상 공익법인등이 보유하는 의결권주식에 대한 과세가액불산입에 관련된 제도에 대해 살펴보았다. 공익법인등에 출연된 의결권주식은 해당 영리법인을 간접적으로 지배하는 기회를 출연자에게 남겨놓게 되지만 공익법인등에는 공익사업활동의 재원을

---

123) 현재 기업집단 소속 공익법인의 개별 계열회사에 대한 평균적인 지분보유 비율은 2%를 다소 상회하는 수준이다(신성임·윤재원, "기업집단 주식을 보유한 공익법인의 재무성과에 관한 연구", 유라시아연구 vol.12, no.4(2015), 79).

공급하는 원천 중 하나이기도 하다. 공익법인등이 보유하는 의결권주식이 갖는 이와 같은 상반된 두 가지 측면을 모두 고려할 때 그에 대해 어느 정도의 조세특례를 부여할 것인가는 1990년 이래 상증세법 개정의 주요 논의과제가 되어왔다.

그간 제도 변화의 과정, 외국의 제도 사례 및 최근의 운영실태에 관한 조사 등을 볼 때 공익법인등의 영리법인 의결권주식 보유 자체가 공익법인등의 경영에 불이익한 사태를 초래할 것으로 예단하고 이를 원천적으로 제한하는 것보다는 그 보유한도를 확대하면서 투명하게 공익사업을 늘려나가도록 사후관리하는 방안이 타당할 것으로 보인다. 아울러 조세상 특례를 부여받는 조건이 되는 의무의 이행을 게을리한 때에는 증여세를 과세하는 것보다는 가산세를 부과하는 것이 더 합리적일 것이다.

상증세법은 1999년 이래 기업집단 소속 공익법인등의 의결권주식보유에 대해서는 일반 공익법인등의 경우보다 더 제한적인 규율을 하여왔다. 이후 성실공익법인에 대해 의결권 보유한도를 늘리는 규정을 도입하면서 기업집단 소속 공익법인에도 동일하게 적용하게 되었지만 2017년부터는 기업집단 소속 공익법인이 이 특례의 적용대상에서 배제되고 있다. 기업집단 소속 공익법인—이는 기업공익재단을 포함하는 것으로 볼 수 있을 것이다—은 일반 공익법인에 비해 재무적 여건이 양호하므로 직접 공익목적사업 지출을 위한 재원을 더 많이 확보할 수 있게 문호를 개방하는 것이 전반적으로 공익사업활동을 증대하는 길이 될 것이다. 나라 경제 전체적으로 볼 때 기업집단 소속 공익법인이 기업집단의 경제력 집중을 심화시키고 있다는 연구결과는 없다.

2022년부터 시행되는 공성거래법 제25조 제2항은 기업집단 소속 공익법인의 상장회사에 대한 지분에 대해 특수관계인 지분과 합산하여 15%의 지분까지 주요 의결권을 인정하고 있다. 경제력 집중을 억제하고자 하는 공정거래법상 15%까지는 주요 의결권을 인정하는 것이라면 상증세법상 이를 수용하는 것이 바람직하다. 다만, 자기내부거래를 통한 사익의 편취 또는 공익목적사업지출감소에 대해서는 공정거래법에서 이사회의결 및 공시제도를 두고 있는 것처럼 상증세법에서도 성실요건을 두고 2022년부터는 매년 그 요건의 충족여부를 신고하도록 하고 있으므로 그와 같은 절차적 해법을 통해 문제를 해소할 수 있을 것이다. 본고에서 중점적으로 논의하지 않았지만, 기업집단 소속 공익법인에 대한 30%(50%) 룰은 특정 공익법인이 계열기업을 지배하기 위한 하나의 도관의 역할에 그치는 것을 방지하는 기능을 하는 것이므로 유지할 필요가 있는 것으로 보인다.124)

---

124) 손원익·이형민·정경화, 공익법인의 운영실태 분석 및 정책방향 –성실공익법인으로 중심으로–, 세법연구센터, 한국조세연구원(2012. 8.), 91.

참고문헌

국회입법조사처, "기부금품 모집 사용제도 현황과 개선방향", 입법·정책보고서 Vol. 71(2020. 12. 31.).

김지혜, "공익법인 주식보유가 재벌계열사의 소유지배괴리도와 이익조정에 미치는 영향", 박사학위논문, 부산대학교 대학원 경영학과(2021. 2.).

박훈, "공익활동 활성화를 위한 공익법인 과세제도의 개선방안", 조세연구 제19권 제1집(2019. 3.).

손원익·이형민·정경화, 공익법인의 운영실태 분석 및 정책방향 – 성실공익법인으로 중심으로–, 세법연구센터, 한국조세연구원(2012. 8.).

신성임·윤재원, "기업집단 주식을 보유한 공익법인의 재무성과에 관한 연구", 유라시아연구 vol.12, no.4, 통권 39호(2015).

이상신, "공익법인에 대한 주식 출연의 제한 및 그 개선방안에 관한 연구", 조세법연구 21(2) (2015. 8.).

1365기부포털, https://www.nanumkorea.go.kr/cnst/ntpb/viewGnrlFnnrSttus.do, (2022. 1. 31. 확인)

Canada Revenue Agency, Excess Corporate Holdings Regime for Private Foundations, https://www.canada.ca/content/dam/cra-arc/formspubs/pub/t2082/t2082-10e.pdf, (2022. 1. 31. 확인)

Canada Revenue Agency, Excess Corporate Holdings Regime for Private Foundations, https://www.canada.ca/en/revenue-agency/services/forms-publications/publications/t2082/excess-corporate-holdings-regime-private-foundations.html, (2022. 1. 31. 확인)

Charities Aid Foundation, GROSS DO.MESTIC PHILANTHROPY: An international analysis of GDP, tax and giving, U.K., January 2016.

Committee on Finance United States Senate, Treasury Department Report on Private Foundations, 1965. 2. 2.

Dana Brakman Reiser, FOUNDATION REGULATION IN OUR AGE OF IMPACT, Pitt Tax Review, 2020.

Deloitte, Private foundations Establishing a vehicle for your charitable vision, https://www2.deloitte.com/content/dam/Deloitte/us/Documents/Tax/us-private-foundations-brochure.pdf, (2022. 1. 31. 확인)

Donors and Foundations Networks in Europe AISBL (Dafne) and European Foundation Centre, Comparative Highlights of Foundation Laws The Operating Environment for Foundations in Europe, October 2021.

GOV.UK, How Inheritance Tax works: thresholds, rules and allowances, https://www.gov.uk/inheritance-tax/gifts, (2022. 1. 31. 확인)

IRS, Internal Revenue Code Section 509(a)(3) charitable trusts, https://www.irs.gov/charities-non-profits/private-foundations/charitable-trusts-that-support-public-charities, (2022. 1. 31. 확인)

Maria Elena Hoffstein, PRIVATE FOUNDATIONS AND COMMUNITY FOUNDATIONS, Canadian Tax Foundation Fifty-Ninth Annual Tax Conference, November.

Nonprofit Experts, Private Foundation Excise Taxes, https://www.nonprofitexpert.com/nonprofit-irs-topic-index/private-foundation-excise-taxes/, (2022. 1. 31. 확인)

OECD, Taxation and Philanthropy, Tax Policy Studies(2020).

PFC, About PFC, https://pfc.ca/about/, (2022. 1. 31. 확인)

Richard Schmalbeck, Reconsidering Private Foundation Investment Limitations, TAX LAW REVIEW, Vol. 58, 2004.

Stuart G. Lazar, The Definition of Voting Stock and the Computation of Voting Power Under Sections 368(c) and 1504(a): Recent Developments and Tax Lore, summer 1997.

The Times of India, Charitable trusts must not exert corporate control, https://timesofindia.indiatimes.com/blogs/Swaminomics/charitable-trusts-must-not-exert-corporate-control/, (2022. 1. 31. 확인)

University at Buffalo School of Law, The Definition of Voting Stock and the Computation of Voting Power Under Sections 368(c) and 1504(a): Recent Developments and Tax Lore, Summer 1997, https://digitalcommons.law.buffalo.edu/cgi/viewcontent.cgi?article=1257&context=journal_articles, (2022. 1. 31. 확인)

| 초 록 |

공익법인등에 출연된 의결권주식은 해당 영리법인을 간접적으로 지배하는 기회를 출연자에게 남겨놓게 되지만 공익법인등에게는 공익사업활동을 위한 중요한 재원 중 하나이다. 공익법인등이 보유하는 의결권주식이 갖는 상반된 두 가지 측면을 감안하여 그에 대해 어느 정도의 조세특례를 부여할 것인가는 1990년 이래 상증세법 개정의 주요 과제가 되어왔다.

그간 제도 변화의 경위, 외국의 제도 사례 및 최근의 운영실태에 관한 조사 등을 볼 때, 공익법인등의 영리법인 의결권주식 보유 자체가 공익법인 등의 경영에 불이익한 사태를 초래할 것으로 예단하고 이를 제한하는 것보다는 그 보유한도를 확대하면서 투명하게 공익사업을 늘려 나가도록 사후관리하는 방안이 타당할 것으로 보인다.

상증세법은 1999년 이래 기업집단 소속 공익법인등의 의결권주식보유에 대해서는 일반 공익법인등의 경우보다 더 제한적으로 규율하여 왔다. 기업집단 소속 공익법인은 일반 공익법인에 비해 재무적 여건이 양호하므로 더 많은 재원을 확보할 수 있게 문호를 개방하는 것이 전반적인 공익사업활동을 증대하는 길이 될 것이다. 각계의 연구나 조사 결과를 보면 나라경제 전체적으로 기업집단 소속 공익법인이 기업집단의 경제력 집중을 심화시키는 것으로 볼 수는 없다.

공정거래법 제25조 제2항은 기업집단 소속 공익법인의 상장회사에 대한 지분에 대해 비록 특수관계인 지분과 합산하는 것이지만 15%까지 주요 의결권을 인정하고 있다. 경제력 집중을 억제하고자 하는 공정거래법상 15%까지는 주요 의결권을 인정하는 것이라면 정부정책상 일관성 확보를 위해 상증세법이 이를 수용하는 것이 바람직하다. 다만, 자기 내부거래를 통한 사익의 편취 또는 공익목적사업 지출 감소의 부수적인 문제가 심화될 수 있다. 이에 대해서는 상증세법에서 성실요건을 두고

2022년부터는 매년 그 요건의 충족여부를 신고하도록 하고 있으므로 그와 같은 절차적 해법을 통해 문제의 발생을 최소화할 수 있을 것이다.

공익신탁 세제의 문제점과 개선방안에 관한 연구*

김병일**

Ⅰ. 서론

최근 수십 년간 우리나라는 초고속 경제성장을 이루어왔다. 그러나 경제성장의 이익이 일부 계층에 편중되면서 소득 양극화 문제가 대두되었고 외환위기를 거치는 동안 이 문제는 더욱 심화하였다. 최근에는 코로나바이러스감염증-19(Coronavirus Disease 2019: COVID-19) 상황을 겪으면서 저소득층이 더 큰 타격을 입고 있는 상황에서, 국가는 국민의 복지증대를 위해 다방면으로 노력하고 있지만, 세금을 더 거두어서 복지지출을 늘리는 정책은 다수 국민의 저항에 부딪히게 된다. 따라서 사회적 취약계층에 대한 민간의 자발적인 기부활동이 더 활성화될 필요가 있다.

우리나라에서 기부는 일반적으로 공익법인에 기부하는 방법으로 이루어지고 있다. 그러나 공익법인에 기부하는 경우, 기부금을 어떻게 사용할지에 대하여 기부자가 공익법인에 적극적으로 의견을 표명하는 것이 어렵고, 기부자의 뜻에 따라 공익법인을 설립하려면 상당 규모의 재산을 출연해야 하고 주무관청의 허가도 받아야 하므로 쉽지 않은 일이다. 이와 달리 공익신탁을 설정하여 기부하는 방법은 소규모 재산으로도 위탁자의 뜻이 반영되도록 신탁을 설계할 수 있고 신탁의 설정 절차

* "공익신탁 과세제도의 개선방안에 관한 연구"(조세논총 제6권 제3호, 2021. 9. 30., 교신저자)의 내용을 수정·보완한 것이다.
** 강남대학교 정경학부 세무학전공 초빙교수

는 공익법인 설립보다 훨씬 간단하고 비용도 적게 든다.

우리나라는 공익신탁에 대하여 신탁법에서 규율하다가, 2014년에 공익신탁법이 별도로 제정되어 2015년부터 시행되고 있다. 공익신탁법은 민간의 기부를 편리하게 하고 기부금 운영의 투명성을 높이고 기부자의 통제권을 인정하여 기부를 활성화하고자 마련되었다. 그러나 지금까지 공익신탁을 이용한 기부 실적은 극히 저조한 실정이다.[1] 그 이유는 신탁제도가 우리에게 낯선 제도라는 점과 공익신탁에 대한 조세지원제도가 불합리하다는 점이라고 생각된다.

현행 세법은 공익신탁 출연재산에 대한 조세지원제도를 두고 있는데, 상속재산은 상속세과세가액에 산입하지 않도록 하고, 상속재산이 아닌 재산은 기부금으로 인정하고 있다. 그러나 조세지원은 공익신탁의 수익자가 상속세 및 증여세법(이하 '상증세법'이라 한다)에서 인정하는 일정한 공익법인이거나 그러한 공익법인의 수혜자인 경우에만 적용되도록 요건을 두었다. 이러한 요건을 충족하려고 수탁자는 공익사업을 다양하게 직접 수행하기보다는 모금된 재산을 상증세법에서 인정하는 공익법인에 단순히 전달하는 소극적 방식을 취하게 된다. 본 연구는 현행 조세지원 제도의 개선방안을 제시하고자 한다.

II. 공익신탁에 관한 일반적 법리

1. 공익신탁의 운용 실태

2015년 공익신탁법 시행 이전인 신탁법에 따라 운용된 1971년부터

---

1) 2022. 4. 1. 현재 법무부 공익신탁 공시시스템에 공시된 공익신탁은 청년희망펀드 공익신탁(2015. 9. 21. 인가) 등 33개이다(법무부 공익신탁공시시스템, "많이 열람한 공익신탁", https://www.trust.go.kr/trust.do, (2022. 4. 1. 확인)).

2014년까지의 공익신탁은 일반공익신탁, 체육공익신탁 및 하나행복나
눔공익신탁 3개에 불과하다.[2] 이 중 일반공익신탁은 서울신탁은행의 전
신인 한국신탁은행이 1970. 11. 10. 재무부장관의 허가를 얻어 학술, 기
예, 육영, 자선, 체육진흥 부문에 사회적 공익을 목적으로 만들어진 것
이다.

공익신탁법이 시행된 후 2015. 7. 22에 제1호 공익신탁으로 법무부
천사 (千拾)공익신탁[3]이 인가되었다. 동법 시행 이후 약 7년이 지난
2022년 4월 1일 현재 총 33개의 신탁이 법무부의 인가를 받아 운용되고
있다.[4] 그중 신탁재산 기준으로 1억 원 이상인 공익신탁은 ① 청년희망
펀드 공익신탁 437.1억 원(위탁자 93,275명, 수탁자 하나은행 등 13개
금융기관), ② 사회복지공동모금회 통일기금 공익신탁 55.9억 원(위탁자
1명, 수탁자 하나은행), ③ 광복70주년 나라사랑 공익신탁 7.2억 원(위탁
자 68명, 수탁자 하나은행), ④ 범죄피해자 지원 스마일 공익신탁 4.8억
원(위탁자 524명, 수탁자 하나은행), ⑤ 법무부 천사 공익신탁 1.1억 원
(위탁자 20,577명, 수탁자 하나은행) 등이다.

공익사업(목적사업 포함) 유형을 살펴보면, 근로자의 고용촉진 및 생
활향상 지원, 남북통일·평화구축·국제 상호이해 증진, 독립유공자 후손
의 생계비·교육비 등 지원, 장학기금 조성 및 학교 생활 지원과 같은 학
술 관련, 난치성 질환 어린이 치료, 범죄 피해자 지원, 지역사회의 건전
한 발전, 환경 보호와 정비 및 공중 위생 또는 안전의 증진, 발달장애인
취업 지원과 같은 사회복지 관련 공익신탁 외에도 아이스하키 지원, 세
계 시민학교 지원, 혁신사업가 기금 등으로 다양하다. 또한 '한비야의

---

2) 황현영, "「공익신탁법」의 입법영향분석", 입법영향보고서 제37호(2018. 12. 31.),
   16.
3) 월급의 1,000원 미만 끝자리만 기부한다는 의미에서 "천사(千拾) 공익신탁"이라
   불리운다. 이 이외에도 특정금전신탁 상품에 가입한 고객이 이익 금액 중 1만
   원 미만 또는 1,000원 미만 금액을 기부할 수 있도록 한 "만천하(萬千下) 공익신
   탁" 등 다양한 상품이 출시되고 있다.
4) 법무부 공익신탁공시시스템, 앞의 글.

세계시민학교 공익신탁', '이승철의 희망 리앤차드 공익신탁', '허구연의
야구사랑 공익신탁', '이상현의 장애청소년 문화체육활동을 위한 공익신
탁' 등 위탁자의 이름으로 자유롭게 공익신탁을 설정·운영할 수 있도록
하여 위탁자의 다양한 기부 수요에 부응하고 있다.[5]

또한 공익신탁에 자산을 신탁한 위탁자의 수가 1명인 공익신탁도 있
는가 하면 9만 3,275명이 위탁자로 참여한 공익신탁도 있으며, 수탁자
의 경우 대부분 하나은행으로 설정되고 있는데, 현재 33건 중 하나은행
이 21건, 국민은행이 8건, 부산은행이 1건, 유안타증권이 1건, 신영증권
이 1건, 13개 은행이 공동으로 운영하는 것이 1건이다.

2. 공익신탁의 법적 구조

가. 공익신탁법의 제정

우리나라는 공익신탁에 대하여 구 신탁법(2014. 3. 18. 법률 제12420
호로 개정되기 전의 것)에서 8개 조문을 두어 규정하고 있었다. 그러나
2014. 3. 18. 공익신탁법이 별도로 제정되고 그 다음해 3. 19.부터 시행
되었다. 공익신탁법은 34개 조문으로 이루어져 있는데, 공익신탁에 관
하여는 동법에서 규정한 사항을 제외하고는 그 성질에 반하지 아니하는
범위에서 신탁법의 규정을 준용한다.[6]

공익신탁법의 주요 개선 내용은 다음과 같이 요약할 수 있다. 첫째,
기부자의 편의성을 높여 공익신탁 설정을 허가제에서 인가제로 바꾸고,
여러 사업을 목적으로 할 때도 다수 부처의 허가를 받던 데서 법무부의
인가만 받으면 되도록 하였다. 둘째, 신탁의 투명성을 높이고자 신탁의

---

5) 황현영, "공익신탁 활성화를 위한 입법·정책적 과제", 한양법학 제29권 제2집
   (2018. 5.), 302.
6) 공익신탁법 제29조.

활동 내용을 공시하도록 하고, 법무부가 감독하며, 신탁재산 규모가 큰 경우 외부감사도 받게 하였다. 셋째, 기부자의 통제권을 높여 기부금품이 기부자가 지정한 목적으로만 사용되도록 제한할 수 있게 하였다. 끝으로 공익신탁을 사익 추구 목적으로 악용하지 못하도록 하였다.[7]

나. 공익신탁의 정의

(1) 공익신탁의 정의

공익신탁이란 공익사업을 목적으로 하는 신탁법에 따른 신탁으로서 법무부 장관의 인가를 받은 신탁을 말한다.[8] 따라서 공익신탁은 신탁법상 신탁의 한 종류이다.

신탁법상 신탁이란 "신탁을 설정하는 자와 신탁을 인수하는 자 간의 신임관계에 기하여 위탁자가 수탁자에게 특정의 재산을 이전하거나 담보권의 설정 또는 그 밖의 처분을 하고 수탁자로 하여금 일정한 자의 이익 또는 특정의 목적을 위하여 그 재산의 관리, 처분, 운용, 개발, 그 밖의 신탁 목적의 달성을 위하여 필요한 행위를 하게 하는 법률관계"[9]를 말한다. 이 규정을 보면, 신탁의 종류는 일정한 자의 이익을 위한 "수익자신탁"과 특정한 목적을 위한 "목적신탁"으로 구분됨을 알 수 있다. 수익자신탁은 영리 목적으로 활용되고 목적신탁은 비영리 목적으로 활용될 수 있는데, 공익신탁은 신탁법에 의한 목적신탁 가운데 공익성을 가진 목적신탁으로서 법무부 장관의 인가를 받은 신탁이라고 할 수 있다.

---

7) 최원근·임병진, "국내 공익신탁의 상품설계에 관한 연구", 로고스경영연구 제16권 제1호(2018. 3.), 119.
8) 공익신탁법 제2조 제2호.
9) 신탁법 제2조.

(2) 공익사업의 정의

공익신탁법의 목적은 "신탁을 이용한 공익사업을 쉽고 편리하게 할 수 있도록 하여 공익의 증진에 이바지하는 것"10)이다. 이와 같이 공익신탁은 '공익사업' 수행을 목적으로 해야 하고, 공익사업의 수행은 '공익의 증진에 이바지'하는 효과가 있어야 한다.

공익신탁법에서는 공익사업의 범위를 규정하고 있는데, 먼저 다른 법에서 공익사업의 범위를 어떻게 정하고 있는지 살펴보면, 공익법인의 설립·운영에 관한 법률(이하 '공익법인법'이라 한다)에서는 "사회 일반의 이익에 이바지하기 위하여 학자금·장학금 또는 연구비의 보조나 지급, 학술, 자선(慈善)에 관한 사업을 목적으로 하는 법인"을 "공익법인"이라고 하고 있다.11) 즉, 공익법인법에서 정하는 공익사업은 "학자금·장학금 또는 연구비의 보조나 지급, 학술, 자선(慈善)에 관한 사업"에 한정된다.12) 상증세법에서는 종교·자선·학술 관련 사업 등 공익사업을 하는 자를 "공익법인등"이라고 하면서,13) 같은 법 시행령14)에서 ① 종교의 보급 기타 교화에 기여하는 사업, ② 학교·유치원을 설립·경영하는 사업, ③ 사회복지법인이 운영하는 사업, ④ 의료법인이 운영하는 사업, ⑤

---

10) 공익신탁법 제1조.
11) 공익법인법 제2조; 같은 법 시행령 제2조 제1항에서는 공익법인을 다음의 사업을 목적으로 하는 법인을 말한다고 하고 있다. ① 학자금·장학금 기타 명칭에 관계없이 학생 등의 장학을 목적으로 금전을 지급하거나 지원하는 사업·금전에 갈음한 물건·용역 또는 시설을 설치·운영 또는 제공하거나 지원하는 사업을 포함한다. ② 연구비·연구조성비·장려금 기타 명칭에 관계없이 학문·과학기술의 연구·조사·개발·보급을 목적으로 금전을 지급하거나 지원하는 사업·금전에 갈음한 물건·용역 또는 시설을 제공하는 사업을 포함한다. ③ 학문 또는 과학기술의 연구·조사·개발·보급을 목적으로 하는 사업 및 이들 사업을 지원하는 도서관·박물관·과학관 기타 이와 유사한 시설을 설치·운영하는 사업 ④ 불행·재해 기타 사정으로 자활할 수 없는 자를 돕기 위한 모든 자선사업 ⑤ 위 ① 내지 ④ 에 해당하는 사업의 유공자에 대한 시상을 행하는 사업을 들고 있다.
12) 이연갑, "공익신탁법에 관한 약간의 검토", 법조 제64권 제5호(2015. 5.), 8.
13) 상증세법 제16조 제1항.
14) 상증세법 시행령 제12조.

법인세법 제24조 제2항 제1호에 해당하는 기부금[15]을 받는 자가 해당 기부금으로 운영하는 사업, ⑥ 법인세법 시행령 제39조 제1항 제1호 각 목에 따른 공익법인등[16] 및 소득세법 시행령 제80조 제1항 제5호에 따른 공익단체[17]가 운영하는 고유목적사업, ⑦ 법인세법 시행령 제39조 제1항 제2호 다목에 해당하는 기부금[18]을 받는 자가 해당 기부금으로 운영하는 사업을 공익사업의 범위로 정하고 있다.

한편, 공익신탁법은 공익사업을 다음과 같은 목적을 가진 사업으로 예시하면서 포괄 규정까지 두고 있다.[19]

① 학문·과학기술·문화·예술의 증진

② 장애인·노인, 재정이나 건강 문제로 생활이 어려운 사람의 지원 또는 복지 증진

③ 아동·청소년의 건전한 육성

④ 근로자의 고용 촉진 및 생활 향상

⑤ 사고·재해 또는 범죄 예방을 목적으로 하거나 이로 인한 피해자 지원

⑥ 수용자 교육과 교화

⑦ 교육·스포츠 등을 통한 심신의 건전한 발달 및 풍부한 인성 함양

---

15) 국가나 지방자치단체에 기증하는 금품, 국방헌금, 이재민 구호금품, 사립학교 등에 시설비·교육비·장학금 또는 연구비로 지출하는 기부금, 국립대학병원 등에 시설비·교육비 또는 연구비로 지출하는 기부금, 사회복지사업의 지원에 필요한 재원을 모집·배분하는 것을 주된 목적으로 하는 비영리법인으로서 기획재정부장관이 지정·고시하는 법인에 지출하는 기부금 등을 말한다.

16) 사회복지법인, 어린이집, 유치원, 학교, 기능대학, 평생교육시설, 의료법인, 종교법인, 민법상 비영리법인 등으로서 기획재정부장관이 지정·고시한 법인 등을 말한다.

17) 비영리민간단체 지원법에 따라 등록된 단체 중 기획재정부장관이 지정한 단체를 말한다.

18) 사회복지·문화·예술·교육·종교·자선·학술 등 공익목적으로 지출하는 기부금으로서 기획재정부장관이 지정·고시하는 기부금을 말한다.

19) 공익신탁법 제2조 제1호.

⑧ 인종·성별, 그 밖의 사유로 인한 부당한 차별 및 편견 예방과 평등 사회의 증진

⑨ 사상·양심·종교·표현의 자유 증진 및 옹호

⑩ 남북통일, 평화구축, 국제 상호이해 증진 또는 개발도상국에 대한 경제협력

⑪ 환경보호와 정비를 목적으로 하거나 공중위생 또는 안전의 증진

⑫ 지역사회의 건전한 발전

⑬ 공정하고 자유로운 경제활동이나 소비자의 이익 증진

⑭ 그 밖에 공익증진을 목적으로 하는 사업으로서 대통령령으로 정하는 사업[20]

그런데 위에 예시된 목적의 사업을 하더라도 그 공익사업의 효과가 "사회 일반의 이익"을 위한 것으로 추정되지는 않는다.[21] 공익신탁법에서 정한 공익사업은 공익에 이바지하는 것을 전제로 하는 것이며, 이 점은 공익신탁 인가요건[22]에서 정하고 있다.

다. 공익신탁의 구조

공익신탁은 수익자가 없는 목적신탁의 일종이므로 위탁자와 수탁자의 관계가 중심이 된다. 수익자신탁에서 수익자는 수탁자를 감독할 권

---

20) 공익신탁법 시행령 제2조(공익사업) 「공익신탁법」 제2조 제1호 하목에서 "대통령령으로 정하는 사업"이란 다음 각 호의 사업을 말한다.
   1. 국토의 합리적 이용, 정비 또는 보전을 목적으로 하는 사업
   2. 국민생활에 필수적인 재화(財貨)나 용역의 안정적 공급을 목적으로 하는 사업
   3. 법 제2조제1호가목부터 파목까지의 사업 또는 제1호·제2호의 사업에 준하는 것으로서 공익 증진을 목적으로 하는 사업
21) 이중기, "공익단체의 공익성 인정기준 등의 다양성과 통합필요성", 홍익법학 제15권 제2호(2014), 399.
22) 공익신탁법 제4조.

한,23) 신탁재산을 보전할 권한24) 및 신탁 운영에 관한 참가 권한25)을 갖고 있다. 그런데 공익신탁은 수익자가 존재하지 않으므로 수탁자를 감독할 신탁관리인의 선임을 전제로 하며,26) 법무부장관이 공익신탁을 인가하고 감독하도록 하고 있다.27) 공익신탁의 기본구조는 아래의 <그림 1>과 같이 요약할 수 있다.

〈그림 1〉 공익신탁의 기본구조
(출처: 법무부 공익신탁 공시시스템 홈페이지)28)

---

23) 신탁 의무 이행청구권, 수탁자에 대한 유지청구권, 설명 요구권 및 서류의 열람 등 청구권, 해임권 및 해임 청구권 등을 말한다.
24) 신탁재산에 대한 강제집행의 이의권, 신탁재산에 대한 원상회복권, 이익반환 청구권 등을 말한다.
25) 신탁위반 법률행위에 대한 취소권, 신탁의 변경 합의, 신탁의 종료 합의, 신탁의 합병·분할·분할합병 계획서의 승인 등을 말한다.
26) 공익신탁법 제18조.
27) 공익신탁법 제25조 내지 제27조.
28) 법무부 공익신탁공시시스템, "공익신탁의 절차", https://trust.go.kr/process.do, (2022. 4. 1. 확인).

라. 공익신탁의 관계인

수익자신탁에서는 수익자가 중요사항을 결정하고 신탁구조의 정점에 있다. 하지만, 공익신탁에서는 수탁자가 지배구조의 정점에 있으면서 신탁관리인과 같은 내부 견제 장치를 갖추게 된다. 그리고 법무부가 외부 감독기관으로 개입한다.

(1) 위탁자

위탁자에 관하여 공익신탁법에는 별도 규정이 없으므로 신탁법이 적용된다. 신탁법상 신탁은 단독행위 또는 계약이라고 하는 법률행위의 하나이며, 위탁자는 그 당사자의 지위를 가진다. 즉, 단독행위나 계약에 의하여 신탁을 설정하는 자이다.[29] 위탁자는 신탁 설정 후에도 당사자로서 일정한 권리를 갖고 신탁에 관여하게 된다.[30] 위탁자는 신탁법이 정한 일정한 권리들을 자신에게 유보할 수도 있고 배제할 수도 있다.[31] 그러나 공익신탁을 포함하는 목적신탁에서는 수탁자에 대한 감독권이 위탁자에게 있으므로 신탁법상 위탁자에게 주어지는 권리들을 제한하는 것은 허용되지 않는다.[32] 공익신탁은 위탁자가 애초에 1인이라도 나중에 다른 위탁자가 참가할 수 있다.[33]

---

29) 신탁법 제2조.
30) 신탁법상 수탁자의 사임 승낙(제14조 제1항), 수탁자 해임(제16조 제1항), 신수탁자 선임(제21조 제1항), 장부 열람 청구(제40조 제1항), 수탁자의 원상회복 청구(제43조 제1항), 수탁자의 보수변경 청구(제47조 제3항), 신탁관리인의 선임 청구(제67조 제1항), 신탁의 변경(제88조 제1항), 신탁의 종료(제99조 제1항, 제2항), 신탁 종료 후 신탁재산의 귀속(제101조 제1항 내지 제3항). 신탁의 청산(제104조) 등에 관여할 수 있다.
31) 신탁법 제9조 제1항.
32) 신탁법 제9조 제2항.
33) 최원근·임병진, 앞의 논문, 118.

(2) 수탁자

수탁자는 공익목적으로 출연된 재산에 대해 인격을 제공함으로써 출연자의 재산을 분리하고, 분리된 재산에 자신의 경영 능력을 제공하여 신탁의 내부 사무를 집행한다. 공익신탁의 설정자는 수탁자를 1인 또는 수인으로 할 수 있다. 공동수탁자로 하는 경우, 수탁자 상호 간 특수관계자는 수탁자 총수의 5분의 1을 초과하지 않아야 한다.[34]

수탁자의 의무와 책임에 대해서는 공익신탁법에 별도 규정이 없으므로 신탁법이 적용된다. 신탁법상 수탁자의 의무와 책임으로는 선관주의 의무,[35] 분별관리의무,[36] 충실의무,[37] 이익향수 금지,[38] 원상회복의무 및 손해배상의무[39] 등을 들 수 있다.

(3) 신탁관리인

공익신탁은 수익자가 원칙적으로 불특정다수인이므로 수탁자에 대한 수익자의 감독이 이루어질 수 없다. 따라서 수익자신탁에서 수익자가 하는 감독역할을 공익신탁에서는 신탁관리인이 하게 된다. 신탁법에는 수익자가 특정되어 있지 아니하거나 존재하지 아니하는 경우 법원이 신탁관리인을 선임할 수 있게 되어 있다.[40] 그러나 공익신탁에서는 법무부 인가를 받기 위해서는 신탁관리인을 선임해야만 한다.[41] 신탁관리인은 수탁자의 부정행위, 위법행위 등을 감시하고, 유지청구권을 행사할 수 있을 뿐 아니라 각종 서류를 열람, 복사하고 수탁자에 대하여 신탁사무처리에 관한 설명을 요구할 수 있다.[42] 신탁관리인의 수에 제한은 없

---

34) 공익신탁법 제4조 제4호.
35) 신탁법 제32조.
36) 신탁법 제37조 제1항.
37) 신탁법 제33조.
38) 신탁법 제36조.
39) 신탁법 제43조 제1항.
40) 신탁법 제67조 제1항.
41) 공익신탁법 시행령 제3조 제1항 제5호.

다. 만일 신탁관리인을 수인으로 하는 경우, 특수관계 있는 신탁관리인의 수는 신탁관리인 총수의 5분의 1을 초과하지 못하며,[43] 신탁관리인은 수탁자와 특수관계에 있지 않아야 한다.[44]

3. 공익신탁의 특성

가. 사익신탁과 비교한 공익신탁의 특성

공익신탁이 사익신탁과 다른 특성은 첫째로 목적의 공공성이다. 사익신탁은 1인 또는 수인의 특정 수익자를 위하여 설정되지만, 공익신탁은 공익목적을 위하여 설정된다. 둘째, 불특정 다수의 수익자를 갖는다. 사익신탁은 신탁 설정 시에 수익자를 특정하거나 적어도 특정 가능한 수익자를 지정해야만 유효하게 성립한다.[45] 반면 공익신탁은 신탁 설정 시에 수익자가 특정되지 않는다. 공익신탁은 특정 개인이나 단체에 이익을 제공하는 것을 신탁 목적으로 하는 것을 허용하지 않기 때문이다.[46] 셋째, 수탁자에 대한 감독 방식이다. 신탁법에는 위탁자와 수익자가 수탁자를 감시할 수 있는 규정들이 많다.[47] 그러나 공익신탁은 수익

---

42) 공익신탁법 제18조.
43) 공익신탁법 제4조 제5호.
44) 공익신탁법 제4조 제6호.
45) 최수정, 신탁법, 박영사(2019. 9.), 21 참조.
46) 공익신탁법 제4조 제8호 나목.
47) 신탁법상 수탁자 사임에 대한 동의권(제14조 제1항), 수탁자 해임에 대한 동의권 및 해임 청구권(제16조 제1항 및 제3항), 신수탁자 선임에 대한 동의권 및 선임 청구권(제21조 제1항 내지 제3항), 신탁재산의 강제집행 등에 대한 이의권(제22조 제2항, 제3항), 서류의 열람, 복사권 및 신탁사무의 처리 및 계산에 관한 설명 요구권(제40조 제1항), 수탁자의 신탁위반 행위에 대한 책임 추급권(제43조), 수탁자의 보수변경 청구권(제47조 제3항), 신탁 변경에 대한 동의권 및 변경 청구권(제88조 제1항 및 제3항), 신탁 합병 및 분할에 대한 승인권(제91조 제2항, 제95조 제2항), 신탁 종료에 대한 동의권 및 종료명령 청구권(제99조 제1

자가 특정되지 않으므로 수익자에 의한 감독이 어렵다. 그리고 신탁재
산에 관하여 위탁자가 영향력을 유지하는 것도 공익신탁의 독립적 운영
에 방해가 되므로 수탁자를 견제할 별도 장치가 필요하게 된다. 그래서
공익신탁법은 신탁관리인에 의한 감독규정과 법무부 장관에 의한 감독
규정[48]을 두고 있다.

나. 공익법인과 비교한 공익신탁의 장점

우리나라에서는 공익사업을 영위하는 형태로 공익신탁보다 공익법
인이 활용되는 빈도가 훨씬 높지만, 영국의 경우 공익활동은 공익신탁
의 형태로 이루어지는 것이 일반적이고, 미국에서도 공익신탁이 상당한
비중을 차지하고 있다.[49]

우리나라의 공익신탁법과 공익법인법의 목적이나 대상을 보면 그 활
용범위가 매우 유사하다. 그렇다면 공익법인과 비교하여 공익신탁의 설
립과 운영상 장점이 무엇인지 살펴본다. 첫째, 설립의 편의성이다. 공익
법인은 설립을 위해 주무관청의 허가를 받아야 하지만,[50] 공익신탁은
법무부 장관의 인가를 받아 설립할 수 있다.[51] 그리고 공익법인은 사업
목적별로 주무관청이 상이한데 비하여,[52] 공익신탁은 법무부 장관으로
일원화되어 있어서 편리하다. 또한 공익법인은 법인격을 가지므로 자본

항·제2항 및 제100조), 신탁위반 법률행위에 대한 취소권(제75조), 수탁자에 대
한 유지청구권(제77조).

48) 법무부 장관은 수탁자에게 업무보고서 제출을 명하거나 회계를 감사하며, 공익
사업이 원활히 수행되도록 지도하고(공익신탁법 제25조), 공익신탁법에 따른 권
한 행사를 위하여 관계 행정기관 등에 필요한 자료를 요청할 수 있다(같은 법
제26조).

49) 이중기, 공익신탁과 공익재단의 특징과 규제, 삼우사(2014), 125-126.

50) 공익법인법 제4조 제1항.

51) 공익신탁법 제3조 및 제4조.

52) 공익법인법 제4조 제1항 및 제3항.

금이나 기관 등의 조직을 갖춰야 하고, 등기절차가 필요하며, 각 주무 부처별로 최소 기본재산이 다르고, 일정 금액 이상이 되어어만 설립을 할 수 있다. 이에 비하여,[53] 공익신탁은 별도 조직을 만들 필요 없이 신탁계약만으로 이용할 수 있고, 소액으로도 설립할 수 있으며, 등기절차도 필요하지 않다. 따라서 공익신탁의 설립은 공익재단의 설립에 비하여 간편하고 비용이 절약된다. 나아가 신탁은 위탁자와 수탁자 간의 신탁계약이나, 위탁자의 유언 또는 신탁선언 방식으로 설정하므로,[54] 공익신탁은 공익법인보다 내용을 자유롭게 설계하는 것이 가능하다.[55]

둘째, 재산 운영의 유연성이다. 공익 재단법인은 기본재산을 보전하면서 기본재산에서 발생하는 수익으로 목적사업을 영위하는 것이 원칙이다. 그래서 재단법인을 설립하려면 큰 규모의 재산이 필요하고, 출연재산의 수익으로 목적 달성이 어렵다고 판단되면 설립이 허가되지 않는다. 사단법인도 회비나 기부금 등의 수입으로 목적사업을 원활하게 수행할 수 있다고 인정되는 경우에만 설립 허가를 받을 수 있다.[56] 그러나 공익신탁은 소액의 자금으로 설정할 수 있고, 기본재산의 유지를 요구하지 않는다. 신탁재산을 공익목적에 사용하는 것이 가능하며, 원칙적으로 수탁받은 날부터 3년 이내에 신탁재산을 사용하도록 하고 있다.[57]

---

53) 공익법인법 제4조 제1항.
54) 신탁법 제3조 제1항.
55) 장보은, "성인 발달장애인 지원을 위한 공익신탁 활용 방안", 외법논집 제44권 제1호(2020. 2.), 43.
56) 공익법인법 제4조 제1항.
57) 공익신탁법 제11조 제4항 및 제5항.

III. 현행 공익신탁 과세제도

1. 개요

정부는 2020. 7. 22. 신탁업 활성화를 위한 신탁세제 개선안(이하 "신탁세제 개선안")을 발표하였고,[58] 2020. 12. 22.와 12. 29.에 신탁세제 개선안이 국회를 통과하였다. 개선 내용을 요약하면, 첫째, 신탁재산 법인세 과세방식의 도입이다. 소득세 및 법인세의 경우 수익자 과세 원칙을 유지하되, 신탁재산에 대하여 법인세 과세 방식을 선택할 수 있게 하였다. 둘째, 부가가치세 납세의무자를 원칙적으로 위탁자에서 수탁자로 변경하였다. 예외적으로 위탁자가 신탁을 사실상 통제·지배하는 경우 등에는 위탁자에게 부가가치세와 소득세·법인세를 과세하도록 하였다. 셋째, 종합부동산세 납세의무자를 수탁자에서 위탁자로 변경하여, 신탁한 부동산을 위탁자의 다른 재산과 합산하여 종합부동산세를 과세하도록 하였다.

공익신탁에 대한 조세지원 제도는 상증세법, 법인세법 및 소득세법에 마련되어 있다. 상증세법에는 일정 요건을 갖춘 공익신탁을 통하여 상증세법상 공익법인에 출연하는 재산에 대하여 상속세과세가액 및 증여세과세가액에 산입하지 아니하는 규정이 있고, 소득세법과 법인세법에는 공익신탁에서 발생하는 이익에 대한 비과세 규정이 있으며, 일정 요건을 갖춘 공익신탁에 대한 출연재산을 기부금으로 인정하는 규정이 있다.

---

58) 기획재정부 보도자료, "2020년 세법개정안 보도자료 1"(2020. 7. 22.), 12; 기획재정부 보도자료, "보도자료 2 : 2020년 세법개정안 상세본"(2020. 7. 22.), 35-50 ; 기획재정부 보도자료, "보도자료 3 : 2020년 세법개정안 문답자료"(2020. 7. 22.), 13-18.

2. 공익신탁 출연재산의 상속세과세가액 불산입 제도

상증세법은 공익신탁에 출연한 상속재산에 관하여 "상속재산 중 피상속인이나 상속인이 공익신탁법에 따른 공익신탁으로서 종교·자선·학술 또는 그 밖의 공익을 목적으로 하는 신탁을 통하여 공익법인 등에 출연하는 재산의 가액은 상속세과세가액에 산입하지 아니한다."[59]라고 규정하고, 같은 법 시행령[60]에서 공익신탁의 범위와 출연 시기를 정하고 있는데, 상속세 신고기한까지 상속재산을 다음 요건을 갖춘 공익신탁을 통하여 상증세법상 공익법인에 출연해야 한다.

① 공익신탁의 수익자가 상증세법 시행령 제12조에 규정된 공익법인등이거나 그 공익법인등의 수혜자일 것
② 공익신탁의 만기일까지 신탁계약이 중도해지되거나 취소되지 아니할 것
③ 공익신탁의 중도해지 또는 종료 시 잔여 신탁재산이 국가·지방자치단체 및 다른 공익신탁에 귀속될 것

3. 공익신탁 출연재산의 증여세과세가액 불산입 제도

상증세법은 공익신탁에 출연한 증여재산에 관하여 "증여재산 중 증여자가 공익신탁법에 따른 공익신탁으로서 종교·자선·학술 또는 그 밖의 공익을 목적으로 하는 신탁을 통하여 공익법인등에 출연하는 재산의 가액은 증여세과세가액에 산입하지 아니한다"[61]라고 규정하고 있다.

이 제도는 상속세과세가액 불산입 제도와 마찬가지로 상증세법 시행

---

59) 상증세법 제17조 제1항.
60) 상증세법 시행령 제14조.
61) 상증세법 제52조.

령 제14조 제1항에서 규정하는 요건을 모두 갖춘 공익신탁을 통하여 상 증세법상 공익법인에 출연하는 경우에만 적용받을 수 있다.

4. 공익신탁의 이익에 대한 소득세 및 법인세 비과세 제도

소득세법은 신탁재산 귀속 소득의 납세의무자를 원칙적으로 수익자 로 규정하고,[62] 수익자가 정하여지지 아니하거나 존재하지 아니하는 신 탁 또는 위탁자가 신탁재산을 실질적으로 통제하는 등 일정 요건을 충 족하는 신탁의 경우에는 위탁자를 납세의무자로 규정하고 있다.[63]

법인세법은 신탁재산에 귀속되는 소득에 대하여 원칙적으로 수익자 를 납세의무자로 규정하고,[64] 목적신탁(공익신탁 제외), 수익증권발행신 탁 또는 유한책임신탁으로서 수익자가 둘 이상이고 위탁자가 신탁재산 을 실질적으로 지배·통제하지 않는 신탁의 경우에는 수탁자를 납세의무 자로 선택할 수 있도록 하고 있다.[65] 다만, 수익자가 정하여지지 아니하 거나 존재하지 아니하는 신탁 또는 위탁자가 신탁재산을 실질적으로 통 제하는 등 일정 요건을 충족하는 신탁의 경우에는 위탁자를 납세의무자 로 한다.[66]

위 규정에 따른다면 공익신탁은 수익자가 정하여지지 아니하거나 존 재하지 아니하는 신탁이므로 위탁자에게 과세해야 한다. 그러나 이는 경 제적 실질과 달라 불합리하므로, 소득세법은 "공익신탁법에 따른 공익신 탁의 이익"에 대해서 비과세하고,[67] 법인세법은 "공익신탁법에 따른 공 익신탁의 신탁재산에서 생기는 소득"에 대하여 비과세하고 있다.[68]

---

62) 소득세법 제2조의3 제1항.
63) 소득세법 제2조의3 제2항, 같은 법 시행령 제4조의2 제4항.
64) 법인세법 제5조 제1항.
65) 법인세법 제5조 제2항, 같은 법 시행령 제3조의2 제1항.
66) 법인세법 제5조 제3항, 같은 법 시행령 제3조의2 제2항.
67) 소득세법 제12조 제1호.
68) 법인세법 제51조.

5. 공익신탁 출연재산의 기부금 인정 제도

법인세법과 소득세법은 일정한 요건을 충족하는 공익신탁으로 출연하는 재산을 기부금으로 인정하여, 일정 한도 내에서 법인은 손금산입, 개인은 필요경비산입 또는 세액공제를 할 수 있도록 하였다.

법인세법은 손금으로 인정하는 기부금을 열거 규정하고 있는데,[69] 상증세법 시행령 제14조 제1항 각 호의 요건을 갖춘 공익신탁으로 신탁하는 기부금은 소득금액의 10% 한도로 손금에 산입할 수 있는 기부금으로 규정하였다.[70]

소득세법도 필요경비로 인정하는 기부금을 열거 규정하고 있는데,[71] 법인세법과 마찬가지로 "상증세법 시행령 제14조 제1항 각 호의 요건을 갖춘 공익신탁으로 신탁하는 기부금"은 소득세법에서도 소득금액의 30% 한도 내에서 필요경비에 산입할 수 있는 기부금에 해당한다.[72] 사업소득 외의 소득이 있는 거주자[73]는 필요경비 산입 방법 외에 소득금액의 30% 한도 내에서 기부금의 15%(1,000만 원 초과 분은 30%)를 종합소득세 산출세액에서 공제할 수 있다.[74]

---

69) 법인세법 제24조 제2항 제1호 및 제3항 제1호.
70) 법인세법 제24조 제3항 제1호 및 제2호, 같은 법 시행령 제39조 제1항 제2호 나목.
71) 소득세법 제34조 제2항 제1호 및 제3항 제1호.
72) 소득세법 시행령 제80조 제1항 제1호.
73) 사업소득만 있는 자는 제외하되, 소득세법 제73조 제1항 제4호에 따른 사업소득만 있는 자(보험모집인, 방문판매원, 음료품배달원) 등은 포함한다.
74) 소득세법 제59조의4 제4항.

IV. 주요국의 공익신탁 과세제도

1. 미국

가. 미국의 공익신탁제도

미국에서 주로 이용되는 공익신탁 상품은 자선잔여신탁, 자선선행신탁 그리고 집합투자기금 등이다. 이러한 상품들은 신탁 설정 후 취소할 수 없으며, 현금 외에도 유가증권이나 부동산 등을 위탁하는 것도 가능하다.

자선잔여신탁(Charitable Remainder Trust: CRT)은 일정 기간 또는 수익자의 사망 시까지 기부자 또는 기부자가 정하는 다른 수익자에게 운영수익을 지급하고, 지급이 종료된 때 남은 재산은 기부자가 정하는 자선단체에 귀속시키는 방식이다.[75] CRT를 통해 기부하는 경제적 동기 중 하나는 자산유동화이다. 수익이 거의 발생하지 않는 자산인데 만일 매각하면 자본이득세가 과중한 경우에, 기부자는 CRT를 활용하여 자본이득세를 회피하면서 생존하는 동안 소득을 향수하고, 기부재산에 대한 소득공제와 상속세 절감 등의 혜택을 누릴 수 있다.[76]

자선선행신탁(Charitable Lead Trust: CLT)은 기부자가 재산을 신탁하면 수탁자는 일정 기간 자선단체에 재정 지원을 하고, 기간 종료 후 잔여재산의 소유권은 수익자에게 귀속되는 형식의 신탁을 말하며, 주로 위탁자 또는 위탁자의 가족이 수익자가 된다.[77]

---

75) Fidelity Charitable, Charitable lead trusts Efficiently transfer assets to family members, reduce tax liability and make a charitable impact, https://www.fidelitycharitable.org/guidance/philanthropy/charitable-lead-trusts.html/, (2022. 5. 25. 확인).
76) Richard D. Barrett/Molly E. Ware, CFRE, *Planned Giving Essentials (2.ed)*, Aspen Publishers, 2002, p.44.

집합투자기금(Pooled Income Fund: PIF)은 개인, 가족 또는 기업이 자선단체에 기부한 유가증권 또는 현금으로 만든 자선 뮤추얼펀드 (charitable mutual fund)의 한 유형이다. 기부자는 평생 소득 분배를 받으며, 기부자 사망 후 기부금 잔액은 사전에 결정된 자선단체에 제공된다.[78] PIF는 수혜 자선단체가 동시에 수탁자로 관리를 병행한다는 특징이 있고, CRT나 CLT에 비해 설정과 관리사무가 간편하고 비용이 저렴하며 소액 출연이 가능하다는 장점이 있다.[79]

나. 미국의 공익신탁 관련 세제

공익신탁 상품과 관련하여 기부자에게는 세제상 혜택이 제공된다. 상속세와 증여세에 대한 혜택을 보면, 기부요건을 충족한 자선단체에 생전에 이전하거나 사후에 유산기부로 이전하는 자산은 기부자의 상속재산에서 공제된다.[80] 그리고 미국은 증여세 납세의무자가 증여자인데, 기부요건을 충족한 자선단체에 증여하는 경우는 증여세가 과세되지 않는다.[81]

자본이득세에 대하여는, 기부자가 CRT에 비현금성 자산(증권, 부동산 등)을 신탁재산으로 제공하는 경우 자본이득세가 면제된다.[82]

신탁재산에 대한 소득공제는 CRT의 경우는 신탁 기간 만료 시 기부될 잔여재산의 현재가치 환산액에 대하여 적용되며, CLT의 경우는 신탁자산을 위탁자 자신이 반환받는 방식일 경우, 기부되는 수익에 대해

---

77) Fidelity Charitable, 앞의 글.
78) Wikipedia, Pooled income fund, https://en.wikipedia.org/wiki/Pooled_income_fund/, (2022. 5. 25. 확인).
79) 최원근·임병진, 앞의 논문, 123.
80) IRC §2055.
81) IRC §2522.
82) 이상신, "법인, 신탁 그리고 기부자조언기금: 고액기부자들의 기부선택을 위한 주요 3가지 제도 비교 연구", 아름다운재단 기부문화연구소(2014), 194.

소득공제를 받는다. 소득세 공제는 신탁의 기간, 예상되는 선행지급 금액 및 IRS 이자율을 고려하여 계산한다.[83]

CRT로부터 수익자가 분배받는 소득에 대해서는 수익자에게 소득세가 부과된다.[84]

2. 영국

가. 영국의 공익신탁제도

2011년 자선단체법(Charity Act 2011)에 따르면, 영국에서 자선단체(Charity)가 되기 위해서는 그 조직체가 ① "오로지 공익을 목적으로 설립된 조직체일 것", ② "고등법원의 재판관할권이 미치는 범위(즉, 잉글랜드와 웨일즈) 내에 존재할 것"이라는 두 가지 요건을 충족해야 한다.[85] 이 요건을 충족하고 있는 조직체 중 자선위원회(Charity Commission)에 신청하고 등록을 인정받아 등록된 자선단체를 일반적으로 Charity라고 부른다. 자선위원회는 자선단체의 등록, 지원, 규제, 감독을 하는 독립기관이다. 자선단체로서 자선위원회에 등록하려면 각 단체가 자선위원회의 심사를 받아야 하는데, 자선단체 심사의 핵심은 그 단체가 공익성을 가지는지와 자선 목적을 가지는지이다.

나. 영국의 공익신탁 관련 세제

자선단체 기부자에게는 세제상 혜택이 제공된다. 영국에는 증여세제도가 없고 상속세제도만 운영된다. 증여에 대하여는 증여 당시 증여

---

83) Fidelity Charitable, 앞의 글.
84) IRC §664(b).
85) Charity Act 2011 s.1.

재산 평가액과 취득가액의 차이에 대하여 증여자에게 자본이득세를 부과한다.[86] 상속세에 대하여는 면세 한도(threshold)가 있는데, 증여자가 생전에 또는 사망 시 재산을 자선단체에 기부하는 경우, 이에 대한 상속세는 한도 없이 면세된다.[87]

자선단체에 부동산이나 주식을 기부하는 경우 자본이득세는 면제된다.[88]

개인이 자선단체에 기부하는 경우 소득세 혜택은 기부보조금(Gift Aid)제도를 통해서 기부하는지, 급여기부제도(Payroll Giving scheme)를 통해서 급여나 연금에서 직접 기부하는지, 토지나 재산 또는 주식을 기부하는지 또는 유언으로 기부하는지에 따라 달라진다.[89]

법인이 자선단체에 기부한 금액은 법인세를 계산할 때 사업수익에서 차감되어 세금부과 대상에서 제외된다.[90]

3. 일본

가. 일본의 공익신탁제도

일본은 공익신탁이 활발하게 활용되고 있는데, 2021년 3월 말 현재 신탁협회에 데이터베이스화되어 있는 공익신탁은 406건으로 수탁재산은 약 580억 엔에 달한다. 신탁목적별 건수 및 수탁액을 보면 장학금 지급이 134건(수탁액 227억 엔), 자연과학연구조성이 64건(70억 엔), 교육진흥이 51건(17억 엔) 순이다.[91]

---

86) 주영대한민국대사관, "영국의 상속세 제도", http://overseas.mofa.go.kr/gb-ko/brd/ m_8390/view.do?seq=672560/, (2021. 8. 29. 확인).

87) IHTA 1984, s.23, 24, 56.

88) GOV.UK, Tax relief when you donate to a charity, https://www.gov.uk/donating -to-charity/, (2022. 5. 25. 확인).

89) GOV.UK, 앞의 글.

90) 김진수·김태훈·김정아, "주요국의 기부관련 세제지원제도와 시사점", 한국조세연구원 세법연구센터(2009. 8.), 76-77.

일본은 공익신탁을 특정공익신탁, 인정특정공익신탁, 위 둘에 해당하지 않는 공익신탁(일반공익신탁)으로 구분하고 있다. 특정공인신탁이란 신탁의 종료 시 신탁재산이 위탁자에 귀속되지 아니하고, 신탁사무와 관련하여 위탁자로부터 독립성을 확보한 신탁을 의미한다. 인정특정공익신탁이란 특정공익신탁 중에서 신탁의 목적이 교육 또는 과학의 진흥 등 특히 공익성이 큰 신탁으로서 해당 특정공익신탁에 관한 주무부장관의 인정을 받은 것을 말한다.92)

나. 일본의 공익신탁 관련 세제

공익신탁은 신탁법상으로는 '수익자의 정함이 없는 신탁'에 포함되지만, 세법상으로는 '수익자 등이 존재하지 않는 신탁'에는 해당하지 않는다.93) 따라서 법인세법상 '법인과세신탁'에는 해당하지 않는다.94) 또한 공익신탁 세제상의 독자적인 구분으로서 '특정공익신탁' 및 '인정특정공익신탁'이라는 제도가 마련되어 각각 과세상의 취급을 달리하고 있다.95)

위탁자에 대한 세제혜택을 보면, 특정공익신탁에 대해서는 위탁자가 법인이라면 신탁재산으로 지출한 금전은 '일반 기부금'으로서 일정 한도액까지 손금산입의 대상이 되고,96) 신탁재산에서 생긴 수익은 해당 법인의 수익에 포함하지 않는다.97) 특정공익신탁의 요건을 충족하는 공

---

91) 日本 一般社団法人 信託協会, "公益信託の受託状況", 2021. 6. 15., https://www.shintaku-kyokai.or.jp/archives/041/202106/public_interest_trusts_20210615.pdf/, (2022. 5. 25. 확인).

92) 최기호·이영한·정지선·강성모, "공익신탁 회계기준에 관한 연구", 한국회계학회 (2016. 12.), 20.

93) 일본 법인세법 부칙 제19조의2 제2항.

94) 일본 법인세법 제2조 제29의2호.

95) 藤谷武史, "報告 : 公益信託と税制", 信託法研究 第37号(2012), 36-37.

96) 일본 법인세법 제37조 제6항 전단.

97) 일본 법인세법 제12조 제3항.

익신탁에 대해서는 개인 위탁자가 사망한 때에 해당 공익신탁에 관한
권리의 가액은 상속세 계산에서 영(0)으로 취급한다.[98]

인정특정공익신탁은, 위탁자가 개인이라면 공익신탁의 신탁재산으로
지출한 금전에 대한 기부금 공제가 인정되고,[99] 위탁자가 법인이라면
일정한 기준에 따라 손금산입을 할 수 있는[100] 등의 세법상 우대조치가
있다.[101]

2. 정책적 시사점

미국은 CRT와 CLT 등 공익신탁을 활용한 기부상품의 종류가 다양
하고, 이러한 기부상품들에 대한 세제혜택으로 인하여 계획기부(planned
gift)가 활성화되고 있다. 우리나라도 공익목적과 사익목적을 함께 가지
는 신탁을 설계하고 공익목적에 공헌하는 기간과 이익에 관하여 세제
혜택을 부여한다면 다양한 수익구조의 공익신탁 상품의 구성이 가능하
고, 고액자산가들의 기부를 유인할 수 있을 것이다.[102]

영국의 자선위원회는 단체의 공익성을 심사하여 자선단체로의 지위
를 부여하고 이를 감독하는 국가기관이다. 우리도 영국의 자선위원회와
같이 공익활동에 대한 전문성을 갖춘 독립기구를 신설하여 공익법인과
공익신탁 등 민간의 공익활동을 체계적이고 종합적으로 관리·감독하는
것이 바람직하다.

일본의 공익신탁 세제의 특징은 공익신탁을 특정공익신탁과 인정특
정공익신탁 그리고 기타 공익신탁으로 구분하여 기부금 세제 혜택의 정
도를 달리하고 있다는 점이다. 우리나라도 공익신탁의 공익성 정도에

---

98) 일본 상속세법 기본통달 9의2—6.
99) 일본 소득세법 제78조 제3항 및 제1항.
100) 일본 법인세법 제37조 제6항 후단 및 제4항.
101) 公益社団法人 商事法務研究会, "公益信託法改正研究会報告書"(2015. 12.), 5.
102) 장보은, 앞의 논문, 51.

따라 세제 혜택의 수준을 달리하는 방안을 검토할 필요가 있다.

V. 공익신탁 과세제도의 문제점과 개선방안

이하에서는 공익신탁에 관한 상속·증여세제와 기부금세제를 검토하여 개선방안을 제시하고자 한다. 증여세제에 관하여는, 상증세법 제33조 규정의 분석을 통하여 공익신탁의 위탁자에게는 증여세가 과세될 가능성이 없다는 해석을 도출하고, 공익신탁 출연재산의 증여세과세가액 불산입에 관한 상증세법 제52조의 규정은 필요 없는 규정이므로 삭제할 것을 제안한다. 상속세제에 관하여는, 상증세법 제17조는 상속재산 중 공익신탁을 통하여 공익법인에 출연하는 재산에 대해 상속세과세가액 불산입을 허용하는데, 상속재산을 공익법인에 출연하지 않고 공익신탁이 공익사업에 직접 사용하는 때에도 상속세과세가액 불산입을 허용할 것을 제안한다. 그리고 공익신탁을 상증세법상 공익법인으로 간주하여 세제상 공익법인처럼 취급하는 방안도 제안한다. 기부금 세제에 관하여는 신탁재산을 공익법인에 출연하지 않고 공익신탁이 공익사업에 직접 사용하는 때에도 출연재산을 세법상 기부금으로 인정해줄 것을 제안한다.

1. 공익신탁재산 관련 증여세제의 개선

가. 공익신탁 설정 시 위탁자에게 증여세 과세 여부 검토

(1) 문제의 제기

우리나라는 원칙적으로 수증자에게 증여세 납세의무가 있다. 그런데 만일 공익신탁에 출연하는 위탁자에게 증여세를 부과한다면 아무도 공익신탁에 출연하려 하지 않을 것이다. 그러나 상증세법 제33조의 규정을 문구대로 해석하면 위탁자에게 증여세가 과세될 가능성도 배제할 수 없으므로 동 조항의 해석에 대하여 논의한다.

공익신탁법에 따르면 신탁재산에서 발생하는 소득은 위탁자에게 귀속될 수 없고, 신탁재산과 운용수익은 공익목적을 위해서 사용되어야 하며, 신탁 종료 시 남은 재산은 다른 공익신탁이나 국가 등에 귀속된다.[103] 이처럼 공익신탁 위탁자에게 신탁재산의 어떤 이익도 귀속하지 않음에도 위탁자에게 증여세가 부과된다면 매우 불합리한 결과가 된다.

(2) 상증세법 제33조의 해석론

(가) 위탁자에 대한 증여세 과세 부정설

1) 사익신탁의 경우

상증세법 제33조 "신탁이익의 증여" 규정에 따르면, 위탁자가 타인을 수익자로 지정하는 타익신탁의 경우 신탁이익의 가액은 수익자의 증여재산이 되어(제1항) 수익자에게 증여세가 과세 된다. 그런데 같은 조 제1항에는 위탁자가 자신을 수익자로 지정하는 자익신탁에 대한 언급이 없다. 자익신탁은 증여가 아니므로 논의의 필요가 없기 때문일 것이다.[104]

상증세법 제33조 제2항 전단에는, "신탁계약에서 수익자가 특정되지 아니하거나 아직 존재하지 아니하는 경우에는 위탁자 또는 그 상속인을 수익자로 본다"라고 하고 있다. 신탁 설정 시에는 위탁자가 생존해 있으므로 위탁자를 수익자로 보게 될 것이고, 이 또한 자익신탁과 마찬가지

---

103) 공익신탁법 제11조 제4항 및 제5항, 제12조 제1항, 제24조 제1항 및 제2항.
104) 위탁자가 자신을 수익자로 지정하는 자익신탁은 증여라 할 수 없다. "증여"란 그 행위 또는 거래의 명칭·형식·목적 등과 관계없이 직접 또는 간접적인 방법으로 타인에게 무상으로 유형·무형의 재산 또는 이익을 이전하거나 타인의 재산 가치를 증가시키는 것을 말한다(상증세법 제2조 제6호).

로 증여가 성립하지 않는다. 같은 법 제33조 제2항 후단은 "수익자가 특정되거나 존재하게 된 때에 새로운 신탁이 있는 것으로 보아 제1항을 적용한다"라고 하고 있다. 즉, 신탁 설정 시 수익자가 특정되지 아니하거나 존재하지 않는 경우 일단 증여세 과세를 유보하였다가, 수익자가 특정되거나 존재하게 되는 시점에 해당 수익자에게 증여세를 과세한다고 해석할 수 있다. 같은 조 제2항의 전단과 후단을 연결하면, "수익자가 특정되지 아니하거나 아직 존재하지 아니하는 경우에는 위탁자 또는 그 상속인을 수익자로 보고, 수익자가 특정되거나 존재하게 된 때에 새로운 신탁이 있는 것으로 보아 제1항을 적용한다." 즉 위탁자를 수익자로 보는 시점에 제1항을 적용하지 않고, "수익자가 특정되거나 존재하게 된 때에 제1항을 적용한다"라는 것을 알 수 있다.

만일 신탁 설정 시 수익자가 특정되지 아니하거나 아직 존재하지 아니하는 경우 위탁자에게 증여세를 과세하고, 그 후 수익자가 타인으로 특정되거나 존재하게 된 때에 다시 해당 수익자에게 과세한다면 증여세가 중복과세 되는 문제도 발생한다.

2) 공익신탁의 경우

공익신탁법 제2조 제2호에 따르면, 공익신탁은 "공익사업을 목적으로 하는" 신탁이다. 공익신탁은 신탁법상 목적신탁의 한 유형이며, 목적신탁이란 "수익자가 없는 특정의 목적을 위한 신탁"[105]을 말한다. 이와 같이 공익신탁 설정 시 수익자가 존재하지 아니하므로 상증세법 제33조 제2항 전단을 적용하여 위탁자를 수익자로 보아 위탁자에게 증여세를 과세해야 하는 것으로 해석할 가능성도 있다. 그러나 위탁자가 자신의 특정 재산을 공익신탁에 출연하는 경우 공익신탁의 특성상 출연자나 기부자는 공익신탁재산에 대하여 수익자의 지위를 갖지 못하며,[106] 신탁

---

105) 신탁법 제3조 제1항.
106) 이중기, "법인과 비교한 신탁의 특징 - 공익신탁의 활용을 중심으로 -", 서울대학교 법학 제55권 제2호(2014. 6.), 541.

재산 및 그 운용수익은 공익목적을 위하여 사용되어야 하고, 공익목적
에 출연한 재산은 다른 공익신탁이나 국가 등에 이전하는 방식으로만
처분할 수 있는 등 공익신탁법상의 제약을 받는다. 따라서 위탁자가 공
익신탁에 출연하는 시점에 위탁자에게 증여세 문제는 발생하지 않는다
고 해석하여야 할 것이다.

(나) 위탁자에 대한 증여세 과세 긍정설

상증세법 제33조 규정의 해석상 공익신탁의 설정 시 위탁자에게 증
여세가 과세될 가능성이 있다는 견해가 있다. 이 견해에 따르면 "공익신
탁의 경우 수익자가 지정되지 아니하거나 지정되더라도 수익자가 될 수
있는 요건 정도만 특정하는 경우가 많을 것이므로 상증세법 제33조에
따르면 위탁자나 그 상속인이 증여세를 내야 하는 경우가 발생할 수 있
다. 그것이 타당하지 아니함은 말할 필요도 없다. 이에 대한 가장 좋은
정공법은 지정기부금으로 인정되는 공익신탁의 경우라면 증여세 납세
의무자를 수탁자로 하고, 다만 일정한 요건을 갖추는 경우 증여세를 비
과세하는 것이다"[107]라고 한다.

(3) 해석론적 개선방안

위에서 살펴본 바와 같이 상증세법 제33조에 의하여 공익신탁의 설정
시에는 수익자가 특정되지 아니하므로 위탁자를 수익자로 보아 위탁자에
게 증여세가 과세될 가능성이 있다는 해석도 있다. 그러나 위탁자와 수익
자가 동일한 자익신탁에 대해서 위탁자에게 증여세를 과세하지 않는 것과
같이 "수익자가 특정되지 아니하거나 아직 존재하지 아니하는 경우에는
위탁자 또는 그 상속인을 수익자로 본다"라는 규정에 근거하여 공익신탁
의 위탁자에게 증여세를 과세할 수는 없다고 해석하는 것이 타당하다.

---

107) 김성균, "공익신탁의 납세의무자", 중앙법학 제15집 제3호(2013. 9.), 407.

나. 공익신탁재산의 증여세과세가액 불산입 규정의 필요성 검토

(1) 문제의 제기

상증세법 제52조는 "증여재산 중 증여자가 공익신탁을 통하여 공익법인 등에 출연하는 재산의 가액은 증여세과세가액에 산입하지 아니한다"라고 규정하고 있다. 그런데 이 규정이 없어도 위탁자나 공익신탁 또는 공익법인 중 아무에게도 증여세가 부과될 가능성이 없다. 그렇다면 상증세법 제52조는 존재할 필요가 있는 것인지에 대하여 살펴본다.

(2) 상증세법 제52조의 해석론

(가) 위탁자 불요설

먼저 상증세법 제52조의 규정이 위탁자의 증여세 납부의무를 면제하기 위한 것인지 살펴본다. 앞의 주제인 "공익신탁 설정 시 위탁자에게 증여세 과세 여부 검토"에서, 공익신탁의 위탁자에게는 상증세법 제33조 제2항에 따라 증여세가 과세 되지 않는다고 판단한 바 있다. 따라서 상증세법 제52조는 위탁자에게는 필요하지 않은 규정이라고 판단된다.

(나) 공익신탁 적용 불요설

이번에는 공익신탁 자체를 위해 상증세법 제52조가 필요한지 살펴본다. 증여세 납부의무에 관한 규정을 살펴보면, 같은 법 제4조의2 제1항에서는 증여재산에 대하여 수증자에게 납부의무가 있음을 명시하면서, 수증자가 거주자 또는 국내 비영리법인인 경우는 모든 증여재산에 대하여 증여세 납부의무가 있고, 수증자가 비거주자 또는 국외 비영리법인인 경우는 국내 증여재산에 대하여 납부의무가 있다고 하고 있다. 또한 같은 법 같은 조 제8항에서는 법인격이 없는 사단·재단 또는 그 밖의 단체는 국세기본법 제13조 제4항에 따른 법인으로 보는 단체에 해당하는 경우는 비영리법인으로 보고, 그 외의 경우는 거주자 또는 비거주자로 본다고 하고 있다.

그런데 공익신탁은 거주자나 비거주자에 해당하지 않고, 법인격이 없는 사단·재단 또는 그 밖의 단체라고 볼 수도 없으므로 비영리법인으로 볼 여지도 없다. 따라서 공익신탁에는 현행법상 증여세 납부의무를 적용할 수 없고, 상증세법 제52조 증여세과세가액 불산입 규정은 필요 없는 것으로 판단된다.

(다) 공익신탁을 통해 재산을 출연받은 공익법인에 대한 한정적 적용설

다음에는 상증세법 제52조 규정이 공익신탁을 통하여 재산을 출연받는 공익법인 등에 필요한지 살펴본다. 상증세법 제4조의2 제1항은 "수증자"에게 증여세 납부의무가 있다고 하고, 같은 조 제3항은 수증자에게 소득세 또는 법인세가 부과되는 경우는 증여세를 부과하지 아니하고, 소득세 또는 법인세가 법률에 따라 비과세되거나 감면되는 경우도 증여세를 부과하지 않는다고 한다. 그렇다면 상증세법 제52조의 규정은 수증자인 공익법인 등의 납부의무 면제를 위한 규정이라고 일단 생각해 볼 수 있다.

(라) 상증세법 제48조와의 관계

그러나 상증세법 제52조가 공익법인등을 위한 규정이라고 하면 다른 의문이 든다. 상증세법 제52조와는 별도로 같은 법 제48조는 "공익법인 등이 출연받은 재산의 가액은 증여세과세가액에 산입하지 아니한다"라는 규정을 두고 있다. 따라서 공익법인등은 같은 법 제52조의 규정이 없어도 출연받은 재산에 대하여 증여세과세가액에 산입하지 않을 수 있다. 같은 법 제48조는 출연재산을 증여자로부터 직접 받은 것인지, 공익신탁을 통하여 받은 것인지에 대하여 조건을 달지 않기 때문이다.

그렇다면 상증세법 제52조가 왜 필요한가? 제48조와 제52조의 다른 점을 살펴본다. 제52조는 "증여자가 공익신탁을 통하여 공익법인등에 출연하는 재산'의 가액은 증여세과세가액에 산입하지 아니한다고 하고 있고, 제48조는 "공익법인등이 출연받은 재산"의 가액은 증여세과세가액에 산입하지 아니한다고 하고 있다. 제52조에는 증여의 주체인 "증여자"가 규정 문구에 나타나며, 공익법인등은 증여를 받는 대상으로 표현되는 반면, 제48조에는 증여자에 대한 언급 없이 공익법인등이 출연받은 재산에 대한 언급만 있다. 증여세과세가액에 산입하지 않는다는 결론은 같은데 그 앞 부분을 다르게 규정한 이유가 명확하지 않다.

상증세법 제48조와 제52조의 또 다른 점은, 제48조는 공익법인등이 출연받은 주식이 일정 비율을 초과하는 경우는 그 초과액을 증여세과세가액에 산입한다는 내용을 포함하고 있으나, 제52조는 이에 대한 언급이 없는 것이다. 그리고 제48조는 제1항에 따라 출연받은 재산의 사후관리에 관하여 제2항부터 제14항까지 규정하고 있으나 제52조는 사후관리에 대한 언급이 없다. 제52조가 없다면 공익법인등이 공익신탁을 통하여 출연받은 재산도 제48조를 적용하면 되는데, 제52조를 둠으로써 공익법인등이 공익신탁을 통하여 출연받은 재산은 사후관리가 필요 없는지 의문이 들고, 주식의 비율에 대한 제한도 없는지 혼란이 발생한다.

(3) 입법론적 개선방안

공익법인등은 증여자로부터 직접 출연을 받을 때뿐 아니라 공익신탁을 통하여 간접 출연을 받을 때도 그 경제적 실질이 동일하므로 주식의 보유에 대한 규제는 같은 수준으로 적용되어야 하고, 공익법인등이 출연받은 재산의 사후관리도 두 가지 경우 모두 같은 방법으로 이루어져야 한다. 그러므로 위탁자, 공익신탁 또는 공익법인등 아무에게도 필요하지 않고, 오히려 공익법인 출연재산의 사후관리에 관하여 불공정한 상황을 초래할 것으로 판단되는 상증세법 제52조를 삭제하는 것이 세법 해석의 혼란을 방지하고 세법 적용의 공정성을 확보하는 길일 것이다.

2. 공익신탁재산 관련 상속세제의 개선

가. 상속세과세가액 불산입을 위한 공익신탁의 수익자 제한 문제

(1) 문제점

(가) 공익신탁을 통하여 공익법인등에 출연해야만 상속세과세가액 불산입

상증세법은 제17조 제1항에서 "상속재산 중 피상속인이나 상속인이 공익신탁을 통하여 공익법인등에 출연하는 재산의 가액은 상속세과세 가액에 산입하지 아니한다"라고 규정한다. 그리고 이 규정을 적용받으려면 상속재산을 신탁받은 공익신탁이 같은 법 시행령 제14조 제1항에서 규정하는 3가지 요건을 모두 충족하는 공익신탁이어야 한다. 즉, 해당 공익신탁은 ① 신탁의 수익자가 상증세법 시행령 제12조에 규정된 공익법인 등이거나 그 공익법인 등의 수혜자이어야 하고, ② 신탁의 만기일까지 신탁계약이 중도해지되거나 취소되지 아니하여야 하며, ③ 신탁의 중도해지 또는 종료 시 잔여 신탁재산이 국가·지방자치단체 및 다른 공익신탁에 귀속되어야 한다.

위 요건 중에서 신탁의 만기일까지 신탁계약이 중도해지 또는 취소되지 않아야 하는 요건과 신탁의 중도해지 또는 종료 시 잔여 신탁재산이 국가 등에 귀속되어야 하는 요건은 필요하다고 생각된다. 그러나 신탁의 수익자가 상증세법 시행령 제12조에 규정된 공익법인 등이거나 그 공익법인 등의 수혜자이어야 하는 요건에 대해서는 논의할 필요가 있다.

상증세법 시행령 제12조에서 규정하는 공익법인등의 범위를 보면, 종교단체, 학교, 유치원, 사회복지법인, 의료법인, 기부금단체 등 다양한 공익목적의 법인과 단체가 포함되어 있다. 그런데 이 규정은 같은 법 제16조와 제17조에 공통으로 적용된다. 같은 법 제16조는 공익법인등에 출연한 상속재산에 대한 상속세과세가액 불산입 규정인데, 결국 상속재산이 제16조에 따라 공익법인등에 직접 출연되든지, 제17조에 따라 공익신탁을 통해 공익법인등에 간접 출연되든지 관계없이 상속세과세가액 불산입이라는 조세지원을 받을 수 있는 공익법인등의 범위는 같은 법 시행령 제12조가 적용되는 것이다.

그렇다면 상증세법에서는 공익신탁재산이 공익신탁을 통하여 결국 공익법인등에 출연되어야 상속세과세가액에 불산입하고, 공익신탁이 수탁받은 상속재산을 공익법인등에 출연하지 않고 공익신탁의 자체적인 공익사업에 직접 사용하면 상속세과세가액에 산입하여 과세한다는 것인데, 공익신탁의 공익사업 직접 사용분에 대하여는 상속세과세가액 불산입 혜택을 배제하는 것은 문제가 있다고 생각된다.

(나) 공익신탁에 대한 독립된 조세지원과 사후관리제도의 부재

앞에서 살펴본 바와 같이 현행 상증세법은 공익신탁에 신탁된 상속재산이 공익법인등에 출연되는 조건이어야만 상속세과세가액에 불산입한다. 이러한 방식은 공익신탁을 위한 독립적인 조세지원 방식이라고 보기는 어렵다. 조세지원을 받으려고 공익신탁은 그저 공익법인 등에 재산을 출연하는 통로 역할만 해야 하기 때문이다. 상속재산을 수탁받은 공익신탁의 수탁자는 수탁재산을 잠시 운용하다가 공익법인등에 넘겨주면 되므로, 공익신탁 자체의 공익성 여부를 따질 필요도 없게 된다. 결국 상증세법 제17조는 공익신탁을 지원하는 제도라기보다는 제16조와 더불어 공익법인 등을 지원하기 위한 제도로 보인다. 이렇게 공익신탁 자체의 공익사업에 대한 별도의 조세지원 규정이 없다 보니 세법에는 별도의 사후관리 규정도 없다. 단지 공익재산을 출연받은 공익법인등에 대한 사후관리 규정[108]이 있을 뿐이다.

---

108) 상증세법 제48조 제1항 내지 제14항.

(다) 금융기관 수탁자의 공익사업 적극 집행의 어려움

현재 공시된 공익신탁은 33개인데 수탁자는 모두 금융기관이며,[109] 신탁업자가 금융상품 형태로 공익신탁 상품을 준비하고 스스로 수탁자가 되는 금융상품형 공익신탁이 대부분이다.[110] 그런데 금융기관은 자금 운용 부문의 전문가이지만 공익사업 자체에 관한 전문가라고 생각하기는 어렵다. 한편 공익신탁법은 수탁자가 신탁재산의 운용, 모금이나 기부금품 지급 사무 등을 제3자에게 위임할 수 있게 하고 있으므로,[111] 금융기관 수탁자는 일부 사무처리를 그 부문의 전문가인 제3자에게 위임하는 방법을 선택할 수도 있을 것이다. 이처럼 사무처리 일부를 제3자에게 위임하는 방법이 있을 수도 있고, 해당 공익신탁의 설립 취지에 부합하는 공익법인등에 신탁재산을 출연하는 방법도 있을 수 있다.

그런데 상증세법은 수탁자가 직접 또는 제3자에게 위임하여 공익사업을 자체적으로 수행하는 공익신탁(이하 '사업 집행형 공익신탁'이라 한다)에 신탁하는 상속재산에 대해서는 상속세과세가액 불산입이라는 조세지원을 하지 않고, 공익법인등에 출연하는 조건으로 신탁하는 공익신탁(이하 '자금 전달형 공익신탁'이라 한다)에 출연하는 상속재산에 대해서만 상속세과세가액에 불산입하도록 하고 있다. 공익신탁법에는 사업 집행형 공익신탁을 제한하는 규정이 없고 공익사업의 범위를 다양하게 예시하고 있음에도 불구하고, 상증세법은 자금 전달형 공익신탁에

---

109) 법무부 공익신탁공시시스템, "많이 열람한 공익신탁", https://www.trust.go.kr/trust.do, (2022. 4. 1. 확인).

110) 임채웅, "공익신탁에 관한 연구", 민사법학 제70호, 한국민사법학회(2015. 3.), 141, 144, 159 ; 동 논문에서 공익신탁을 설정형태에 따라 두 가지로 구분하였는데, 금융기관을 주로 하는 신탁업자가 금융상품형태로 준비하여 스스로 수탁자가 되고 위탁자는 그 금융상품을 매입(가입)하는 형식으로 설정되는 공익신탁을 '금융상품형 공익신탁', 그 외의 공익신탁을 '일반형 공익신탁'이라고 구분하였다. 그러면서 금융상품형 공익신탁은 신탁업자로서는 영업 분야의 확장이라는 면이 있을 것이며, 위탁자 입장에서는 가장 간편한 공익신탁 설정 방식이 될 것이라고 한다.

111) 공익신탁법 제14조 및 같은 법 시행령 제10조.

대해서만 상속세과세가액 불산입 혜택을 주고 있으며, 뒤에서 살펴보겠지만 자금 전달형 공익신탁이 아니면 위탁자에게 기부금 인정도 하지 않고 있다.

(2) 개선방안

(가) 사업 집행형 공익신탁 출연재산도 상속세과세가액 불산입

만일 수탁자가 금융기관이 아니라 공익법인이라면 수탁자는 자신의 사무조직을 이용하여 공익사업을 자체적으로 충분히 수행할 수 있을 것이다. 현재 이러한 공익신탁이 존재하지 않는 이유는 이러한 사업 집행형 공익신탁에 대해서는 조세지원 제도가 없기 때문이라고 생각된다. 앞으로 공익신탁이 활성화되려면 다양한 종류의 공익사업을 직접 수행하는 수탁자가 많이 생겨야 할 것이고, 그러려면 수탁받은 상속재산을 수탁자가 자체적으로 공익사업에 사용해도 상속세과세가액 불산입이라는 조세지원이 적용되어야 할 것이다. 공익법인등은 기존의 방식으로 재산을 출연받을 수도 있지만, 공익신탁 제도를 이용하여 공익신탁의 수탁자로서 재산을 수탁받아 위탁자의 신탁 취지에 맞게 공익사업을 수행할 수도 있을 것이다.

사업 집행형 공익신탁에 출연한 상속재산도 상속세과세가액에 불산입하는 조세지원을 받도록 하려면 상증세법의 개정이 필요하다. 상증세법 제17조에서 "공익신탁을 통하여 공익법인 등에 출연하는 재산의 가액은 상속세과세가액에 산입하지 아니한다"라는 조항을 "공익신탁에 출연하는 재산의 가액은 상속세과세가액에 산입하지 아니한다"라는 내용으로 개정하고, 같은 법 시행령 제14조 제1항 공익신탁의 범위 요건 중 제1호인 "공익신탁의 수익자가 제12조에 규정된 공익법인 등이거나 그 공익법인 등의 수혜자일 것"이라는 요건을 삭제해야 할 것이다.[112]

---

112) 이영미, "공익신탁 과세제도에 관한 연구", 박사학위 논문, 강남대학교(2020.

(나) 공익신탁에 대한 사후관리제도 보완

상속재산을 사업 집행형 공익신탁에 출연하는 경우에도 상속세과세가액에 불산입하는 조세지원이 시행되려면 이에 대한 사후관리제도를 검토할 필요가 있다. 우선 공익법인출연재산에 대한 상증세법의 사후관리제도를 보면, 상증세법은 제48조 제1항에서 공익법인 등이 출연받은 재산은 증여세과세가액에 산입하지 아니한다고 규정한 뒤, 같은 조 제2항부터 제14항까지 출연받은 재산의 사후관리에 관하여 규정하고 있다. 상증세법에서 열거하여 규정하고 있는 공익법인의 범위[113]는 공익법인법상 공익법인의 범위와 일치하지 않기 때문에, 공익법인출연재산의 사후관리에 관하여는 공익법인법이 아니라 상증세법에서 규정하고 있다.

그런데 상증세법에는 공익신탁이 출연받은 재산에 관한 사후관리 조항은 별도로 존재하지 않는다. 공익신탁은 공익법인과 달리 원래 증여세 납세의무가 없으므로, 공익법인처럼 출연재산을 일단 증여세과세가액에 불산입하였다가 나중에 사후관리 규정 위반 시 증여세과세가액에 산입하는 사후관리 방식은 부적절하기 때문일 것이다.

공익신탁은 공익신탁법에 의해 출연재산에 관한 규제를 받는다. 공익신탁법에는 공익신탁을 감독하기 위한 규정이 많이 있다. 예를 들면, 수탁자 상호간이나 신탁관리인 상호 간, 또는 신탁관리인과 수탁자 간 특수관계에 관한 규제,[114] 위탁자·수탁자·신탁관리인 등에 대한 이익제공 금지,[115] 특정 개인이나 단체에 대한 이익제공 금지,[116] 공익신탁의 인가 및 사업내용의 공시,[117] 신탁재산의 공익사업 및 수익사업 외 사용금지,[118] 신탁재산의 3년 이내 공익사업 사용 의무,[119] 신탁재산 운용

12.), 199-200.

113) 상증세법 시행령 제12조.

114) 공익신탁법 제4조 제4호 내지 제6호.

115) 공익신탁법 제4조 제8호 가목.

116) 공익신탁법 제4조 제8호 나목.

117) 공익신탁법 제10조 제1항.

118) 공익신탁법 제11조 제4항.

소득의 70% 이상 공익사업 사용 의무,[120] 자산총액 100억 원 이상인 경우 외부회계감사 의무,[121] 공익신탁의 종료 시 국가 등을 귀속권리자로 보는 조항[122]들이 그것이다.

이처럼 공익신탁법에는 상증세법상 공익법인의 사후관리 규정과 유사한 내용이 포함되어 있으므로, 공익신탁 출연재산의 사후관리는 현재처럼 공익신탁법에서 규제하는 방식을 유지해도 될 것이다. 다만, 공익신탁을 자금 전달형 공익신탁과 사업 집행형 공익신탁으로 구분하여, 사업 집행형 공익신탁에 대해서는 자금 전달형 공익신탁보다 인가와 관리·감독을 더 엄격히 해야 할 것이다. 예를 들면 사업 집행형 공익신탁에 대해서는 출연재산에 관한 보고서를 제출하게 하고, 공익법인회계기준을 준용하여 재무제표를 작성하게 하는 등의 추가 의무를 부여할 필요가 있다. 그러나 이러한 의무를 자금 전달형 공익신탁에는 부여할 필요가 없다. 자금 전달형 공익신탁은 간단한 업무수행과 낮은 유지비용이 장점인데 복잡한 업무를 부담시켜서 고비용 저효율의 구조로 만들 이유는 없기 때문이다.

(다) 공익신탁을 상증세법상 공익법인으로 간주하는 방안

앞에서 살펴본 바와 같이, 공익신탁법에서 사업 집행형 공익신탁과 자금 전달형 공익신탁을 구분하여 사업 집행형 공익신탁의 인가와 관리·감독 수준을 더 엄격하게 적용하는 방법 외에, 공익신탁을 상증세법에서 공익법인으로 간주하는 방안을 고려해 볼 수 있다.[123] 이 방법은

---

119) 공익신탁법 제11조 제5항.
120) 공익신탁법 제12조 제1항.
121) 공익신탁법 제17조 및 같은 법 시행령 제12조.
122) 공익신탁법 제24조 제1항 및 제2항.
123) 藤谷武史, "報告 : 公益信託と税制", 信託法研究 第37号(2012), 33-47 ; 藤谷武史는 이 보고서에서 일본 공익신탁 세제의 개혁방안으로 제시되어 온 "간주공익법인 과세방식"의 장단점에 대하여 검토하고 있다(이에 대한 자세한 내용은 谷口勢津夫, "公益信託課税, 信託税制の體系的研究 -制度と解釋-", 日税研論

공익신탁을 상증세법상 공익법인의 범위에 포함하여 상증세법상 세제 혜택과 사후관리 의무를 부여하는 것이다. 이렇게 하면 자금 전달형 공익신탁뿐 아니라 사업 집행형 공익신탁에 재산을 출연하는 때에도 출연자는 상속세과세가액 불산입이나 기부금 인정이라는 세제 혜택을 누리게 되고, 공익신탁과 공익법인 간 비형평성 문제가 해소된다.

그러나 공익신탁을 공익법인으로 간주하더라도 사업 집행형 공익신탁과 자금 전달형 공익신탁을 구분하여 세제상 사후관리 의무에 차등을 둘 필요가 있다. 자금 전달형 공익신탁에 대해서는 상증세법에서 정하는 복잡한 사후관리 의무를 부담시킬 필요 없이 현재와 같이 공익신탁법에 따른 관리·감독 방식을 유지하게 하고, 사업 집행형 공익신탁에 대해서만 상증세법의 사후관리 의무를 부담시키면 될 것이다.

集 第62號(2011), 160-170 참조). 이 방식은 공익신탁을 법인으로 간주해 과세 관계를 규정하는 방식이다. 그 장점으로는, 만일 특정공익신탁 요건을 충족하지 않는 공익신탁이 등장하게 되는 경우, 과세 관계의 불명확성으로 인하여 위탁자에 대한 수익과세 또는 위탁자의 상속인에 대한 상속세 과세라는 상식에 반하는 과세의 가능성을 조문 해석상 배제할 수 없으므로, 간주공익법인 과세 방식으로 공익신탁재산 자체를 납세의무자로 함으로써 이러한 문제를 해결할 수 있다고 한다. 그리고 특정공익신탁의 수탁가능재산은 금전으로 한정되어 있는데, 이로 인해 부동산 등을 수탁받을 경우, 공익법인 등에의 출자나 기부의 경우와 같이 출자자에게 그 잠재 이익에 대하여 과세하는 조세법의 원칙을 적용하는시에 대한 논의가 유보되어 있다고 한다. 이러한 문제도 간주공익법인 과세방식을 도입하여 금전 이외 재산을 수탁받을 경우 공익법인에 대한 기부와 동일한 취급을 하여 간주 양도와 간주 기부금으로 취급할 수 있다고 한다. 그리고 공익신탁의 수익에 대해서는 신탁재산에 귀속한다고 하고 비과세 조치를 강구하면 될 것이라고 한다. 그러나 간주공익법인 과세방식의 단점으로는, 종래의 단순한 조성형의 출자 활동을 하는 공익신탁에 있어서는 공익법인의 복잡한 세제를 갖추는 것은 비용이 많이 들고 사용하기 어려운 세제가 될 수 있다고 지적한다.

나. 공익신탁을 통해 공익법인에 주식출연 시 주식보유기준 개선

(1) 문제점

공익신탁의 신탁재산은 금전, 부동산, 주식 등 다양할 수 있다. 주식의 경우 신탁행위 외의 방법으로 취득해서는 아니되나,[124] 신탁행위로는 취득할 수 있다.[125] 그런데 상증세법은 공익법인 등의 주식보유에 대하여는 엄격히 제한하고 있으나, 공익신탁에 대하여는 명시적으로 이를 제한하지 않고 있다. 상증세법 제17조는 공익신탁을 통하여 공익법인에 출연하는 상속재산을 상속세과세가액에 불산입한다고 규정하면서, 주식의 출연에 대하여 별도로 규정하지 않는다. 반면 같은 법 제16조는 제1항에서 공익법인에 출연하는 상속재산을 상속세과세가액에 불산입한다고 규정하면서, 제2항과 제3항에서 주식의 출연과 관련한 동일기업 주식보유한도를 정하고 있다. 이에 따라 일정 비율을 초과하는 주식 가액은 상속세과세가액에 산입된다.

그렇다면 피상속인이나 상속인이 상속재산 중 주식을 상증세법 제16조에 따라 공익법인에 직접 출연하는 경우는 동일기업 주식 보유한도 초과액이 상속세과세가액에 산입됨에 비하여, 같은 법 제17조에 따라 공익신탁을 통하여 공익법인에 출연하는 경우는 일응 제한 없이 상속세과세가액에 불산입되는 것으로 해석된다. 한편, 상증세법 제48조 제1항은 공익법인이 출연받은 재산의 가액은 증여세과세가액에 산입하지 아니하지만, 동일기업 주식보유한도를 초과하여 주식을 출연받은 경우는 그 초과액은 증여세과세가액에 산입한다고 명시하고 있다. 따라서 상증세법 제17조에 따라 공익신탁을 통하여 공익법인에 출연된 주식이 공익

---

124) 공익신탁법 제11조 제2항 : 수탁자는 금전(「신탁법」 제41조 각 호에 규정된 재산을 포함한다)이 아닌 신탁재산을 신탁행위 외의 방법으로 취득해서는 아니된다.

125) 황인규, "공익신탁 과세제도의 개선방안에 관한 연구", 박사학위 논문, 성균관대학교(2021. 12.), 222.

법인의 동일기업 주식보유한도를 초과하는 경우는 그 공익법인에는 증여세가 과세될 것이다.

상증세법에서 공익법인의 동일기업 주식보유한도를 정하여 규제하는 이유는 출연자 등이 공익법인을 통하여 주식발행법인을 지배하는 것을 방지하기 위함이다. 공익법인이나 공익신탁은 보유주식에 대한 의결권 행사가 가능하다. 공익법인은 주주로서 직접 의결권을 행사할 수 있고, 공익신탁은 수탁자가 의결권을 행사할 수 있다.[126] 그런데 출연자가 공익법인이나 공익신탁의 수탁자에게 중대한 영향력을 행사하여 주식의 지배력을 유지하는 것을 방지하기 위하여 상증세법과 공익신탁법은 각각 규제조항을 갖고 있다. 상증세법은 공익법인의 출연자 또는 그의 특수관계인이 공익법인의 이사 수의 1/5을 초과하여 이사나 임직원이 되는 경우 가산세를 부과한다.[127] 한편, 공익신탁법은 수탁자 상호간과 신탁관리인 상호간 특수관계자가 1/5을 초과하지 못하도록 하고, 신탁관리인과 수탁자가 특수관계에 있는 것을 금지한다.[128]

이처럼 공익법인과 공익신탁은 모두 보유주식에 대한 의결권의 행사가 가능하고, 모두 출연자의 과다한 영향력 행사를 방지하는 규정도 갖고 있다. 그런데 상속인 등이 상속받은 주식을 공익법인에 직접 출연하는지 혹은 공익신탁에 신탁하거나 공익신탁을 통하여 공익법인에 출연하는지에 따라 동일기업 주식 보유한도를 초과하는 주식 가액에 대하여 세제상 차별하고 있는 현행 규정은 조세중립성을 침해하고 있다고 여겨진다.

(2) 개선방안

상속재산 중 피상속인이나 상속인이 공익신탁을 통하여 공익법인에

---

126) 노혁준·김지평, 주식신탁의 활용방안 연구, 서울대학교 금융법센터(2015. 9. 30.), 80.
127) 상증세법 제48조 제8항.
128) 공익신탁법 제4조 제4호 내지 제6호.

주식을 출연하는 방식이든, 공익법인에 주식을 직접 출연하는 방식이든 상관없이 동일기업 주식 보유한도를 초과하는 주식 가액은 상속세과세가액에 산입하여야 한다. 두 가지 방식 중 어느 방식을 선택하는지에 따라 세제상 차별을 둘 이유가 없기 때문이다.

따라서 현행 상증세법 제16조(공익법인에 직접 출연하는 경우) 제2항부터 제5항까지의 동일기업 주식 보유한도 관련 내용을 상증세법 제17조(공익신탁을 통하여 공익법인에 출연하는 경우)에서도 준용하도록 하여 공익신탁을 통하여 주식을 공익법인에 출연하는 때에도 동일기업 주식 보유한도가 적용되도록 해야 할 것이다.

3. 공익신탁재산 기부금 세제의 개선

가. 문제점

상속세제의 개선 부분에서 언급한 바와 같이 현재는 공익신탁의 수탁자가 모두 금융기관이지만 앞으로 수탁자가 금융기관이 아니라 공익법인 등 공익사업을 직접 수행할 능력이 있는 기관이 될 수도 있다. 그런데 현행 규정대로라면 사업 집행형 공익신탁에 출연한 재산은 기부금으로 인정받지 못한다.

나. 개선방안

공익신탁이 활성화되려면 다양한 공익사업을 직접 수행하는 수탁자가 많아져야 할 것인데, 상속세제의 개선 부분에서 공익신탁법에 따라 사업 집행형 공익신탁으로 인정받은 공익신탁에 신탁하는 상속재산을 상속세과세가액에 산입하지 아니하도록 제안한 바와 같이 사업 집행형 공익신탁에 출연한 증여재산을 위탁자의 기부금으로 인정할 것을 제안한다.

VI. 결론

공익신탁은 공익법인과 비교하여 설립 절차가 간단하고 비용이 적게 들며 소규모 재산으로도 위탁자의 뜻을 반영하여 신탁을 설계할 수 있다는 장점이 있다. 그러나 현재까지 공익신탁을 이용한 기부 실적은 극히 저조하다. 세법은 공익신탁제도를 지원하려고 공익신탁에 기부하는 재산에 대하여 기부금으로 인정하거나 상속세에서 제외하는 등의 조세지원을 하고 있다. 그러나 모든 공익신탁이 아니라 일부 공익신탁에 대해서만 조세지원을 하는 등 공익신탁에 대한 과세제도에는 몇 가지 문제가 있다. 이에 본 연구는 공익신탁 과세제도의 문제점에 대한 개선방안을 제시하고자 한다.

첫째는 증여세제의 개선방안이다. 공익신탁에 증여하는 재산의 증여세에 대한 현행 세법 규정이 모호하여 해석상 혼란이 있으므로, 관련 규정의 해석론적 또는 입법론적 개선방안을 제시하였다. 증여세와 관련하여 먼저 상증세법 제33조를 검토하였는데, 사익신탁의 경우 위탁자와 수익자가 동일한 자익신탁에 대해서 위탁자에게 증여세를 과세하지 않는 것과 마찬가지로, 수익자가 특정되지 아니하거나 아직 존재하지 아니하는 공익신탁의 경우, 위탁자를 수익자로 보더라도 위탁자에게 증여세를 과세할 수는 없다는 해석론적 입장을 제시한다. 다음으로 상증세법 제52조를 검토하였다. 동 조항은 공익신탁을 통하여 공익법인에 출연하는 재산의 가액은 증여세과세가액에 산입하지 아니한다고 규정하고 있는데, 위탁자나 공익신탁 또는 공익법인 아무에게도 필요하지 않고, 주식 출연의 경우 공익법인 출연재산의 사후관리에서 불공평한 결과를 초래할 수 있는 동 조항을 삭제할 것을 제안한다.

둘째는 공익신탁 관련 상속세제의 개선방안이다. 상증세법 제17조에 의하면, 공익신탁에 출연하는 상속재산을 상속세과세가액에 산입하지 아니하려면 상속재산이 공익신탁을 통하여 공익법인에 출연되는 조건이어야 하는데, 이 조건 때문에 수탁자는 수탁재산을 공익법인에 전달하는 자금 전달형 공익신탁으로 역할이 축소되는 결과를 초래한다. 지금까지 공익신탁의 수탁자는 모두 금융기관이다. 앞으로는 금융기관뿐 아니라 공익사업 전문 수탁자가 공익사업을 적극적으로 수행할 수 있도록 제도를 개선할 필요가 있다. 그렇게 하려면 공익사업을 수탁자가 자체적으로 수행하는 사업 집행형 공익신탁에 출연하는 재산에 대해서도 세제 혜택을 부여해야 한다. 상증세법 제17조와 같은 법 시행령 제14조에서 공익법인에 출연해야만 공익신탁재산에 대해 세제 혜택을 부여하는 조건을 삭제해야 하며, 공익신탁법도 개정할 필요가 있다. 현재 공익신탁 출연재산의 사후관리는 공익신탁법에서 규정하고 있다. 공익신탁법에서 공익신탁을 자금 전달형 공익신탁과 사업 집행형 공익신탁으로 구분하여, 사업 집행형 공익신탁에 대해서는 인가와 관리·감독을 더 엄격하게 하는 방향으로 공익신탁법의 개정이 이루어져야 할 것이다. 상증세법에서 공익신탁을 공익법인으로 간주하는 방안도 제안하고자 한다. 이는 공익신탁을 상증세법상 공익법인의 범위에 포함하여 상증세법상 공익법인으로서의 세제 혜택과 사후관리 의무를 부여하는 방안이다.

공익신탁에 관한 상속세제의 또 다른 문제점은 상속재산 중 주식을 공익신탁이나 공익법인에 출연하는 때에 주식의 한도에 관한 것이다. 상증세법 제16조에 따르면, 상속재산을 공익법인에 출연하는 경우 출연한 재산의 가액은 상속세과세가액에 산입하지 아니하지만, 주식을 출연하는 경우는 공익법인의 주식보유 한도를 초과하는 가액은 상속세과세가액에 산입한다. 그러나 상증세법 제17조는 상속재산을 '공익신탁을 통하여' 공익법인에 출연하는 경우 출연한 재산의 가액은 상속세과세가액에 산입하지 아니한다고 규정하면서 공익법인의 주식보유 한도에 관한 제한을 하지 않고 있다. 주식을 직접 공익법인에 출연하든지 공익신탁을 통하여 출연하든지 세제 혜택의 차이가 없어야 하고, 이러한 점이 세법 규정에 명확히 반영되도록 보완되어야 한다.

셋째는 공익신탁 기부금 세제에 대한 개선방안이다. 상속세제에서 논의한 것과 같은 문제로서, 현행 법인세법과 소득세법은 위탁자가 공익신탁에 기부하는 재산이 공익신탁을 통하여 공익법인에 출연되는 조건일 때에만 기부금으로 인정하는데, 자금 전달형 공익신탁뿐 아니라 사업 집행형 공익신탁에 대한 기부금도 세법상 기부금으로 인정해야 한다.

앞으로 공익신탁에 대한 조세지원제도가 개선되고, 공익사업을 다양한 방면에서 적극적으로 수행할 수 있는 전문성 있는 수탁자가 많이 나타나기를 바란다. 그리고 공익신탁에 관한 연구가 계속 이어지기를 기대한다.

참고문헌

김성균, "공익신탁의 납세의무자", 중앙법학 제15집 제3호(2013. 9.)

김진수·김태훈·김정아, "주요국의 기부관련 세제지원제도와 시사점", 한국조세
　　연구원 세법연구센터(2009. 8.)

노혁준·김지평, 주식신탁의 활용방안 연구, 서울대학교 금융법센터(2015. 9. 30.)

법무부 공익신탁공시시스템, "많이 열람한 공익신탁", https://www.trust.go.kr/trust.
　　do, (2022. 4. 1. 확인)

법무부 공익신탁공시시스템, "공익신탁의 절차", https://trust.go.kr/process.do, (2022.
　　4. 1. 확인)

이상신, "법인, 신탁 그리고 기부자조언기금 : 고액기부자들의 기부선택을 위한
　　주요 3가지 제도 비교 연구", 아름다운재단 기부문화연구소(2014)

이연갑, "공익신탁법에 관한 약간의 검토", 법조 제64권 제5호(2015. 5.)

이영미, "공익신탁 과세제도에 관한 연구", 박사학위 논문, 강남대학교(2020. 12.)

이중기, 공익신탁과 공익재단의 특징과 규제, 삼우사(2014)

＿＿＿, "법인과 비교한 신탁의 특징 - 공익신탁의 활용을 중심으로 -", 서울대
　　학교 법학 제55권 제2호(2014. 6.)

＿＿＿, "공익단체의 공익성 인정기준 등의 다양성과 통합 필요성", 홍익법학 제
　　15권 제2호(2014)

임채웅, "공익신탁에 관한 연구", 민사법학 제70호, 한국민사법학회(2015. 3.)

장보은, "성인 발달장애인 지원을 위한 공익신탁 활용 방안", 외법논집 제44권
　　제1호(2020. 2.)

주영대한민국대사관, "영국의 상속세 제도", http://overseas.mofa.go.kr/gb-ko/brd/
　　m_8390/view.do?seq=672560/, (2021. 8. 29. 확인)

최기호·이영한·정지선·강성모, "공익신탁 회계기준에 관한 연구", 한국회계학회
　　(2016. 12.)

최수정, 신탁법, 박영사(2019. 9.)

최원근·임병진, "국내 공익신탁의 상품설계에 관한 연구", 로고스경영연구 제16
　　권 제1호(2018. 3.)

황인규, "공익신탁 과세제도의 개선방안에 관한 연구", 박사학위 논문, 성균관대
학교(2021. 12.)

황현영, "공익신탁 활성화를 위한 입법·정책적 과제", 한양법학 제29권 제2집(통
권 제62집) (2018. 5.)

_____, "「공익신탁법」의 입법영향분석", 입법영향보고서 제37호(2018. 12. 31.)

谷口勢津夫, "公益信託課稅, 信託稅制の體系的研究 －制度と解釋－", 日稅研論
集 第62號(2011)

公益社団法人 商事法務研究会, "公益信託法改正研究会報告書"(2015. 12.)

藤谷武史, "報告 : 公益信託と稅制", 信託法研究 第37号(2012)

日本 一般社団法人 信託協会, "公益信託の受託状況", 2021. 6. 15., https://www.
shintaku-kyokai.or.jp/archives/041/202106/public_interest_trusts_20210615.
pdf/, (2022. 5. 25. 확인)

佐藤英明, 『信託と課稅(新版)』, 弘文堂(2020)

Fidelity Charitable, Charitable lead trusts Efficiently transfer assets to family
members, reduce tax liability and make a charitable impact, https://www.
fidelitycharitable.org/guidance/philanthropy/charitable-lead-trusts.html/,
(2022. 5. 25. 확인)

GOV.UK, Tax relief when you donate to a charity, https://www.gov.uk/donating
-to-charity/, (2022. 5. 25. 확인)

Richard D. Barrett/Molly E. Ware, CFRE, Planned Giving Essentials (2.ed), Aspen
Publishers(2002)

Wikipedia, Pooled income fund, https://en.wikipedia.org/wiki/Pooled_income_fund/,
(2022. 5. 25. 확인)

| 초 록 |

공익신탁은 공익법인보다 설립 절차가 간단하고 소규모 재산으로도 위탁자의 뜻을 반영하여 신탁을 설계할 수 있는 장점이 있다. 그러나 현재까지 공익신탁을 이용한 기부 실적은 매우 저조하다. 이에 공익신탁을 이용한 기부의 활성화를 위하여 공익신탁 과세제도의 주요 개선방안을 다음과 같이 제시하고자 한다.

현행 세법은 공익신탁 출연재산에 대한 세제 혜택으로 상속재산은 상속세과세가액에 산입하지 않도록 하고, 상속재산이 아닌 경우는 기부금으로 인정해주고 있다. 그런데 이러한 혜택을 받으려면 공익신탁의 수익자가 세법에서 인정하는 공익법인등이거나 그러한 공익법인등의 수혜자이어야 하는 요건이 있는데, 이 요건을 충족하려면 공익신탁의 수탁자는 위탁자의 의견에 부합하는 공익사업을 자체적으로 직접 수행할 수 없게 되고, 단지 출연받은 재산을 다른 공익법인등에게 전달하는 역할을 하는 공익신탁(자금전달형 공익신탁)의 수탁자가 되어야 한다.

지금까지 공익신탁의 수탁자는 모두 금융기관인데, 앞으로는 금융기관뿐 아니라 공익사업 전문 수탁자가 다양한 공익사업을 적극적으로 수행할 수 있도록 제도를 개선할 필요가 있다. 그렇게 하려면 수탁자가 위탁자의 설립 취지에 따라 자체적으로 공익사업을 수행하는 방식의 공익신탁(사업집행형 공익신탁)에 대해서도 세제 혜택을 부여해야 할 것이다. 이를 위해서 우선 세법에서는 공익신탁의 수익자가 공익법인등이어야 하는 요건을 삭제해야 할 것이다. 그 대신 공익신탁법은 사업집행형 공익신탁에 대한 인가와 관리·감독을 더 엄격하게 하는 방향으로 개정이 이루어져야 할 것이다. 아울러 세법에서 공익신탁을 공익법인으로 간주하는 방안에 관한 검토도 필요할 것이다.

앞으로 공익신탁에 대한 조세지원제도가 개선되고, 공익사업을 다양한 방면에서 적극적으로 수행할 수 있는 수탁자들의 전문성을 키우고 공익신탁의 활성화를 위한 연구가 지속적으로 이어지기를 기대한다.

공익법인의 수익사업에서 발생하는 소득의 과세를 둘러싼 논점들 개관(槪觀)

윤지현*

Ⅰ. 머리말 – 논의의 의의와 범위, 그리고 순서

1. 논의의 의의와 범위

'공익법인'[1]이 존속하고 그 설립 목적에 따른 운영을 해나가기 위해서는 재원(財源)이 필요하다. 기부금이 물론 중요할 터이지만, 기부하는 사람들의 자발적 이타심이나 그 밖의 주관적 동기의 변화에 따라 증감이 있게 마련인 기부금에 너무 의존하지 않으려면, 재원으로 삼을 수 있는 수익을 공익법인 스스로가 창출하는 사업, 곧 '수익사업'[2]을 함으로

---

* 서울대학교 법학전문대학원 교수
1) 세법 가운데 이 말을 정의해서 사용하고 있는 것은 「상속세 및 증여세법」 제16조(뒤의 Ⅲ.1.과 Ⅲ.2.(1)에서 자세히 살핀다)로서, 여기서는 '공익법인등'이라는 말을 '종교·자선·학술 관련 사업 등 공익성을 고려하여 대통령령으로 정하는 사업을 하는 자'를 가리키는 뜻으로 사용한다고 규정한다. 이 조항은 이러한 뜻의 '공익법인등'에 상속세와 관련된 비과세 혜택을 부여하는데, Ⅲ.2.에서 살피듯이 몇몇 다른 세법에도 이와 비슷한 범주를 설정하고 그에 속하는 법인이나 그 밖의 일정한 법적 존재에 특별한 취급을 부여한다. 이 글에서는 이러한 범주를 '공익법인'이라고 부른다. 주 28)에서 살펴보듯이, 이러한 특별한 취급을 받을 수 있는 법인 등의 범위는, 특히 최근에 와서 서로 많이 유사해졌기 때문에 이와 같이 단일한 범주를 설정하여 논의의 대상으로 삼는 것은 정당화될 수 있다.

써 어느 정도의 재정적 자립을 이룰 필요도 있다. 독자적인 판단과 계획에 따라 그 설립 목적에 따른 활동을 해나갈 필요성을 느낄 수 있기 때문이다.

'공익법인 세제'의 전반에 걸쳐 검토하는 이 책에서도 이 글은, 이와 같이 공익법인이 수익사업에서 일정한 소득을 얻고, 나아가 이를 재정적 기반으로 삼아 설립 목적에 따른 활동을 하는 경우에 그 소득의 과세를 어떻게 할지의 문제를 다룬다. 공익법인이 우리 세제에서 대개, 말 그대로 '법인'으로 취급되고 따라서 법인세법의 규율 대상으로 되어 있기 때문에 결국 법인세 문제에 집중하려고 한다. 다만 법인세법은 (공익법인이 아니라) '비(非) 영리 법인'에 널리 적용되는 규율을 설정하고 있는데,[3] 대체로 공익법인은 비영리법인의 일종이므로 이 글에서는 법인세법의 이러한 규율을 공익법인의 맥락에서 살펴보려고 한다.

한편 공익법인에 재산이 '기부'[4]—사법적(私法的)인 성질을 따지자면 증여일 수도, 유증(遺贈)일 수도 있다—될 때 이로 인하여 공익법인

---

2) 이 말은 법인세법에서 '과세소득의 범위'를 정하는 제4조 중 제3항이 '다음 각 호의 사업 또는 수입'이라고 정의하고 있다. 기능적으로는 '비영리내국법인'(법인세법 제2조 제2호에 정의되어 있다)의 '과세소득의 범위'를 한정하는 역할을 한다. 즉 '영리' 내국법인과 달리 '비영리내국법인'의 경우 수익사업'에서 생기는 소득'만이 '각 사업연도 소득'으로서 법인세의 부과 대상이 된다.

3) 법인세법 제29조 제1항 제2호가 「공익법인의 설립·운영에 관한 법률」을 한 번 인용하는 외에, 법인세법은 '공익법인'이라는 용어를 전혀 사용하지 않는다. 반면 바로 앞 주 2)에서 보듯이, 법인세법은 '내국법인'이라는 일반적 범주를 설정하고 그중에서도 '비영리' 내국법인을 특별히 취급—이 글에서 말하는 '세제 혜택'은 이러한 의미이다—할 따름이다. 아래 Ⅳ.에서 다루는 제29조의 적용범위도 처음부터 비영리 내국법인 전반으로 설정되어 있다.

4) '기부'의 상대방이, 주 1)에서 살핀 '공익법인'이므로, 여기서는 이 말이 사전적(辭典的) 의미—'자선 사업이나 공공사업을 돕기 위하여 돈이나 물건 따위를 대가 없이 내놓음'(출처: '네이버' 국어사전)—에 따라 쓰인 것이다. 반면 법인세법이 말하는 기부금은 이와 달리, 법인이 '사업과 직접적인 관계없이 무상으로 지출하는 금액'으로 규정되어 있어서(제24조 제1항), 지출 상대방이 하는 일이 어떤 것인지를 묻지 않는, 말하자면 '몰(沒)' 가치적인 내용의 정의를 내리고 있다.

에 속하는 재산이 증가하더라도 소득과세를 하지 않는 것5)이 우리 세법
의 기본 입장이다. 여기에는 그 대신 증여세를 물리는데,6) 이에 관한 검
토는 이 책의 다른 곳에서 이루어질 터이고 이 글의 논의 대상에는 속
하지 않는다.

또 이 글에서 다루는 수익사업의 범위 안에서는 부가가치세의 문제
도 생기는데, 이에 관한 논의는 드문 것 같다. 적어도 원론적인 차원에
서 말할 때, 부가가치세가 사업자의 부담이 되지 않기 때문일 것이다.7)
따라서 사업자등록, 세금계산서의 발급이나 신고납부와 같은 행정적 부
담의 문제만 남게 되는데, 물론 이것도 부담이라면 부담이겠지만, 일반
적으로는 공익법인에게 이 정도의 부담조차도 지우지 말아야 한다고 주
장하는 일은 없는 듯하다. 요컨대 이 글에서는 역시 법인세 문제에 집중
하려고 한다.

2. 논의의 순서

공익법인에 적용되는 법인세제의 문제에서도 다양한 쟁점이 물론 생
길 수 있겠지만, 이 짧은 글의 논의는 그중에서도 두 가지 논점에 집중
한다. 하나는 공익법인의 범위를 정하는 문제이고, 다른 하나는 공익법

---

5) 이 점이 따로 명확히 드러나 있지는 않지만, 영리법인의 과세대상 소득인 '익금'
의 범위에 관한 법인세법 시행령 제11조 제5호가 '무상으로 받은 자산의 가액'
을 규정하고 있음에 반하여, 이러한 '수증익(受贈益)'이 주 2에서 언급한 법인세
법 제4조 제3항 각 호에 과세대상 소득—즉 '수익사업'—의 한 경우로 열거되지
않았음을 그 증거로 들 수 있을 것이다.
6) 「상속세 및 증여세법」 제4조의2 제1항 제1호는 '비영리법인'을 납세의무자인
'거주자'의 범위에 포함시킨다.
7) 이 점은 경제협력개발기구(OECD)가 2017년에 펴낸 '국제 부가가치세 지침
(International VAT / GST Guidelines)'의 문단 1.4에도 분명히 드러나 있다. 이에
따르면 '부가가치세는 가계(家計)에 의한 최종 소비에 부과되는 세금'이고 따라
서 '부가가치세의 부담이 사업자에게 돌아가서는 안 된다'.

인에 부여되는 '세제 혜택'8)의 내용과 그 부여 방식이다. 이 글에서는 그에 앞서 논의를 위한 기본 틀에 해당하는 사항을 먼저 살펴본 후(Ⅱ.), 방금 말한 두 가지의 쟁점을 차례로 개관하도록 한다(Ⅲ., Ⅳ.). 그리고 나서 나름의 결론을 제시하면서 글을 마무리하고자 한다(Ⅴ.).

Ⅱ. 공익법인 소득과세에 관한 논의의 기본 틀

1. 도입

논의는 이처럼 법인세법이 비영리법인의 수익사업으로부터 발생하는 소득에 법인세의 납세의무를 지운다는 지점9)에서 우선 출발한다. 이처럼 법인세법은 비영리법인이라는 범주만을 사용하므로,10) 이 글의 주요 목표로서 공익법인의 소득과세에 관하여 살펴볼 때, 우선 법인세법의 비영리법인 관련 부분을 찾아보아야 한다.

여기서 한 가지 기억해 두어야 할 것은, 사실 비영리법인의 법인세가 영리법인, 곧 회사의 법인세와 비교할 때 법인세 이론에서 부차적(副次的)인 규율 대상에 지나지 않는다는 점이다. 아무래도 영리법인이 차지하는 경제적·사회적 비중이 압도적으로 높기 때문이다. 그 때문에 공익법인 과세에 관한 법인세법의 규정도 매우 소략(疏略)하고 이를 둘러싼 논의 역시 부족한 것이 사실이며, 이 글의 논의는 어쩔 수 없이 이러한 바탕 위에서 이루어지는 것이다.

---

8) 주 3 참조.
9) 주 2 참조.
10) 주 3에서 이미 언급하였다.

2. 비영리법인의 소득과세를 면해 주어야 할 필요성 또는 당위성이 존재하는지 여부 – 영리법인과 비영리법인의 소득과세 비교

가. 문제점

영리법인이 부담하는 법인세의 존재의의에 관하여 몇 가지 이해가 있다. 이 중 여러 측면에서 유력하고 또 우리나라 법의 해석론에서도 유용한 것으로서, 영리법인의 출자자들이 영리법인을 통하여 벌어들이는 소득에 대하여 세금을 부담한다고 할 때, 법인의 '단계'에서 이러한 소득세의 일부를 미리 거두어들인다는 이해를 들 수 있다.[11] 이는 법인에 속하는 이익이나 자산은 결국 출자자들에게 귀속되거나 귀속되리라는 사고방식에 바탕을 둔다. 영리법인은 수익을 언젠가는 출자자들에게 분배할 것임을 전제하기 때문에, 이러한 생각이 정당화될 수 있다.

하지만 이와 같은 영리법인을 위한 설명방법은, 수익이 (혹시 있더라도) 비영리법인을 만들거나 운영하는 과정에 개입한 사람들에게 분배되지 않는 비영리법인에 그대로 통용될 수 없다.[12] 적어도 법적 차원에서는, 비영리법인의 이익이나 자산이 이를 만든 사람이나 이로부터 수혜를 받는 사람에게 궁극적으로 귀속된다고 쉽게 말할 수 없기 때문이다. 따라서 (공익법인을 포함하여) 비영리법인의 수익에 법인세제를 적용하고자 한다면 여기에는 별도의 정당화 근거가 필요하다.

---

11) 이창희, 세법강의(제20판), 박영사(2022), 587. 여기서는 우리 소득세법도 채택하고 있는 배당세액공제(imputation system)와 관련하여, 이 제도의 '고갱이는 법인의 소득은 주주의 소득임을 인정하는 데에 있'고, 이때 '법인의 소득이 주주의 소득이라면 법인세는 주주가 낼 세금의 선납(先納)'이라고 설명한다. 또 위의 책, 583도 참조("결국 현행법이 법인의 소득이라 부르고 있는 것은 주주의 집합적 소득일 뿐이[다]").
12) 이창희, 앞의 책, 570-571.

나. 비영리법인의 과세를 옹호하는 입장

이에 대하여 비영리법인도 영리법인과 마찬가지로 당연히 법인세 납세의무를 져야 한다는 전제 하에, 비영리법인 전반에 걸쳐 수익사업으로 과세범위를 좁히는 '혜택'을 주는 것은 잘 정당화되지 않는다고 보는 견해가 제시되어 있다.13) 그러나 '법인'이기 때문에 '법인세'라는 세금을 부담해야 한다고 단정할 수 없다. 영리법인에 법인세를 물리는 이유에 관한 논란이 하나의 답만을 허용하는 것은 물론 아니지만, 방금 언급했듯이 출자자들의 소득을 법인 단계에서 과세하는 것이 '법인세'라는 이해를 전제한다면, 비영리법인 단계에서 발생하는 소득은 그러한 의미에서 사실 누구의 소득도 아니므로 꼭 법인세를 물려야 할 이유가 없다는 결론에 이를 수도 있다.14)

(1) '경쟁 중립성'의 문제

비영리법인에 대한 법인세 부과의 근거가 이와 같이 반드시 뚜렷하지만은 않은 가운데, 그나마 비교적 흔하게 찾아볼 수 있는 주장으로는, 비영리법인이라 하더라도 수익사업을 하는 범위에서는 영리법인과 경쟁하므로, 영리법인보다 세금 부담을 줄여준다면 비영리법인이 경쟁에서 체계적으로 우위에 서게 되어 불합리하다는 것을 들 수 있다.15) 그

---

13) 이재호, "비영리법인의 법인세 과세체계에 대한 입법론적 고찰", 조세법연구 제14권 제2호, 한국세법학회(2008), 319는, 비영리법인에게도 당연히 납세의무가 있어야 함을 전제로, 그럼에도 불구하고 이익의 분배가 없다는 이유 ─비영리법인의 가장 중요한 특성이다─만으로 납세의무를 감면하여 주는 것은 정당화되지 않는다고 주장한다.

14) 조금 뉘앙스가 다르기는 하지만, 이창희, 앞의 책, 570면도 비영리법인의 '세법상 지위'에 관한 '답이 반드시 분명치는 않다'고 말한다.

15) 이재호, 앞의 글, 348; 이중교, "고유목적사업준비금에 대한 소고 ─고유목적사업준비금과 기부금의 관계를 중심으로", 세무와 회계연구 제8권 제1호, 한국조세연구소(2018), 315.

러나 이 말이 그 자체로는 어느 정도 옳다고 하더라도, 전면적으로 영리
법인과 비영리법인을 완전히 동일선 위에 올려 놓고 경쟁시켜야 한다고
주장하는 사람 또한 없는 듯하다. 적어도 공익법인에 관한 한 어느 정도
의 세제 혜택을 부여하는 것 자체를 반대하는 입장을 접하기 힘들기 때
문이다. 따라서 세법의 범위에서 완전한 경쟁중립성은 어차피 달성할
수 없다는 한계가 있다.

게다가 비영리법인이나 공익법인은 하나인데, 그중 수익사업에 관한
부분만을 떼어내어 경쟁중립성이라는 잣대를 들이댄다는 것 역시 별로
설득력이 없다. 영리법인이 수익 사업을 하는 궁극적 목적은 이익을 얻
어 출자자들에게 배당하는 것이고, 영리법인은 그러한 이익 배당이 일
정한 수준으로 가능한 선에서 공급하는 재화·용역의 가격을 책정하게
마련이다(또는 만일 시장의 압력으로 그러한 가격 책정이 불가능하다면
사업을 할 수 없다). 반면 공익법인이 수익사업을 하는 것은 그로부터
얻은 수익으로 고유목적사업을 하기 위해서이다. 그런데 이 고유목적사
업에 국가가 일정한 수준의 물적 지원을 하는 것이 당연하다면, 수익사
업의 영역에서도 (방금 말한 것처럼) 경쟁중립성은 어차피 존재하지 않
는다. 고유목적사업을 위한 재원 조달의 부담이 덜어지는 만큼 재화·용
역의 가격을 낮추어 공급할 여지가 생길 것이기 때문이다. 수익사업과
고유목적사업의 분리는 세법이나 회계상으로 이루어질 뿐(곧 '구분 경
리'), 현실의 공익법인은 이 두 가지 사업을 함께 영위하고 이 둘은 공
익법인 안에서 서로 영향을 주고받을 수밖에 없는 것이다. 요컨대 경쟁
중립성을 이유로 비영리법인이나 공익법인의 수익사업에서 발생한 소
득에 과세해야 한다는 논거는, 조금 더 자세히 들여다보면 현실에서 어
차피 철저히 관철될 수 없음을 쉽게 알아볼 수 있다.

(2) 법인을 '지배'하는 사람의 권력에 대한 간접적 제약

한편 별로 논의되고 있지는 않지만 비영리법인의 현실에 착안하여

일정한 과세를 정당화할 수 있는 가능성도 있다. 이 생각은 원래 영리법인에 대한 과세에서 나온 것이지만[16] 비영리법인에도 잘 들어맞을 수 있다. 즉, 비영리법인이라고는 해도 현실적으로는 이를 지배하고 법인에 속한 다양한 인적·물적 자원으로부터 개인적인 차원의 혜택을 받아가는 사람, 말하자면 '주인(主人)'이 존재하는 것이 현실이라는 이해이다.[17] 널리 알려진 대로 비영리법인의 '지배권'이 유상(有償) 거래의 대상이 되는 경우가 실제로 매우 흔하다[18]는 데에서도 이러한 이해의 정당성을 확인할 수 있다. 그리고 비영리법인의 이러한 '주인'이 챙겨가는 혜택[19]에 대하여는 (담세력의 존재를 충분히 인정할 여지가 있음에도 불구하고) 따로 과세할 가능성이 없어서, 이 사람은 세금 부담 없이 비영리법인을 지배하고 (크건 작건) 그 범위에서 일정한 사회·경제적 권력과 영향력을 행사할 여지가 생긴다. 비영리법인의 이러한 권력과 영향력의 크기는 매 과세기간 벌어들이는 소득의 크기에 따라서도 증감할 터이므

---

16) Reuven S. Avi-Yonah, "The Story of the Separate Corporate Income Tax: A Vehicle for Regulating Corporate Managers," Business Tax Stories (ed. Steven A. Bank, Kirk J. Stark), Foundation Press, 2005, pp.11-26. 여기서 제시된 주장의 요지는, 미국에서 이른바 '소유와 경영의 분리' 현상이 나타난 이후, 미국의 법인세제가 출자지분을 소유하지 않고 있으면서도 법인의 방대한 자원을 좌지우지할 수 있게 된 경영진들의 경제적 권력에 대한 통제 수단으로서 도입되어 발전하여 왔다는 것이다.

17) 이창희, 앞의 책의 2021년 판인, 이창희, 세법강의(제19판), 박영사(2021), 571 주 119는 이에 관하여, 법에서 무어라 규정하고 있든 간에 '비영리법인에도 주인이 있다는 생각이 주무관청을 포함한 우리 사회를 실제 지배하고 있다'고 주장한다. 그게 옳다는 것이 아니라 현실이라는 지적이다. 다만 2022년 판에 와서는 이 언급이 삭제되어 있다.

18) 이에 관한 언급으로, 이창희, 세법강의(제20판), 박영사(2022), 555("우리 현실에서는 [...] 많은 비영리법인에서 재산출연자들이 회사의 주주나 마찬가지로 법인에 대한 지배력을 가지고, 심지어는 법인의 주식을 팔듯 이사의 지위를 사고 파는 꼴로 투자원리금을 회수하기까지 한다").

19) (1)에서 언급한 것, 곧 출자자가 궁극적으로 영리법인의 이익으로부터 배당을 받거나 영리법인의 '잔여재산'을 분배받을 수 있는 가능성과는 다른, 그러한 의미에서 사실적인 차원의 것이다.

로, 이에 대하여 매 과세기간마다 법인세를 물리는 것은 이러한 측면에서 정당화될 수 있다는 것이다. 현실에서는 일리 있는 생각이 될 수 있는데, 다만 비영리법인을 통해서 행사하는 사회·경제적 권력의 크기는 꼭 수익사업의 소득에 따라서만 결정된다고 볼 수 없어, 이러한 설명에도 물론 한계가 존재한다.

다. 비과세를 옹호하는 입장

반면 비영리법인, 특히 공익법인에게 과세를 하지 말아야 할 이유에 관한 논의도 당연히 존재한다. 아마도 이에 관한 표준적인 설명은, 일정한 공익법인이 수행하는 활동에 정말로 '공익'성이 인정된다고 한다면, 물론 국가가 이에 직접 재정을 지출할 수도 있겠지만 그 대신 세금을 덜 걷음으로써 이들이 그러한 활동에 지출할 재원의 크기를 간접적으로 늘려준다는 것이 되리라 생각한다.[20] III.에서 더 자세히 살피듯이, 공익성이 인정되는 활동이나 이를 수행하는 법인의 범위에 관하여 구체적·개별적 사안에서 논란이 있을 수 있겠지만, 공익성의 존재를 일단 전제하는 이상 그와 같은 '조세지출(tax expenditure)'[21]의 결과를 인정하는 데에 별 무리가 없다.

다만 이러한 설명을 전제로 한다면, 그러한 조세지출의 범위는 원래 국가가 재정을 지출할 만한 대상에 국한되어야 한다고 볼 수도 있다. 즉, 국가가 당연히 재정을 동원하여서라도 활동을 증진하여야 한다고 말할 수 있는 영역에 한하여 세제 혜택이 주어져야 한다는 것이다. 아래 III.3.의 (2)에서도 살펴보지만 세제 혜택의 대상이 되는 공익법인의 범

---

20) 이재호, 앞의 글, 320은 이를 '공익장려보조금설'이라고 이름 붙이고 '종래 통설'이라고 한다. 위의 글, 322 이하는 그 밖에 다른 설명 방법들에 대하여도 상세히 살펴보고 있으나, 특히 332에는 공익법인에 세제 혜택을 부여하는 '이론적 근거가 무엇인지에 대하여 현재까지 확립된 견해는 없다'라고 평가한다.
21) 이 개념에 관하여는, 이창희, 앞의 책, 47-48 참조.

위를 정할 때에도 이러한 생각을 전제하는 것은 논의의 구체적인 진행에 도움이 될 수 있으리라 여겨진다.

3. 소결론

결국 여러 가지 논란과 이에 따른 고려들이 있을 수 있지만, 비영리법인의 수익사업에 과세할 당위성과, 감면의 혜택을 부여할 필요성이 모두 존재하기 때문에 현재의 세제는 이들 간에서 일정한 타협을 선택하였다고 평가할 수 있다. 이 점은 비영리법인의 수익사업에서 발생하는 소득에 과세하되,[22] 세금 부담의 감면, 곧 '세제 혜택'[23]을 위한 일정한 조치를 취하고,[24] 특히 '공익법인'으로 지칭될 수 있는 일정한 범위의 비영리법인에게는 그러한 조치의 범위를 더 넓혀준다[25]는 현행법의 체계에서 어렵지 않게 읽어낼 수 있다.

그리고 타협에 따른 입법이 대개 그러하듯이, 과세와 감면의 필요성에 각각 어느 정도의 상대적 비중을 두고 구체적인 타협점을 설정할지에 관하여는 분명한 기준을 도출해내기가 무척 어렵다. 수익사업 소득 과세의 현행법 체계는 이와 같이 일정한 '어정쩡함' 위에 쌓아올려져 있다고 또한 평가할 수 있다. 이에 수반되는 논점들을 살필 때에 명확한 답을 제시하기 어려운 경우가 많은 것도 바로 이러한 배경 때문이라고 하겠다.

---

22) 주 2 참조.
23) 주 3 참조.
24) 법인세법 제29조의 '고유목적사업준비금'으로 대변되는 이 세제 혜택에 관하여는 아래 Ⅳ.에서 상세히 살핀다.
25) 이 점은 아래 Ⅲ.2.의 (2)에서도 살펴보는 조세특례제한법 제74조에서 확인할 수 있다. 한편 이중교, 앞의 글, 335는 그 고유목적사업에 공익성이 인정되지 않는 경우에까지 법인세법이 고유목적사업준비금을 설정할 수 있도록 하는 것에 의문을 제기한다.

Ⅲ. 관련된 기본 쟁점들과 그에 관한 논의 1 – '공익법인'의 범위

1. 도입, 그리고 문제의식

이 장(章)에서 다루려 하는 논점은 공익법인 개념에서 말하는 '공익'의 범위, 특히 이를 정하는 방법이다. 공익법인에게 세법이 일정한 세제 혜택을 부여한다는 점을 받아들일 때, 실제로 그와 같은 내용을 규정한 몇몇 세법 조항이 눈에 뜨인다. 그렇다면 이들 조항 간에는 일정한 논리적 일관성 또는 연관성이 존재하여야 하지 않을까 생각하는 것이 일단 자연스럽다. 이 장의 논의는 여기서 출발한다.

이러한 논의의 대상이 되는 것을 널리 떠올려보자면, 우선 공익법인이 재산을 출연 받는 단계에서는, 공익법인 자체의 세금 부담이나 출연하는 사람의 세금 부담을 줄여주는 규정으로 각각 나누어 살필 수 있다. 전자에 해당하는 것은 「상속세 및 증여세법」26)의 제48조이고, 후자에는 상증세법 제16조와 법인세법 제24조, 소득세법 제34조, 제59조의4 제4항이 있다. 한편, 공익법인이 이와 같이 출연받은 재산이나 그 밖의 재산을 활용하여 수익사업을 하는 단계 또한 당연히 생각할 수 있는데, 이때에는 공익법인의 법인세 부담을 줄여주는 법인세법 제29조, 그리고 그 적용범위를 조정하는 조세특례제한법 제74조를 살펴봐야 한다.

이들 세법 조항들은 이러한 유리한 취급을 부여하는 공익법인의 범위에 관하여 나름의 규정을 두고 있는데, 언뜻 생각하여 이러한 범위에 크게 차이가 나서는 안 되리라 가정하여 볼 수 있다. 일단 세제 혜택을 부여하기에 적합하다는 판단을 내릴 수 있다면 굳이 그 범위 안에서 다시 세부적인 차별을 둘 이유는 별로 없기 때문이다(예를 들어 어떤 공

---

26) 지금부터는 서술을 편하게 하기 위하여 '상증세법'이라고 약칭하도록 한다.

익법인에 유언으로 재산을 기부하면 상속세나 증여세와 관련된 혜택을 주지만, 유언과 무관하게 살아 있는 동안 같은 공익법인에 기부할 때 소득세 관련 혜택을 주지 않을 이유를 생각할 수 있을까?).27) 그런데 이들 조항들은 공통적으로 우선, 법률에서 그 대강의 범위를 정하고, 시행령 이하에 더 구체적인 규정을 둔다. 최종적으로는 이러한 '구체적' 범위가 물론 중요하지만, 그에 앞서 법률 차원에 두는 규정 역시 공익법인의 범위 결정에 관한 일반적, 또 추상적 지도원리로서 의미를 갖는다.

유리한 규정의 적용범위를 정하는 문제를 일반론 차원에서 충분히 심도 있게 검토하지 않고 그때그때의 상황과 이해관계에 휘둘려 어떤 법인에게 혜택을 주기도, 주지 않기도 하는 일은 물론 바람직하지 않다. 따라서 추상적 지도원리와 구체적인 범위 규정의 두 가지 측면에서 모두, 어느 정도 논리적으로 일관된 규정이 두어지도록 할 필요성이 분명 있다고 생각한다. 상증세법과 법인세법·소득세법이 혜택을 부여하는 법인의 구체적 범위에 뜻하지 않은 차이가 발생하는 현상이 바람직하지 않다는 지적이 종종 제기되었고, 이를 고려하여 그 범위를 대체로 일치시키는 법 개정이 이루어졌다.28) 이는 물론 그 자체로 바람직한 일이지만, 여기에 머무르지 말고 일반론 차원에서도 이러한 일관성 있는 규율의 필요성을 고려해야 하리라 생각한다.

요컨대 이 장(章)에서는 우선 현재의 세법 조항들이 이러한 생각에 맞는 내용을 담고 있는지 확인하고자 한다. 그리고 만약 그렇지 않다면

---

27) 이러한 지적이 담겨 있었던 문헌으로, 김현동, "기부 관련 현행 세제의 타당성 고찰", 조세법연구 제20권 제3호, 한국세법학회(2014), 146-147.

28) 법인세법 제24조 제3항이 정하는 기부금을 받을 수 있는 단체가 상증세법에서도 세제 혜택을 받을 수 있도록 정한 상증세법 시행령 제12조 제8호의 2017년 말 개정은 그러한 의미를 띠고 있다. 기획재정부 세제실이 2018년에 간행한 '간추린 개정세법 2017', 126에 따르면, 그 개정의 이유는 '기부금단체(단체기준)와 공익법인(사업기준)의 범위 일관성 제고'에 있다. 이중교, 앞의 글, 336면은 이에 관하여 "2018년 2월에 이미 [상증세법] 시행령을 개정하여 [상증세법]상 공익법인과 법인세법상 기부금단체를 거의 일치시켰다"다고 평가하고 있기도 하다.

각각의 규정들을 살펴보면서 어떤 식으로 일관성을 도모하는 것이 적절할지 생각하여본다.

2. 관련 세법 조항들의 개관

1.에서 언급한 대로, 이러한 조항들은 크게 두 가지로 나누어 살펴볼 수 있다.

가. 재산 출연의 단계

(1) 상증세법의 규정들

상증세법 제16조와 제48조는, 자산가가 그 재산을 일정한 '공익법인'29)에 기부하는 경우 상속세와 증여세 부담을 각각 줄여준다. 즉, 제16조에 따르면, 죽음을 전후하여 기부하는 경우 그와 같이 기부한 재산은 그 사람이 후손들에게 물려주는 재산의 범위에 포함되지 않고 따라서 상속세 부담에서 벗어난다. 또 공익법인도 비영리법인이기 때문에 (원래는) 기부 받는 재산에 관하여 증여세 부담을 져야 하지만, 제48조는 이러한 부담 역시 없애준다.30)

그리고 이러한 혜택을 받을 수 있는 공익법인의 범위에 관하여 상증

---

29) 주 1에서 언급하였듯이 이 상증세법 조항들은 세법에서 '공익법인'이라는 말(정확하게는 '공익법인등')을 직접 사용하는 드문 사례이고, 그러한 의미에서 이 상증세법 조항들의 '공익법인등'은 이 조항들 스스로가 좀 더 명확하게 정하고 있는 범위의 공익법인만을 가리킨다.

30) 그렇다고 이 둘이 완전히 같은 차원의 혜택이라고는 볼 수 없다. 감면의 대상이 되는 상속세 납세의무의 경우 공평의 견지에서 원래 당연히 존재하여야 하는 것이지만, 비영리법인이 기부를 받았을 때 그에 증여세 납세의무를 지워야 하는 이유는 그만큼 자명하지 않기 때문이다. 이 글의 주요 논지와 무관하므로 이러한 미묘한 차이가 있음을 그저 간단히 주석에서 언급하여 둔다.

세법은 '종교·자선·학술 관련 사업 등 공익성'이라는 말을 쓰고 있다. 즉, 이러한 공익법인의 범위를 정하는 가장 일반적인 표지로서, 말 그대로 '공익성'의 개념을 제시하지만, 이 말의 뜻이 충분히 구체적이거나 늘 명확하지는 않기 때문에 그 예로 '종교'와 '자선', '학술'을 들고 있는 것이다.

(2) 법인세법(과 소득세법)의 규정

기부금에 관한 법인세법 제24조의 규정 체계는 조금 복잡하다. 과거에 흔히 '법정기부금'과 '지정기부금'으로 불리던[31] 두 가지의 서로 구분되는 기부금의 종류가 현재에도 여전히 존재한다. 이 중 예전의 '법정기부금' 관련 조항, 즉 제2항 제1호의 규정은 그에 해당하는 항목을 좀 더 구체적으로 명시하여 개별적으로 나열하는 방식이다. 다만 이와 같이 열거된 항목을 조금 자세히 뜯어보면, 그 공익성을 의심할 여지가 없는 국가나 지방자치단체, 그리고 대규모 자연재해의 피해를 입은 사람들의 구호 외에, 학교와 병원, 그리고 사회복지가 그 범위를 형성하고 있음을 확인할 수 있다. 한편 '지정기부금' 조항, 즉 제3항 제1호는 이와 달리 개별적·구체적 항목의 열거보다는 일반적·추상적 지도원리의 제시 쪽으로 방향을 잡고 있는데, 이는 '사회복지·문화·예술·교육·종교·자선·학술 등 공익성'과 같이 표현되어 있다. '종교·자선·학술'은 1)에서 살펴본 상증세법 조항과 정확히 겹치지만 막상 그 위치는 상증세법에서 찾아볼 수 없는 '사회복지·문화·예술·교육'의 항목들보다 더 뒤편이라는 것이 눈에 뜨인다. 그리고 이처럼 앞자리를 차지한 '사회복지·문화·예술·교육' 항목 중 사회복지와 교육은 법인세법 제24조 제2항 제1호의 기부금에서도 언급된 분야라는 점을 알아볼 수 있고, 단지 거기에 '문화·예술'이 추가되어 있는 셈이다.

---

31) 2020년 말의 법인세법 개정으로 이 말들 대신에, 현재와 같이 '제2항 제1호에 따른 기부금', '제3항 제1호에 따른 기부금'과 같은 표현을 사용하게 되었다.

한편, 소득세법은 두 군데에서 기부금에 관한 규정을 둔다. 하나는 사업소득의 총수입금액에서 기부금의 가액을 공제할 수 있도록 하는, 이를테면 소득공제에 관한 규정인 소득세법 제34조인데, 법인세법 제24조와 매우 유사한 모양새와 내용을 갖고 있다. 다른 하나는 종합소득세 산출세액을 계산한 후 기부금 가액에 일정 비율을 곱한 금액을 세액공제할 수 있도록 하는 규정인 소득세법 제59조의4 제4항이며, 이 조항의 제1호와 제2호는 결국 위 제34조가 소득공제를 허용하는 두 종류의 기부금에 한하여 세액공제를 인정하는 내용이다. 결국 기부금 논점에 관하여 소득세법이 취하는 입장은 법인세법과 대동소이(大同小異)하고, 따라서 이하에서도 서술을 편하게 하기 위하여 법인세법 외에 소득세법은 따로 언급하지 않기로 한다.

요컨대 관련된 각 법의 규정들은 공익성의 개념에 관한 일반적 조항을 두고 있는지 여부에서 차이를 보이고, 또 두어진 규정들의 내용에도 일관성이 부족하다. 이러한 상황에서 시행령이 정하는 구체적 규정들의 적용범위만을 맞추는 것에는 분명 법 체계적인 문제가 있다고 생각한다.

나. 수익사업의 단계

이 장(章)에서 다루는 주제인, 수익사업의 소득을 과세하는 범위를 정하는 것은 법인세법 제29조이고 여기서는 이른바 '고유목적사업준비금'이라는 회계적인 도구를 통하여 그러한 목표를 달성하려고 한다. 그런데 이 조항은 사실 '비영리내국법인'에 일반적으로 적용되고, (1)에서 살펴본 다른 세법의 조항들과는 달리 특별히 공익성을 감안하여 그 적용범위를 제한하거나 하지는 않는다.

이러한 적용범위 제한의 규정은 조세특례제한법 제74조에 두어져 있다. 이 조항은 비영리법인 중에서도 일부를 가려내어 고유목적사업준비금 설정의 한도를 늘려주는데, 그 대상을 열거하고 있는 것이 제1항 각

호이다. 일일이 살펴보자면, 우선 제1호에는 학교법인과 국립대학법인을 비롯하여 학교 또는 교육 기능과 일정한 관련을 맺는 기관들을 거시(擧示)하고 있음을 알 수 있다. 제2호는 사회복지법인을 규정하고, 한편 제3호가 들고 있는 것은 각종 병원과 의료기관이다. 제4호는 도서관, 제5호는 박물관과 미술관(을 각각 운영하는 법인)이다. 제6호는 '문화예술단체'로서 정부가 인정하는 것이다. 제7호는 각종 '국제행사 조직위원회'이며, 제8호는 '공익법인의 설립운영에 관한 법률'에 따라 설립된 법인으로서 80% 이상 장학금으로 지출하는 법인이다.

법인세법 제24조 제2항 제1호—예전에는 '법정기부금'이라고 불렸던 것과 관련된—처럼 여기서도 그 대상 범위를 정하는 일반적 지도원리에 관한 언급이 존재하지 않고, 다만 위 각 호의 규정들이 이루는 체계의 대강을 살펴서 그러한 범위를 추출해볼 수 있을 따름이다. 그와 같은 작업을 간단히 하여 보자면, 일시적으로만 존재하는 기관인 특정 국제행사의 '조직위원회'(제7호)를 논외로 할 때, 대략 교육(제1호, 그리고 제8호도 이와 관련이 있다)과 의료(제3호), 사회복지(제2호), 그리고 '문화·예술'(제6호 외에, 제4호와 제5호도 넓게 보자면 이 범주에 넣을 수 있을 것이다) 정도가 된다. 이는 법인세법 제24조 제3항 제1호의 내용과 크게 다르지 않고(의료가 추가되어 있을 따름이다), 그러한 의미에서 이 규정 역시 비영리법인 중에서 '공익법인'이라 불릴 만한 것을 골라 더 많은 액수의 고유목적사업준비금 설정을 허용하였다고 평가할 수 있다.

3. 검토

가. 일관성의 부재(不在)와 필요성

상증세법과 법인세법, 조세특례제한법이 이와 같이 비슷한 내용을 규정하고 있는 듯하지만 자세히 살피면 조금씩 차이가 난다. 이 중 가장 많은 항목을 나열하고 있는 것은 법인세법 제24조 제3항 제1호로서, '사회복지·문화·예술·교육·종교·자선학술'을 열거한다. 그리고 상증세법 제16조가 이 중 끝머리에 있는 세 가지, '종교·자선·학술'을 언급하는 반면, 수익사업에 관한 조세특례제한법의 조항은 2.(2)에서 분석하였듯이 (암묵적으로) 교육과 의료, 사회복지와 문화예술을 염두에 두고 있는 듯하다.

우선 각각의 세법 조항들이 이와 같이 다른 입장을 취하는 것이 온당한지에 관한 의문을 제기할 수 있다. 이 조항들은 모두 비영리법인 중에서도 그 활동이 일정한 '공익'적 성격을 가지는 것들, 곧 공익법인을 유리하게 다룬다는 공통점을 가진다. 그리고 1.에서 전제하였듯이 그러한 조항들이 부여하는 세제 혜택의 적용범위를 정하는 방법, 특히 그러한 규정을 지도하는 일반 원리가 달라야 할 이유를 생각하기 어렵다. 따라서 이들 조항이 이와 같이 다른 방식과 내용의 규정을 두고 있는 것은, 아마도 여러 우연들이 겹친 결과일 뿐, 달리 정당화되지 않는다. '공익'이라는 말이 갖는 모호함을 감안할 때, 그 내용은 법률 차원에서 좀 더 구체적인 말로 표현되어야 할 것이고, 이러한 표현들은 방금 살펴본 이유에서 좀 더 일관된 형태를 띠어야 하리라 여겨진다. 특히 공익법인에 세제와 관련된 혜택을 부여하는 것이 국가가 직접 재정을 지출하는 것과 논리적으로 동치(同値)라는 '조세지출' 개념[32]을 전제로 한다면, 여기서 말하는 '공익'적 성격이라는 것은, 결국 국가가 원래 재정을 동원하여 스스로 제공하였어야 하는 재화나 용역이 가지는 성격을 가리킨다고 이해할 수도 있을 터이다. 이 명제의 타당 여부는 좀 더 논의해 볼 필요가 있겠지만, 요컨대 '공익'이라는 말은 이와 같은 이론적 분석의 대상이 될 수 있는 것이기 때문에 더구나 그 범위를 정할 때에는 이러한 분석 가능성에 대한 분명한 인식이 필요하고 그에 따른 일관된 접근을 요구한다는 것만큼은 분명하다.

---

32) 주 21 참조

나. '공익성'의 내용과 구체적 범위

어차피 시행령 차원의 좀 더 구체적인 규정들에 의하여, 세제 혜택을 받는 공익법인의 범위가 따로 정하여질 터이니 일반론을 논의하는 데에 그리 큰 노력을 쏟을 필요가 없다는 생각이 제기될지도 모른다. 하지만 하위 법령의 규정이 정하는 범위의 적정성에 관하여는 늘 논란이 있었고,[33] 무엇보다 법률의 규정이 시행령의 범위 획정(劃定)에 직접적 영향을 미치고 제약을 가하는 것이 당연하다.[34] 따라서 각종 세법이 제시하는 일반론의 내용에 관하여 여기서 간단하게나마 몇 가지 짚고 넘어가고자 하는 것이다.

결국 근본적으로 문제가 되는 것은 '공익'의 범위이다. '공익'이란 말 그대로 '사회 전체의 이익'을 가리키는 것일 터인데, 그러한 이익이 어떤 범위의 사람에게 돌아갈 정도가 되어야 '사회 전체'라고 말할 수 있을지 분명한 기준을 제시하기란 어렵다.[35] 다만 이미 (1)에서 잠시 언급하였듯이, 국가가 그 구성원에게 당연히 제공해야 하는 공공재(公共財)의 범주에 속하는 것이라면, 그러한 공공재를 제공하는 활동은 국가 공동체의 구성원 일반에 그 영향이 미치는 것으로서 '공익'과 관련이 있다고 말하는 데에 우선 큰 무리가 없으리라 생각한다.

---

33) 이창희, 앞의 책의 2020년 판인, 이창희, 세법강의(제18판), 박영사(2020), 979에는 "시행령이나 하부 규칙에 나와 있는 단체들 모두에 대하여 국가가 이곳에 돈을 대주어야 한다고 기꺼이 동의할 수 있겠는가?"라는 질문이 제시되어 있다. 2021년판 이후에는 이 질문이 삭제되어 있는 대신 '특히 문제는 정치적 성격이 강한 단체에 대한 기부금'이라는 언급이 들어 있다. 이창희, 세법강의(제20판), 박영사(2022), 1017. 김현동, 앞의 글, 157에도 이에 관한 언급이 있다.
34) 김현동, 앞의 글, 156-157도 공익 개념의 모호함을 전제로, '세법상 공익의 개념을 보다 철저하고 엄격하게 세'울 필요를 역설한다.
35) 이재호, 앞의 글, 338-339에도 이에 관한 논의가 있다.

(1) 교육과 의료, 사회복지(와 자선)

여기에서도 여러 가지—법적 측면을 훌쩍 뛰어넘어 정치경제학이나 정치철학 등의 차원에서 논의되어야 할—의 다양한 논의가 있을 수 있으리라 생각한다. 따라서 이 짧은 글에서는 그 대강을 논의하는 일도 벅차다. 이 점을 인정하는 가운데, 다만 여기서 그저 한 가지 가능한 시각을 제시하여 본다면, 사회 구성원들의 '실질적인 자유'를 보장하고 그 '역량(capability)'을 개발할 기회를 충분하게 제공할 필요가 있다는 의미에서[36] 교육과 의료,[37] 나아가 사회복지(또 자선[38])는 당연히 '공익성'의 범위에 포함되어야 하리라 여겨진다.[39] 개개의 구성원들이 자신들이 가진 능력을 제약 없이 발휘하여 각자가 가진 삶의 목표를 자유롭게 추구할 수 있도록 하는 삶의 기본 조건이라는 측면에서, 교육과 의료, 그리고 (자선 또는 빈곤층 구호를 포함한) 사회복지는 당연히 국가가 짊어져야 할 책무라는 의미이다. 그런데 극히 짧은 기간에, (흔히 말하듯이) '압축적'으로 경제 규모를 성장시킨 우리나라에서 아직 사회복지 제도

---

36) '실질적 자유'나 '역량'과 같은 개념은 모두 아마르티아 센(Amartya Kunar Sen)의 저작에서 가져온 것이다. 예컨대 아마티아 센, 김원기 역, "자유로서의 발전", 갈라파고스(2013), 103.

37) 아마르티아 센(주 36)은 '실질적 자유'에 관하여 언급하면서 이것이 정치적 참여의 자유 외에 '기초교육 및 보건의료를 받을 기회'를 포함하는 것이라고 설명한다. 예컨대 위의 책, 44를 보라.

38) '자선'이라는 말은 그 뜻이 다소 모호한데, '남을 불쌍히 여겨 도와줌'(출처: '네이버' 국어사전)이라는 사전적 의미에서는, 경제적으로 궁핍하거나 그 밖의 어려운 상황에 놓인 사람들을 구호하는 활동이라는 의미로 받아들일 수 있다. 다만 경제적으로 어려운 상황에 놓인 사람이 일단 그러한 상황에서 벗어날 수 있도록 돕는 일이라는 뜻이라면, 아마 '빈곤층 구호' 정도의 표현이 그러한 의미를 좀 더 명료히 하는 말이 되지 않을까 생각한다.

39) 조지프 스티글리츠(Joseph Stiglitz)의 저작에서도 이러한 언급을 쉽게 발견할 수 있다. 가령 '미국 가정들의 재정적 압박을 완화해 줄 의제'로서, '조기교육과 고등교육에 대한 접근을 확대하는 것', '의료 서비스의 비용을 낮추는 것'과 '사회보장의 확대'를 제안하고 있는, 조지프 스티글리츠, 김홍식 역, "경제규칙 다시 쓰기 −21세기를 위한 경제 정책 보고서", 열린책들(2016), 355 참조.

의 발전은 그러한 경제 성장 또는 발전의 속도를 따라잡지 못하고 있는 듯하다. 또 교육과 의료 영역에서는 특히 그 공적(公的) 중요성에 비추어 볼 때, 사적 영역에 대한 의존도가 너무 지나치다는 지적이 흔하다. (거듭 덧붙여 두듯이 이러한 논의를 전면적으로 행하기에 이 글은 물론 충분하지 못한 공간이지만) 이러한 의미에서 볼 때 교육과 의료, 사회복지(또는 자선)의 영역에서 활동하는 공익법인에 세제 혜택을 주는 것이 정당화된다고 볼 여지가 있음은 분명하다.

(2) 종교, 그리고 학술과 문화예술

반면 공익법인과 관련된 또 다른 범주들인 종교, 학술·문화예술이 비슷한 차원에서 다루어질 수 있는 것인지에 관하여는 좀 더 논의가 필요하다고 생각한다. 이 문제를 여기서 상세히 다루려는 것은 물론 아니지만, 이에 관한 진지한 논의가 필요하다는 점은 분명하다.

그렇게 보면 우선 법인세법이 전면에 내세우고 있는 것처럼 종교와 관련된 '공익법인'에 대한 자원 지출이, 과연 1)에서 살펴본 항목들과 마찬가지 차원에서 국가의 최우선적인 과제에 속하는지에 의문이 제기될 수 있다. 나아가서는 헌법이 보장하는 종교의 자유에, 종교를 갖지 않을 자유도 포함된다고 할 때[40] 우선순위에 관계없이 국가가 이 분야에 세제 혜택을 주는 것 자체의 타당성에도 논란의 여지가 없지 않다.

여기에 더하여져 있는 것이 '학술'과 '문화예술'이다. 이러한 활동의 진흥 역시 국가의 임무에 속한다고 할 수도 있겠지만,[41] 무엇보다 그

---

40) 그리고 우리나라에는 정말로 종교를 갖지 않은 사람들의 비율이 예나 지금이나 결코 낮지 않다. 여론조사기관 한국갤럽에 따르면, 2021년 기준으로 우리나라에서 종교를 가진 사람의 비율은 40%이고, 이 비율은 2004년에 54%, 2014년에는 50%였다고 한다. 한국갤럽, "한국인의 종교 1984-2021 (1) 종교 현황" https://www.gallup.co.kr/gallupdb/reportContent.asp?seqNo=1208, (2022. 5. 26. 확인).
41) 헌법에 이에 관한 명시적 언급은 없는 가운데, 헌법은 '문화' 영역에 관한 국가의 의무로서 '전통문화의 계승·발전'과 '민족문화의 창달'에 관하여 언급할 따

안에서도 워낙 다양한 영역과 분야들이 존재하기 때문에, 세제 혜택을
받을 수 있는 관련 공익법인의 범위를 일일이 구체적으로 규정하는 현
재의 방식—흔히 '포지티브' 방식이라고 일컫는—이 과연 적절한지, 특
히 형평의 측면에서 논의할 여지가 있다. 또 같은 맥락에서, 경우에 따
라서는 일정한 개별 분야의 문화예술이나 학술 활동이 과연 '공익'이라
고 불릴 정도로 넓은 범위의 사람들에게 혜택을 주는 것인지에 관하여
도 논란이 있을 수 있다. 즉, 현행법 체계 하에서 지정된 단체에게 혜택
을 주더라도 그 혜택은 비교적 소수의 사람에게 돌아가게 되고, 반대로
그러한 지정을 받지 못한 단체의 활동을 즐기는 또 다른 소수에게는 아
무런 혜택도 돌아가지 않는다는 것이다.

물론 이들 단체가 현행법 하에서 광범위한 세제 혜택을 누려 왔기
때문에 이를 갑작스레 없애는 데에 이론적으로나 현실적으로나 무리가
따름은 분명하다. 그러나 공익법인에 부여하는 세제 혜택이 지속적으로
논의의 대상이 되고 그 결과 빈번한 법 개정이 이루어지고 있는 상황이
라면, 적절한 시기에 좀 더 근본적인 차원의 논의를 시도해보는 일이 반
드시 불가능하리라 생각하지는 않는다.

다. 조세특례제한법 제74조의 문제

지금까지 한 논의는 공익법인의 수익사업에서 발생한 소득의 과세
정도를 정하는 조세특례제한법 제74조에도 적용될 수 있다. 즉, 제74조
가, 비록 명확하게 언급하는 것은 아니지만, 교육과 의료, 그리고 사회
복지에 관한 고유목적사업을 수행하는 비영리법인의 공익성을 인정하
여 더 넓은 범위에서 고유목적사업준비금을 설정할 수 있도록 하는 것
은 충분히 긍정적으로 평가할 수 있다. 그리고 이 조항에서는 종교 단체
를 전혀 적용대상으로 삼고 있지 않은 대신 문화·예술 영역에 관하여는

름이다(제9조).

비교적 너그러운 태도를 취하고 있는데, 박물관이나 도서관과 같은 일부—이때는 '사회 전체의 이익' 운운하더라도 전혀 무리가 없을 것이다—를 제외한다면 나머지에 관하여는 역시 (2)에서 살펴본 것과 같은 논의가 필요하리라 여겨진다.

한편, 조세특례제한법이 예외적인 성격을 가지는 '특례'를 규정하는 법률이라는 데에서 나오는 근본적인 한계가 있겠지만, 제74조도 결국 공익법인의 범위와 관련된 조항이라고 본다면, 단순히 그에 해당하는 개별 유형들을 열거하는 데에 그치는 것은 바람직하지 않다고 생각한다. 즉, 그 적용범위를 정하는 기준—'교육', '의료', '사회복지'와 같은—을 좀 더 일반적·추상적 차원에서 언급하고 나서, 그에 해당하는 개별 유형들을 열거하는 방식을 취하여야 한다고 생각한다. 어찌 보면 특례를 규정하는 법일수록, 그러한 특례를 주는 근본적 이유를 분명하게 제시함으로써, 시간이 지나더라도 그 범위가 일관된 사고방식에 따라 정해지도록 할 필요가 있다는 주장도 충분한 설득력을 가진다.

4. 이 장(章)의 결론

세제 혜택을 받는 공익법인의 범위와 관련하여, 지금까지는 공익법인에 대한 특수한 취급을 규정하고 있는 법인세법(또는 소득세법)의 다른 부분(기부금을 손금으로 인정할지 여부를 다루는 법인세법 제24조와, 이에 대응하는 소득세법 조항들)이나, 공익법인에 기부된 재산에 관한 특례를 규정한 상증세법 조항들과 그 범위를 맞출 필요성이 제기되어 왔다. 그런데 이에 관하여는 최근 각각의 법 규정들이 적용되는 범위를 어느 정도 일치시키는 방향으로 법 개정이 이루어졌으므로, 조세특례제한법 제74조에 따라 고유목적사업준비금을 더 큰 범위에서 손금 산입할 수 있는 법인의 범위까지 이에 연동시켜야 할지에 관하여 검토가 필요하다는, 이미 다른 곳에서 제기된 주장[42] 외에 이 글에서 이에 관하여 더 논의할 필요성은 크지 않다.

다만 혜택을 받는 단체의 범위를 각 세법에서 통일적으로 규율하는 것에 못지않게, 처음부터 그러한 범위를 어떻게 정할지에 관한 (좀 더 근본적인) 논의 역시 필요하리라 생각한다. 하지만 이 짧은 글에서 이 문제에 관하여 어떤 결론을 내고자 하는 의도는 없고, 사실 분량에 관계 없이 어느 한 편의 글에서 모든 사람이 공감할 수 있는 결론을 제시하는 데에도 한계가 있을 것이다. 다만 '공익'이라는 막연한 이름 아래, 반드시 같은 차원에서 다룰 수 있을지에 관하여 좀 더 논의가 필요할 요소들을 한꺼번에 나열하고, 행정부가 그러한 모호한 개념들을 나름대로 해석하고, 또 때로는 이익단체들의 입김에도 영향을 받으면서, 구체적 범위를 정하도록 하는 현재의 방식에는 여전히 좀 더 회의적인 시각에서 검토할 점들이 있다고 생각한다.

이러한 점에서 교육과 의료, 사회복지, 자선 영역의 공익성에는 별다른 의문의 여지가 없다고 생각하므로, 이러한 문구들은 관련 세법에서 일관되게 사용할 필요가 있지 않을까 한다. 그러나 그 밖의 사항들은 문제의식을 갖고 좀 더 비판적으로 따져 보아야 할 것들이 있다고 생각한다. 특히 공익법인의 수익사업이라는 이 글의 논의범위에서는 조세특례제한법 제74조의 내용을 정할 때에도 이러한 논의가 반영될 수 있도록 유의할 필요가 있다.

---

42) 위의 글, 336.

IV. 관련된 기본 쟁점들과 그에 관한 논의 2 - 수 익사업에서 발생하는 소득에 세제 혜택을 부 여하는 방법

1. 문제점

결국 이 글에서 다루어야 할 가장 중요한 논점은 수익사업에 과세할 지, 그리고 과세를 한다면 어느 범위에서 할 것인지의 문제이다. 앞의 II.3.에서 살펴보았듯이 이에 관한 현행법의 입장은 절충적이고, 이와 같은 입장을 취한다면, 결국에 가서는 단지 수익사업의 과세 '정도'가 문제되는 셈이다.

경쟁중립성을 기해야 한다는 요구가 있지만, 이미 확인하였듯이 여 러 가지 요소를 함께 고려한 '어정쩡함' 위에 서 있는 현행법의 규정은 경쟁의 왜곡을 방지하는 데에 어차피 충분하지 못하다. 가령 법인세법 이 정하고 있는 것처럼 일정한 수익사업에서 발생하는 소득에 50%까지 고유목적사업준비금을 설정할 수 있게 하여 (달리 보면 일반적인 경우 의 절반에 해당하는 낮은 세율을 적용하여 주는 셈이 된다) 공공재의 공급이 늘어나도록 유도한다는 의미—흔히 하는 말로 '시장의 실패'를 보완하는 것—가 있을 수 있다. 다만 사업소득 전반에 걸쳐 (바로 이어 서 살펴보는) 고유목적사업준비금 설정에서 50%와 같은 숫자를 적용하 는 것은 자의적(恣意的)인 기준을 설정하는, 말하자면 아주 거칠고 부정 확한 방법이다.[43] 이는 여러 가지 사항을 함께 고려한 타협적 방법을 취한다는 것 외에는 공익사업의 수익사업을 어떻게 과세하여야 할지에 관하여도 아직 분명한 이론적 기초가 정립되어 있지 않기 때문에 생기

---

43) 또 이른바 '결산조정'의 메커니즘을 여기서 사용하는 데에도 문제가 많다는 지 적 역시 이미 제기되어 있다. 이중교, 앞의 글, 339.

는 상황이라고 할 수 있다.

2. '고유목적사업준비금' 제도

가. 도입

이처럼 '정도'의 문제가 있지만, 아무튼 이와 같이 과세의 특례를 부여하기로 한다면 구체적으로 어떠한 방법을 사용할지 하는 논점이 또한 검토의 대상이 된다. 가장 간명한 것은 물론 미국처럼[44] 일정한 공익법인에 일률적으로 비과세를 적용하는 방향이다.[45] 이는 공익법인이 수행하는 공공재 공급의 기능을 극단적으로 중시하는 입장에 바탕을 둔 결과라고 평가할 수 있을 것이다.

이에 비하여 우리의 현행법은 '고유목적사업준비금'이라는, 약간은 직관적으로 이해하기 어려운 기제(機制)를 활용하고 있다.[46] 즉, 법인세법 제29조에 따르면 비영리법인은 일반적으로 수익사업에서 발생하는 소득 중 일정 부분을 고유목적사업준비금으로 적립하는 회계처리를 할 경우 그 금액을 바로 손금에 산입할 수 있다(제1항). 다만 이후 5년이라는 기간 내에 그러한 금액을 실제로 고유목적사업에 지출해야 하고, 그렇지 않으면 그 시점에서 다시 익금에 산입되어 법인세 부과대상이 된다(제5항). 즉, 고유목적사업준비금으로 계상한 금액은 실제 고유목적사

---

44) 우리나라에는 이러한 예가 드물지만, 2019년 말의 개정으로 국세기본법 제13조 제8항이 정하는 '국립대학 법인'이 널리 이러한 취급을 받게 되었다.

45) 미국 연방세법(Internal Revenue Code, IRC) 제501조. 이에 관한 논의로는 이중교, 앞의 글, 320 이하. 위의 글, 320에는 일정한 '공익목적사업'의 범위에서 수익사업을 비과세하는 일본의 제도가 설명되어 있다. 한편 위의 글, 313 주 1에 따르면 1967년 말 이후 비영리법인에 대하여 일률적으로 낮은 세율을 적용하였다고 한다. 이는 고유목적사업준비금이라는 다소 복잡한 회계적 도구를 사용하는 현행법과 비교하면 미국의 제도에 좀 더 가깝다.

46) 이 제도는 미국은 물론, 일본에도 없는 것이라고 한다. 이중교, 앞의 글, 319.

업에 지출하기 전이라도 일단 손금으로 인정받을 수 있는데 그 결과 수
익사업에서 발생한 소득에는 당장 과세가 이루어지지 않게 된다. 물론
그 이후 실제 지출이 이루어지더라도 그 시점에서 이 금액이 거듭 손금
으로 인정되는 일은 없고, 일정 기간 내 지출이 되지 않은 채 남아 있다
면 그때 가서 뒤늦게 과세의 대상이 될 따름이다.

이는 공익법인뿐 아니라 모든 비영리법인에 널리 활용될 수 있는 내
용이지만, Ⅲ.2.의 (2), 그리고 Ⅲ.3.의 (3)에서 살폈듯이 조세특례제한법
제74조는 일정한 공익법인에게 더 많은 금액을 고유목적사업준비금으로
계상할 수 있는 길을 열어주고 있다. 즉, 현행법의 고유목적사업준비금
제도 역시 공익법인에 더 많은 세제 혜택을 베풀어주고 있는 셈이다.

나. 몇 가지 분석과 평가

(1) 존재의의와 문제점

단번에 이해하기 쉽지 않은 이러한 제도는 수익사업과 고유목적사업
부문을 구분하여 경리하도록 한 법인세법의 태도에 영향을 받은 것이라
고 우선 평가할 수 있다. 수익사업의 소득은 수익사업 회계에 귀속되는
데, 그 돈은 다른 한편으로 구분경리되는 고유목적사업의 영역에서 지
출되어야 하고 또 그 범위에서는 과세되지 않아야 할 필요성이 있으므
로, 이러한 요구를 모두 충족시키기 위한 의도에서 아마도 이러한 복잡
한 과정을 고안해낸 것이라고 짐작할 수 있다.[47] 그러한 면에서 이 제
도는 기업회계 측면의 필요성이 법인세의 영역에까지 침투해 들어온 결
과라고 평할 수도 있다.

또 한편 기업회계에서 설정된 고유목적사업준비금을 손금으로 인정
하여 주는 범위를 50%나 80%와 같이 숫자로 정할 수 있기 때문에, 1.에

---

[47] 이재호, 앞의 글, 351-352; 이중교, 313 주 1은 비영리법인의 소득 과세에 관한
법인세법의 변천과정을 간단하게 요약해서 보여주고 있다.

서 지적하였듯이 수익사업의 과세에 관한 확고한 이론적 이해가 부족한 상태에서 이러한 입법 태도는 그때그때의 상황에 따라 과세 또는 비과세를 하는 정도를 양적(量的)으로 조절하는 수단이 된다. 실제로 (1)에서 언급한 조세특례제한법 제74조가 바로 이와 같이 공익법인에게 전면적으로 고유목적사업준비금의 계상과 손금 산입을 허용한다.

다만 고유목적사업준비금은 이처럼 지극히 기술적인 성격을 가진 회계적 도구이기 때문에, 이러한 제도를 사용할 경우에 발생할 수 있는 일반적인 단점, 즉 이 제도의 성격과 내용을 곧바로 이해하기 어렵다는 문제가 따라온다. 2010년대에 고유목적사업준비금을 논점으로 하는 대법원 판결들이 다수 선고되었는데(아래 3.에서 일별해 본다), 바로 이러한 기술적 내용을 쟁점으로 하는 사건들이 대부분으로서, 그 쟁점들에 관하여 직관적인 차원의 판단을 내리기 힘들다는 공통점들이 존재한다. 이는 고유목적사업준비금 제도를 채택한 데에서 오는 단점이라고 지적할 수 있다.

(2) 세법적 성격의 분석

요컨대 현행법에서 고유목적사업준비금이라는 계정을 (수익사업 회계에서) 설정하고 법인세 신고를 할 때 이를 손금으로 보아 법인세 과세표준과 세액을 계산하면, 이는 법인세법의 규정이 허용하는 결과이다. 고유목적사업준비금의 이러한 계상액만큼 소득에서 공제하여 주는 셈이고, 그 범위에서 당장 소득을 비(非) 과세하는 셈이 된다. 그리고 이에 상당하는 금액을 그러한 사업연도 종료일 이후 5년 내에 실제로 지출하고 이러한 지출이 고유목적사업에 지출한 것이라고 평가받을 수 있다면, 이 비과세의 결과는 끝까지 유지된다. 이 범위에서 고유목적사업준비금 제도는 법인세 감면의 종국적 결과를 달성한다. 다만 5년 이내에 이러한 의미의 '고유목적사업 지출'이 실제 이루어지지 않는다면, 고유목적사업준비금의 설정으로서 손금 산입되었던 금액은 다시 익금이 된다. 이 결과는 수익사업의 소득이 뒤늦게 과세되는 것, 곧 과세이연이다. 고유목적사업준비금 제도는 이와 같이 납세자인 공익법인의 행동에 따라 (궁극적) 감면 또는 (일시적) 과세이연의 결과로 이어진다는 점에 또 다른 특징이 있다.[48]

한 가지 더 유의해야 할 것은 조세특례제한법 제74조의 적용을 받지 못하는 경우 수익사업에서 발생한 소득의 일부에 대하여서만 고유목적사업준비금을 설정할 수 있기 때문에, 설사 소득의 전부를 고유목적사업에 지출하더라도 손금으로 인정받을 수 있는 금액에 한계가 있다는 점이다. 언뜻 보아 이 경우 비영리법인이 수익사업에서 벌어들인 돈 전부를 고유목적사업에 써 버린 것이고, 그 결과 비영리법인의 순(純) 자산이 그대로이므로 과세할 만한 소득이 없거나 적어도 소득 과세를 할 이유가 없다고 생각할 수 있다. 하지만 II.3.에서 검토한 대로 비영리법인의 소득과세에 관한 현행법 체계는 수익사업에서 발생하는 소득에 대한 과세와 비과세의 필요성을 모두 고려한 '타협'적인 것이어서, 이러한 경우에도 일부—고유목적사업준비금의 손금산입 한도를 넘는 범위의—에 대하여는 여전히 과세의 가능성을 남겨 놓고 있다.[49]

(3) 몇 가지 가능한 대안과 비교

고유목적사업준비금을 가령, 고유목적사업에 하는 지출을 단순히 소득에서 공제하여 주는 경우와 비교하여 보면, 수익사업에 발생하는 소

---

48) 대법원은 고유목적사업준비금에 관한 판결들에서 이 제도가 '과세이연'을 내용으로 한다고 흔히 설시한다. 가령 대법원 2020. 5. 28. 선고 2018두32330 판결은, 고유목적사업준비금이 이를 '손금에 계상한 사업연도의 종료일 이후 5년이 되는 날까지는 고유목적사업 등에 지출이 이루어져야 한다는 점을 전제로 하여 위 기간 동안 과세를 이연'한다고 이해한다. 그러나 본문에서 살펴보았듯이 실제로 그러한 5년 내 지출이 이루어진다면, 과세이연이 아니라 비과세의 결과가 발생하고, 오히려 과세이연은 5년 내 지출이 없는 경우에나 나타나는 현상이다.

49) 이 점은 특히 아래 3.(6)에서 살펴보는 대법원 판결의 결론에서 극히 중요한 역할을 한다.

득에 대해 우선은 비과세를 해주겠다는 의도가 더 강하게 드러난다.[50] 공익법인이 수익사업에서 매년 얻는 소득의 증감이 심하고 또 발생한 소득과 이를 재원으로 한 지출 간 시차가 생기는 경우를 가정하여 보면, 우선 손금으로 인정받고 실제 지출은 5년 이내에만 하면 되는 현재의 제도는 공익법인에 분명 상대적으로 유리한 것이다.[51] 즉, 일단 일정한 범위에서 비과세하여 주고 대신 일종의 '사후(事後) 관리'[52]를 함으로써 조속한 지출을 유도한다는 의미이다. 물론 그만큼 공익법인은 수익사업 과세에서 유리한 취급을 받고, (굳이 덧붙이자면) 그 범위에서 이러한 혜택을 누리지 못하는 일반 기업에 비하여 경쟁 우위를 가진다.

또 다른 비교대상으로는, 기부 재산에 적용되는 상증세법 제48조 제11항 제2호―2020년 말 상증세법 개정으로 신설된 규정이다―의 이른바 '의무지출 제도'를 들 수도 있다. 이 제도는 공익법인에 기부받은 재산에 관한 비과세 혜택을 일단 부여하되, 이와 같이 처리된 금액 중 일정 부분을 매년 신속하게 지출해야 한다는 사고방식을 취한다. 다만 이는

---

50) 이재호, 앞의 글, 535의 주장은 여기에 초점을 맞추어 이와 같이 일찍 손금으로 인정하는 '세금감면 도구'를 인정하여 줄 이유가 없다는 것이다. 우선 세제 혜택만을 받고 실제로 고유목적사업에 지출하지 않는 악의적인 행태를 법으로 따로 규율하지 못할 이유가 없음을 전제한다면, 결국 일단 비과세하였다가 이후의 행태를 보고 세제 혜택을 계속 유지할지를 결정하는 현재의 방안과, 실제 고유목적사업에 지출하였을 때 비로소 손금으로 인정하여 주는 방안의 차이는 기본적으로 과세 '정도'의 것에 지나지 않는다. 따라서 현행법의 입장이 꼭 유일한 '정답'은 아니더라도 이를 비난할 근거 역시 뚜렷하지 않다고 생각한다. 김현동, 앞의 글, 148은 조기의 손금 산입을 인정하는 방안의 장단점 모두에 관하여 언급한다.

51) 이중교, 앞의 글, 313 주 1(주 47)에서도 인용)에 따르면 1960년 말에 도입된 최초의 세제 혜택은 고유목적사업에 실제로 지출하였을 때 그 금액을 손금에 산입하여 주는 것이었다고 한다.

52) 이중교, 앞의 글, 318도 이 표현을 사용한다. 한편 공익법인과 관련된 이러한 '사후관리'의 대표적인 예는 상증세법 제48조 제2항과 제3항에서 찾아볼 수 있을 것이다. 즉, 기부가 이루어진 후 일어난 일정한 사건들이, 세제 혜택을 부여하는 의도와 맞지 않는다고 인정될 때에는 바로 그러한 혜택을 박탈하고 원래 걷었어야 할 세금이나 그 밖의 가산세를 부과한다.

고유목적사업준비금으로 적립하여 놓으면 5년의 기간 내에서는 언제 얼마를 지출하여야 할지 공익법인이 스스로 정할 수 있는 현행 제도에 비하여 공익법인에 좀 더 불리하고, 중·장기 계획을 탄력적으로 설정하기 어렵게 한다. 상증세법에 이 제도가 도입된 데에서 보듯이 수익사업에서 얻은 소득이 실제 고유목적사업에 기여하는지 여부가 의문스럽다고 볼 여지가 있는 경우에 이와 같이 좀 더 강화된 '사후관리' 제도를 도입할 가능성이나 필요성을 인정할 수 있다. 하지만 일반적으로는 이왕 고유목적사업에 대한 지출에 5년의 시간을 주는 것이라면 그 기간에 이루어지는 지출의 구체적인 방법은 공익법인 스스로 정할 수 있도록 허용하는 편이 좀 더 나을 것이다.

다. 소결론

고유목적사업준비금 제도는 이와 같이 수익사업에서 소득을 얻는 공익법인의 고유목적사업 지출과 관련하여, 일정한 '당근'과 '채찍'을 한꺼번에 마련한다. 이 제도는 곧 우선 공익법인에 비과세의 혜택을 주지만('당근'), 공익법인이 세제 혜택만 받고 지출을 하지 않는 상황을 방지하고자 실제 지출을 유도하고[53] 지출을 하지 않는 경우에는 제재를 가할 수 있도록 한다('채찍').

만약 이와 같이, 말하자면 '선 비과세, 후 지출'의 구조를 만들고, '후 지출'의 상황이 실제 발생하지 않았을 때 비로소 과세하는 것이 입법의 의도라면, 여기에는 일정한 '사후관리'의 과정이 필수적이다. 특히 현행법은 고유목적사업준비금을 이른바 '결산조정' 사항에 해당하는 것으로 규정하면서,[54] 이러한 사후관리의 과정을 준비금의 적립이라는 회계 기

---

53) 이중교, 앞의 글, 315도 비슷한 설명을 한다.
54) 법인세법 제29조 제1항 중 '고유목적사업준비금을 손비로 계상한 경우'라는 부분이 이를 나타낸다.

술적 도구를 통해 구현하고 있다고 말할 수 있다. 그 결과 이미 언급하였듯이, 회계적인 논리에 익숙하지 않은 사람들에게는 이 제도의 전모가 쉽게 눈에 들어오지 않게 된다.

다만 결산조정 사항 자체가 널리 입법론적으로 비판을 받고 있는 데에다, 실제로 고유목적사업준비금으로 적립하는 회계 처리를 하지 않더라도 손금 산입의 결과를 인정하는 사례도 있기 때문에, 굳이 이러한 제도를 존치시킬 필요가 있을까 하는 의문도 존재한다.[55] 즉, 수익사업의 일정 부분을 그냥 비과세하고, 5년 이내 그 금액을 고유목적사업에 실제로 지출하지 않는다면 비과세하였던 부분을 그 시점에 과세한다는 내용을 직접적으로 규정하는 방안이다. 실제로 일회적인 기부에 대한 세제 혜택을 주로 다루는 상증세법은 이러한 입장을 취하고 있다.[56] 하지만 수익사업을 영위하는 이상 그 소득은 계속적·반복적으로 매년 발생할 터이므로, 이러한 사후관리를 할 때 준비금을 적립하는 것과 같은 기술적 장치가 더 편리하다고 볼 여지가 많다. 그렇다면 현재의 고유목적사업준비금 제도는 그 나름의 존재이유를 갖고 있다고 평가할 수밖에 없을 것이다.

3. 관련 판례 개관

여기서는 고유목적사업준비금의 실무를 좀 더 잘 이해하고 지금까지 살펴본 논의들이 현실에서 어떻게 문제되는지를 잠시 엿본다는 의미에서 관련된 대법원 판결들의 주요 내용을 선고된 시기 순으로 간략하게 살펴본다.[57] 이 제도와 관련하여서는 특히 2010년대에 대법원 판결이

---

55) 주 49 참조.
56) 예컨대 상증세법 제48조 제2항과 제3항 각 호의 규정들을 보라.
57) 대법원의 '종합법률정보' 누리집에서 '고유목적사업준비금'을 검색어로 설정하여 대법원 판결을 검색하면 모두 8건이 결과로 제시된다. 여기서는 그중 대법원 2007. 6. 28. 선고 2005누11234 판결과, 대법원 2016. 11. 24. 선고 2016두43268

다수 출현하였으나, 그렇다고 이 판결들에 어떤 일관된 흐름의 쟁점들이나 판단이 들어있지는 않은 듯하다.

가. 대법원 2012. 5. 24. 선고 2010두17984 판결

이 판결은 '주무관청에 등록되지 않은 종교 단체'는 법인세법, 특히 시행령 제56조의 세부 규정에 따랐을 때 고유목적사업준비금을 계상하여 손금에 산입할 수는 없다고 판시한다. 이는 이 글의 논의 체계에서 볼 때, Ⅲ.에서 살펴본 공익법인의 범위에 관한 논의에 해당하는 것이며, 잠시 언급했던 이른바 '포지티브' 방식의 입법이 가지는 문제점을 보여준다. 예컨대 세제 혜택을 부여할지 여부를 정하는 데에 그 종교 단체의 '등록' 여부가 그렇게 결정적인 기준이 되어야 할지에 관한 의문을 제기할 수 있는 것이다. 다만 이 판결은 단순히 법의 문언에 따른 결론을 들려줄 뿐, 그 이유를 제시하는 데에 방금 말한 것과 같은 문제의식이나 이에 관한 논의라고 할 만한 것을 드러내 보이고 있지 않다.

나. 대법원 2013. 11. 28. 선고 2013두12645 판결

이 사건의 원고는 수산업협동조합 중앙회이고 조합원인 개별 협동조합들에게 사업 설비―현금 자동인출기―와 관련된 일정한 비용을 무상으로 대여하였는데, 이 기관의 설립 목적이나 운영 현황에 비추어 볼 때 공익법인의 과세체계 하에서 이 돈―좀 더 정확하게는 조합원들로부터 받지 않은 이자 상당액―은 고유목적사업에 지출한 돈이나 마찬가지로 평가할 수 있다(다만 실제로 받은 돈이 아니기 때문에 이와 관련하여

판결을 제외한 나머지를 간단히 분석하였다. 2005누11234 판결은 회계 이론적 측면이 특히 너무 강하여 이 글의 논의와 관계가 크지 않다고 생각하였고, 2016두43268 판결은 원래 사건의 쟁점이 고유목적사업준비금과 아예 무관하다.

고유목적사업준비금으로 계상하지는 않았다고 한다). 이러한 행위가 수익사업의 영역 내에서 법인세 과세소득을 계산할 때 부당행위계산부인이나 이른바 업무무관 가지급금에 관한 규정의 적용 대상인지 여부가 쟁점이 되었다. 대법원은 이러한 거래 행위가 수익사업이 아니라 고유목적사업의 영역 내에서 일어난 일이기 때문에 법인세 과세대상이 되지 않고, 따라서 부당행위계산부인 등의 규정도 적용할 수 없다고 판단하였다. 말하자면 고유목적사업 부문은 처음부터 법인세법의 규율 대상이 아니라는 것이다.

고유목적사업준비금 제도, 그리고 좀 더 근본적으로는 이 제도가 기반을 두고 있는 구분경리와 관련된 문제이다. 돈을 빌려 주는 일이 수익사업이 아니라 고유목적사업에 속한다고 판단한 결과이기 때문이다. 다만 좀 더 직관적인 차원에서 말하자면, 궁극적으로는 비영리법인이 원래의 설립 목적에 맞는 행위를 한 것이므로 비과세의 혜택을 온전히 누려도 무방하다는 생각이 바탕에 깔려 있는 것이 아닐까 짐작하여 볼 수도 있다.[58]

다. 대법원 2016. 8. 18. 선고 2016두31173 판결

이 판결 역시 구분경리와 관련된 문제로서, 수입사업에서 사용하던 자산을 고유목적사업회계로 '전출'하였을 때 수익사업 회계에서 수익을 인식하여야 하지 않을까 하는 의문에 대하여 대법원이 부정적으로 답한 사례이다. 좀 더 구체적으로는 순수하게 회계상의 인식에 따른 사건에 지나지 않는 '전출(轉出)'이, 법인세법에서 익금을 발생시키는 계기가 되는 자산의 '양도'(또는 '처분')에 해당하는지 여부가 문제되었다. 이와 같이 법이 사용하고 있는 문구에 비추어 '전출'이 '양도'나 '처분'이라고 볼 수 없다고 생각할 수 있고, 대법원은 실제로 이러한 입장을 취한 것이다.[59]

---

58) 다만 이러한 직관적 '짐작'의 한계에 관하여는 아래 (6) 참조.

이때의 '양도'가 과세이연되었던 미실현이익의 과세 계기라는 점에 비추어 본다면, 꼭 그와 같이 해석하여야 할 당위성이 있는지에 의문이 제기될 여지가 있을지 모른다. 하지만 다른 곳으로 눈을 돌려 비교 대상을 찾아보자면, 법인세법 제24조 제2항 제1호와 제3항 제1호에서 말하는 공익성을 갖춘 곳에 현금 아닌 자산을 기부하는 경우 평가차익을 인식하지 않도록 하는 법인세법 시행령 제36조 제1항 제2호와 제3호의 규정과는 조화를 이룬다고 평할 수도 있다.

라. 대법원 2017. 3. 9. 선고 2017두59249 판결

이 판결의 쟁점은 고유목적사업준비금이 가져오는 결과로서 과세이연을 어느 시점까지 인정할지 하는 것이다. 원래 5년 이내에 지출이 이루어지지 않으면 5년이 되는 시점에서 익금에 환입하여 과세하는 것이지만, 그 전이라고 하더라도 앞으로 지출하지 않으리라는 점이 분명해진다면 그 시점까지만 과세를 이연하고 이후에는 바로 과세가 가능하다는 내용을 담고 있다.[60]

이 결론은 고유목적사업준비금 제도가 갖는 부분적인 과세이연 장치의 성격과 관련을 맺는다. 과세이연은 어디까지나 고유목적사업을 위한 지출을 장려하는 의미를 갖는 것이고 그러한 지출이 앞으로 이루어질 개연성이 있음을 조건으로 하여서만 인정되는 혜택이라는 것이다.

---

59) 이중교, 앞의 글, 319는 구분경리가 '과세소득을 구분하기 위한 기술적 분류'라는 점에 주목하여 이 판결의 결론을 정당화하는 듯하다.

60) 이 결론에 관하여는 명확하게 법의 문언에 어긋나는 해석이라는 비판적 시각의 평석이 나와 있다. 박훈·정혜윤·권형기, "고유목적사업준비금에 관한 법령의 해석방법에 대한 소고 - 대법원 2017. 3. 9. 선고 2016두59249 판결에 대한 판례평석", 성균관법학 제29권 제2호, 성균관대학교 법학연구소(2017), 230-232 참조.

마. 대법원 2019. 12. 27. 선고 2018두37472 판결

이 판결의 쟁점은 법인세법 제24조에서 기부금을 손금으로 인정할 수 있는 한도, 그리고 같은 법 제29조에서 고유목적사업준비금을 설정할 수 있는 한도를 계산할 때 기준이 되는 금액들을 확정하는 기술적인 것이지만, 대법원은 이 과정에서 기부금과 고유목적사업준비금 간의 관계를 암묵적으로나마 논의하고 있다.61) 언뜻 별 관련이 없어 보이는 둘 사이의 비교가 가능했던 것은, 법인세법이 하나의 비영리법인을 수익사업과 고유목적사업 부문으로 구별하여 수익사업에서 발생한 소득만을 과세대상으로 삼겠다고 선언하고 있기 때문이다(그리고 계속하여 언급한 구분경리는 그 회계 면의 전제라고 할 수 있다).

말하자면 '수익사업을 하는 법인'과 '고유목적사업을 하는 법인'이 별개의 존재처럼 취급되는 셈이고, 그렇다면 수익사업에서 벌어들인 소득을 고유목적사업에 지출하는 매개로서 고유목적사업준비금이라는 기제가 존재한다고 할 때 고유목적사업준비금의 설정은 영리법인이 공익법인에 기부금이라는 이름 하에 재산을 이전하는 것과 유사한 측면이 있다고 생각할 여지가 있다. 사실은 이러한 유추가 아마도 방금 언급한 이 사건의 쟁점 중 특히 법인세법 제24조와 관련된 것으로 이어졌다고 여겨진다. 즉, 기부금의 손금산입 한도를 정할 때 고유목적사업준비금에 지출한 금액을 기부금과 마찬가지로 다룰지 여부이다. 하지만 결론적으로 대법원은 문언 해석에 터 잡아 둘을 구별하여야 한다고 본다.62)

61) 그런데 이 판결에 대한 대법원 재판연구관의 '판례 해설'은 어떤 이유에서인지 법인세법 제24조에 관한 내용만을 언급하고 있다. 김범준, "비영리법인의 법정기부금 손금산입한도액 계산과 고유목적사업준비금(2019. 12. 27. 선고 2018두37472 판결: 공2020상, 382)", 대법원판례해설 제122호, 법원도서관(2020), 155-166.
62) 김범준, 앞의 글, 164-166도 이러한 문언 해석의 필요성을 강조하는 내용이다. 하지만 (3)에 언급한 판결에서는 문리해석을 별로 고려하지 않았던 대법원이 이 사건에서는 느닷없이 문언을 중시하는 해석방법론을 내세우는 것은 일견 모순이며, 이 점에서 주 59의 비판은 어찌 보면 당연한 것이다. 이 판결의 결론이

한편, 또 다른 쟁점인 고유목적사업준비금의 설정 한도를 정하는 기준 금액과 관련하여 대법원은, 법정기부금 명목으로 지출한 금액 전부가 소득금액에서 공제되어야 하고 단순히 법정기부금 손금산입의 한도를 이루는 금액만이 공제되어야 하는 것이 아니라고 판시한다. 이는 더구나 대단히 기술적인 쟁점이지만, 그 의미를 따져보자면 이미 한도를 초과할 정도로 많은 금액을 기부한 비영리법인이라면 고유목적사업준비금과 관련하여서도 너그럽게 대해주기는 어렵다는 정도가 되지 않을까 싶다(법인세법이 기부금의 손금 산입에 제한을 두는 것도 기본적으로 같은 태도에 따른 결과이다). 다만 법인세법 문언의 해석과 무관하게, 그러한 입장이 그 자체로 정당화될 수 있는지는 분명하지 않다. 고유목적사업준비금 개념이 갖는 회계 기술적 성격, 그리고 그 때문에 직관적인 판단이 쉽지 않다는 단점이 이러한 데에서도 드러난다.

바. 대법원 2020. 5. 28. 선고 2018두32330 판결

이 판결에서는 비영리법인인 '대한지방행정공제회'가 그 회원들로부터 정기적으로 돈을 받아 이를 운용하고 일정 기간이 지난 다음에 회원들에게 원리금을 지급하는 일종의 상호부금(相互賦金) 사업—흔히 '공제'라고 불린다—을 하였을 때 회원들에게 원리금으로 지급하는 돈을 수익사업에서 손금으로 인정받을 수 있는지 여부가 쟁점이 되었다. 이 공제조합이 수행하는 업무의 특수성 때문에(영리법인인 다른 금융기관들과는 다르다는 것이다) 이와 같이 지급하는 돈은 수입사업의 비용으로 손금이 될 수 없고, 고유목적사업준비금의 범위 내에서만 고유목적사업에 지출된 돈으로서 손금으로 인정받을 수 있다는 것이 이 판결의 결론이다. 즉, 회원들로부터 돈을 거두어들이고 지급하는 행위는 모두

꼭 잘못되었다기보다 결론을 뒷받침하는 논거들에 들어 있는 해석방법론의 일관성 부재, 그리고 그에 관한 무관심을 지적하는 것이다.

고유목적사업에 속하고, 다만 거두어들인 돈을 일정한 방법으로 투자하여 수익을 올린다면 이는 수익사업의 문제라는 것이다.[63] 그 결과 이러한 투자수익은 당연히 비과세되는 것은 아니고 고유목적사업준비금의 설정을 통해서만 법인세 부담을 줄일 수 있다. 누군가에게 돈을 빌려주는 일 자체가 고유목적사업에 해당하는 경우가 있음을 전제한다는 점에서는 (2) 판결과 공통점이 있고, 그런 의미에서는 마찬가지로 구분경리와 관련된 쟁점이기도 하다.

　이 판결의 결론이 포함하는 내용 중 하나는, 고유목적사업준비금 제도가 고유목적사업에 실제 지출되는 돈의 범위 내에서는 비과세의 결과를 가져오지만, 어떤 때에는 그 한도가 정하여져 있기 때문에 이를 넘어 돈을 지출하는 경우에는 이를 손금으로 인정받는 일이 오히려 어렵다는 것이다. 이는 고유목적사업준비금 제도—이를 처음에 도입한 입법의 의도와도 무관하게—가 비영리법인 또는 공익법인에게 때로 유리하게, 또 불리하게도 작용할 수 있는 특수한 기술적 장치라는 점을 보여준다(그만큼 어떤 직관에 따라 그 결론의 타당성 여부를 평가하는 일이 어려워진다).

V. 맺음말

　공익법인의 수익사업 과세와 관련하여 가장 기본이 되는 세 가지 논점은, 공익법인의 범위, 수익사업의 과세 여부와 정도, 그리고 과세 정

---

[63] 이에 대하여 투자수익이 과세대상이라면 이를 재원으로 한, 회원들에 대한 금전지급은 이로부터 차감됨이 논리적으로 당연하다는 주장이 제시되어 있다. 이 판결은 그 당부(當否)에 관계없이 수익사업과 고유목적사업 간 구분의 인위적 성격을 보여주는 사례가 아닐까 한다. 임수혁, "비영리법인, 고유목적사업 지출이 비용 성격도 갖는 경우 손금산입 방법", 조세일보, https://m.joseilbo.com/news/view.htm?newsid=447036, (2022. 5. 26. 확인).

도를 조절하는 도구이다. 공익법인 범위의 논점은 기술적인 측면—공익법인과 관련된 법조항들에서 공익법인의 범위를 어느 정도 일관적으로 규정하는 것—에서 최근 중요한 입법적 개선을 이루었다고 평가되고 있다. 그러나 수익사업의 과세 여부나 정도에 관한 논의에는 2008년에 나온 이재호[64])의 연구 이후 사실 별다른 이론적 진전이 없는 듯하다. 이 글에서도 이 점을 본격적으로 다루지는 못했으나, 어쨌든 우리나라 특유의 현실—수익사업을 벌일 여력이 있는 공익법인에서는 비과세의 요구를 제기하는 반면, 일부 공익법인의 운영 실태를 비판적으로 보는 입장에서는 공익법인에 세제 혜택을 부여하는 데에 부정적이다—까지 고려한 좀 더 진지한 연구가 필요한 논점임에 분명하다.

또 이 글에서는 수익사업에서 발생하는 소득과세의 정도를 조절하는 도구로서 고유목적사업준비금에 초점을 맞추어 살펴보았다. 이 제도는 그 내용이 선뜻 쉽게 이해되지 않는 기묘한 제도이기는 하지만, 나름의 장점도 있고 그에 따라 오랜 기간 적용되어 왔다는 점 역시 지금 시점에서 이를 쉽게 버리기 어렵게 만든다. 이 글에서는 이와 같이 고유목적사업준비금 제도를 좀 더 체계적으로 이해하는 시각을 제공하고 이 제도의 현실적 의미를 분명히 하는 데에 중점을 두었다. 무엇보다 현재의 고유목적사업준비금은 일정한 범위에서 수익사업에서 발생한 소득에 관하여 비과세 또는 과세이연의 세제 혜택을 부여함과 동시에 그에 관한 사후관리의 가능성을 제공하는 특수한 기제라는 점에 유의할 필요가 있다. 다만 특히 경쟁 중립성을 이유로 수익사업에서 발생한 소득에 대하여 과세할 필요가 있다는 이해가 많기 때문에, 그와 같은 세제 혜택의 범위에도 한계가 존재하며, 수익사업과 고유목적사업의 구별이 때로 애매하다는 점과 겹쳐져서 이 제도가 오히려 납세자에게 불리하게 작용할 소지도 없지는 않다.

이 글은 공익법인의 수익사업에서 발생한 소득에 과세 또는 비과세

---

64) 주 13 참조.

할 필요성, 그리고 고유목적사업준비금과 관련된 쟁점들을 개관해 보았으나, 여러 사정으로 쟁점을 부각시키고 그에 대하여 간단한 해설을 곁들이는 데에 그치게 되었다. 몇몇 쟁점에 관하여는 좀 더 충분한 깊이를 가진 검토의 필요성이 여전히 남아있다는 점을 밝혀두고 다음 기회를 기약하면서 글을 맺는다.

참고문헌

기획재정부 세제실, 간추린 개정세법 2017(2018)

김범준, "비영리법인의 법정기부금 손금산입한도액 계산과 고유목적사업준비금 (2019. 12. 27. 선고 2018두37472 판결: 공2020상, 382)", 대법원판례해설 제122호(2020)

김현동, "기부 관련 현행 세제의 타당성 고찰", 조세법연구 제20권 제3호(2014)

박훈·정혜윤·권형기, "고유목적사업준비금에 관한 법령의 해석방법에 대한 소고 – 대법원 2017. 3. 9. 선고 2016두59249 판결에 대한 판례평석", 성균관법학 제29권 제2호(2017)

아마티아 센 (김원기 번역), 자유로서의 발전, 갈라파고스(2013)

이재호, "비영리법인의 법인세 과세체계에 대한 입법론적 고찰", 조세법연구 제14권 제2호(2008)

이중교, "고유목적사업준비금에 대한 소고 – 고유목적사업준비금과 기부금의 관계를 중심으로", 세무와 회계연구 제8권 제1호(2018)

이창희, 세법강의(제18판), 박영사(2020)

_____, 세법강의(제19판), 박영사(2021)

_____, 세법강의(제20판), 박영사(2022)

임수혁, "비영리법인, 고유목적사업 지출이 비용 성격도 갖는 경우 손금산입 방법", 조세일보, https://m.joseilbo.com/news/view.htm?newsid=447036, (2022. 5. 26. 확인)

조지프 스티글리츠 (김홍식 번역), 경제규칙 다시 쓰기 – 21세기를 위한 경제 정책 보고서, 열린책들(2016)

한국갤럽, "한국인의 종교 1984-2021 (1) 종교 현황" https://www.gallup.co.kr/gallupdb/reportContent.asp?seqNo=1208, (2022. 5. 26. 확인)

OECD, International Vat/GST Guidelines, OECD Publishing(2017)

Reuven S. Avi-Yonah, The Story of the Separate Corporate Income Tax: A Vehicle for Regulating Corporate Managers, Business Tax Stories (ed. Steven A. Bank, Kirk J. Stark), Foundation Press(2005)

| 초 록 |

이 글에서는 공익법인의 수익사업에서 발생하는 소득의 과세를 둘러싼 몇 가지 주요 논점들을 개략적으로 살펴본다. 가장 기본이 되는 세 가지 논점은, 공익법인의 범위, 수익사업의 과세 여부와 정도, 그리고 과세 정도를 조절하는 도구이다. 공익법인 범위의 논점은 기술적인 측면—공익법인과 관련된 법조항들에서 공익법인의 범위를 어느 정도 일관적으로 규정하는 것—에서 최근 중요한 입법적 개선을 이루었다고 평가되고 있다. 그러나 수익사업의 과세 여부나 정도에 관한 논의는 아직 턱없이 부족하며, 이 글 이후에도 특히 공익법인의 범위를 정하는 일반론에 관하여 진지한 논의가 뒤따라야 하리라 생각한다. 이 점을 염두에 두면서 이 글에서는 이러한 논의에서 필요한 고려 사항들에 관하여 몇 가지 분석과 견해를 제시하였다.

또 이 글에서는 수익사업에서 발생하는 소득과세의 정도를 조절하는 도구로서 고유목적사업준비금에 좀 더 초점을 맞추어 살펴보았다. 이 제도는 그 내용이 선뜻 쉽게 이해되지 않는 기묘한 제도이기는 하지만, 나름의 장점도 있고 그에 따라 오랜 기간 적용되어 왔다는 점 역시 지금 시점에서 이를 쉽게 버리기 어렵게 만든다. 이 글에서는 이와 같이 고유목적사업준비금 제도를 좀 더 체계적으로 이해하는 시각을 제공하고 이 제도의 현실적 의미를 분명히 하는 데에 중점을 두었다. 무엇보다 현재의 고유목적사업준비금은 일정한 범위에서 수익사업에서 발생한 소득에 관하여 비과세 또는 과세이연의 세제 혜택을 부여함과 동시에 그에 관한 사후관리의 가능성을 제공하는 특수한 기제라는 점에 유의할 필요가 있다. 다만, 특히 경쟁 중립성을 이유로 수익사업에서 발생한 소득에 대하여 과세할 필요가 있다는 이해가 많기 때문에 그와 같은 세제 혜택의 범위에도 한계가 존재하며, 수익사업과 고유목적사업의 구별이 때로 애매하다는 점과 겹쳐져서 이 제도가 오히려 납세자에게 불리하게 작용할 소지도 없지는 않다.

공익법인 가산세제도의 개선방안에 대한 연구[*]

이중교[**]

Ⅰ. 서론

국민의 공공서비스에 대한 수요가 증가함에 따라 국가 이외에 공익법인들이 사회복지, 교육, 의료 등 공공서비스 공급의 한 축을 담당하고 있다.[1)]국가는 한정된 자원으로 모든 분야의 공공서비스를 일일이 공급할 수 없을 뿐 아니라 해당 분야의 전문성 있는 공익법인이 국가보다 효과적으로 공공서비스를 공급할 수 있기 때문이다.

공익법인은 본래 국가가 담당하여야 하는 공익업무를 대신 수행하며, 그것이 국가가 직접 공익업무를 수행하는 것보다 사회 전체적으로 더 유익할 수 있다는 점에서 공익법인에 대한 세제혜택의 정당성을 찾을 수 있다.[2)]예를 들어, 10억 원을 출연받은 사회복지법인에 대한 증여

---

* 이 글은 저스티스 통권 제189호(2022. 4.)에 게재된 것을 수정하여 작성한 것이다. 이 글을 작성하는 데 도움을 주신 삼일회계법인 변영선 회계사님께 감사드린다.

** 연세대학교 법학전문대학원 교수

1) 국세청 자료에 의하면 공익법인 수는 2017년 34,426개, 2018년 34,843개, 2019년 39,897개, 2020년 41,544개로 매년 증가하고 있다. 사업목적별로는 종교, 사회복지, 교육, 학술 및 장학, 예술문화, 의료목적 순으로 많다. 국세통계포털(TASIS), https://tasis.nts.go.kr/websquare/websquare.html?w2xPath=/cm/index.xml, (2022. 5. 25. 확인).

2) 김무열, "비영리공익법인에 대한 세제혜택의 헌법적 정당성에 대한 소고", 조세와 법 제10권 제1호(2017. 6. 30.), 49-73은 공익법인에 대한 세제혜택의 헌법적

세가 3억 원이라고 가정할 경우 국가가 3억 원을 세금으로 거둬서 사회
복지 분야에 지출하는 것보다 3억 원의 세금을 걷지 않는 대신 사회복
지법인이 그 3억 원을 사회복지 분야에 지출하는 것이 공익증진에 더
효과적일 수 있다. 이러한 이유로 세법은 공익법인에 대하여 각종 세제
혜택을 부여한다. 대표적으로 피상속인이나 상속인이 공익법인에 재산
을 출연하면 상속세를 줄여주고, 공익법인이 재산을 출연받으면 증여세
를 줄여준다.3)

  공익법인에 대한 위와 같은 세제혜택은 공익법인이 출연받은 재산과
그 운용소득을 공익목적사업에 지출하여 공익에 기여하는 것을 전제로
한다. 그러나 현실에서는 공익법인을 이용하여 세제혜택만 누리면서 사
익을 추구하는 경우가 있다. 대기업이 공익법인에 주식을 출연하여 대
기업의 지배력을 강화하기 위한 수단으로 이용하는 경우, 지배주주가
공익법인을 사금고처럼 이용하는 경우 등이 그 예이다. 이에 따라 세법
은 공익법인이 본래의 취지대로 운영될 수 있도록 출연재산 및 그 운용
소득의 공익목적 사용, 주식취득 시 보유한도 준수, 외부전문가의 세무
확인, 전용계좌의 사용 등 각종 의무를 부과하고 이를 위반하는 경우 그
내용과 정도에 따라 증여세 또는 가산세를 부과한다.4)

  공익법인은 공익성을 근거로 세제혜택을 받고 있으므로 공익목적에
서 벗어나는 행위를 하는 경우 증여세 또는 가산세를 부과하는 것은 필
요하다. 그러나 공익법인 가산세제도에 대하여는 가산세 수준이 과도하
다는 실무계의 비판이 있을 뿐 학술적 차원의 연구는 활발하지 않았던

  정당성을 구체적으로 사회국가원리, 문화국가원리, 과세평등의 원칙에서 찾고
  있다.
3) 그밖에 공익법인을 포함한 비영리법인이 수익사업을 영위하는 경우 수익사업에
  서 벌어들이는 소득에 대하여 고유목적사업준비금을 설정할 수 있도록 하여 법
  인세를 줄여준다(법인세법 제29조).
4) 나아가 상속세 및 증여세법상 의무를 위반하여 상속세, 증여세 또는 가산세를
  추징당한 경우 공익법인(구 지정기부금단체)지정이 취소될 수 있다(법인세법 시
  행령 제39조 제12항).

것으로 보인다.5) 따라서 이 글에서는 공익법인 관련 가산세제도 전반의
문제점을 살펴보고 그 개선방안을 모색해보고자 한다. 이 글의 전체적
인 구성은 우선 공익법인 법제의 개요 및 공익법인 가산세 규정의 내용
을 개괄적으로 살펴본 후(Ⅱ.) 외국 입법례와의 비교법적 검토를 통하여
시사점을 찾고(Ⅲ.) 공익법인 가산세 규정의 문제점과 그에 대한 개선방
안을 제시하며(Ⅳ.) 논의를 정리하면서 결론을 맺기로 한다(Ⅴ.).

Ⅱ. 공익법인 법제의 개요 및 공익법인 관련 가산세의 내용

1. 공익법인 법제의 개요

가. 의의

공익법인과 관련된 법률에는 민법, 공익법인의 설립 및 운영에 관한
법률(이하 "공익법인법"이라 한다), 상속세 및 증여세법(이하 "상증세
법"이라 한다) 등이 있다. 민법과 공익법인법 이외에 상증세법이 공익법
인과 관련된 법률에 포함되는 것은 상증세법이 공익법인에 대한 상속
세, 증여세 혜택과 사후관리 등의 사항을 규정하기 때문이다.

공익법인법과 상증세법은 각각 공익법인의 개념을 규정하는데, 그
내용에서 일부 차이가 있다. 공익법인법에서는 공익법인을 "사회일반의

---

5) 공익법인 가산세를 주제로 한 논문은 제철웅, "공익법인에 부과하는 「상속세 및
증여세법」 제48조 제8항, 제78조 제6항의 가산세 규정을 어떻게 해석할 것인
가?", 법학논총 제24권 제4호, 한양대 법학연구소(2007) 이외에 찾기 어렵고, 이
논문도 특정 가산세 하나만을 주제로 하고 있다. 그 밖의 논문은 공익법인 과세
제도를 논하면서 한 항목으로 가산세를 짧게 언급하는 정도이다.

이익에 이바지하기 위하여 학자금, 장학금 또는 연구비의 보조나 지급, 학술, 자선에 관한 사업을 목적으로 하는 법인"이라고 정의한다(공익법인법 제2조). 이에 비하여 상증세법에서는 공익법인을 법인세법상 비영리법인으로서 상증세법 시행령 제12조 각호에 열거된 공익사업, 즉 종교, 교육, 사회복지, 의료 등의 사업을 영위하는 법인이라고 정의한다(상증세법 제16조 제1항). 종전에는 공익법인법상 공익법인은 별다른 절차를 거치지 않더라도 그 자체로 상증세법상 공익법인의 한 유형으로 열거되어 있었다.[6] 그러나 2018년 상증세법이 개정됨에 따라 공익법인법상 공익법인은 법인세법상 10% 한도 기부금단체(구 지정기부금단체)로 인정받아야 비로소 상증세법상 공익법인에 해당하는 것으로 변경되었다.

나. 공익법인의 공익목적 위반행위에 대한 조치

공익법인은 주무관청의 설립허가를 받아야 설립할 수 있다(민법 제32조, 공익법인법 제4조 제1항). 만약 공익법인이 목적사업 외의 사업을 한 경우, 공익을 해치는 행위를 한 경우, 정당한 사유 없이 설립허가를 받은 날부터 6개월 이내에 목적사업을 시작하지 않거나 1년 이상 사업실적이 없을 때 등의 사유가 있는 경우에는 주무관청이 공익법인에 대한 설립허가를 취소할 수 있다(민법 제38조, 공익법인법 제16조 제1항).

한편, 상증세법은 공익법인이 공익목적에 위반되는 법령 소정의 행위를 하는 경우 그 경중에 따라 증여세 또는 가산세를 부과한다(상증세법 제48조 제2항).[7] 이러한 공익법인의 행위가 민법이나 공익법인법상

---

6) 이 점에서 상증세법상 공익법인이 공익법인법상 공익법인보다 넓은 개념이다.
7) 공익법인이 출연받은 재산을 직접 공익목적사업 외에 사용한 경우 등과 같이 의무위반의 정도가 중한 경우에는 증여세를 부과하고, 출연재산의 운용소득을 직접 공익목적사업에 사용하지 않은 경우 등과 같이 의무위반의 정도가 상대적으로 가벼운 경우에는 가산세를 부과한다. 출연재산의 운용소득 직접 공익목적 사용의무 위반, 출연재산 매각대금 직접 공익목적사용의무 위반의 경우 과거에

설립허가 취소사유에 해당하는 경우 증여세 또는 가산세 부과와 별도로 설립허가가 취소될 수도 있다.

2. 공익법인 관련 가산세의 내용

가. 공익법인 관련 가산세의 의의

가산세는 세법에서 규정하는 의무의 성실한 이행을 확보하고자 세법에 따라 산출한 세액에 가산하여 징수하는 금액을 의미한다(국기법 제2조 제4호). 납세자가 세법에 규정된 각종 의무를 이행하지 않음에도 불구하고 아무런 제재가 없으면 납세자가 자발적으로 그 의무를 이행하지 않을 가능성이 있다. 따라서 납세자가 세법상 의무를 이행하지 않을 경우 가산세를 부과한다. 가산세는 행정상 제재의 일종으로서 납세자의 고의나 과실은 고려되지 않고 법령의 부지나 착오 등이 있더라도 원칙적으로 가산세 부과를 피할 수 없다.[8]

가산세는 국세기본법과 각 개별세법에 규정되어 있다. 국세기본법에는 신고, 납부 등 각 세목에 공통되는 의무에 대한 가산세만 규정하고, 소득세, 법인세, 부가가치세, 상속세, 증여세 등 각 개별세목에 특유한 가산세들은 각 개별세법에서 별도로 규정하고 있다.[9] 공익법인 관련 가산세는 공익법인이 상증세법상 의무를 이행하지 않을 경우에 부과하는 상속세와 증여세에 특유한 가산세이므로 상증세법 제78조에서 일괄적으로 모아서 규정하고 있다.

는 증여세를 부과하였으나, 납세자의 부담이 과중하다는 이유로 2000년 상증세법 개정 시 가산세를 부과하는 것으로 변경하였다.

8) 대법원 2004. 6. 24. 선고 2002두10780 판결.

9) 과거에는 신고, 납부, 원천징수에 대한 가산세도 각 개별세법에서 규정하였으나 2006. 12. 30. 국세기본법 개정으로 신고, 납부, 원천징수에 대한 가산세는 국세기본법에 규정하였다.

나. 공익법인 관련 가산세의 종류

(1) 공익목적 사용의무 위반에 대한 가산세

(가) 출연재산 운용소득 직접 공익목적사용의무 위반

공익법인이 출연받은 재산에서 배당소득, 이자소득, 임대료소득 등의 운용소득이 생긴 경우 그 80% 이상을 일정 기간 내에 직접 공익목적사업에 사용하여야 한다. 이를 위반하면 그 미달액의 10%를 가산세로 부과한다(상증세법 제48조 제2항 제5호, 제78조 제9항 제1호).

(나) 출연재산 매각대금 직접 공익목적사용의무 위반

공익법인이 출연받은 재산을 매각한 경우 그 매각대금을 1년 이내에 30% 이상, 2년 이내에 60% 이상 직접 공익목적사업에 사용하여야 한다. 이를 위반하면 그 미달액의 10%를 가산세로 부과한다(상증세법 제48조 제2항 제5호, 제78조 제9항 제2호).[10]

(다) 수익용 또는 수익사업용 재산 의무지출 위반

공익법인이 출연받은 재산 중 수익용 또는 수익사업용 재산이 있는 경우 그 재산가액의 1% 이상 직접 공익목적사업에 지출하여야 하고, 지분율 10%를 초과하면 지출비율은 3%로 높아진다(상증세법 제48조 제2항 제7호). 다만 종교법인, 총자산가액이 5억 원 미만이거나 수입금액과 출연재산의 합계액이 3억 원 미만인 공익법인(이하 "소규모 공익법인이라 한다)에 대하여는 적용을 배제한다(상증세법 시행령 제38조 제18항). 이와 관련하여 상증세법상 직접 공익목적사업에 해당하면서 동시에 소득세나 법인세 과세대상이 되는 수익사업에 지출하면 공익목적사업에

---

10) 3년 이내에 매각대금의 90% 이상을 직접 공익목적사업에 사용하지 않으면 가산세가 아니라 증여세를 부과한다(상증세법 시행령 제38조 제4항).

사용한 것으로 보지 않는다.

종전에는 지분율 5%를 초과하는 성실공익법인을 적용대상으로 하였으나, 2020년 상증세법 개정으로 성실공익법인과 일반공익법인이 통합됨에 따라 적용대상이 확대되었다.[11] 또한 2019년 상증세법 개정으로 소규모 공익법인을 제외한 일반공익법인도 적용대상에 포함되었다(상증세법 시행령 제38조 제18항). 공익법인이 의무지출비율에 미달하여 지출하면 미달액의 10%를 가산세로 부과한다(상증세법 제78조 제9항).[12]

---

11) 성실공익법인은 일반공익법인보다 투명성과 공익성이 담보되는 조치를 강화하는 대신 주식 보유한도 기준을 완화하기 위하여 2008년에 도입된 개념이다. 성실공익법인이 되려면 ① 운용소득의 80% 이상을 공익목적에 사용할 것, ② 출연자와 특수관계자가 이사 수의 5분의 1을 초과하지 않을 것, ③ 자기내부거래를 하지 않을 것, ④ 정당한 대가 없이 특수관계기업의 광고나 홍보를 하지 않을 것, ⑤ 외부회계감사를 받을 것, ⑥ 전용계좌를 개설하여 사용할 것, ⑦ 결산서류를 공시할 것, ⑧ 장부를 작성·비치할 것 등 8가지 요건을 갖추어야 한다. 일반공익법인의 주식 보유한도는 5%이나, 성실공익법인은 상호출자제한기업집단과 특수관계가 있는 경우를 제외하고는 주식 보유한도를 10%로 늘리고, 자선, 장학, 사회복지를 목적으로 하면서 출연주식의 의결권을 행사하지 않으면 주식 보유한도를 20%까지 늘린다. 그런데 2020년 상증세법을 개정하면서 성실공익법인을 폐지하고 공익법인의 주식 보유한도를 개편하였다. 공익법인의 주식 보유한도는 5%로 하되, 구 성실공익법인의 요건 중 위 ①부터 ④까지와 출연재산가액의 1% 지출 등 5가지 요건을 충족하는 경우에는 상호출자제한기업집단과 특수관계가 있는 경우를 제외하고 주식 보유한도를 10%로 늘리고, 자선, 장학, 사회복지를 목적으로 하면서 출연받은 주식의 의결권을 행사하지 않으면 주식 보유한도를 20%까지 늘린다. 구 성실공익법인의 요건 중 ⑤부터 ⑧까지는 사후관리로 전환하였다. 결국 개편된 공익법인 주식 보유한도는 5%, 10%, 20% 등 3가지로 구분되고, 10% 주식 보유한도가 적용되는 경우가 구 성실공익법인과 유사하나, 그 요건에 있어서 일부 차이가 있다.

12) 지분율 5%를 초과한 공익법인의 경우 세제혜택 요건 중 하나가 의무지출을 준수하는 것이므로 이를 위반하면 지분율 5% 초과분에 대하여 증여세를 부과한다.

(2) 계열사 지배금지의무 위반에 대한 가산세

(가) 계열기업 주식보유한도 유지의무 위반

공익법인이 보유할 수 있는 특수관계 내국법인의 지분율을 총재산가액의 30%로 제한한다(상증세법 제48조 제9항). 이 규정은 특정법인에 대한 지분율을 5%로 제한하는 규정(상증세법 제16조 제1항, 제48조 제1항)과 함께 공익법인을 지주회사로 이용하는 것을 방지하려는 것이다. 외부회계감사, 전용계좌 개설사용, 결산서류 등의 공시를 통하여 투명성을 확보한 공익법인은 제한을 완화하여 50%의 한도를 적용한다. 이 보유한도 기준을 초과하는 경우 매 사업연도 말 현재 그 초과분에 대한 시가의 5%를 가산세로 부과한다(상증세법 제78조 제7항).

(나) 동일 내국법인 주식보유기준 준수의무 위반

공익법인이 1996. 12. 31. 현재 의결권 있는 지분의 5%를 초과하는 동일한 내국법인의 주식을 보유하는 경우 ① 지분율이 5% 초과 20% 이하이면 1999. 12. 31.까지, ② 지분율이 20%를 초과하면 2001. 12. 31.까지 지분율 5%를 초과하지 않도록 하여야 한다(상증세법 제49조 제1항). 공익법인의 주식 분산보유를 유도하여 주식투자의 위험성을 낮추고 공익법인을 이용한 회사지배를 방지하기 위한 취지이다. 다만, 주식보유한도 10%를 적용받기 위한 5가지 요건을 충족한 공익법인에 대하여는 적용을 배제한다.13) 공익법인이 위 ①과 ② 중 어느 하나의 기한이 지난 후에도 주식을 초과보유하는 경우에는 기한의 종료일 현재 그 초과분에 대하여 매년 말 현재 시가의 5%를 가산세로 부과하되, 가산세 부과기간은 10년을 초과하지 못한다(상증세법 제78조 제4항).14) 처음에는 시가

---

13) 주 11의 5가지 요건을 의미한다.
14) 위 가산세는 1996. 12. 31. 초과보유 중인 주식을 대상으로 하므로 2022년 기준 의미를 가질 수 있는지 의문이 들 수 있으나, 과세관청이 상증세법 제49조 제1항 단서 위반을 이유로 그 위반시점부터 10년간 가산세를 부과하고 있으므로

의 20%에 해당하는 금액을 1회 부과하였으나, 1999년 말 상증세법을 개정하여 가산세 부과횟수를 늘렸다.

(3) 사적지배 방지의무 위반에 대한 가산세

(가) 특수관계기업 광고·홍보 금지의무 위반

공익법인은 특수관계 내국법인의 이익을 증가시키려고 정당한 대가를 받지 않고 광고, 홍보를 하여서는 안된다(상증세법 제48조 제10항). 이를 위반하면 그 행위와 관련하여 직접 지출된 경비 상당액을 가산세로 부과한다(상증세법 제78조 제8항).

(나) 출연자 등 이사 5분의 1 초과 금지 및 임직원 취임금지 의무 위반

출연자 등이 공익법인을 사적으로 지배하는 것을 방지하기 위하여 출연자 또는 그 특수관계인이 공익법인 이사 수의 5분의 1을 초과하지 않고, 임직원으로 취임하지 않아야 한다(상증세법 제48조 제8항). 이를 위반하면 의무위반자와 관련하여 지출된 직접경비 또는 간접경비 상당액을 가산세로 부과한다(상증세법 제78조 제6항). 다만 임직원 취임과 관련하여 의사, 학교의 교직원, 아동복지시설의 보육사, 도서관의 사서, 박물관·미술관의 학예사, 사회복지사 자격을 가진 자 등의 취임에 대하여는 가산세 적용을 배제한다(상증세법 시행령 제80조 제10항).

(4) 투명성 확보의무 위반에 대한 가산세[15]

(가) 보고서 제출의무 위반

공익법인이 제출의무 있는 보고서를 제출하지 않거나 제출된 보고서의 내용이 불분명한 경우 미제출분 또는 불분명한 부분의 금액에 상당

이 범위 내에서 의미를 가질 수 있다.

하는 상속세 또는 증여세액의 1%를 가산세로 징수한다(상증세법 제48조 제5항, 제78조 제3항). 가산세는 고의로 의무를 위반한 것이 아니면 1억 원을 한도로 한다(국세기본법 제49조 제1항 제4호).

(나) 결산서류 공시의무 위반

종교법인을 제외한 공익법인이 결산서류 등을 공시하지 않거나 공시 내용에 오류가 있는 경우로서 국세청장의 공시 또는 시정요구를 지정기한까지 이행하지 않으면 사업연도 종료일 현재 공익법인의 자산총액의 0.5%에 상당하는 금액을 가산세로 부과한다(상증세법 제50조의3, 상증세법 제78조 제11항).

(다) 장부작성 비치의무 위반

공익법인이 사업연도별로 출연재산 및 공익사업의 운용내용 등에 대한 장부작성 및 증명서류 비치의무를 위반하면 법인세 사업연도의 수입금액과 그 사업연도에 출연받은 재산가액을 합친 금액의 0.07%에 해당하는 금액을 가산세로 징수한다(상증세법 제51조 제1항, 제78조 제5항). 가산세는 고의로 의무를 위반한 것이 아니면 1억 원을 한도로 한다(국세기본법 제49조 제1항 제4호).

(라) 외부전문가 세무확인 및 회계감사의무 위반

소규모 공익법인을 제외한 공익법인이 세무확인 의무를 위반하는 경우, 회계감사 의무가 있는 공익법인이 회계감사 의무를 위반한 경우 해

---

15) 상증세법은 보고서 등 제출의무 위반, 장부작성 비치의무 위반, 외부전문가 세무확인 및 회계감사의무 위반 등의 제재에 대하여는 직접 가산세라는 명칭을 사용하지 않고, 이러한 이유로 상증세법 제78조의 제목도 "가산세 등"이라고 되어 있으나, 세법에서 규정하는 의무위반에 대한 제재이고, 국세기본법 제49조 제1항 제4호도 가산세임을 전제로 한도를 규정하고 있으므로 그 법적 성질을 가산세라고 보는 것이 옳다.

당 사업연도의 법인세 수입금액과 출연재산합계액의 0.07%에 해당하는 금액을 가산세로 징수한다(상증세법 제50조 제1항, 제3항, 제78조 제5 항). 외부전문가 세무확인 의무로 인한 가산세는 고의로 의무를 위반한 것이 아니면 1억 원을 한도로 한다(국세기본법 제49조 제1항 제4호).

(마) 전용계좌 개설·사용의무 위반

종교법인을 제외한 공익법인이 전용계좌를 사용하지 않은 경우 미사용액의 0.5%, 전용계좌의 개설·신고를 하지 않은 경우 ① 미개설·미신고한 각 사업연도 중 미개설·미신고 기간의 공익목적사업 관련 수입금액 총액의 0.5%, ② 전용계좌 사용대상 거래금액을 합친 금액의 0.5% 중 큰 금액을 가산세로 부과한다(상증세법 제50조의2, 제78조 제10항). 종전에는 위 ①에서 미개설·미신고한 각 사업연도 전체에 대하여 가산세를 계산하였으나, 2021. 12. 31. 상증세법을 개정하여 미개설·미신고 기간에 대하여만 가산세를 계산함으로써 납세자의 부담을 줄여주었다. 현물재산은 전용계좌를 통해 입출금할 수 없으므로 전용계좌 개설·사용의무가 적용되지 않는다.[16]

(바) 지분율 5%를 초과하여 출연받은 공익법인의 신고의무

지분율 5%를 초과하여 주식을 출연받은 공익법인이 사업연도의 의무이행 여부 등에 관한 사항을 신고하지 않은 경우 사업연도 종료일 현재 공익법인 자산총액의 0.5%를 가산세로 부과한다(상증세법 제48조 제13항, 제78조 제14항). 가산세는 고의로 의무를 위반한 것이 아니면 1억 원을 한도로 한다(국세기본법 제49조 제1항 제4호).

---

16) 조심 2018. 10. 16.자 2018서2062 결정.

<표 1> 상증세법상 공익법인 관련 가산세

사후관리의 내용	가산세
▪ 출연재산 운용소득 직접공익목적사용	기준금액 미달액의 10%
▪ 출연재산 매각대금 직접공익목적사용	기준금액 미달액의 10%
▪ 수익(사업)용재산 지출	기준금액 미달액의 10%
▪ 계열기업 주식 보유한도 유지	초과보유주식 시가의 5%
▪ 동일 내국법인 주식 보유기준 준수	초과보유주식 시가의 5%
▪ 특수관계기업 광고·홍보 금지	광고비 등
▪ 출연자 등 이사 1/5초과 금지 및 임직원 취임제한	지급경비 등
▪ 보고서 제출의무	미제출·불분명금액 증여세액의 1%
▪ 결산서류 공시의무	자산총액의 0.5%
▪ 장부작성·비치의무	(수입금액 + 출연재산) × 0.07%
▪ 외부전문가 세무확인 및 회계감사	(수입금액 + 출연재산) × 0.07%
▪ 전용계좌 개설·사용의무	미신고시 MAX(①, ②) ①공익수입금액 × 0.5% ②대상거래금액 × 0.5%

* 결산서류 공시의무 위반, 외부전문가 세무확인 및 회계감사 의무, 전용계좌 개설·사용의무 등 위반에 대한 일부 가산세의 경우 종교법인, 소규모 공익법인 등 제외.

III. 외국 입법례

1. 개요

공익법인 관련 가산세에 대한 비교법적 검토를 위하여 미국, 일본, 독일의 입법례를 살펴보기로 한다. 미국의 경우 공익법인에 대하여 우리나라의 가산세와 유사한 Excise tax(규제세)[17]를 부과하고 있으므로

---

17) Excise tax는 석탄, 담배, 알코올 등 특정재화의 구매에 부과되는 세금을 일컫는다. 예를 들어, 미국 연방내국세법(IRC) §4121은 석탄에 Excise tax를 부과한다. 이 경우 Excise tax는 해로운 재화의 소비를 규제하기 위하여 부과된다. 자선단체 등에 부과되는 Excise tax는 불건전한 행위를 규제하기 위하여 부과되는바,

그 내용에 대하여 자세히 검토한다. 그러나 일본과 독일의 경우 공익법인에 대하여 우리나라와 달리 가산세를 부과하지 않으므로 공익법인의 사후관리 위반에 대한 제재를 간략히 검토하기로 한다.

2. 미국

가. 자선단체의 의의 및 종류

(1) 자선단체의 의의

미국 연방내국세법(이하 "IRC"라고 한다) §501(c)는 법인세가 면제되는 면세단체(Tax-exempt organization)를 열거하고 있다. 그중 IRC §501(c)(3)의 자선단체(Charity Organization)는 다른 면세단체보다 공익성이 강하므로 법인세 면제 이외에 자산단체에 대한 기부자의 기부금 공제,[18] 증여세 면제[19] 등의 세제혜택을 부여한다. 자선단체는 그 활동이 종교, 자선, 과학 등의 활동인지 확인하는 조직테스트(Organizational Test)[20]와 자선단체가 정관의 목적대로 운영되는지 확인하는 운영테스트(Operational Test)[21]를 거쳐야 한다. 자선단체가 조직테스트와 운영테스트를 통과하지 못하면 면세자격을 부여받지 못한다.[22]

(2) 자선단체의 종류

자선단체는 크게 공공자선단체(Public Charitiy Organization)와 민간재단(Private Foundation)으로 구분된다. 공공자선단체는 정부 및 공공기

이러한 의미에서 다른 국내문헌과 마찬가지로 규제세라고 부르기로 한다.
18) IRC §170
19) IRC §2522
20) 26 CFR § 1.501(c)(3)-1(b)
21) 26 CFR § 1.501(c)(3)-1(c)
22) 26 CFR § 1.501(c)(3)-1(a)

관으로부터 재정지원을 받는 자선단체로서 교회, 교육기관, 의료기관 등
이 이에 해당한다.[23] 민간재단은 공공자선단체가 아닌 자선단체이다.[24]
민간재단은 사업재단과 비사업재단으로 대별되며, 비사업재단은 다시
독립재단, 기업재단, 지역사회재단 등으로 구분된다.

나. 민간재단에 대한 사후관리

(1) 의의

IRC §501(c)의 면세단체에 대하여는 정보공시의무가 적용되고,[25]
IRC §501(c)(3), §501(c)(4), §501(c)(29)의 면세단체에 대하여는 부당이
득거래(excess benefit transaction) 금지가 적용된다.[26] 민간재단은 IRC
§501(c)의 면세단체, IRC §501(c)(3)의 면세단체의 일종이므로 당연히
정보공시의무, 부당이득 거래금지 의무가 적용된다. 이에 더하여 민간재
단(Private Foundation)은 공공자선단체에 비해 조세회피 수단으로 악용
될 가능성이 높으므로 엄격한 사후관리를 적용한다. 즉, 민간재단이 공
익에 반하는 특정행위를 하는 경우 부적격수혜자, 민간재단의 경영자,
민간재단에게 규제세를 부과한다.

(2) 규제세의 부과체계

규제세는 3단계 부과체계로 되어 있다.[27] 처음 위반사항이 적발되면
1단계의 낮은 규제세(initial tax)를 부과하여 과세기간 내의 시정을 유도
하고, 이를 시정하지 않으면 2단계의 높은 징벌적 규제세(additional tax)

---

23) 26 CFR § 1.509(a)-1, IRC §170(b)(1)(A)
24) IRC §509
25) IRC §6033(a)
26) IRC §4958(c)(1)(A), 부당이득 거래금지는 출연자, 경영자 등 부적격자에게 정당
한 대가를 초과하여 경제적 자원을 제공하여서는 안된다는 것을 의미한다.
27) Bruce R. Hopkins, *the law of tax-exempt organizations*, WILEY(2016), 369.

를 부과한다. 그 후에도 고의로 위반행위를 반복하면 3단계로 면세혜택
을 박탈하고 종결세(termination tax)를 부과한다.[28]

(3) 민간재단에 대한 규제세의 종류[29]

(가) 자기거래금지(Taxes on self-dealing)

민간재단의 출연자나 경영자 등은 민간재단을 이용하여 사익을 추구
하는 거래를 하지 않아야 한다.[30] 민간재단이 특수관계인에게 자산을
매매, 교환, 임대하는 경우, 특수관계인에게 자금을 대출하는 경우, 부적
격자에게 상품이나 서비스, 편의시설을 제공하는 경우 등이 자기거래금
지 위반에 해당한다.

자기거래금지에 위반하면 부적격수혜자에게 1단계로 자기거래금액
의 10%, 민간재단의 경영자에게 자기거래금액의 5%에 해당하는 각 규
제세를 부과한다. 위반행위를 시정하지 않으면 2단계로 부적격수혜자에
게 자기거래금액의 200%, 민간재단의 경영자에게 자기거래금액의 50%
의 각 규제세를 부과한다. 민간재단의 경영자에 대한 규제세는 단계별
로 2만 달러를 한도로 한다.

---

28) 종결세(termination tax)는 민간재단의 지위를 박탈하면서 순자산가치와 감면액
중 적은 금액을 기준으로 부과한다. IRC §507에 의하면 민간재단이 자기거래금
지 등 규제세로 금지된 사항에 대한 고의적이고 반복적인 위반(willful repeated
violations) 또는 고의적이고 명백한 위반(willful and flagrant violation)을 하는
경우 종결세를 부과한다.
29) 본문에서 다루는 5가지 규제세 이외에 투자소득의 1.39%에 해당하는 규제세를
부과한다(IRC §4940). 이 규제세는 민간재단의 사후관리 재원을 마련하기 위한
것으로 다른 규제세와 성격이 다르다. 2019. 12. 20. 이전에는 1%와 2%의 2단
계 세율로 부과하였으나, 그 이후 1.39%의 단일세율로 변경되었다. 과거부터 행
정부담을 줄이기 위하여 단일세율 채택을 요구하는 목소리가 높았다. 대표적으
로 Trevor Findley, Tax Treatment of Private Charitable Foundations : A Call to
Simplify The Excise Tax, *Willamette Law Review* 49(2012-2013), 478-479.
30) IRC §4941

(나) 의무지출(Taxes on failure to distribute income)

민간재단이 비과세 혜택을 누리면서 자금을 축적하는 것을 방지하기 위하여 매년 자산의 공정가치의 5% 이상을 공익목적에 의무지출하여야 한다.[31] 이를 위반하는 경우 민간재단에게 1단계로 미달액의 30%에 해당하는 규제세를 부과하고, 위반행위를 시정하지 않으면 2단계로 미달액의 100%에 해당하는 규제세를 부과한다. 민간사업재단은 기부에 의존하여 자선목적을 추진하는 다른 민간재단과 달리 직접 자선활동을 수행하기 때문에 규제세 부과대상에서 제외된다.[32]

(다) 과다지분보유 금지(Taxes on excess business holdings)

민간재단이 설립목적에 맞지 않게 영리활동에 치중하는 것을 방지하기 위하여 영리법인 주식을 20% 초과보유하지 않아야 한다.[33] 출연자 외의 자가 지배하는 영리법인의 경우에는 주식보유비율을 35%로 완화한다. 이를 위반하는 경우 1단계로 초과보유 주식가치의 10%를 규제세로 부과하고, 위반행위를 시정하지 않으면 2단계로 초과보유 주식가치의 200%를 규제세로 부과한다.

(라) 위험투자 금지(Taxes on investments which jeopardize charitable purpose)

민간재단은 목적사업의 수행을 위협할 수 있는 위험자산에 투자하지 않아야 한다.[34] 이를 위반하는 경우 민간재단에게 1단계로 위험투자가치의 10%, 민간재단의 경영자에게 위험투자가치의 10%의 각 규제세를 부과하고, 위반행위를 시정하지 않으면 2단계로 민간재단에게 위험투자

---

31) IRC §4942
32) Johnny Rex Buckles, Should the Private Foundation Excise Tax on Failure to Distribute Income Generally Apply to Private Foundation Substitutes-Evaluating the Taxation of Various Models of Charitable Entities, *New England Law Review* 44(2009-2010), 505.
33) IRC §4943(c)(2)(A)
34) IRC §4944(c)(2)(B)

가치의 25%, 민간재단의 경영자에게 위험투자가치의 5%의 규제세를 부과한다. 민간재단의 경영자에게 부과하는 규제세는 1단계 1만 달러, 2단계 2만 달러를 한도로 한다.

(마) 과세대상지출의무(Taxes on taxable expenditures)

민간재단은 재원을 공익목적 외, 즉 로비나 정치적 활동, 다른 민간재단에의 기부 등에 무분별하게 지출하지 않아야 한다.35) 이를 위반하는 경우 민간재단에게 1단계로 과세대상지출의 20%, 민간재단의 경영자에게 과세대상지출의 5%의 각 규제세를 부과한다. 위반행위를 시정하지 않으면 2단계로 민간재단에게 과세대상지출의 100%, 민간재단의 경영자에게 과세대상지출의 50%의 각 규제세를 부과한다. 민간재단의 경영자에게 부과하는 규제세는 1단계 1만 달러, 2단계 2만 달러를 한도로 한다.

<표 2> 미국 민간재단에 대한 규제세

의무의 내용	규제세
▪ 자기거래금지	▪ 부적격수혜자 1단계 10%, 2단계 200% ▪ 민간재단 경영자 1단계 5%, 2단계 50%(2만 달러 한도)
▪ 의무지출	▪ 민간재단 1단계 30%, 2단계 100%
▪ 과다지분보유 금지	▪ 민간재단 1단계 10%, 2단계 200%
▪ 위험투자 금지	▪ 민간재단 1단계 10%, 2단계 25% ▪ 민간재단 경영자 1단계 10%(1만 달러 한도), 2단계 50% (2만 달러 한도)
▪ 과세대상 지출의무	▪ 민간재단 1단계 20%, 2단계 100% ▪ 민간재단 경영자 1단계 5%(1만 달러 한도), 2단계 50% (2만 달러 한도)

---

35) IRC §4945

3. 일본

가. 공익법인 개혁 관련 3법과 공익성 검증

일본은 2008년 12월부터 공익법인 개혁 관련 3법, 즉 일반사단법인 및 일반재단법인에 관한 법률, 공익사단법인 및 공익재단법인의 인정 등에 관한 법률(이하 "공익인정법"이라 한다), 일반사단법인 및 일반재 단법인에 관한 법률 및 공익사단법인 및 공익재단법인의 인정 등에 관 한 법률의 시행에 따르는 관계 법률의 정비 등에 관한 법률을 시행하였 다. 이에 따라 일반사단법인 및 일반재단법인은 공익성 유무에 관계없 이 준칙주의가 적용되어 법정요건을 충족하면 주무관청의 허가 없이 법 인격을 취득할 수 있고, 공익법인은 공익인정기준을 심사받아 공익법인 이 될 수 있다.

공익법인이 되려는 단체는 내각총리대신에게 신청서를 제출하고, 내 각총리대신은 공익인정위원회의 자문에 따라 공익법인 인정여부를 결 정한다(공익인정법 제32조, 제50조).[36] 공익인정기준은 18가지로서 공 익인정법 제5조에 열거되어 있다.[37] 공익법인이 사기 기타 그 밖의 부 정한 방법으로 공익인정 등을 받은 때 등 법령 소정의 사유가 있을 때 에는 공익인증을 취소한다(공익인정법 제16조).

나. 공익법인에 대한 증여세 비과세 및 사후관리

공익법인이 증여로 취득한 재산을 공익목적사업에 사용하는 경우 그

---

36) 공익인정위원회는 국회 동의를 받은 7인의 위원으로 구성된다.
37) 공익인정기준에는 공익사업의 비율이 50% 이상일 것, 이사, 감사 및 그 배우자, 3촌 이내의 친족인 이사의 합계가 이사총수의 3분의 1을 초과하지 않을 것 등 이 포함되어 있다.

재산가액은 증여세과세가액에 산입하지 않는다(상속세법 제21조의3 제3항). 그러나 다음 2가지 경우에는 증여세를 과세한다.

첫째, 자기내부거래 금지를 위반한 경우이다. 공익법인의 설립자, 사원, 이사, 감사, 증여자 및 그 친족 또는 특수관계자 등이 법인의 시설을 이용하거나 여유자금을 운용하거나 해산 시 재산이 귀속되거나 기타 사업에 관한 특별한 이익을 받은 사실이 있는 경우 해당 재산에 대해 증여자가 직접 증여한 것으로 간주하여 증여세를 부과한다(상속세법 제65조 제1항).

둘째, 공익법인을 이용한 조세회피 금지를 위반한 경우이다. 일본에서는 개인이 법인에게 양도소득세 과세대상자산을 증여한 경우 시가로 자산을 양도한 것으로 보아 증여자에게 양도소득세를 과세한다(소득세법 제59조 제1항 제1호). 다만 공익법인에게 재산을 증여하는 경우로서 ① 교육이나 과학의 진흥, 문화의 향상, 사회복지에 기여하거나 기타 공익의 증진에 현저히 기여할 것, ② 기부일로부터 2년 이내에 공익목적에 제공할 것, ③ 기부로 인해 증여자 또는 그 특수관계인의 증여세 부담이 부당하게 감소하는 경우가 아닐 것 등의 요건을 충족하고 국세청장관의 승인을 받으면 증여가 없는 것으로 보아 양도소득세를 비과세한다(조세특별조치법 제40조 제1항 후단, 동 시행령 제25조의17 제5항). 이에 위반하는 경우 재산을 증여한 개인에게 양도소득세를 과세하고, 재산을 증여받은 공익법인에 증여세를 과세한다(상속세법 제66조 제4항).

4. 독일

가. 공익단체의 의의 및 조세특례요건

독일은 조세기본법(Abgabenordnung, AO)에서 공익단체의 조세특례에 대하여 규정하고 있다. 공익단체란 공익, 자선, 종교 등과 같은 공공

복리의 증진을 목표로 하고 관련 활동을 수행하는 기업, 인적단체, 재단 등을 의미한다(조세기본법 제51조 제1항). 공익목적, 자선목적, 종교목적에 대하여는 각 조세기본법 제52조, 제53조, 제54조에서 상세하게 규정하고 있다. 공익목적, 자선목적, 종교목적 등을 수행하는 공익단체는 관할 세무서의 공익성 판단에 의하여 조세특례 자격이 부여된다.

나. 공익단체에 대한 증여세 비과세 및 사후관리

공익, 자선, 종교 등 공익목적을 수행하는 공익단체가 재산을 기부받은 경우 증여세를 비과세한다{상속세법 제13조 제1항 제16호 b) 본문}. 그러나 공익단체가 기부받은 재산을 10년 이내에 공익목적사업 이외의 용도에 사용하는 경우에는 비과세의 효과를 소급적으로 소멸시킨다{상속세법 제13조 제1항 제16호 b) 단서}.

5. 시사점

미국, 일본, 독일 모두 공익법인이나 공익단체에 대하여 증여세 등의 세제혜택을 부여하되, 공익법인이 그 취지대로 운영될 수 있도록 사후관리규정을 두고 있다. 그러나 사후관리의 내용과 이를 위반한 경우의 제재에 대하여는 차이가 있다.

첫째, 미국은 자선단체를 공공자선단체와 민간재단으로 구분하고 민간재단에 대하여는 엄격한 사후관리 규정을 두어 이를 위반한 경우 규제세(Excise tax)를 부과한다. 규제세는 세법상 의무위반에 대하여 부과한다는 점에서 우리나라의 가산세와 유사하나, 1단계의 낮은 규제세, 2단계의 높은 징벌적 규제세, 3단계의 종결세 등 단계별 과세체계로 되어 있고, 특정행위에 대하여는 공익법인의 경영자에게도 규제세를 부과한다는 점에서 우리나라의 가산세와 차이가 있다.

둘째, 일본과 독일은 출연재산의 공익목적사용의무 등 사후관리에 위반하는 경우 증여세 비과세혜택을 박탈하여 증여세를 부과한다. 그러나 특별히 가산세 부과규정을 두고 있지 않다는 점에서 우리나라와 차이가 있다.

미국의 규제세 제도 중 공익법인의 의무위반을 시정하기 위한 단계별 과세체계와 공익법인의 경영자에 대한 규제세 부과 등은 우리나라 공익법인 관련 가산세 제도를 개선하는 데 참고할 수 있을 것으로 보인다.

IV. 공익법인 가산세제도의 문제점 및 개선방안

1. 공익법인 가산세제도의 문제점

가. 가산세의 교정효과 미흡 및 효과성 부족

현행 공익법인 관련 가산세 중에는 의무위반행위에 대하여 1회 부과로 그치는 가산세가 있는가 하면 매년 반복적으로 부과하는 가산세가 있다. 이를 3가지 유형으로 구분하면 다음과 같다.

첫째, 제1유형은 의무위반행위에 대하여 1회만 부과하는 가산세이다. 출연재산 운용소득 직접 공익목적 사용의무 위반, 출연재산 매각대금 직접 공익목적 사용의무 위반, 특수관계기업 광고·홍보 금지 위반에 대한 가산세 등이 이에 해당한다. 공익법인은 위 의무위반행위에 대하여 가산세를 납부하면 되고 달리 의무위반 상태의 시정까지 요구받지는 않는다. 이는 공익법인으로 하여금 공익목적을 이행하도록 하는 교정효과가 미흡함을 의미한다.[38]

---

38) 윤재원, "공익법인의 과세체계 개선에 관한 연구 −상속세및증여세법상 사후관

둘째, 제2유형은 동일한 의무위반행위에 대하여 그것이 시정될 때까지 매년 부과하는 가산세이다. 계열기업 주식 보유한도 유지의무 위반, 동일 내국법인 주식 보유기준 준수의무 위반 가산세, 출연자 등 이사 및 임직원 취임제한 위반에 대한 가산세 등이 이에 해당한다. 공익법인이 위와 같은 의무위반을 시정하지 않으면 매년 반복적으로 10회까지 가산세를 부과할 수 있다. 공익법인이 의무위반을 시정할 때까지 가산세를 부과하므로 교정효과가 반영되어 있으나, 매회 부과하는 가산세율이 동일하여 교정효과가 정교하지 못하고 부과횟수가 지나치게 많다.

셋째, 제3유형은 의무위반행위에 대하여 1년 단위로 매년 부과하는 가산세이다. 결산서류 등 공시의무, 장부작성 비치의무, 외부전문가 세무확인 및 회계감사의무 위반에 대한 가산세 등이 이에 해당한다. 매년 가산세를 부과한다는 점에서 제2유형과 유사하나, 가산세를 부과하는 근거가 그 이전 사업연도의 의무위반이 시정되지 않았다는 점이 아니라 새로운 사업연도의 의무를 위반하였다는 점에 있어서 차이가 있다. 예를 들어, 2020년도 결산서류를 공시하지 않으면 그 의무위반에 대하여 가산세를 부과하고, 2021년도 결산서류를 공시하지 않으면 그 의무위반에 대하여 가산세를 부과하는 것일 뿐 2020년도 의무위반에 대하여 반복적으로 가산세를 부과하는 것이 아니다. 공익법인이 반복하여 의무를 위반하는데도 제재 수준을 높이지 않고 계속 동일한 수준의 가산세를 부과하는 것은 장래 공익법인의 의무위반 방지에 효과적이라고 보기 어렵다.

나. 과도한 수준의 가산세

가산세 중 계열기업 주식 보유한도 유지의무 위반 가산세, 동일 내국법인 주식 보유기준 준수의무 위반 가산세, 출연자와 그 특수관계자인

리의 한계를 중심으로-", 조세연구 제16권 제4호(2016. 12.), 245-246.

이사 및 임직원 취임금지 위반 가산세, 공익법인 전용계좌 가산세 등은 지나치게 무겁다.[39)]

첫째, 계열기업 주식 보유한도 유지의무 위반 가산세와 동일 내국법 인 주식 보유기준 준수의무 위반 가산세는 매 사업연도 말 주식 시가의 5%를 가산세로 부과하므로 주식의 시가가 상승하는 경우 가산세의 부 담이 크게 증가할 수 있다. 더욱이 가산세 부과가 1회에 그치는 것이 아 니라 10회까지 부과할 수 있으므로 단순히 주식 가격이 10년간 동일하 다고 가정한 후 산술적으로 계산하더라도 주식 시가의 50%(5% × 10년) 에 해당하는 금액이 가산세로 부과될 수 있다. 본세인 증여세의 최고세 율이 50%인 점을 감안하면 가산세로서 매우 무거운 수준이다. 나아가 계열기업 주식 보유한도 유지의무 위반 가산세와 동일 내국법인 주식 보유기준 준수의무 위반 가산세 요건을 모두 충족하는 경우 양자가 중 복적으로 적용되므로 그 부담은 배가된다.

둘째, 출연자와 그 특수관계자인 이사 및 임직원 취임금지 위반 가산 세는 그들에게 지출된 급료 등 각종 경비를 가산세로 부과한다. 공익법 인의 의무위반으로 부당지급된 금액을 전부 가산세로 환수하기 위한 취 지이나, 가산세가 일반적으로 지급액의 일정 비율로 규정되어 있다는 점을 고려할 때, 지급액의 100%를 가산세로 부과하는 것은 과도하다.[40)] 특히 공익법인의 출연자와 특수관계에 있는 임직원에 대하여 서로 특수 관계에 있다는 사정만으로 실제 근무한 경우까지 경비 전액을 가산세로 부과하는 것은 실질에 맞지 않고, 비영리법인의 임원과 종업원의 인건 비에 대하여 8,000만 원까지 손금으로 인정하는 법인세법 시행령 제56

---

39) 박훈, "공익활동 활성화를 위한 공익법인 과세제도의 개선방안", 조세연구 제19 권 제1호(2019. 3.), 65-67은 보고서 등 제출의무 위반, 결산서류 등 공시의무 위 반 등 투명성 확보 관련 가산세가 과중하다고 지적하고 있다. 그러나 이들 가산 세는 상당 부분 국세기본법상 가산세 한도가 적용되고 있으므로 사정이 나은 편이다.

40) 가산세를 피하기 위하여 가산세가 적용되지 않는 사회복지사 자격을 취득하여 직원으로 취임하는 경우도 생기고 있다.

조 제11항과도 조화되지 않는다.[41]

셋째, 공익법인 전용계좌 가산세는 거래액을 기준으로 부과하므로 위반 정도에 비하여 제재가 무거운 경우가 많다. 특히 소규모 공익법인의 경우 전용계좌 사용의무를 알지 못하여 다액의 가산세가 부과되고 있다. 공익법인 전용계좌 가산세를 그와 유사한 성격인 소득세법상 사업용계좌 미사용 가산세와 비교하면 공익법인 전용계좌 가산세율 0.5%는 사업용계좌 미사용 가산세율 0.2%보다 높다. 또한 공익법인 전용계좌 사용을 의무화한 것은 공익법인의 자금 흐름을 투명하게 관리하려는 취지라는 점을 고려하면, 공익법인이 전용계좌를 신고하지 않았으나 법인용 계좌를 사용하는 경우에는 공익법인의 자금 흐름을 쉽게 추적할 수 있으므로 개인용 계좌를 사용한 경우와 동일하게 취급하는 것은 불합리하다.

다. 의무지출 위반 가산세의 불합리

법인세법상 수익사업과 상증세법상 공익목적사업은 서로 다른 경우가 일반적이지만 중복되기도 한다. 예를 들어, 미술관을 운영하는 공익법인이 미술품을 유료 전시하는 것은 법인세법상 수익사업이지만 동시에 상증세법상 공익목적사업에도 해당한다. 이 경우 공익법인은 유료 전시사업에서 벌어들인 수익에 대하여 법인세를 신고납부하고, 출연재산과 그 운용소득을 상증세법상 공익목적사업인 유료 전시사업에 사용한다. 그런데 상증세법 제48조 제2항 제7호에 의하면 직접 공익목적사업에 사용하더라도 그것이 소득세나 법인세의 수익사업에 해당하면 공익목적사업에 사용한 것으로 간주하지 않으므로 의무지출 가산세가 부

---

41) 황남석, "공익법인 특수관계인 제도의 문제점과 개선방안", 조세와 법 제14권 제2호(2021. 12. 31.), 137은 공익법인의 이사는 의사결정권이 있으므로 계열회사의 지배력 강화에 이용될 수 있지만 임직원은 그러한 우려가 없기 때문에 임직원 취임 금지규정을 삭제할 것을 제안하고 있다.

과되는 경우가 발생한다.42) 이 가산세를 피하려고 미술관을 운영하는 공익법인은 사실상 무료 전시사업을 강요받는 부작용이 나타난다. 이와 대조적으로 공익법인이 출연재산을 직접 공익목적사업에 사용하지 않으면 상증세법 제48조 제2항 제1호에 따라 증여세가 부과되는데, 이 경우에는 직접 공익목적사업에 충당하기 위하여 수익용 또는 수익사업용으로 운용하는 경우도 직접 공익목적사업에 사용하는 것으로 간주한다. 공익법인의 직접 공익목적 사용의무에서는 수익사업을 포함시키나 의무지출에서는 모든 수익사업을 일률적으로 제외함으로써 공익법인의 재정부담을 가중시키는 요인으로 작용한다.

라. 가산세 규정의 통일성 결여

상증세법 제78조는 공익법인 사후관리 위반에 대한 제재로서 "가산세 등"이라는 제목 하에 "납부할 세액에 가산하여 부과한다"라는 문구를 사용한 것이 있는가 하면 "상속세 또는 증여세로 징수한다"라는 문구를 사용한 것이 혼재되어 있다.43) 출연재산 운용소득 직접 공익목적 사용의무 위반, 출연재산 매각대금 직접 공익목적 사용의무 위반 등 다수의 가산세는 전자의 예이고, 장부작성 비치의무 위반, 외부전문가 세무확인 및 회계감사의무 위반 등 일부의 가산세는 후자의 예이다.

"납부할 세액에 가산하여 부과한다"라고 규정한 것은 그 법적 성질이 가산세라는 점과 그에 대한 납세의무의 확정방식이 부과과세방식이라는 점을 나타낸다. "상속세 또는 증여세로 징수한다"라고 규정한 것

---

42) 유료 전시라 하더라도 일반적으로 실비 수준의 금액을 받기 때문에 결손이 발생하는 경우가 많다. 결손이 발생하므로 운용소득의 80% 이상을 직접 공익목적사업에 사용하여야 한다는 요건을 충족하지 못하여 주식 보유한도 10%까지 적용받지 못하는 경우도 생긴다.
43) 공익법인과 직접적인 관련은 없지만 지급명세서 제출의무 위반에 대하여는 "가산세를 징수한다"라는 문구를 사용하고 있다.

은 가산세라는 명칭을 사용하지 않았으나, 세법상 의무위반에 대한 제재라는 점에서 그 법적 성질이 가산세라는 점은 앞서 언급한 바와 같다.[44] 다만 "부과한다"라는 용어 대신 "징수한다"라는 용어를 사용한 것을 근거로 자동확정 방식에 의하여 납세의무가 확정된다고 볼 것인지 문제되나, 그와 같이 보기는 어렵다. 납부지연가산세 중 납세고지서에 따른 납부기한 후에 붙는 부분은 자동확정 방식에 의하여 납세의무가 확정되나,[45] 그 밖의 가산세는 납세의무의 확정을 위하여 과세관청의 부과처분이 필요하므로 부과과세방식에 해당한다. 이러한 취지에서 국세기본법 제47조 제1항도 정부는 세법에서 규정한 의무를 위반한 자에게 가산세를 부과할 수 있는 것으로 규정하고 있다. 그렇다면 "상속세 또는 증여세로 징수한다"라는 문구는 어떻게 해석해야 할까? 이 문구는 "징수한다"는 부분보다 "상속세 또는 증여세" 부분에 방점이 있는 것으로 해석하여야 한다. 즉, 상속세 또는 증여에 이외의 세목(예를 들어, 법인세 등)이 아닌 상속세 또는 증여세로 세금을 걷는다는 것을 강조하는 의미로 보인다. 만약 "징수한다"는 용어를 자동확정 방식에 의한 납세의무 확정을 의미하는 것으로 해석하면 다른 가산세에 대하여는 10년의 부과 제척기간이 적용되는 반면,[46] "징수한다"는 문구를 사용하는 가산

---

44) 주 14를 참조하면 된다.

45) 납부지연가산세가 도입되기 전의 가산금에 해당하는 부분으로 기존의 가산금에 대하여 판례는 납세고지서에 의한 납부기한이 지나면 별도의 확정절차 없이 확정된다고 하여 자동확정방식에 해당하는 것으로 판시하였고(대법원 1998. 9. 8. 선고 97다12037 판결, 대법원 2002. 2. 8. 선고 2001다74018 판결), 국세기본법 제22조 제4항 제5호는 이를 입법화하였었다.

46) 공익법인 관련 가산세에 대하여는 10년의 부과 제척기간이 적용된다. 국세기본법 제47조 제2항에서 가산세는 해당 의무가 규정된 세법의 해당 국세의 세목으로 하도록 규정하고 있고, 공익법인 관련 가산세의 본세는 증여세이므로 가산세는 증여세의 부과 제척기간을 적용한다고 해석하는 것이 체계적이기 때문이다. 기획재정부 예규도 출연자 또는 그 특수관계인이 공익법인의 임직원에 해당되어 상증세법 제48조 제8항에 따른 가산세를 부과하는 사안에서 해당 가산세는 10년의 부과제척기간이 적용된다고 해석하였다{기획재정부 조세법령운용과-484(2020. 4. 9.)}.

세에 대하여는 그 금액이 5억 원 미만인 경우 5년의 소멸시효가 적용되는 큰 차이가 발생하는데, 양자를 달리 취급할 합리적인 이유를 찾기 어렵다.

위와 같이 "납부할 세액에 가산하여 부과한다"라는 문구를 사용한 가산세와 "상속세 또는 증여세로 징수한다"라는 문구를 사용한 가산세의 법적 성질과 납세의무 확정방식이 다르지 않음에도 불구하고, 상증세법 제78조는 이를 달리 규정하여 통일성이 결여되어 있다.

2. 공익법인 가산세제도의 개선방안

가. 가산세의 단계별 과세체계 도입 및 공익법인 대표자에 대한 가산세 부과

(1) 가산세의 단계별 과세체계 도입

(가) 결산서류 공시의무 위반, 전용계좌 개설·사용의무 위반, 보고서 제출의무 위반 가산세를 제외한 가산세

공익법인에 대하여 가산세를 부과한다는 것은 공익법인이 상증세법상 의무를 위반하여 그에 대한 제재를 한다는 의미이다. 그런데 공익법인 관련 가산세는 다른 가산세와 달리 단순히 제재에 그치지 않고 적극적으로 의무위반 상태를 제거하거나 장차 동일한 의무위반을 반복하지 않도록 정교하게 설계하는 것이 요구된다. 공익법인이 상증세법에 규정된 의무를 위반한 후 그 의무위반 상태를 시정하지 않고 있음에도 공익법인에게 계속 세제혜택을 부여하는 것은 모순적 상황이기 때문이다. 또한 공익법인이 상증세법상 의무를 반복적으로 위반함에도 불구하고 공익법인에게 계속 세제혜택을 부여하는 것 역시 정당화하기 어렵다. 따라서 가산세의 교정효과를 강화하고 공익법인이 의무위반을 반복하

지 않도록 미국의 규제세제도를 참고하여 가산세의 단계별 과세체계를 도입할 필요가 있다. 그 구체적인 방안을 제시하면 다음과 같다.

현재 1회 부과하는 가산세(위 1.가의 제1유형)를 3단계로 개편하여 1단계의 세율은 현행 가산세보다 가볍게 하고, 2단계의 세율은 1단계의 2배 수준, 3단계는 2단계의 2배 수준으로 정한다. 동일한 의무위반행위에 대하여 그것이 시정될 때까지 매년 부과하는 가산세(위 1.가의 제2유형), 의무위반행위에 대하여 1년 단위로 매년 부과하는 가산세(위 1.가의 제3유형)도 같은 방법으로 3단계로 개편한다. 제1유형과 제2유형에 대하여는 일정 기간을 부여하여 그때까지 의무위반 상태를 시정하지 않으면 2단계의 가산세를 부과하고, 다시 일정 기간을 부여하여 그때까지 의무위반 상태를 시정하지 않으면 3단계의 가산세를 부과한다. 제3유형에 대하여는 1회 위반에 대하여 1단계 가산세를, 2회 위반에 대하여 2단계 가산세를, 3회 위반에 대하여는 3단계 가산세를 부과한다.[47] 나아가 제1유형과 제2유형의 가산세는 의무위반행위를 제거하는 데 초점을 맞추고, 제3유형의 가산세는 향후 의무위반행위를 방지하는 데 중점을 둔다.

한편, 공익법인이 4회 이상 의무위반행위를 반복하는 경우에는 다시 가산세를 부과하기보다 세제혜택을 박탈하는 것을 고려할 필요가 있다. 단계별 가산세의 부과를 통하여 수차례 경고하였음에도 의무위반 상태를 시정하지 않거나 다시 의무위반을 반복한다면 더 이상 세제혜택을 받을 자격이 있다고 보기 어렵기 때문이다.

---

47) 행정상 의무위반의 제재로 부과되는 과태료도 단계별 부과체계로 되어 있는 경우가 있다. 예를 들어, 여객자동차운수사업자가 운임, 요금을 신고하지 않은 위반행위를 한 경우 1회 위반시 500만 원, 2회 위반시 750만 원, 3회 위반시 1,000만 원의 과태료를 부과하는 식이다(여객자동차운수사업법 시행령 별표 6).

(나) 결산서류 공시의무 위반, 전용계좌 개설·사용의무 위반, 보고서 제출의무 위반 가산세

　결산서류 공시의무 위반, 전용계좌 개설·사용의무 위반, 보고서 제출의무 위반 가산세에 대하여는 기본적으로 위 (가)의 3단계 과세체계를 적용하되, 다만 1단계 가산세를 부과하기에 앞서 일정 기간을 정하여 시정을 요구하는 단계를 넣어서 지정기한까지 시정하지 않는 경우에 비로소 1단계 가산세를 부과하는 것으로 한다. 현행 상증세법에 의하면 결산서류 공시의무 위반 가산세에 대하여 이러한 방식을 적용하고 있다. 즉, 결산서류를 공시하지 않는 경우 바로 가산세를 부과하는 것이 아니라 국세청장이 기한을 정하여 시정을 요구하고 그 지정기한까지 시정하지 않은 경우에 가산세를 부과한다. 이를 소규모 공익법인의 전용계좌 개설·사용의무 위반, 보고서 제출의무 위반 가산세에 대하여 확대 적용한다. 소규모 공익법인은 전용계좌 개설·사용의무, 보고서 제출의무 등의 내용을 숙지하지 못하여 무거운 가산세를 부담하는 경우가 많으므로 일정 기간을 정하여 시정의 기회를 부여한 후 그 기간까지 시정하지 않은 경우 가산세를 부과하면 소규모 공익법인의 가산세 부담을 줄일 수 있을 것으로 기대된다.

(2) 공익법인 대표자에 대한 특수관계기업 광고·홍보 금지의무 가산세 부과

　미국의 경우 자기거래금지, 위험투자금지 위반 등에 대하여는 공익법인 이외에 공익법인 대표자에게도 일정 금액을 한도로 규제세를 부과한다. 이러한 유형의 의무위반은 공익법인 대표자의 일탈에 기인하는 것이므로 그에 대한 제재도 필요하기 때문이다.

　우리나라의 경우 특수관계기업 광고·홍보 금지의무는 미국의 자기거래금지 등과 같이 공익법인에 대한 사적 지배를 방지하려는 것이므로 공익법인세 이외에 공익법인 대표자에 대한 가산세를 부과할 필요가 있

다. 공익법인 가산세제도를 양벌규정과 유사한 방식으로 운영하여 공익
법인 이외에 그 대표자에게도 가산세를 부과하는 것이다.[48] 다만, 공익
법인 대표자에 대한 가산세는 특수관계기업 광고·홍보 금지의무 위반에
대하여만 적용하고, 공익법인 대표자에 대한 제재가 지나치게 무거워지
는 것을 방지하기 위하여 미국의 입법례와 같이 적정 범위의 한도를 설
정할 필요가 있다.

나. 가산세 수준의 적정화

가산세 중 계열기업 주식 보유한도 유지의무 위반 가산세, 동일 내국
법인 주식 보유기준 준수의무 위반 가산세, 출연자와 그 특수관계자 이
사 및 임직원 취임금지 위반 가산세, 공익법인 전용계좌 가산세는 지나
치게 무거우므로 이를 적정하게 조정할 필요가 있다.

첫째, 계열기업 주식 보유한도 유지의무 위반 가산세와 동일 내국법
인 주식 보유기준 준수의무 위반 가산세를 경감하는 방안으로는 단순하
게 생각하면 주식 시가의 5% 미만으로 비율을 조정하는 방안과 부과횟
수를 줄이는 방안을 고려할 수 있다. 그러나 이러한 방안보다 위 가.의
단계별 과세체계와 결합하여 가산세 수준을 적정화하는 것이 바람직하
다. 단계별 과세체계에 의하면 1단계나 2단계에서 의무위반 상태를 시
정하면 가산세가 경감되는 효과가 있다. 또한 계열기업 주식 보유한도
유지의무 위반 가산세와 동일 내국법인 주식 보유기준 준수의무 위반

---

48) 우리나라는 형벌뿐 아니라 과태료 부과에 대하여도 광범위한 양벌규정을 두고
   있다. 대표적으로 청탁금지법 제24조는 법인의 대표자 등이 법령 소정의 위반
   행위를 하면 그 행위자를 벌하는 외에 그 법인에게도 해당 조문의 벌금 또는
   과태료를 과한다고 규정하고 있다. 다만, 이 규정은 법인의 대표자에게 과태료
   를 부과하면서 양벌규정에 의하여 그 법인에게도 과태료를 부과하는 것인 반면,
   공익법인 관련 가산세의 경우 공익법인에게 가산세를 부과하면서 공익법인의
   대표자에게 가산세를 부과한다는 점에서 차이가 있다.

가산세가 중복되는 경우에는 그중 큰 금액의 가산세를 부과하도록 하여 중복과세를 조정할 필요가 있다.

둘째, 출연자와 그 특수관계자 이사 및 임직원 취임금지 위반 가산세에 대하여도 위 가.의 단계별 가산세를 도입하면 가산세 경감의 효과가 발생한다. 나아가 이사에 대한 제한은 현행 제도를 유지하더라도, 임직원에 대하여는 실제 근무한 경우까지 경비 전액을 가산세로 부과하는 것은 실질에 맞지 않으므로 가산세 부과에서 제외한다. 이 경우 법인세법 시행령에서 비영리법인의 임직원에게 인정되는 인건비 8,000만 원보다 낮은 수준의 금액(가령 3,000만~4,000만 원)을 상한으로 설정할 필요가 있다.

셋째, 공익법인 전용계좌 가산세의 경우 소규모 공익법인에 대하여는 위 가.에서 살펴본 바와 같이 가산세 부과 이전에 시정의 기회를 부여하면 가산세 부담을 경감할 수 있다. 또한 공익법인 전용계좌 가산세의 부담을 줄이기 위하여 소득세법상 사업용계좌 미신고 가산세 수준인 거래액의 0.2%로 낮출 필요가 있다. 나아가 공익법인 전용계좌를 사용하지 않은 경우를 법인용 계좌를 사용하는 경우와 개인용 계좌를 사용하는 경우로 나누고 양자를 차등화하여 전자에 대하여는 가산세의 세율을 0.1% 수준으로 정하는 것이 합리적이다.

넷째, 국세기본법상 1억 원의 한도가 적용되는 보고서 등 제출의무, 외부전문가 세무확인의무, 장부작성 비치의무, 지분율 5%를 초과하여 출연받은 공익법인의 신고의무 위반 가산세는 공익법인의 투명성을 확보하려는 것이므로 그와 성격이 유사한 결산서류 등 공시의무, 회계감사의무, 공익법인 전용계좌 사용의무 위반 가산세에 대하여도 국세기본법상 한도를 적용하는 것이 타당하다. 소득세법상 사업용계좌 미신고 가산세에 대하여 국세기본법상 한도를 적용하지 않는데, 공익법인 전용계좌 가산세에 대하여만 국세기본법상 한도를 적용하는 것이 부당하다는 의견이 나올 수 있으나, 소득세법상 사업용계좌 미신고는 바로 조세탈루와 직결되므로 동일하게 평가할 것은 아니라고 본다.

다. 의무지출 위반 가산세의 합리적 조정

공익법인에 대하여 의무지출 가산세를 적용하는 경우 직접 공익목적 사업에 해당하더라도 그것이 동시에 소득세나 법인세의 과세대상이 되는 수익사업에 해당하면 일률적으로 직접 공익목적사업에 사용한 것으로 보지 않는다. 이러한 경직적인 규정으로 인하여 미술관 등을 운영하는 공익법인은 의무지출 위반 가산세를 피하려고 유료 전시사업 대신 무료 전시사업을 사실상 강요당함으로써 재정적 부담이 가중되는 경우가 발생한다.

법인세법상 비영리법인이 3년 이상 고유목적사업에 직접 사용하는 자산의 처분으로 인한 수입은 수익사업의 범위에서 제외하는데, 이때 고유목적사업에 사용하는 해당 자산의 유지, 관리 등을 위한 관람료, 입장료수입 등 부수수익이 있는 경우에도 이를 고유목적사업에 직접 사용한 자산으로 본다(법인세법 제4조 제3항 제5호 단서, 동 시행령 제3조 제2항). 이러한 취지를 공익법인의 의무지출제도에 적용하면, 공익법인이 직접 공익목적사업이면서 동시에 소득세나 법인세의 과세대상이 되는 수익사업에 지출한 경우 원칙적으로 직접 공익목적사업에 사용한 범위에서 제외하되, 예외적으로 그 수익사업이 실비 수준의 비용을 받는 경우에는 직접 공익목적사업에 사용한 것으로 유연성을 발휘하는 것이 필요하다. 공익법인이 출연재산을 직접 공익목적사업에 사용하고 있으나, 거기에서 수익이 발생한다고 하여 전부 공익목적사업에 사용하는 것에서 제외하기보다는 수익이 부수적인 것으로서 직접 공익목적사업에 사용한다는 취지를 훼손하지 않는다면 의무지출로 인정하는 것이 더 합리적이기 때문이다.

라. 가산세 규정의 통일성 확보

상증세법 제78조는 장부작성 비치의무 위반, 외부전문가 세무확인 및 회계감사의무 위반 등에 대한 제재를 규정하면서 "상속세 또는 증여세로 징수한다"라고 규정할 뿐 가산세라는 용어를 사용하고 있지 않으나, 세법상 의무위반에 대한 제재라는 특성을 고려하면 그 법적 성질은 가산세에 다름 아니다. 또한 "징수한다"는 문구를 사용하고 있다고 해서 자동확정 방식으로 납세의무가 확정된다고 보기 어렵다. 이들 가산세도 과세관청의 부과처분에 의하여 세액이 확정되므로 다른 가산세와 마찬가지로 부과과세 방식에 의하여 세액이 확정된다고 보는 것이 타당하기 때문이다. 따라서 장부작성 비치의무 위반, 장부작성 비치의무 위반 등에 대한 제재를 규정할 때에도 "납부할 세액에 가산하여 부과한다"라고 규정하여 다른 가산세와 통일성을 확보하는 것이 요구된다.

V. 결론

공익법인은 국가를 대신하여 공익업무를 수행하므로 공익법인에 대한 세제혜택은 정당화될 수 있다. 그러나 공익법인에 대한 세제혜택은 공익법인이 공익에 기여하는 것을 전제로 하므로 공익법인이 세제혜택만 누리고 공인법인의 의무를 소홀히 한다면 이를 교정하는 제도적 장치가 필요하다. 우리나라는 공익법인의 의무위반의 내용과 정도에 따라 중대한 의무위반에 대하여는 증여세를 추징하고, 그보다 낮은 수준의 의무위반에 대하여는 가산세를 부과하고 있다. 이 글에서는 공익법인 관련 가산세의 문제점을 찾아 그에 대한 개선방안을 모색하였는바, 이를 요약하면 다음과 같다.

첫째, 가산세의 교정기능을 강화하기 위하여 단계별 과세체계를 도입하여 1단계의 세율은 현행 가산세보다 가볍게 하고, 2단계의 세율은 1단계의 2배 수준, 3단계는 2단계의 2배 수준으로 정한다. 공익법인이 4회 이상 의무위반행위를 반복하는 경우에는 다시 가산세를 부과하기보다 세제혜택을 박탈한다. 결산서류 공시의무 위반, 전용계좌 개설·사용 의무 위반, 보고서 제출의무 위반 가산세의 경우 1단계 가산세를 부과하기에 앞서 일정한 기한을 정하여 시정요구를 하고 지정기한까지 시정하지 않는 경우에 비로소 1단계 가산세를 부과하는 것으로 한다. 또한 특수관계기업 광고·홍보 금지의무는 공익법인 대표자의 일탈에 기인하는 것이므로 공익법인 이외에 그 대표자에게도 가산세를 부과한다.

둘째, 가산세의 부담을 적정화하기 위하여 계열기업 주식 보유한도 유지의무 위반 가산세와 동일 내국법인 주식보유기준 준수의무 위반 가산세가 중복되는 경우에는 그중 큰 금액의 가산세를 부과한다. 출연자와 그 특수관계자인 임직원 취임금지 위반 가산세의 경우 임직원에 대하여 실제 근무한 경우까지 경비 전액을 가산세로 부과하는 것은 실질에 맞지 않으므로 가산세 부과에서 제외한다. 또한 결산서류 등 공시의무, 회계감사의무, 공익법인 전용계좌 사용의무 위반 가산세도 공익법인의 투명성을 확보하려는 것이므로 국세기본법상 한도를 적용한다.

셋째, 의무지출제도를 적용할 때 공익법인의 직접 공익목적사업이면서 동시에 소득세나 법인세의 과세대상이 되는 수익사업에 지출하는 경우 원칙적으로는 직접 공익목적사업에 지출한 것으로 보지 않되, 그 수익사업이 실비 수준의 비용을 받는 경우에는 예외적으로 직접 공익목적사업에 사용한 것으로 취급하는 것이 합리적이다.

넷째, 상증세법 제78조 가산세 규정에서 "징수한다"라는 문구를 사용하고 있는 장부작성 비치의무 위반 등에 따른 가산세의 경우 다른 가산세와 마찬가지로 부과과세방식에 의하여 세액이 확정되므로 "상속세 또는 증여세로 징수한다"라는 문구 대신 "납부할 세액에 가산하여 부과한다"라는 문구를 사용하여 다른 가산세와 통일성을 확보하는 것이 타당하다.

참고문헌

국세통계포털(TASIS), https://tasis.nts.go.kr/websquare/websquare.html?w2xPath=/cm/
index.xml, (2022. 5. 25. 확인)

김무열, "비영리공익법인에 대한 세제혜택의 헌법적 정당성에 대한 소고", 조세
와 법 제10권 제1호(2017. 6. 30.)

박훈, "공익활동 활성화를 위한 공익법인 과세제도의 개선방안", 조세연구 제19
권 제1호(2019. 3)

윤재원, "공익법인의 과세체계 개선에 관한 연구 –상속세및증여세법상 사후관
리의 한계를 중심으로–", 조세연구 제16권 제4호(2016. 12.)

제철웅, "공익법인에 부과하는 「상속세 및 증여세법」 제48조 제8항, 제78조 제6
항의 가산세 규정을 어떻게 해석할 것인가?", 법학논총 제24권 제4호,
한양대 법학연구소(2007)

황남석, "공익법인 특수관계인 제도의 문제점과 개선방안", 조세와 법 제14권 제
2호(2021. 12. 31.)

Bruce R. Hopkins, *the law of tax-exempt organizations*, WILEY(2016)

Johnny Rex Buckles, Should the Private Foundation Excise Tax on Failure to
Distribute Income Generally Apply to Private Foundation Substitutes-
Evaluating the Taxation of Various Models of Charitable Entities, *New
England Law Review* 44(2009-2010)

Trevor Findley, Tax Treatment of Private Charitable Foundations : A Call to
Simplify The Excise Tax, *Willamette Law Review* 49(2012-2013)

| 초 록 |

   공익법인은 본래 국가가 담당하는 공익업무를 대신 수행하며, 그것이 국가가 직접 공익업무를 수행하는 것보다 사회전체적으로 더 유익할 수 있다는 점에서 공익법인에 대한 세제혜택의 정당성을 찾을 수 있다. 그러나 이러한 세제혜택은 공익법인이 공익에 기여하는 것을 전제로 하므로 공익법인이 세제혜택만 누리고 공인법인에게 부과된 의무를 소홀히 하는 경우에는 이를 교정하는 제도적 장치가 필요하다. 우리나라는 공익법인의 의무위반의 내용과 정도에 따라 중대한 의무위반에 대하여는 증여세를 추징하고, 그보다 낮은 수준의 의무위반에 대하여는 가산세를 부과하고 있다. 그런데 우리나라의 공익법인 관련 가산세제도는 의무위반에 대한 교정효과가 미흡하고 가산세 수준이 과도하다는 등의 문제점이 있으므로 그에 대한 개선방안을 다음과 같이 4가지로 제시하였다.

   첫째, 가산세의 교정기능을 강화하기 위하여 3단계의 단계별 과세체계를 도입하고, 공익법인이 고의로 4회 이상 의무위반행위를 반복하는 경우에는 세제혜택을 박탈한다. 결산서류 공시의무 위반, 전용계좌 개설·사용의무 위반, 보고서 제출의무 위반 가산세의 경우 1단계 가산세를 부과하기에 앞서 일정한 기한을 정하여 시정요구를 하고 지정기한까지 시정하지 않는 경우에 비로소 1단계 가산세를 부과하는 것으로 한다. 한편, 특수관계기업 광고·홍보 금지의무는 공익법인 대표자의 일탈에 기인하는 것이므로 공익법인 이외에 그 대표자에게도 가산세를 부과한다.

   둘째, 가산세의 부담을 적정화하기 위하여 계열기업 주식 보유한도 유지의무 위반 가산세와 동일 내국법인 주식 보유기준 준수의무 위반 가산세가 중복되는 경우에는 그중 큰 금액의 가산세를 부과한다. 출연자와 그 특수관계자인 임직원의 취임금지 위반 가산세의 경우 임직원이 실제 근무한 경우까지 경비 전액을 가산세로 부과하는 것은 실질에 맞지 않으므로 가산세 부과에서 제외한다. 또한 결산서류 공시의무, 회계감사의무, 공익법인 전용계좌 사용의무 위반 가산세는 공익법인의 투명성을 확보하기 위한 것이므로 국세기본법상 한도를 적용한다.

셋째, 수익용 또는 수익사업용 재산 의무지출제도를 적용할 때 공익법인의 직접 공익목적사업이면서 동시에 소득세나 법인세의 과세대상이 되는 수익사업에 지출하는 경우 그 수익사업이 실비 수준의 비용을 받는 경우에는 예외적으로 직접 공익목적사업에 사용한 것으로 취급한다.

넷째, 상증세법 제78조 가산세 규정에서 "징수한다"라는 문구를 사용하고 있는 보고서 등 제출의무 위반, 장부작성 비치의무 위반 등에 따른 가산세의 경우 다른 가산세와 마찬가지로 과세관청의 부과처분에 의하여 세액이 확정되므로 "징수한다" 대신 "부과한다"라는 문구를 사용한다.

공익법인 특수관계인 제도의 문제점과 개선방안*

황남석**

I. 문제의 소재

현행 「상속세 및 증여세법」(이하 '상증세법')은 공익법인에 대한 재산 출연과 관련하여 상속세 및 증여세 과세가액에 불산입하는 혜택을 주면서 위 제도가 악용되지 않도록 규제하는 일련의 규정을 두고 있다. 이들 규정은 공통적으로 특수관계인을 규율 대상에 포함시키고 있다. 이렇게 하지 않는다면 특수관계인을 이용하여 규제를 회피할 우려가 있기 때문일 것이다. 그러나 그 규정 내용이 지나치게 복잡하여 납세의무자들이 의도와 다르게 상속세 및 증여세의 부담을 질 가능성이 적지 않다. 유명한 수원교차로 사건(대법원 2017. 4. 20. 선고 2011두21447 전원합의체 판결)도 결국 특수관계인의 범위에 관한 해석과도 관련이 있는 것이었다.[1] 이처럼 상증세법상 특수관계인은 본래 조세회피행위에 대처하기 규정한 개념이지만 오히려 납세의무자에게 예상하지 못한 불이익을 줄 가능성도 있고 실제로 실무상 문제가 되기도 한다. 따라서 이

---

* 이 글은 같은 제목으로 조세와 법 제14권 제2호, 서울시립대학교 법학연구소 (2021), 121-143에 게재된 글을 수정·보완한 것이다.
** 경희대학교 법학전문대학원 교수

1) 유철형, "기업공익재단의 주식 보유 관련 세제 개선방안", 기업공익재단 법제연구, 경인문화사(2021), 316-317. 위 판결에 관한 상세는 윤현경·박훈, "공익법인 주식출연시 증여세 과세가액 불산입 인정 요건에 관한 소고", 조세와 법 제10권 제2호(2017), 37 이하.

글에서는 우선 공익법인세제에서의 특수관계인 범위, 특수관계인이 문제되는 법률관계, 주요 국가의 입법례를 검토한 후에 공익법인세제상 특수관계인의 규율에 관한 개별 문제점으로서 ① 공익법인의 임직원 취임 제한 규정, ② 변화된 친족관계에 따른 특수관계인 범위 조정의 필요성, ③ 경영지배관계에 따른 특수관계인 범위의 조정 필요성, ④ 최근 「독점규제 및 공정거래에 관한 법률」(이하, 공정거래법) 개정에 따른 상황 변화를 고려한 제도 개선의 필요성, ⑤ 규정 중심의 특수관계인 규율이 초래하는 문제점을 제시하고 그 개선방안을 고찰하고자 한다.

II. 연구의 범위

후술하는 바와 같이 상증세법상 특수관계인 개념은 국세기본법의 특수관계인 개념을 출발점으로 한다. 따라서 국세기본법상 특수관계인 개념에 관한 문제점은 상증세법상 특수관계인 개념에도 당연히 수반된다.[2] 그러나 이 글에서는 논의를 집중하기 위하여 공익법인에 특유하게 문제가 되는 상증세법상 특수관계인 제도의 문제점과 그 개선방안을 고찰하고자 한다.

상증세법에 특수관계인 개념이 포함된 규정은 20개가 넘는다.[3] 따라서 모든 규정을 연구의 대상으로 삼는 것은 적절하지 않고, 특수관계인의 범위가 직접적으로 영향을 미치는 중요 규정을 대상으로 검토한다.

---

[2] 국세기본법상 특수관계인 개념의 문제점에 관하여는 정래용, "세법상 특수관계인의 범위 규정에 관한 연구", 조세연구 제14권 제2집(2014), 7 이하.

[3] 박훈·채현석·허원, 상속·증여세 실무해설, 삼일인포마인(2020), 249.

III. 현행법상 특수관계인 규율 개관

1. 특수관계인 정의 규정

상증세법상 특수관계인 개념은 상증세법 시행령 제2조의2에 규정되어 있다. 이를 풀어보면 다음과 같다.

가. 친족관계

① 6촌 이내의 혈족
② 4촌 이내의 인척
③ 배우자(사실상의 혼인관계에 있는 자를 포함한다)
④ 친생자로서 다른 사람에게 친양자 입양된 자 및 그 배우자·직계비속
⑤ 직계비속의 배우자의 2촌 이내의 혈족과 그 배우자

나. 경제적 연관관계

사용인(출자에 의하여 지배하고 있는 법인4)의 사용인을 포함)이나 사용인 이외의 자로서 본인의 재산으로 생계를 유지하는 자. 여기서의 사용인은 임원, 상업사용인, 그 밖에 고용계약관계에 있는 자를 말한다.

---

4) '출자에 의하여 지배하고 있는 법인'이라 함은 상증세법 시행령 제2조의2 제1항 제6호에 해당하는 법인, 같은 항 제7호에 해당하는 법인, 같은 항 제1호부터 제7호까지에 해당하는 자가 발행주식 총수 등의 100분의 50 이상을 출자한 법인을 말한다(상증세법 시행령 제2조의2 제3항).

다. 경영지배관계

(1) 본인이 개인인 경우

① 본인이 직접 또는 본인과 친족관계에 있는 자가 임원에 대한 임면권의 행사 및 사업방침의 결정 등을 통하여 그 경영에 관하여 사실상의 영향력을 행사하고 있는 기획재정부령으로 정하는 기업집단의 소속 기업
② 위 (가)에 속하는 기업의 임원(법인세법 시행령 제40조 제1항)과 퇴직 후 3년5)이 지나지 않은 사람(퇴직임원)

(2) 본인이 법인인 경우

본인이 속한 기획재정부령으로 정하는 기업집단의 소속 기업(해당 기업의 임원과 퇴직임원 포함)과 해당 기업의 임원에 대한 임면권의 행사 및 사업방침의 결정 등을 통하여 그 경영에 관하여 사실상의 영향력을 행사하고 있는 자 및 그와 친족관계에 있는 자

라. 그 밖의 관계

① 본인, 위 가.부터 다.까지의 자 또는 본인과 위 가.부터 다.까지의 자가 공동으로 재산을 출연하여 설립하거나 이사의 과반수를 차지하는 비영리법인
② 다.에 해당하는 기업의 임원 또는 퇴직임원이 이사장인 비영리법인
③ 본인, 위 가.부터 다.까지 및 라. (1), (2)에 해당하는 자 또는 본인과 위 같은 자가 공동으로 발행주식 총수 또는 출자총액(이하 "발행주

---

5) 해당 기업이 「독점규제 및 공정거래에 관한 법률」 제14조에 따른 공시대상기업집단에 소속된 경우는 5년.

식총수등"이라 한다)의 100분의 30 이상을 출자하고 있는 법인

④ 본인, 위 가.부터 다.까지 및 라. (1)부터 (3)까지에 해당하는 자 또는 본인과 위 같은 자가 공동으로 발행주식총수등의 100분의 50 이상을 출자하고 있는 법인

⑤ 본인, 위 가.부터 다.까지 및 라. (1)부터 (4)까지에 해당하는 자 또는 본인과 위 같은 자가 공동으로 재산을 출연하여 설립하거나 이사의 과반수를 차지하는 비영리법인

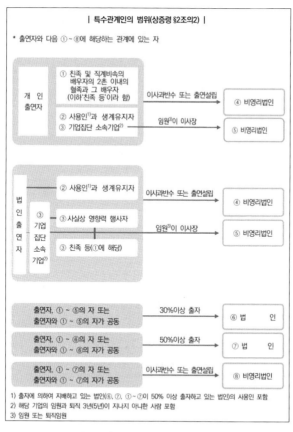

〈그림 1〉 상증세법상 특수관계인의 범위
(출처: 국세청, 2021년 공익법인 세무안내, 161)

2. 특수관계인이 포함되는 주요 규제

앞서 언급한 바와 같이 현행 상증세법을 기준으로 하면 특수관계인이 포함된 규제는 20개가 넘는다. 이하에서는 그중에서 특히 특수관계인 범위가 중요한 의미를 갖는 규제만을 살펴보기로 한다.

가. 내국법인의 주식보유

공익법인에 출연한 내국법인 주식이 일정 비율을 초과할 경우 상속세 및 증여세 과세가액 불산입되었던 금액을 다시 과세가액에 산입한다(상증세법 제16조 제2항, 제48조 제1항, 제2항 각 호외의 부분). 경우에 따라서는 가산세가 부과될 수 있다. 주식 보유비율을 계산할 때 특수관계인이 보유한 주식을 합산한다.[6] 예외적으로 주식 보유비율의 한도가 없는 경우도 있다(상증세법 제16조 제3항).

나. 출연자 및 특수관계인의 이사 수 1/5초과 및 임직원 취임 제한(상증세법 제48조 제8항, 상증세법 제78조 제6항)

출연자 또는 출연자의 특수관계인이 공익법인 등(의료법인은 제외)의 현재 이사 수(5명 미만은 5명으로 본다)의 1/5을 초과하여 이사가 되거나, 그 공익법인 등의 임·직원(이사 제외)으로 취임할 수 없다. 이사의 범위에 공익법인 이사회의 의결권을 가지지 않는 감사는 포함되지 않는다.[7]

---

6) 제도의 취지는 공익법인에 출연한 재산에 대하여 증여세를 부과하지 않는 점을 틈타서 공익법인에 대한 주식 출연의 방법으로 공익법인을 내국법인에 대한 지배수단으로 이용하면서도 상속세 또는 증여세를 회피하는 것을 막기 위한 것이다. 대법원 2017. 4. 20. 선고 2011두21447 판결.

이 규정에 위반할 경우 해당 이사(또는 임직원)에게 지급된 급여 등 경비 전액을 가산세로 부과한다. 다만, 의사, 학교의 교직원(교직원 중 직원은 「사립학교법」 제29조에 따른 학교에 속하는 회계로 경비를 지급하는 직원만 해당한다), 아동복지시설의 보육사, 도서관의 사서, 박물관·미술관의 학예사, 사회복지시설의 사회복지사 자격을 가진 사람, 「국가과학기술 경쟁력 강화를 위한 이공계지원 특별법」 제2조 제3호에 따른 연구기관의 연구원으로서 기획재정부령으로 정하는 연구원과 관련된 경비에 관하여는 가산세를 부과하지 않는다(상증령 제80조 제10항).

다. 특수관계인 간 부당 내부거래 금지

공익법인등이 출연받은 재산, 출연받은 재산을 원본으로 취득한 재산, 출연받은 재산의 매각대금 등을 출연자 및 그 특수관계인에게 임대차, 소비대차 및 사용대차 등의 방법으로 사용·수익하게 하는 경우에는 대통령령으로 정하는 가액을 공익법인등이 증여받은 것으로 보아 즉시 증여세를 부과한다(상증세법 제48조 제1항, 제3항).

라. 정당한 대가 없는 특수관계법인 광고·홍보 금지

공익법인등이 특수관계에 있는 내국법인의 이익을 증가시키기 위하여 정당한 대가를 받지 아니하고 광고·홍보를 하는 경우에는 가산세를 부과한다(상증세법 제48조 제10항).

---

7) 이 규정의 입법취지는 출연자 또는 그 특수관계인이 공익법인등의 의사결정권한이 있는 이사에 취임하는 것을 방지함으로써 공익법인등에 대한 사적 지배를 막기 위한 것이다. 수원지방법원 2020. 8. 27. 선고 2019구합68399 판결.

IV. 입법례

상증세법에서 공익법인의 규제 시 특수관계인을 포함시키는 입법례로는 미국, 일본, 독일 입법례를 들 수 있다.

1. 미국

가. 특수관계인의 범위

미국 세법 제4946조(a)는 특수관계인[비적격자(disqualified person)]의 범위를 정의하고 있다.

① 재단에 상당한 기부(출연)를 한 자
② 재단경영자
③ 법인의 의결권, 조합의 이익분배권, 신탁 혹은 비법인체의 수익적 지분의 20% 이상을 소유한 자로 재단에 상당한 기부(출연)를 한 자
④ ①, ②, ③에 해당하는 자의 가족
　 가족에는 배우자, 조상, 자녀, 손자녀, 증손자녀, 자녀·손자녀·증손자녀의 배우자만(only)이 포함된다.[8]

나. 주요 규제

(1) 영리기업 지분 보유

미국 세법은 민간재단(private foundation)이 특수관계인과 함께 영리

---

8) 미국 세법 제4946조(d).

기업(business enterprise)의 지분을 일정 비율 이상 보유하는 경우 그 비율을 초과하는 부분에 관하여 연방세를 부과한다. 일정 비율은 일반적인 경우 20%이고,[9] 특수관계인 이외의 제3자가 영리기업을 지배하는 경우 35%로 늘어난다.[10]

(2) 자기거래 규제

민간재단과 특수관계인 간의 자기거래에 관하여 가산세를 부과하도록 규정하고 있다(미국세법 제4941조).

2. 일본

일본의 공익법인 관련 법제는 매우 복잡하게 되어 있으므로 한국 법제와 일대일 대응은 쉽지 않다. 그러므로 여기서는 공익법인에 관한 세제 중에서 특수관계자가 관련되는 부분만을 살펴보기로 한다.

가. 「공익사단법인 및 공익재단법인의 인정 등에 관한 법률」(公益社団法人及び公益財団法人の認定等に関する法律)

(1) 특수관계인의 범위

「공익사단법인 및 공익재단법인의 인정 등에 관한 법률」 시행령 제4조는 특별관계를 다음과 같이 규정한다.

　① 해당 이사·감사와 혼인신고를 하지 않았지만 사실상 혼인관계와 동일한 사정이 있는 자
　② 해당 이사의 사용인

---

9) 미국 세법 제4943조(c)(2)(A).
10) 미국 세법 제4943조(c)(2)(B).

③ 위 ②에 규정한 자 이외의 자로서 해당 이사로부터 받은 금전 그 밖
　의 재산에 의하여 생계를 유지하고 있는 자

④ 위 ②에 규정한 자의 배우자

⑤ 위 ①~③에 규정한 자의 3촌 이내의 친족으로서 이러한 자와 생계
　를 같이 하는 자

(2) 특수관계인이 포함되는 규제

위 법률은 공익인정을 신청한 일반사단법인 또는 일반재단법인이 공
익인정을 받을 수 있는 기준을 정하고 있는데 그중에 각 이사 및 감사
에 대하여 해당 이사·감사 및 그 배우자 또는 3촌 이내 친족(이러한 자
에 준하는 자로서 해당 이사와 정령에서 정하는 특별관계가 있는 자를
포함한다)인 이사의 합계 수가 이사 총수의 1/3을 초과하지 않을 것을
규정하고 있다(같은 법 제5조 제10호).

나. 특정비영리활동촉진법(特定非営利活動促進法)

(1) 특수관계인의 범위

특정비영리활동촉진법 시행규칙은 특수관계를 다음의 관계로 정의
한다(특정비영리활동촉진법 시행규칙 제16조).

① 혼인신고를 하지 않았지만 사실상 혼인관계와 마찬가지의 사정에
　있는 관계

② 사용인인 관계 및 사용인 이외의 자로서 해당 임원으로부터 받는
　금전 그 밖의 재산에 의하여 생계를 유지하는 관계

③ 위 ①, ②에 규정한 관계가 있는 자의 배우자 및 3촌 이내의 친족으
　로서 이러한 자와 생계를 같이 하는 관계

(2) 특수관계인이 포함되는 규제

특정비영리활동촉진법 제45조는 특정비영리활동법인으로 인정받기 위한 요건을 규정하고 있는데 그 제3항 イ는 임원 및 임원의 배우자 및 3촌 이내 친족 및 해당 임원과 내각부령으로 정하는 특수관계자의 비율 등이 1/3 이하이고 제4항 ロ는 그 임원, 사원, 직원 또는 기부자 또는 이러한 자의 배우자 또는 3촌 이내의 친족 또는 이러한 자와 내각부령에서 정하는 특수관계자에 대하여 특별한 이익을 부여하지 않을 것 그 밖의 특정한 자와 특별관계가 없는 것으로서 내각부령에서 정하는 기준에 적합할 것을 요건으로 규정하고 있다.

다. 조세특별조치법

(1) 특수관계인의 범위

조세특별조치법 시행령 제25조의17은 특수관계인의 범위를 다음과 같이 정하고 있다.

① 친족관계가 있는 자
② 해당 친족관계가 있는 임원 등과 혼인신고를 하지 않았으나 사실상 혼인관계와 동일한 사정에 있는 자
③ 해당 친족관계가 있는 임원 등의 직원 및 직원 이외의 자로서 해당 임원 등으로부터 받는 금전 및 기타 재산으로 생계를 유지하는 자
④ 위 ②, ③에 열거된 자의 친족으로 이 자와 생계를 같이 하는 자
⑤ 해당 친족관계가 있는 임원 등 및 ①부터 ③까지에 열거된 자 외에 다음에 열거된 법인의 회사 임원(일본법인세법 제2조 제15호) 또는 직원인 자
　ㄱ 해당 친족관계가 있는 임원 등이 회사 임원이 되어 있는 다른 법인

ⓛ 해당 친족관계가 있는 임원 등 및 ①부터 ③까지에 열거된 자
및 이 자들과 법인세법 제2조 제10호에서 규정하는 정령으로
정하는 특수한 관계가 있는 법인을 판정의 기초로 한 경우에 같
은 호에서 규정하는 동족회사에 해당하는 다른 법인

(2) 특수관계인이 포함되는 규제

일본소득세법 제59조 제1항 제1호는 개인이 소유하는 산림 또는 양
도소득의 원인이 되는 자산이 법인에게 증여 또는 유증된 경우 그 증여
또는 유증이 있었던 때에 그 당시 시가에 의하여 그 자산의 양도가 있
었던 것으로 보아 증여 또는 유증을 한 자에게 양도소득 등의 과세를
행한다.[11] 다만 공익사단법인, 공익재단법인, 특정일반법인, 그 밖의 공
익을 목적으로 하는 사업을 행하는 법인에 대하여 재산을 증여 또는 유
증이 있었던 경우 일정한 요건을 충족하는 것으로서 국세청장관의 승인
을 받은 경우에는 양도소득에 관한 소득세를 비과세로 한다(조세특별조
치법 제40조 제1항 후단). 국세청장관의 승인을 얻기 위한 요건 중에는
'그 증여 또는 유증에 의하여 증여자 또는 유증자의 소득에 관한 소득
세 부담을 부당하게 감소하게 하거나 또는 이러한 자의 친족 그 밖의
자와 일본상속세법 제64조 제1항에 규정하는 특별한 관계가 있는 자의
상속세 또는 증여세 부담을 부당하게 감소하게 하는 결과가 되지 않을
것'이 있다(조세특별조치법 시행령 제25조의17 제5항 제3호). 단서에 해
당하면 증여자 또는 유증자에 대하여 그 증여 또는 유증에 관한 양도소
득등에 대하여 소득세가 과세될 뿐만 아니라 그 증여 또는 유증을 받은
공익법인등은 개인으로 보아 증여세 또는 상속세가 과세되게 된다(일본
상속세법 제66조 제4항).

위 단서 규정은 개인이 공익법인등으로 재산을 증여 또는 유증을 한
후에도 증여자 또는 수증자 또는 그 특별관계자가 그 공익법인등을 사

---

11) 상세는 朝長英樹, 精説 公益法人の税務, 公益法人協会(2008), 312 이하.

적으로 지배하고 이러한 자가 그 공익법인등으로부터 특별한 이익을 받는 경우에는 실질적으로는 이러한 자가 그 증여 또는 유증에 관한 재산을 소유하고 있는 상태와 마찬가지의 상태에 있음에도 그러한 자에게 상속세나 증여세가 되지 않는다면 현저하게 불공평한 결과가 되고 그러한 경우 증여 또는 유증에 관한 양도소득등에 대하여 비과세로 하는 것도 과세의 공평이라는 관점에서 타당하지 않다는 고려에서 두게 된 것이다.[12)

조세특별조치법 시행령 제25조의17 제6항은 위 규제에 관하여 구체적인 판정기준을 두고 있다. 그 판정기준을 모두 충족하면 해당 공익법인등에 대한 증여 또는 유증은 소득세 또는 상속세, 증여세의 부담을 부당하게 감소시키는 결과가 되지 않는다고 인정하는 것이다. 그중 하나는 그 운영조직이 적정하면서 동시에 그 기부행위, 정관 또는 규칙에 그 이사, 감사, 평의원 그 밖에 이러한 자(이하 '임원등')에 준하는 것 중 친족관계를 가진 자 및 이러한 자와 일정한 특수관계가 있는 자(이하 '친족등')의 숫자가 각각 임원등의 숫자 중에 차지하는 비율이 3분의 1 이하이어야 하는 취지의 정함이 있을 것이다(같은 항 제1호).

3. 독일

독일의 경우 특수관계인 규정을 찾아볼 수 없는데 그 이유는 오히려 규제가 포괄적이기 때문이라고 생각된다. 즉, 공익법인에 대한 조세우대는 공익법인이 실제로 그 목적을 배타적이고 직접적으로 추구하는 경우에만 인정될 수 있다(조세기본법 제51조, 제59조). 예를 들어 독일 「상속세 및 증여세법」 제13조 제1항 제16호 b) 제2문은 구체적으로 위와 같은 경우 상속세 및 증여세 비과세의 효과가 소급적으로 소멸한다고 규정하고 있다.[13) 따라서 독일 세법상으로는 공익법인의 내국회사 지분

---

12) 위의 책, 342.

소유 제한과 같은 규정이 없다.[14)]

다만 조세기본법 제55조 제1항 제1호는 공익법인의 구성원 또는 사원은 공익법인으로부터 이익을 분여받을 수 없도록 규정하고 있는데 그 구성원 또는 사원의 범위를 포괄적으로 해석하는 것이 지배적인 견해이다. 즉, 구성원 또는 사원에는 거래관계상, 가족관계상, 교우관계상 간접적·직접적으로 공익법인에 영향력을 가지는 외부인을 포함하는 것으로 본다.[15)] 그리고 이 관계에 의하여 포섭되지 않는 제3자는 다시 공익법인의 목적에 해당하지 않는 지출을 통하여 그 누구에게도 혜택을 부여할 수 없다는 취지의 조세기본법 제55조 제1항 제3호의 규율 대상이 된다.[16)] 요컨대 독일세법은 특수관계인 여부를 형식적으로 판정하지 않고 공익법인의 목적이라고 하는 기본 취지에 입각하여 실질적으로 판정하는 입장이라고 정리할 수 있을 것이다.

4. 소결

비교법적으로 고찰하여 보면 한국법의 문제점이 분명하게 부각된다. 한국법은 전형적인 규정중심의 입법례로서 비교대상 국가 중에서는 가장 광범위하고 가장 복잡한 내용으로 되어 있다. 상대적으로 독일이 정반대 입장으로 원칙중심 입법례이고 공익법인 규제의 기본 취지에 따라 실질판단을 하도록 되어 있다. 미국이나 일본은 한국과 유사한 규정중심

---

13) *Musil in Hübschmann/Hepp/Spitaler*, AO/FGO, 2021, § 59 AO Rn. 11-14. 이를 회계기준에서 논의되는 원칙중심과 규정중심의 차이에 비견할 수 있다. 한국이 취하는 입장은 말하자면 규정중심이고 독일이 취하는 입장은 원칙중심이라고 할 수 있다. 세법의 전 범위에 걸쳐서 유사한 현상을 목격할 수 있는데 이는 결국 조세행정과 납세의무자 간의 신뢰 수준과 직접적으로 관련이 있다고 생각된다.

14) 김무열, "공익법인의 설립·운영·해산 단계에 따른 과세제도 연구", 한국조세재정연구원(2019), 64.

15) *Musil*, 앞의 책, § 55 AO Rn. 177.

16) *Musil*, 앞의 책, § 55 AO Rn. 212.

이지만 특히 미국은 범위가 넓지 않을 뿐만 아니라 해석상 다툼의 소지
가 없을 정도로 간명하다. 그나마 일본이 한국과 가장 유사한 입장인데
그럼에도 상대적으로 범위가 좁고 간명하게 규정되어 있다.

V. 문제점 및 개선방안

현행 상증세법상 특수관계인 규정의 문제점으로 지적되는 쟁점은 다
음과 같다.

1. 문제의 구조

상증세법상 특수관계인 규정을 둔 근본적인 이유는 무엇인가? 공익
법인은 본래 국가가 행해야 할 공적 역무를 대신하여 이행한다. 그 점을
고려하여 상속세 및 증여세의 혜택을 주는 것인데 정작 특수관계인을
동원하여 사익을 추구한다면 상속세 및 증여세의 혜택을 주는 전제가
무의미하게 되기 때문이다. 실제로 대기업집단과 특수관계에 있는 공익
법인을 대상으로 실태조사를 행한 결과에 따르면 공익법인을 통한 계열
회사의 지배력 유지 및 강화, 규제 면탈(사익편취 규제 등), 계열사 우회
지원 등을 사익추구 행위를 찾아볼 수 있다고 한다.17) 따라서 특수관계
인 규정도 그 목적이 공익법인의 업무를 방해하려는 것이 아니라면 위
와 같은 사익추구 행위를 단념하게 하는 방향을 지향하여야 할 것이고
그와 무관한 내용까지 규정하는 것은 오히려 제도의 취지를 몰각하는
결과가 될 것이다.

---

17) 이선희, "기업지배구조에서 기업공익재단의 역할", 기업공익재단법제연구, 경인
    문화사(2021), 425 이하.

2. 공익법인의 임직원 취임 제한 규정의 개선

특히 소규모 공익법인의 경우 재정적으로 여유가 없어서 가족이 함께 일하는 경우도 있다. 이 경우 가족이라고 해도 제대로 된 경제적 보상을 받지 못하는 경우도 적지 않다. 그러나 이 경우는 그 가족이 특수관계인에 해당한다면 —그럴 가능성이 높을 것이다— 상증세법 제48조 제8항에 위반되어 가산세의 부과대상이 될 수 있다.[18]

앞서 본 문제의 소재에서 검토한 바와 같이 사익추구를 단념하게 하는 것이 특수관계인 규정의 취지라면 특수관계인의 공익법인의 임직원(이사 제외) 취임을 막을 이유는 크지 않다고 생각된다. 공익법인의 의사를 결정하는 이사는 앞서 본 계열회사의 지배력 강화에 전형적으로 악용될 수 있는 것이지만 그 이외의 임직원은 그런 우려가 없기 때문이다. 그뿐만 아니라 이미 상증세법 시행령 제38조 제2항 제1호 및 법인세법 시행령 제56조 제11항에 따른 인건비 규제가 존재하고 있다. 따라서 현행 규정 중에 임직원 취임을 금지하는 규정은 삭제하는 것이 타당하다고 생각된다.

혹은 일정한 규모 이하의 소규모 공익법인을 지정하여 적어도 그 공익법인에 한하여는 위 규제를 폐지하는 방안도 고려해 볼 수 있을 것이다.

3. 친족관계에 따른 특수관계인 범위 조정

6촌 이내의 혈족과 4촌 이내의 인척은 친족의 영향력이 감소하고 있는 현대 사회의 추세를 고려할 때 과잉입법이라고 생각된다. 이 점은 특히나 공익법인 규제의 목적을 고려한다면 그렇다. 혹, 대기업집단의 경우 동일인의 방계가족이 경영에 참여하는 경우가 많다는 점을 들어 반대할 수도 있으나 그 측면은 신설된 다른 입법에 의해 보다 근본적으로

---

18) "현실 안 맞는 법제도 개선해야 소규모 비영리 살아남는다", 조선일보(2021. 1. 5.).

규제될 예정이다. 이에 관하여는 아래 5.에서 구체적으로 살펴본다.

4. 경영지배관계에 따른 특수관계인의 범위 조정

특히 공익법인의 실무와 관련하여서는 법인세법 시행령 제40조 제1항에 규정된 임원의 범위 중 제5호의 '그 밖에 제1호부터 제4호까지의 규정에 준하는 직무에 종사하는 자'에 해당하는지 여부가 자주 문제된다고 한다. 과세당국의 입장은 임원이라는 직함을 부여받았으나 실제로 수행한 업무는 기업의 의사결정에 관여하지 못하는 수준인 경우에도 위 제5호에 해당한다는 것이다. 그러나 이로 인하여 공익법인은 뜻하지 않게 과세상의 불이익을 받을 우려가 있다는 지적이 있다.[19]

그러나 이 문제도 다시 기본으로 돌아가서 생각해볼 필요가 있다. 결국 관건은 공익법인을 이용한 계열회사 지배력 강화의 유무이다. 설사 임원이라는 직함을 부여받았다고 하더라도 실제로 의사결정에 관여할 수 있는 지위에 있지 않다면 하등 규제의 필요는 인정되지 않는다. 그리고 감사는 권한상 의사결정에 관여할 수도 없다. 법인세법 시행령 제40조 제1항 제1호부터 제3호 이외에는 특수관계인에서 제외하는 것이 타당하다.

---

19) 전영준·한제왕·이재리, "공익법인 관련 최근 실무상 증여세 이슈와 착안점", Tax Analysis, 법무법인 율촌(2018), Vol 25, 6. 조세심판원 결정 중 출연자와 특수관계인이 공익법인의 임·직원이 되는 경우 동 임직원이 공익법인의 중요사항에 관한 의사결정 권한을 가지는지 여부에 관계없이 가산세를 부과하여야 한다는 것으로 2004. 11. 30.자 국심2004구2559 결정.

5. 최근 공정거래법 개정에 따른 상황 변화를 고려한 제도 개선의 필요성

공익법인에 관한 규제가 주로 문제되는 것은 특히 대기업집단의 특수관계에 있는 공익법인을 통한 계열회사 지배인데 2020년 말에 전부개정된 공정거래법 제25조 제2항은 상호출자제한기업집단에 속하는 회사를 지배하는 동일인의 특수관계인에 해당하는 공익법인(상증세법 제16조)은 취득 또는 소유하고 있는 주식 중 그 동일인이 지배하는 국내 계열회사 주식에 대하여 의결권을 행사할 수 없는 것을 원칙으로 규정하고 있다. 위 규정은 2022년부터 시행될 예정인데 실질적으로 공익법인을 활용한 사익추구 중에 가장 중요한 부분을 근원적으로 차단하는 효과를 갖게 될 것으로 예상된다.[20]

따라서 위 규정의 시행 이후 적어도 상호출자제한기업집단의 경우 계속해서 상증세법상 특수관계인 규정을 적용하여 공익법인을 규제할 필요가 있는지 의문이 제기될 수밖에 없다. 적어도 상호출자제한기업집단의 경우 특수관계인 제도를 이용한 규제는 폐지를 고려하는 것이 타당하다.

6. 상증세법상 특수관계인 제도의 장기적 개선방안

종래 폐해가 두드러졌던 상호출자제한기업집단의 경우와 달리 상호출자제한기업집단에 속하지 않은 공익법인의 경우 실질적으로 그 폐해가 분명하지 않은 상황에서 지금처럼 포괄적인 특수관계인 규제가 정당성을 가질 수 있을 것인지 의문이다. 오히려 독일세법의 입장과 같이 원칙중심의 규정을 두고 문제가 두드러진 부분은 미시적으로 교정하는 규

---

20) 규정의 내용에 관하여는 천경훈, "대기업집단 소속 공익법인 소유 주식의 의결권 제한", 기업공익재단법제연구, 경인문화사(2021), 513-514.

정을 두는 것이 공익법인의 존재의의를 살리는 입법 방향이라고 판단된다. 물론 개별 국가의 세법은 조세문화의 반영이므로 현재와 같이 상호 신뢰 수준이 낮은 상황에서는 상증세법상 규율에서 즉시 특수관계인 제도를 폐지하는 것은 현실적이지 않은 측면이 있다. 그러나 규정중심의 규제체제는 유연성 있는 과세행정을 불가능하게 한다는 점에서 한국의 조세행정이 선진화하려면 반드시 극복해야 할 대상이라고 할 수 있다.[21]

VI. 결론

현행 상증세법은 공익법인에 대한 재산 출연과 관련하여 상속세 및 증여세 과세가액에 불산입하는 혜택을 주면서 위 제도가 악용되지 않도록 규제하는 일련의 규정을 두면서 특수관계인 제도를 활용하고 있다. 상증세법 시행령 제2조의2에 규정된 특수관계인 규정은 국세기본법에 따른 특수관계인의 범위를 오히려 확대한 것이다. 그 입법취지는 충분히 이해할 수 있으나 특수관계인의 범위가 지나치게 광범위하고 내용이 복잡하여 납세의무자들이 자칫 조세회피의 의도가 없이도 상속세 및 증여세의 부담을 질 가능성이 적지 않다. 따라서 이 글에서는 비교법적으로 한국법의 위치를 평가한 후에 공익법인을 규제하는 취지에 맞게 공익법인의 임직원 취임 제한 규정의 개선하고, 친족관계 및 경영지배관계에 따른 특수관계인의 범위를 조정하며 공정거래법 개정을 고려하여 상호출자제한기업집단의 경우 특수관계인에 의한 규제를 폐지할 것을 제안하였다. 그리고 장기적으로는 독일의 입법례에서 볼 수 있는 바와 같이 원칙중심의 규제를 도입하여 특수관계인 규정을 전면적으로 대체할 것을 제안하는 바이다.

---

21) 규정중심의 규제체제는 실질적인 조세회피 행위에 적절하게 대응하지 못하는 단점도 갖고 있다. 정래용, 앞의 논문, 22.

참고문헌

김무열, 공익법인의 설립·운영·해산 단계에 따른 과세제도 연구, 한국조세재정
연구원(2019)

문일요, "현실 안 맞는 법제도 개선해야 소규모 비영리 살아남는다", 조선일보
(2021. 1. 5.)

박훈·채현석·허원, 상속·증여세 실무해설, 삼일인포마인(2020)

유철형, "기업공익재단의 주식 보유 관련 세제 개선방안", 기업공익재단 법제연
구, 경인문화사(2021)

윤현경·박훈, "공익법인 주식출연시 증여세 과세가액 불산입 인정 요건에 관한
소고", 조세와 법 제10권 제2호(2017)

이선희, "기업지배구조에서 기업공익재단의 역할", 기업공익재단 법제연구, 경인
문화사(2021)

전영준·한제왕·이재리, "공익법인 관련 최근 실무상 증여세 이슈와 착안점", Tax
Analysis, 법무법인 율촌(2018), Vol 25

정래용, "세법상 특수관계인의 범위 규정에 관한 연구", 조세연구 제14권 제2집
(2014)

천경훈, "대기업집단 소속 공익법인 소유 주식의 의결권 제한", 기업공익재단 법
제연구, 경인문화사(2021)

朝長英樹, 「精説 公益法人の税務」, 公益法人協会(2008)

Hübschmann, Walter/Hepp, Armin/Spitaler, Ernst, AO/FGO Kommentar, 2021

|초 록|

현행 상증세법은 공익법인에 대한 재산 출연과 관련하여 상속세 및 증여세 과세가액에 불산입하는 혜택을 주면서 위 제도가 악용되지 않도록 규제하는 일련의 규정을 두면서 특수관계인 제도를 활용하고 있다.

현행 상증세법을 기준으로 특수관계인 개념이 적용되는 제도는 20개가 넘지만 그중 특수관계인의 범위가 중요한 기능을 하는 제도는 ① 내국법인의 주식보유, ② 출연자 및 특수관계인의 이사 수 1/5 초과 및 임직원 취임 제한, ③ 특수관계인 간 부당 내부거래 금지, ④ 정당한 대가 없는 특수관계법인 광고·홍보 금지 등이 있다.

현행 상증세법상 특수관계인 범위 규정은 상증세법 시행령 제2조의2에 규정되어 있는데 국세기본법에 따른 특수관계인 개념을 출발점으로 하면서도 그 범위를 오히려 확대한 것이다. 특수관계인을 이용한 상속세 및 증여세 회피행위가 만연하였던 점을 고려하면 그 입법취지를 충분히 이해할 수 있으나 특수관계인의 범위가 지나치게 광범위하고 내용이 복잡하여 납세의무자들이 자칫 조세회피의 의도가 없이도 상속세 및 증여세의 부담을 질 가능성이 적지 않다. 그리고 위와 같은 규정은 비교법적으로도 유래가 없기도 하다. 비교법적으로 살펴보면 한국법은 전형적인 규정중심의 입법례로서 비교대상 국가 중에서는 가장 광범위하고 가장 복잡한 내용으로 되어 있다. 상대적으로 독일이 정반대 입장으로 원칙중심 입법례이고 공익법인 규제의 기본 취지에 따라 실질판단을 하도록 되어 있다. 미국이나 일본은 한국과 유사한 규정중심체계를 취하고 있지만 특히 미국은 범위가 넓지 않을 뿐만 아니라 해석상 다툼의 소지가 없을 정도로 간명하다. 그나마 일본이 한국과 가장 유사한 입장인데 그럼에도 상대적으로 범위가 좁고 간명하게 규정되어 있다.

따라서 이 글에서는 비교법적인 검토의 바탕 위에 공익법인을 규제하는 취지에 맞게 공익법인의 임직원 취임 제한 규정의 개선하고, 친족관계 및 경영지배관계에 따른 특수관계인의 범위를 조정하며 최근의 공정거래법 개정을 고려하여 상호출자제한기업집단의 경우 특수관계인에 의한 규제를 폐지할 것을 제안하였다. 그리고 장기적으로는 독일의 입법례에서 볼 수 있는 바와 같이 원칙중심의 규제를 도입하여 특수관계인 규정을 전면적으로 대체할 것을 제안하는 바이다.

공익법인 관리감독의 효율성 제고와 투명성 강화를 위한 공익법인 회계제도 및 규제 개선 방안

김덕산*

Ⅰ. 서론

2017년 공익법인 회계기준이 제정되고 2018년부터 적용되어 만 4년이 경과하였다. 하지만, 여전히 주무관청을 비롯해 공익법인을 둘러싼 여러 기관에서 공익법인 회계기준에 대해 인지하지 못하고 있으며, 공익법인 회계기준에 대한 이해도가 낮아서 공익법인에 대한 지도 감독에 한계를 나타내고 있다. 특히, 공익법인을 관리감독하는 주무관청의 전문성 부족은 허술한 관리감독으로 이어지며, 공익법인의 투명성 강화에 악영향을 미치고 있다.

필자는 본고를 통해 그동안 공익법인의 투명성 강화를 위한 제도 개선의 이력을 살펴보고, 주무관청의 공익법인 회계기준에 대한 이해도 부족에서 발생하는 여러 실무 사례를 통해 공익법인 업무효율성 제고와 투명성 강화를 위한 개선점을 제안하고자 한다. 한편, 최근 개정된 세법 개정과 관련하여 실무에서 공익법인에 과중한 부담을 지우고 있는 내용에 대해 살펴보고 대안을 제시하고자 한다.

---

* 한국공익법인협회 대표, 공인회계사

II. 공익법인 회계기준의 주요내용

1. 영리법인과 공익법인의 회계상 차이

공익법인의 재무상태표 작성에 기준을 제시하려고 2017년에 공익법인 회계기준이 제정되었다. 공익법인 회계기준의 핵심은 활동의 성격에 따라 비용을 분류하는 것으로 공익법인이 생산하는 서비스에 대하여 원가회계 개념을 적용한 점에 있다.

공익법인의 사업은 서비스업의 속성을 지니고 있으며, 구체적으로 사회서비스 대행업이라고 볼 수 있다. 공익법인은 기부자가 사회에 제공하고자 하는 서비스를 대행하여 제공하는 역할을 한다. 예를 들어, 한 기부자가 아프리카에 있는 아이에게 구호물품을 전달하고자 할 때 기부자는 물품전달을 위해 여러 가지 정보를 먼저 수집해야 한다. 누구에게 도움을 줄지, 무엇이 필요한지, 어떻게 전달할지 확인해야 하는데 이러한 부수활동을 기부자가 직접 수행하기에는 상당한 시간과 비용이 소요될 수 있다. 공익법인은 기부자가 부수활동에 투여되는 시간과 비용을 효율적으로 절약해주어 핵심활동의 가치를 높여주는 역할을 한다.

이러한 공익법인의 사업 성격은 서비스의 수혜자 측면에서 영리법인과는 본질적인 차이가 있다. 영리법인은 비용을 지불하는 이가 서비스를 받지만, 공익법인은 비용을 지불하는 이가 서비스를 받지 않는다. 비용을 지불하는 이가 서비스를 받을 경우 기부금을 목적에 맞지 않게 사용한 것으로 보고 증여세가 부과된다.[1] 예를 들어, 기부자가 본인이 기

---

1) 상속세 및 증여세법 제48조
   ③ 제1항에 따라 공익법인등이 출연받은 재산, 출연받은 재산을 원본으로 취득한 재산, 출연받은 재산의 매각대금 등을 다음 각 호의 어느 하나에 해당하는 자에게 임대차, 소비대차(消費貸借) 및 사용대차(使用貸借) 등의 방법으로 사용·수익하게 하는 경우에는 대통령령으로 정하는 가액을 공익법인등이 증

부한 건물에 무상으로 임차를 하게 될 경우, 출연받은 건물을 목적사업에 맞게 사용하지 않았다 하여 공익법인에 증여세가 과세가 된다.[2] 결국, 공익법인에서는 비용을 지불하는 자, 즉 기부자는 기부를 통해 정신적인 만족을 얻으며, 기부자가 돕고자 하는 이가 공익법인을 통해 서비스를 받게 된다.

공익법인은 영리법인의 운영성과표(손익계산서)상 핵심이 되는 계정에서도 차이를 보인다. 공익법인은 사업수행비용(사업비)이 핵심계정인데 반해 영리법인은 매출이 핵심계정이다. 공익법인은 예산(비용)을 지출하려고 수익을 추구하는 반면 영리법인은 수익을 얻으려고 비용을 지출한다.

반면, 공익법인은 법인이 설립목적으로 한 사업을 수행하는 데 맞춰서 예산을 편성한다. 공익법인은 사업에 소요할 예산을 편성하기 위해 재원을 마련해야 하고, 기부금, 보조금, 기금수익, 기타 영리활동 등을 통해 재원을 확충한다. 예산을 더 많이 확보할수록 더 많은 서비스를 생산할 수 있지만, 예산이 부족할 경우 서비스의 규모를 축소할 수 밖에 없게 된다. 실제 금리가 지속해서 하락한 최근 10년간 이자수익에 의존하여 장학금을 지급하던 장학재단의 사업 규모가 대폭 축소가 된 것이 대표적인 사례이다.

공익법인의 재무적 목표는 목적사업지출을 최대화하는 것으로 실제 비용에 비례해서 수익이 발생하는 것은 아니다. 따라서 영리법인 회계에서 강조하는 수익비용 대응의 원칙[3]이 적용될 여지가 상대적으로 적다.

여받은 것으로 보아 즉시 증여세를 부과한다. 다만, 공익법인등이 직접 공익목적사업과 관련하여 용역을 제공받고 정상적인 대가를 지급하는 등 대통령령으로 정하는 경우에는 그러하지 아니하다.

2) 실제 서울대학교에 교내도서관을 신축해 기부한 관정이종환교육재단은 서울대학교로부터 25년간 도서관 1, 2층을 무상으로 임차하였고, 재단은 제3자에게 전대를 하였다. 이에 관악세무서장은 서울대학교가 무상으로 임대한 건에 대해 목적사업에 사용한 것으로 보지 않아 증여세 6억 7천만 원을 부과하였다.

3) 수익비용 대응의 원칙은 수익에 대응하여 비용을 인식한다는 회계 원칙 중 하

반면, 영리법인의 재무 목표는 수익의 극대화 즉, 많은 이익을 남기는 것으로 수익비용 대응의 원칙이 적용된다. 생산한 재화와 서비스는 판매활동을 통해 수익을 얻게 되고, 매출이 증대할수록 이에 대한 비용도 증가하는 경향이 공익법인의 회계보다 강하다.

〈표 1〉 공익법인과 영리법인의 회계특징 비교

구분	공익법인	영리법인
비용을 지불하는 자	기부자	소비자
서비스의 수혜자	목적사업 대상자 (예 : 장학생, 독거노인)	소비자
수입금 회계처리	기부금수익, 기금수익, 보조금수익	매출
서비스 생산원가	사업수행비용	매출원가
판매운영비용	일반관리비용	판매비와 관리비
손익 핵심계정	사업수행비용	매출
재정목표	지출극대화	이익극대화

2. 사업수행비용, 일반관리비용, 모금비용의 주요내용

「공익법인 회계기준 제27조」에서는 공익법인이 목적사업을 수행하는 데 소요되는 비용을 공익목적 사업비용이라고 정의하고 있으며, 활동의 성격에 따라 사업수행비용, 일반관리비용, 모금비용으로 구분한다.

사업수행비용은 공익법인이 추구하는 본연의 임무나 목적을 달성하기 위하여 수혜자, 고객, 회원 등에게 재화나 용역을 제공하는 활동에서 발생하는 비용을 말하며, 영리법인으로 보면 서비스원가 또는 매출원가로 분류할 수 있다.

일반관리비용은 기획, 인사, 재무, 감독 등 제반 관리활동에서 발생하는 비용으로 영리법인의 판매비와 관리비에 비유할 수 있다. 사업활

나이다. 예를 들어, 근로자에게 퇴직금을 지급하지 않더라도 매년 지급해야 하는 퇴직금을 비용으로 인식한다거나, 건물과 같은 유형자산의 감가상각비를 매년 나누어 비용으로 인식하는 회계 처리방식을 의미한다.

동을 위해 필수적으로 소요되는 비용에 해당하나 매출원가에 비해 고정비적 성격이 강하다.

모금비용은 모금 홍보, 모금 행사, 기부자 리스트 관리, 모금 고지서 발송 등의 모금활동에서 발생하는 비용을 말한다. 모금활동을 통해 사업수익(기부금)을 증대시킬 수 있다는 점에서 영리법인으로 보면 홍보비 또는 광고선전비 성격이 있는 비용이나, 공익법인에서는 모금활동이 영리법인의 홍보활동에 비해 중요도가 높고 모금활동이 있는 공익법인도 다수[4]라 별도의 항목으로 구분할 실익이 있다.

사업수행비용, 일반관리비용, 모금비용 중 가장 중요하고 핵심적인 비용은 사업수행비용이다. 사업수행비용은 일반적으로 사업비라고 일컬어지는 비용으로 수혜자에게 혜택을 제공하는 본연의 활동에 소요되는 비용이다. 반면, 일반관리비용과 모금비용은 운영비 성격의 비용으로 사업수행에 부수되는 활동에 소요되는 비용으로 볼 수 있다.

공익법인 회계기준의 핵심은 공익법인이 지출한 비용을 활동별로 구분하는 것으로 사업수행비용의 집행비율에 따라 공익법인 사업의 효율성을 판단한다. 즉, 동일한 규모의 지출에서 사업수행비용의 비율이 높으면 높을수록 사업을 효율적으로 하는 공익법인이다.

3. 분배비용, 인력비용, 시설비용, 기타비용

사업수행비용, 일반관리비용, 모금비용은 지출의 성격이 따라 분배, 인력, 시설, 기타비용으로 구분된다.

분배비용은 공익법인이 수혜자 또는 수혜단체에 직접 지급하는 비용으로 장학금, 지원금 등을 포함한다.

---

4) 유니세프, 초록우산어린이재단, 굿네이버스 등 모금활동이 공익법인의 예산 마련을 위한 주된 활동인 법인의 경우 모금부서, 모금담당자에 소요되는 비용을 모금비용으로 구분한다. 반면, 이자, 배당이 주요 재원인 기업재단의 경우 별도의 모금부서와 담당자가 없는 경우가 대다수라 모금비용을 집계할 실익이 없다.

인력비용은 공익법인에 고용된 인력과 관련된 비용으로서 급여, 상여금, 퇴직급여, 복리후생비, 교육훈련비 등을 포함한다.

시설비용은 공익법인의 운영에 사용되는 토지, 건물, 구축물, 차량운반구 등 시설과 관련된 비용으로서 감가상각비, 지급임차료, 시설보험료, 시설유지관리비 등을 포함한다.

마지막으로 기타비용은 분배비용, 인력비용, 시설비용 외의 비용으로서 여비교통비, 소모품비, 지급수수료, 용역비, 업무추진비, 회의비, 대손상각비 등을 포함한다. 기타비용의 경우 공익법인의 특성에 따라 다른 성격의 금액이 발생할 수 있으므로 금액적으로 중요한 기타비용 항목은 별도로 구분하여 운영성과표 본문에 표시하거나 주석으로 기재한다.5)

아래의 표는 공익법인 회계기준에 따른 비용 분류를 구분한 도표로 가로축은 비용의 성격, 세로축은 사업의 성격에 따라 비용을 구분하고 있다.

〈표 2〉 공익법인 회계기준에 따른 비용 구분

	분배비용	인력비용	시설비용	기타비용	합계
공익목적사업비용					
사업수행비용		a			
일반관리비용		b			
모금비용					
기타사업비용					
합계					

구체적으로 살펴보면 같은 인건비라도 사업수행을 담당하는 임직원의 인건비는 사업수행비용 'a' 영역에 표시되며, 행정담당 임직원의 인건비는 'b'에 표시된다. 두 업무를 함께 수행하는 경우 합리적인 기준으

---

5) H재단은 취약계층 청소년 자립사업의 일환으로 요리교육을 목적사업으로 영위하고 있으며, 요리교육을 위한 대부분의 비용(강사료, 재료비, 전기, 가스)은 기타비용에 해당한다. 해당 비용은 지출의 성격을 명확히 표시하고자 요리스쿨사업비라는 계정으로 집계하여 표시하였다.

로 안분하여 인건비를 계상한다. 공익법인 회계기준은 인건비는 운영비라는 일반적인 통념과 달리 실제 수행하는 업무의 성격에 따라 비용을 계상하는 합리적인 기준을 제시하고 있다.

4. 각 비용별 특징과 예시

분배비용은 수혜자에게 직접 지급하는 비용으로 비용 대비 효과를 직관적으로 확인할 수 있는 특징이 있다. 예컨대, 같은 장학사업이라도 장학금을 300만 원 지급하였을 경우 300만 원만큼 혜택을 보았다는 것을 측정할 수 있지만, 같은 비용으로 직업교육을 제공하였을 때 수혜자가 얻는 효익과 성과는 계량적으로 측정하기 쉽지 않다.

앞서 살펴본 전체 지출대비 사업수행비용 비율이 높으면 높을수록 목적사업을 효율적으로 수행하는 것이지만 분배, 인력, 시설, 기타비용은 사업의 성격을 나타낼 뿐 사업의 효율성과는 관계가 없다. 예컨대, 같은 장학사업을 하더라도 직접 장학금을 지급하는 장학재단은 분배비용의 비중이 높을 것이다. 반면 기숙사를 운영하는 공익법인의 경우 시설비용의 비율이 높을 것이고, 교육사업을 기획 운영을 공익법인의 경우 인력비용의 비중이 높을 것이다. 세 공익법인은 사업의 유형이 달라 사업의 성과를 직접적으로 비교할 수 없다.

〈표 3〉 장학사업 유형별 주요비용과 회계기준상 구분

사업유형	주요사업수행비용	비용구분
장학금 지급	장학금	분배비용
청년을 위한 기숙사 운영	건축비, 임차료, 관리비	시설비용
장학프로그램 기획 운영	기획인력인건비, 행사운영비	인력비용, 기타비용

일례로 2020년도 정의기억연대 사건에서 왜 할머니들께 직접적인 지원을 하지 않느냐는 질문에 정의기억연대는 본인들의 사업은 직접 지원

이 아닌 위안부 문제에 대한 공론화가 주요 사업이라는 답변을 하였다. 결론적으로 이는 합리적인 답변이며, 직접 지원을 하지 않았다고 비효율적인 사업을 한다고 볼 수는 없다.

III. 공익법인 회계기준과 주무관청 관리감독의 괴리(교육청을 중심으로)

1. 들어가는 말

공익법인 회계기준이 도입된 이후 공익법인들은 공익법인 회계기준에 따라 회계장부를 작성하고 있으며, 이에 따라 작성된 재무제표를 공시하고 있다. 하지만, 일부 주무관청에서는 공익법인 회계기준에 대한 이해도 부족으로 회계장부를 잘못 해석하여 공익법인과 갈등을 빚는 사례가 발생하고 있다. 특히, 장학재단 대부분이 속해 있는 교육청에서 외부에 공개한 기준과 공익법인 회계기준이 차이가 있어 공익법인이 사업을 수행하는 데 어려움을 겪고 있다. 이번 장에서는 몇 가지 사례를 통하여 주무관청의 인건비에 대한 인식문제를 교육청 기준을 중심으로 살펴보고자 한다.

2. 인건비에 대한 주무관청의 기준

오래전까지 공익법인의 많은 사업이 구호, 장학과 같은 직접 지원의 형태였다. 이에 따라, 인건비는 부수되는 성격의 비용으로 치부되고 인건비가 적으면 적을수록 사업을 잘 하는 공익법인이라는 인식이 지배적이었다. 이는 주무관청에 제출하는 서류에서도 확인이 가능하며, 특히 서울시 교육청은 인건비를 운용소득의 30% 이내로 지출하도록 공익법인 운영 인·허가 세부 기준 및 행정처분 기준을 통해 안내하고 있다.[6]

서울시 교육청의 경우 「공익법인 운영 인·허가 세부 기준 및 행정처분 기준」 고시하고 있으며, 공익법인 업무 매뉴얼을 배포하여 주무관청의 관리감독 사항에 관해 안내하고 있다. 이는 각 담당부서별 담당공무원에 따라 행정처분이 달라지는 타 주무관청과 달리 공익법인 업무의 통일성을 제고하는 긍정적인 효과가 있다.

다만, 인건비에 대한 서울시교육청의 이러한 기준은 공익법인의 목적사업을 사업수행과 일반관리(모금)을 구분하여 실질에 맞게 비용을 계상하겠다는 공익법인 회계기준의 의도와 상반된다.

3. 인건비 지출에 대한 주무관청의 통제

「공익법인의 설립·운영에 관한 법률」 제5조 제9항[7])에서는 공익법인은 주무관청의 승인을 받아 상근임직원의 수를 정하고 이들에게 보수를 지급하여야 함을 명시하고 있다. 즉, 공익법인에 근무하는 직원의 수와 보수에 대해 주무관청이 통제하고 있는데, 이는 과도한 인건비 지출을 막겠다는 취지이다.

실제 실무에서는 교육청을 주무관청으로 하는 공익법인의 경우 신규 직원 채용을 위해 상근임직원 수를 늘리려면 교육청의 승인을 얻어야 한다. 교육청은 신규직원 채용으로 추가되는 인건비를 포함한 총 인건

---

6) 서울시 교육청의 공익법인 운영 인허가 세부기준에 따르면, 상근임직원 정수 승인 시 연간 운용소득의 30% 이내 범위에서 급여를 지출하게 하고 있으며, 2021. 7. 7. 개정으로 비율이 20%에서 30%로 확대되었다.
7) 공익법인의 설립 운영에 관한 법률
   제5조(임원 등)
   ⑨ 공익법인은 주무 관청의 승인을 받아 상근임직원의 수를 정하고 상근임직원에게는 보수를 지급한다.

비가 연간 기부금의 10% 또는 운용소득(이자, 배당, 임대사업 등 수익사업 소득)의 30%를 초과할 경우 상근임직원수 정수 승인을 해주지 않는다. 이 경우 공익법인은 신규직원을 채용할 수 없게 된다.

〈표 4〉 서울시 교육청 공익법인 운영 인·허가 세부 기준 중 상근임직원 수 정수승인기준

구분	시행기준	비고
기본방향	재단법인 : 인건비가 출연재산 운용소득의 30% 이내가 원칙 사단법인 : 인건비가 출연재산 운용소득 및 회비의 30% 이내가 원칙 **1인당 인건비가 8천만 원 이하 ***	
필요서류	인건비내역서, 상근임직원정수표, 향후 3년간 추정손익계산서, 인건비 지급규정	기부도표, 관장업무를 명시한 설명서 (공익령 제14조)

4. 교육청의 인건비 규제 사례

실무에서는 교육청의 인건비에 대한 과도한 규제로 인한 폐해가 빈번히 발생하고 있다. 실제 발생하였던 두 가지 사례를 통해 구체적인 문제점을 살펴보겠다.

A재단은 단순 장학지원보다는 청소년 교육 프로그램을 기획 운영하는 형태의 장학사업을 수행하고자 하였고, 이를 위하여 프로그램을 기획 운영할 신규직원을 채용하고자 하였다. 재단은 매년 20억~30억 원의 기부금수입이 발생하고 있어 인건비를 지급할 충분한 재정적인 여건이 됨에도 불구하고 주무관청에서는 기부금의 10%, 2억 원 한도에서 인건비를 지급하여야 한다고 하여 추가 채용이 불가능함을 통보하였다. 결국 A재단은 주무관청을 변경하였고, 바뀐 주무관청으로부터 정수승인을 얻은 다음 신규채용을 하여 현재 청소년 교육프로그램 사업을 수행 중이다.

B사단법인의 경우 학술 연구를 목적사업으로 하는 공익법인이고 회비가 주 수입원이다. 하지만, 교육청은 운용소득과 회비수입의 30% 이내에서 인건비를 지출할 수 있음을 안내하였고, B사단법인은 법인의 사업 성격상 학술 연구를 위한 연구인력을 채용하려면 인건비 지출비중이 높아질 수밖에 없으며, 교육청의 기준을 적용하면 학술연구를 위한 인력채용이 불가능하다며 반발하였다.

5. 인건비에 대한 공익법인 회계기준과 주무관청의 판단의 차이

앞서 공익법인의 비용 분류에서 사업수행비용과 일반관리비용을 정의해보았다. 같은 인건비라 하더라도 사업담당자의 인건비는 사업수행비용, 행정담당자의 인건비는 일반관리비용으로 구분한다.

하지만, 교육청에서는 공익법인 회계기준에서 정하여 수행하는 업무의 구분 기준에 대해 전혀 고려하지 않고 인건비를 모두 운영비로 판단하고 있다.

이와 같은 구조에서는 공익법인은 인건비 지출을 최소화하고 단순히 장학금 지급만 하는 형태의 장학사업만 수행할 수 있어 사업의 다양성을 저해한다. 실무에서는 주무관청을 교육청으로 하여 공익법인을 설립하는 것을 기피하는 풍조까지 생겨나고 있는 실정이다.

그뿐만 아니라, 교육청에서는 인건비에 8천만 원 한도를 적용하고 있으며, 다음과 같은 기준을 안내하고 있다.

〈표 5〉 서울시 교육청 공익법인 운영 인·허가 세부 기준 중 인건비 기준

구분	시행기준	비고
기본방향	재단법인 : 인건비가 출연재산 운용소득의 30% 이내가 원칙 사단법인 : 인건비가 출연재산 운용소득 및 회비의 30% 이내가 원칙 **1인당 인건비가 8천만 원 이하 ***	

※ 「법인세법 시행령 제56조」에 의해 1인당 인건비 8천만 원 초과일 경우 과세 대상임

교육청은 「법인세법 시행령」 제56조에 따라 인건비 8천만 원 초과일 경우 과세대상임을 언급하며, 공익법인의 인건비는 반드시 8천만 원 이하가 되어야 한다고 안내하고 있으나, 이는 「법인세법 시행령」 제56조를 잘못 해석한 것이며 법에서 정한 위임의 범위를 초과한 해석으로 구체적인 문제점을 살펴보겠다.

6. 교육청의 규제에 대한 비판

교육청의 이와 같은 공익법인 회계기준과 동떨어진 인건비 기준은 타 주무관청의 행정처분 기준과도 비교해도 지나친 것으로 보인다.

타 주무관청의 경우 정수승인에 대해 교육청과 같이 엄격한 기준을 적용하지 않는다. 일례로 문화체육관광부가 발간한 법인 업무편람에서는 상근임직원 정수 승인에 대해 아래와 같이 규정하고 있다.

〈표 6〉 문화체육관광부 법인업무 편람 중 인건비 승인 기준

□ 처분 심사기준 ○ 상근임직원의 정수는 업무내용별 업무량과 인건비 등 재원조달 방안의 적합 여부

교육청의 기준과 비교하였을 때 업무내용과 업무량을 고려한다는 측면에서 공익법인 회계기준에 따른 인건비 구분방식을 반영한 유연한 기준임을 알 수 있다. 한편, 재원조달 방안의 적합 여부 따지고 있으며, 이는 획일적으로 운용소득의 30%로 규정한 교육청의 기준과 차이를 보이인다.

앞서 B사단법인과 유사한 사업(학술연구)을 하는 공익법인으로 외교부 산하 아산정책연구원을 들 수 있는데 두 기관을 비교하면 인건비 제약에 대한 교육청 기준의 문제점을 다시 한번 살펴볼 수 있다.

아산정책연구원은 외교부 산하 공익법인으로 국제정치와 외교에 관

한 연구를 주요 목적사업으로 하고 있다. 법인의 목적사업 특성에 따라 2020년 전체 사업비 약 53.6억 원에서 인건비가 차지하는 비중은 약 39.8억 원으로 전체 사업비의 74%를 차지한다. 이 가운데 24.6억 원은 연구를 담당하는 이들에게 지급하는 인건비로 공익법인 회계기준에서 이를 사업수행비용(사업비)으로 구분한다.

연구원의 2020년도 운용소득[이자]은 약 400만 원으로 대부분의 예산은 기부금으로 충당하고 있는데, 교육청과 동일한 기준을 적용할 경우 운용소득[이자] 400만 원의 약 30%인 120만 원만을 인건비로 지출해야 한다.

한편, 교육청의 이와 같은 인건비 규제는 합법적으로 우회할 수 있어 규제의 실효성이 적다. 예를 들어, 동일한 업무를 용역의 형태로 외주화하면 해당 비용은 인건비로 계상되지 않는다. 이 경우 임직원 정수 승인을 받을 필요도 없고, 인건비를 운용소득의 30% 이내에서 지출한다는 규정도 적용받지 않는다. 동일한 업무를 수행하고 비용을 지급함에도 불구하고 계약의 형태에 따라 규제의 적용이 달라지게 된다.

둘째, 인건비를 8천만 원으로 제한하는 지침 또한 현행법을 잘못 해석한 것이며 규제에 대한 근거가 없다. 교육청은 「법인세법 시행령」 제56조에 의해 1인당 인건비 8천만 원 초과일 경우 과세 대상이라고 내부 지침에 명시하고 있다. 「법인세법 시행령」 제56조에서 인건비를 8천만 원 이상 초과하여 지급할 때 인정해주지 않는 법인은 모든 공익법인이 아닌 수익사업에서 발생한 소득에 대해 고유목적사업준비금(이하 '준비금')을 50% 이상 초과하여 설정하는 법인만 해당한다.

준비금은 세법에서 이자, 배당, 임대소득 등 수익사업 소득에 대해 세금을 감면해주기 위한 별도의 적립계정에 해당한다. 공익법인은 준비금 계정에 적립된 자금을 수익사업이 아닌 목적사업을 위한 장학금 및 인건비 지출 등에만 사용해야 한다.

아래의 표를 통해 살펴보면 동일한 임대사업을 하는 공익법인이라 할지라도 전체 목적사업비 지출에서 장학금을 지급하는 비중에 따라 준비금 설정한도가 달라진다. 장학금 지급 비중이 높을수록 세제 혜택이 있는 준비금의 한도가 높아진다.

<표 7> 장학금 지급 비율에 따른 준비금 설정한도와 인건비 규제

장학금 지급 비율	근거법령	준비금 설정한도	인건비 규제
유형 1 전체 고유목적사업 지출에서 장학금 50% 미만 지급	법인세법 제29조 제1항 제2호	50%	인건비 8천만 원 초과 지출 또한 준비금 사용으로 인정
유형 2 전체 고유목적사업 지출에서 장학금 50% 이상~80% 미만 지급		80%	주무관청의 승인을 얻지 않으면 인건비 8천만 원을 준비금 사용으로 인정받지 못함.
유형 3 전체 고유목적사업 지출에서 장학금 지출액이 80% 이상	조세특례제한법 제74조 제1항 제8호	100%	

결론적으로 8천만 원 인건비를 초과하였을 때 제약을 받는 법인은 준비금 한도가 높은 유형 2와 유형 3에만 해당한다.

「법인세법 시행령」 제56조의 인건비 8천만 원 규제의 취지는 준비금이라는 별도로 적립해놓은 계정에서 지출하지 못하게 한다는 것이다. 만약 유형2 또는 유형3에 해당하더라도 인건비를 8천만 원 이상 지급하는 것이 가능한 방법이 있다. 준비금이 아닌 기부금, 수익사업소득 등 다른 재원으로 8천만 원을 초과하는 인건비를 지급할 수 있음에도 교육청은 8천만 원 이상 인건비는 무조건 지급하면 안 된다고 공익법인에 안내한다. 실제 일부 교육청 소속 공익법인 실무자들은 이런 잘못된 지침을 성실히 준수하고 있다.

공익법인 실무자 사이에서는 법 위에 있는 교육청 지침이라는 이야기가 나올 정도로 교육청의 이러한 획일적인 인건비 기준은 실효성이 없는 규제에 불과하다.

IV. 문제점에 대한 대안

1. 들어가는 말

교육청뿐 아니라 공익법인을 관리감독하는 여러 주무관청은 관리감독 규정의 미비, 담당 공무원의 경험부족, 과도한 업무부담 등을 이유로 효율적인 관리감독을 하지 못하는 실정이다.

효율적인 관리감독을 위해서는 업무의 표준화가 우선 이루어져야 하며, 무엇보다도 회계의 표준화가 필요하다. 앞서 서두에서 공익법인의 투명성 강화는 공익법인의 전문적인 관리감독 하에서 이루어질 수 있다고 언급하였다. 이번 장에서는 관리감독과 투명성 강화, 그리고 공익법인의 업무 효율성 제고를 위한 방안을 회계를 중심으로 살펴보고자 한다.

2. 표준계정과목 설정

공익법인의 회계의 통일성 및 효율적인 관리감독을 위해서는 표준계정과목의 설정이 필요하다.

계정과목은 하나의 회계사건을 정의하고 금액으로 집계하는 최소한의 회계단위이다. 계정과목은 동일한 사건과 거래에 대해 일관되게 적용되어야 한다. 공익법인 회계기준에서는 회계처리에 대한 일반 지침을 규정하고 있지만, 그보다 세부적인 사항인 계정과목에 대해서는 구체적인 내용은 없다.

표준계정과목은 공익법인의 예결산 시 명확한 지침을 제공하며, 통일된 회계정보를 생성하는 데 도움을 줄 수 있다. 기획재정부가 매년 고시하는 「예산 및 기금운용계획 집행지침」은 표준계정과목에 도입에 대한 하나의 참고자료가 될 수 있다. 「예산 및 기금운용계획 집행지침」은

「국가재정법」 제80조(기금운용계획의 집행지침)에 근거, 각 중앙관서의 예산 및 기금운용계획 집행에 대한 기본원칙과 기준을 제시하여 재정지출의 효율성·형평성을 도모하고, 각 중앙관서 및 기금관리 주체의 예산집행 자율성의 범위를 명확히 하는 데 그 목적이 있다.

해당 지침에서는 세입 세출 과목을 분류하며, 각 과목별로 집행 유형에 대해 기술하고 있다. 예를 들어 복리후생비의 경우 아래와 같이 구체적으로 지출의 유형을 정의하고 있는데, 이는 정부 부처의 명확한 예산 수립을 가능하게 한다. 그뿐 아니라 연도별·기관별로 예산을 비교하기가 용이해짐은 물론 계정과목별로 예산 통제가 가능해진다.

<표 8> 예산 및 기금운용계획 집행지침상 복리후생비의 정의

210-12 복리후생비
1. 기업특별회계 등의 법정 복리비, 복리시설부담금 및 후생비 2. 동호회 및 연구모임 지원경비 3. 맞춤형 복지제도 시행경비 4. 소속직원 생일 기념 소액 경비 5. 청사이전에 따른 이주지원비

물론, 공익법인으로서는 정부부처 수준의 관리까지는 불필요하고 비효율적일 수도 있지만, 표준계정과목을 작성하고 각 계정과목에 대한 정의와 유형을 규정한다면 공익법인 예결산에 명확한 지침을 제공할 수 있을 것이다.

한편, 표준계정과목 도입은 주무관청뿐 아니라 사회복지공동모금회와 같은 배분기관별로 제각각인 보고자료의 통일성에도 기여할 것으로 기대된다. 실제로 배분기관으로부터 지원금을 받는 공익법인은 배분기관에 제출하는 서류를 별도로 작성하는 등 표준화되지 않는 회계자료로 인해 회계장부를 이중으로 작성하고 있는 실정이다.

3. 공익법인 회계기준에 대한 질의회신

공익법인 회계기준이 2017년도에 제정되고 2018년부터 시행되어 벌써 4년이 지났음에도 현재 공익법인 회계기준에 대한 유권해석을 담당하는 기관이 없는 실정이다. 영리법인 회계에 대해서는 한국회계기준원과 금융감독원이 질의에 대한 해석을 내고 있는 데 반해, 공익법인 회계기준에 대한 해석은 조세재정연구원이 담당하기로 되어 있었으나 예산문제 등으로 현재까지 명확한 업무 배정이 되고 있지 않은 상황이다.

공익법인의 회계투명성에 대한 지속적인 요구가 있는 상황에서 공신력 있는 해석과 지침이 없다면, 공익법인 회계기준에 대한 신뢰도 저하는 물론 일선 실무자들도 통일성 있는 회계처리에 어려움을 느낄 수밖에 없다.

현재 조세재정연구원이 공익법인 회계기준에 대한 질의회신이 어렵다면 국세청이나 기획재정부에서 해당 업무를 공식적으로 담당하여야 할 것이다.

4. 각 부처별 공익법인 행정 전담부서 설치

공익법인의 관리감독의 효율성 제고를 위한 또 다른 대안으로 각 부처별 공익법인의 행정업무를 전담하는 부서[8] 설치를 제안하고자 한다. 현재 공익법인의 관리감독 업무는 유사한 사무를 수행하는 각 부처 내 부서에서 담당하고, 일반적으로 부서에서 가장 낮은 연차의 공무원이 담당하고 있는 실정이다.

공익법인 설립허가 신청서류 제출 시 공익법인의 목적사업이 특정

---

8) 보건복지부 내 사회서비스자원과의 경우 일부 공익법인에 대한 관리감독을 담당하고 있다. 실제, 소속 공익법인에 대해 정기적으로 지도점검 업무를 수행하는 등 타부처에 비해 상대적으로 전문적인 관리감독이 이루어지고 있다.

부서의 업무에 명확하게 해당하지 않을 경우 자기 부서의 업무가 아니라고 하며 타부서로 이관하는 사례가 빈번히 발생하고 있다.

그뿐만 아니라, 정관변경이나 기본재산 처분에 있어서도 현장에서는 주무관청의 업무처리에 많은 문제점이 드러나고 있다. 일례로, A재단은 청년을 위한 기업가정신 교육 연구를 목적사업으로 수행하는 중에 코로나19 대유행으로 인해 기업가정신 교육보다 청년들의 생계비·장학금 지원이 절실하여 정관에 이를 목적사업을 추가하고자 하였다. 주무관청은 최초에 장학금은 교육청, 생계비는 보건복지부에 허가를 받아야 한다고 잘못 안내하였고, 결국 3개월이 지나서야 신규 목적사업을 승인해주었다.

B재단은 보통재산의 부족으로 세금 납부가 어려워 주무관청에 기본재산 처분허가를 요청하였으나, 3개월간 업무를 처리하지 않던 담당 공무원은 본인이 잘 알지 못하는 업무라며 재단을 해산하는 것을 고려해보라고 안내하였다.

특히, 주무관청 담당자의 회계와 세무에 대한 이해도 부족으로 잘못된 안내를 하는 경우도 빈번하게 발생하고 있다.

C재단의 경우 저소득층 어린이에게 지급한 생계지원금에 대하여 원천징수 대상이 아님에도 불구하고 주무관청은 원천징수하지 않았다고 지적한 사례도 있다.

D재단은 부동산임대업을 수익사업으로 영위하고 있었고, 건물 내 승강기 수리를 위해 기부금 재원을 지출하자, 주무관청은 이에 관해 해당 기부금을 수익사업의 수입으로 계상하지 않았다고 지적하였다. 기부금 수입은 회계상 목적사업 수입이며, 수익사업 재산인 승강기 수리를 위해 사용할 경우 수익사업으로 전출하는 회계처리를 하여야 한다.

주무관청뿐 아니라 국세청 또한 잘못된 세법해석으로 공익법인의 운영에 어려움을 준 사례가 있다. 국세청과 기획재정부는 「법인세법 시행령」 제72조 제2항 제5의3을 해석함에 있어 개인의 현물기부에 대해서 개인이 최초에 취득한 가액을 소명하고, 해당 가액을 공익법인의 장부가액으로 기재하라는 해석을 내놓았다.[9] 이에 현물 기부를 받는 공익법인은 해당 조문은 개인이 최초에 취득한 가액이 아닌 법인이 취득할 당시 시가로 공익법인이 장부를 계상해야 한다고 주장하고 있다. 개인 기부자의 최초 취득가액을 입증하라는 국세청과 기획재정부의 해석은 실무에 적용하는 데 무리가 따른다. 예를 들어, 익명기부자의 기부는 개인의 최초 취득가액을 알 수 없으며, 기부자가 가액을 모를 경우 과세 관청 또한 입증이 쉽지 않다.[10] 그뿐 아니라 국세청과 기획재정부 해석대로라면 감가상각이 이루어지는 자산의 경우 실제 자산의 가액이 감소했음에도 불구하고 최초 감가상각이 이루어지기 전 가액을 공익법인의 장부에 계상해야 하는 문제가 발생한다.[11] 해당 사건은 2022년 4월 현재 조세심판원에서 심판청구 절차가 진행중에 있다.

이처럼 공익법인을 관리감독하는 기관의 전문성 부족은 공익법인의 운영에 부정적인 영향을 미치고 있다. 이러한 문제점을 해결하려면 정부부처별로 공익법인 업무를 전담하는 부서가 신설되어야 한다.

V. 투명성 강화에 대한 비판과 대안

1. 들어가는 말

2016년도 미르재단과 케이스포츠재단 사태 이후 공익법인의 투명성

---

9) 과세기준자문-2020-법령해석법인-0245, 법인세제과-366 [2021. 8. 10.]
10) 중고물품을 기부받아 판매하는 아름다운가게의 경우 개인이 기부한 의류, 도서 등 물품에 대해서 평균판매단가를 기준으로 시가를 산정한다. 실제, 과세관청의 의견처럼 최초 취득가액을 입증해야 할 경우 현실적으로 입증이 어려우며, 입증을 요구할 경우 현물기부가 크게 위축될 우려가 있다.
11) 국세청과 기획재정부는 10년 전 5천만 원을 지불하고 구매한 자동차의 현재 시세가 1천만 원일 경우에도 공익법인의 장부가액은 5천만 원이 되어야 한다고 해석하고 있다.

강화 요구는 지속적으로 이루어지고 있으며, 2017년 공익법인 회계기준의 제정을 시작으로 매년 세법 개정을 통해 규제가 강화되었다. 이러한 규제 자체가 실제적으로 투명성 강화에 어떠한 영향을 미쳤는지 법 개정 이후 현업에서 발생한 사례들을 통해 문제점을 비판하고 대안을 알아보고자 한다.

2. 공익법인 관련 세법개정

2017년도 이후 공익법인에 대한 관리감독과 투명성 요구가 강해지며 매년 규제 강화를 중심으로 한 세법 개정(<표 9>)이 이루어지고 있다. 이는 공익법인 활성화를 위한 세법 개정(<표 10>)과 비교해봤을 때 그 건수에 있어서 큰 차이를 보이며, 실무에서는 규제 강화가 투명성 강화에 영향을 미치지 못한다는 의견과 함께 공익법인에 과중한 부담을 지운다는 비판이 나오는 상황이다.

〈표 9〉 공익법인 투명성 강화를 위한 주요 세법개정 시행연도

연도	내용
2017	공익법인 회계기준 제정 자기주식 보유비율 계산시 차감 [2017. 1. 1. 이후 취득분] 회계감사 미이행에 따른 가산세 부과 회계감사 의무 이행 시 세무확인 의무면제 규정 삭제
2018	공익법인 회계기준 시행 법인세법상 당연지정기부금단체(장학, 학술 등) 규정 삭제 상속세 및 증여세법상 공익법인 중 공익법인의 설립 운영에 관한 법률에 따른 공익법인 제외
2020	기부금불성실 가산세 인상 (2% → 5%) 공익법인 회계감사대상 확대 [연간 수입금액 50억 원 이상 또는 기부금 20억 원 이상 법인] 공익법인 공시서식 개정 [주석기재] 의무공시공익법인 확대
2021	수익사업용재산 1% 이상 의무지출 공익법인 공시의무 대상 확대

연도	내용
	성실공익법인 요건 개정
	지정기부금단체 지정요건 강화(홈페이지 개설요건, 의무사항 준수 대표자 확인서 제출)
	지정기부금단체 취소사유 강화
	지정기부금단체 사후관리 국세청으로 일원화
	지정기부금단체 신규지정 시 지정기간 [기존 6년 → 3년]
	지정기부금단체 지정신청서류 제출기한 명시
	국세청장이 기부금 모금 지출내역 세부내역 제출 요구 가능
	주식보유 요건 및 의무이행 신고 (매년 말)
	출연재산 미사용에 따른 증여세 부과 사유 추가[정당한 사유없이 사용중단]
2022	공익법인 감사인 지정제도 및 회계감리제도 도입
	성실공익법인 요건추가 (수익사업용 재산 1% 의무지출)
	운용소득 의무사용비율 상향 기존 (70% → 80%)
2023	간편공시 적용법인 공시 의무 불이행 시 가산세 미부과 종료

〈표 10〉 공익법인 활성화를 위한 세법개정

연도	내용
2019	개인기부금 1천만 원 이상 지출분에 대해 30% 공제 [기존 2천만 원 이상]
2020	이월기부금 우선공제
	연간기부금품 모금액 및 활용실적 명세서 제출 기한 [기존 3월 말 → 4월 말]
	지정기부금단체 의무이행 여부 점검결과보고서 제출기한 [기존 3월 말 → 4월 말]
	공익법인 표준공시서류 제출 시 연간기부금품 모금액 및 활용실적 명세서 제출의무 삭제
2021	회계감사, 출연재산보고서, 세무확인 의무 [기존 3월 말 → 4월 말]
	개인 1천만 원 이상 지출 기부금에 대해 5% 추가 공제 [2021년 지출분에 한해 한시적]

3. 투명성 강화를 위한 세법 개정의 실무 적용과 보완

가. 전용계좌 사용의무

공익법인은 공익목적사업 수행을 위해 상속세 및 증여세법 제52조의2에 따른 전용계좌를 개설하고 사용해야 한다. 공익법인 투명성 문제가 제기되었을 때 국세청에서 점검한 항목이 전용계좌를 신고하였는지 여부였다. 공익법인 전용계좌 등록은 국세청 홈택스에 직접 입력할 수 있으며, 국세청 또한 전용계좌가 신고되지 않은 공익법인을 쉽게 구분할 수 있기 때문이다.

다만, 이러한 전용계좌 신고와 관련된 의무는 공익법인의 투명성 강화에 미치는 영향이 적다고 보인다. 공익법인은 금융거래를 위해서 공익법인 명의로 된 통장을 개설하여 사용하며, 국세청 또한 해당 계좌의 거래내역을 전산을 통해 확인할 수 있다. 단순히 전용계좌 개설 여부를 국세청 전산에 신고하지 않았다고 가산세를 부과하는 것은 공익법인의 투명성 강화와 관련성이 적은 과도한 규제이다. 전용계좌 미사용에 따른 무조건 가산세 부과보다는 전용계좌 미사용 사유와 실제 목적사업 지출 여부에 대해 공익법인이 소명하는 방식으로의 개정이 필요하다.

나. 공익법인 공시서류내 주석작성 의무

2020년도 결산 공시부터 공익법인은 기존 공시서류에 추가하여 주석 사항을 기재하여 제출하여야 한다. 주석이란 재무상태표 본문에 표시된 항목을 구체적으로 설명하거나 세분화하는 정보, 재무상태표 본문에 표시할 수 없는 회계사건 및 그 밖의 사항으로 재무상태표에 중요한 영향을 미치거나 재무상태표의 이해를 위하여 필요하다고 판단되는 정보를 추가하여 기재하는 것을 말한다.[12] 공익법인 회계기준 제41조에서는 <표 11>과 같이 필수적인 주석기재 사항을 명시하고 있다.

[12) 공익법인회계기준실무지침서, 119.

〈표 11〉 공익법인 회계기준 필수적 주석기재 사항

1. 공익법인의 개황 및 주요사업 내용
2. 공익법인이 채택한 회계정책(자산부채의 평가기준 및 수익과 비용의 인식기준을 포함한다)
3. 사용이 제한된 현금 및 현금성자산의 내용
4. 차입금 등 현금 등으로 상환하여야 하는 부채의 주요 내용
5. 현물기부의 내용
6. 제공한 담보·보증의 주요 내용
7. 특수관계인(상속세 및 증여세법 제2조 제10호의 정의에 따른다)과의 중요한 거래의 내용
8. 총자산 또는 사업수익금액의 10% 이상에 해당하는 거래에 대한 거래처명, 거래금액, 계정과목 등 거래 내역
9. 회계연도 말 현재 진행 중인 소송 사건의 내용, 소송금액, 진행 상황 등
10. 회계정책, 회계추정의 변경 및 오류수정에 관한 사항
11. 기본순자산의 취득원가와 공정가치를 비교하는 정보에 관한 사항
12. 순자산의 변동에 관한 사항
13. 유형자산 재평가차액의 누적금액
14. 유가증권의 취득원가와 재무제표 본문에 표시된 공정가치를 비교하는 정보
15. 그 밖에 일반기업회계기준에 따라 주석기재가 요구되는 사항 중 공익법인에 관련성이 있고 그 성격이나 금액이 중요한 사항

공익법인 실무상 해당 주석에 대한 표준 예시에 대해 공개된 내용은 없으며, 실무에서는 해당 주석작성에 상당한 어려움을 겪는 경우가 많다. 따라서, 표준주석 사항에 대해 표준화된 양식을 공익법인 결산서류 내 포함시키고, 관련된 재무적 정보를 입력하는 형태로 개정이 필요하다.

다. 총수익사업용 재산의 1% 사용의무

상속세 및 증여세법 제48조 제2항 제7호에서 기준금액(수익사업용자산 – 수익사업용부채 – 당기순이익)에 일정비율을 곱한 금액을 사용해야 한다고 명시하고 있다. 해당 규정은 기존 공익법인의 자산규모가 큼에도 운용소득의 발생금액이 상대적으로 적은 공익법인에 대하여 목적

사업 지출을 늘리고자 개정되었다. 다만, 경우에 따라 사용의무 기준금액 이상 지출하려면 기본재산 처분허가가 필요한 경우가 있다. 예컨대, 전체 공익법인 재산에서 주식이 차지하는 비중이 큰 경우에는 배당수익률이 1%에 미치지 못하면 지출을 위한 재원을 마련해야 한다. 이 경우 추가 기부 또는 주식 매각을 통해 재원을 확보할 수 있는데, 주식 매각의 경우 주식이 기본재산일 경우 매각 승인을 얻기가 쉽지 않다. 한편, 매각 승인을 얻더라도 비상장 주식은 매각이 적시에 이루어지지 못할 수 있다. 따라서, 기준 금액 미달 사용에 대하여 미달 사용 시 관할세무서에 사전 보고를 하는 등의 예외조항을 둘 필요성이 있다.

VI. 맺음말

공익법인은 공공서비스를 생산하는 벤처기업이다. 정부가 역할이 미치지 못하는 부분에서 사회서비스를 생산하고, 새로운 사업을 시도하며 검증하는 역할을 한다. 몇 년간 벌어진 공익법인의 부정적인 사례들(케이스포츠, 미르재단, 정의기억연대 사건)로 인해 공익법인에 대한 규제와 감독만 강화되는 추세이며 업무 효율화에 대한 지원은 여전히 부족한 실정이다.

이러한 상황에도 회계감사가 공익법인의 투명성을 담보한다는 주장은 현실과 많은 괴리가 있어 보이며, 특히, 공익법인의 회계, 세무에 대한 이해도 부족은 공익법인의 관리감독에 상당히 부정적인 영향을 끼치고 있음을 알 수 있다.

공익법인의 업무효율화와 투명성 강화를 위해서는 무엇보다 공익법인 관리감독의 전문성이 필요로 하고, 우선적으로 공익법인과 관련된 회계제도의 정비가 필요하다. 그뿐만 아니라 규제 또한 현실에 맞게 개정이 이루어져야 한다.

| 초 록 |

최근 몇 년간 공익법인과 관련된 가장 큰 화두는 공익법인 투명성 강화였다. 이를 위해 2017년 공익법인 회계기준이 제정되었고, 2018년부터 적용되어 만 4년이 경과하였다. 그뿐만 아니라 공익법인 투명성 강화를 위한 여러 차례 세법 개정과 함께 공익법인 공시시스템이 개편이 되었지만, 공익법인의 투명성 강화가 체감될 만큼 개선이 이루어지지 않은 실정이다.

특히, 공익법인의 회계투명성을 위해 제정된 공익법인 회계기준의 경우 주무관청 등 공익법인을 둘러싼 제반 기관의 이해도가 낮아서 공익법인에 대한 지도 감독에 한계를 나타내고 있다.

공익법인 회계기준의 핵심은 사업성격에 따른 비용의 분류이다. 공익법인 회계기준은 인건비는 모두 운영비이고 장학금 지원금과 같은 직접비용만 사업비로 분류하던 기존 관행을 벗어나, 프로그램별 비용을 집계하는 방식을 도입하였다. 이는 단순히 배분 위주의 사업을 넘어 공익법인이 직접 수행하는 다양한 사업들에 대한 원가집계를 가능하게 하였다. 특히 같은 인건비라 하더라도 사업담당자의 인건비는 사업비용, 행정담당자의 인건비는 일반관리비용으로 구분하여 인건비 지출을 모두 운영비로 보던 기존의 회계 관행의 문제점을 개선하였다.

그럼에도 불구하고 교육청을 비롯한 일부 주무관청은 여전히 모든 인건비를 운영비로 보아 인건비 지출에 대한 과도한 규제를 적용하고 있으며, 정부 부처 내에서도 공익법인 회계기준에 대한 질의응답을 담당하는 부서가 없어 공익법인은 회계투명성 강화에 어려움을 겪고 있다.

본고는 공익법인 회계기준에 대한 실무적인 이해를 돕기 위해 실무 사례를 중심으로 서술하였으며, 실제 현업에서 공익법인과 주무관청 사이 발생하는 문제점을 살펴보고 현실적인 대안을 제시하고자 한다. 한편, 공익법인 회계기준에 구체적인 설명이 포함되지 않은 계정과목의 통일성 제고를 위한 표준계정과목의 도입을 제안하고 투명성 강화를 위해 개정된 세법 적용(전용계좌, 총출연재산 1% 사용의무, 공익법인회계기준 질의응답기관 부재, 주석 공시)의 실무적 문제에 대해서 사례를 중심으로 서술하고 대안을 제시하고자 한다.

공익법인은 사회서비스를 생산하는 벤처기업이다. 최근 몇 년간 규제와 감독의 강화는 공익법인의 활동을 크게 위축시키고 있는 상황이며, 활성화를 위한 제도적 지원은 부족한 실정이다. 공익법인의 투명성 강화와 함께 공익법인의 활성화를 위한 제도개선과 관리감독기관의 전문성 제고를 기대한다.

집필자 약력

· 김덕산 회계사

연세대학교 경영학과 졸업 (2010)
제44회 공인회계사 시험 합격 (2009)
안진회계법인 세무본부 (2009~2012)
아산나눔재단 근무 (2012~2014)
한국공익법인협회 대표 (2017~현재)

· 김병일 교수

고려대학교 경제학과 졸업 (1982)
제27회 행정고시 합격 (1983)
서울대학교 행정대학원 행정학과 행정학석사 (1986)
동경대학 법학정치학연구과 법학석사 (1994)
경희대학교 법학과 법학박사 (2002)
조세심판원 비상임심판관 (2012~2018)
한국조세법학회 학회장 (2021~현재)
강남대학교 경제세무학과 교수 (2007~2021) 및 정경학부 초빙교수 (2021~현재)

· 박훈 교수

서울대학교 법학사, 법학석사, 법학박사 (1993, 1997, 2003)
서울시립대학교 세무학과 교수 (2003~현재)
국세청 납세자보호관(개방직 국장) (2011~2012)
조세심판원 비상임심판관 (2012~2015)
한국지방세학회 학회장 (2021)
아름다운재단 기부문화연구소 소장 (2021~현재)

· **오윤 교수**

서울대학교 법학과 졸업 (1985)
제29회 행정고시(재경직) 합격 (1985)
국세청, 재무부, 재정경제원 (1986~2005)
한양대학교 법학과/법학전문대학원 교수 (2007~현재)
한양대학교 법학연구소장 (2015~2019)
한국세법학회장 (2020)
한국국제조세협회이사장 (2022~현재)

· **유철형 변호사**

서울대학교 법학과, 법학석사 (1989, 1992)
제23기 사법연수원 수료 (1994)
대한변호사협회 부협회장 (2019~2021)
법무법인(유한) 태평양 변호사 (1997~현재)
국세청 국세공무원교육원 외부교수 (2004~현재)
국세청 고문변호사 (2006~2010, 2014~2017)
기획재정부 세제실 국세예규심사위원회 위원 (2013~2017)
기획재정부 세제실 세제발전심의위원회 위원 (2014~2016, 2019~2021)
기획재정부 세제실 고문변호사 (2003~2008, 2014~현재)
행정안전부 지방세예규심사위원회 위원 (2017~2020)
(사)한국조세연구포럼 학회장 (2019~2020)
연세대학교 법무대학원 겸임교수 (2019~현재)
고려대학교 법무대학원 겸임교수 (2020~현재)

· **윤지현 교수**

서울대학교 법과대학 법학사, 법학석사, 법학박사 (1994, 2000, 2012)
LLM, Georgetown University Law Center (2005)
제25기 사법연수원 수료 (1996)
법무법인(유) 율촌 변호사 (1999~2007)
국제조세협회 상설학술위원회(IFA Permanent Scientific Committee) 위원 (2011~2016)
서울대학교 법학전문대학원 교수 (2008~현재)

· 이중교 교수

서울대학교 경제학과 졸업 (1990)

제33회 행정고시(재경직) 합격 (1989)

제38회 사법시험 합격 (1996)

기획재정부 사무관 (1992~1999)

서울행정법원 등 판사 (1999~2008)

조세심판원 비상임심판관 (2013~2022)

연세대학교 법학전문대학원 교수 (2008~현재)

· 허원 교수

서울시립대학교 세무학과 졸업 (2005)

서울시립대학교 세무전문대학원 세무학석사, 세무학박사 (2007, 2010)

국세청 국세심사위원, 납세자보호위원 (2014~2021)

서울시청 지방세심의위원회/과세전적부심사위원회 위원 (2019~현재)

국세청 국세법령해석심의위원회 위원 (2020~현재)

행정안전부 지방세법규해석심사위원회 위원 (2022~현재)

고려사이버대학교 세무·회계학과 교수 (2014~현재)

· 황남석 교수

서울대학교 사법학과 졸업 (1998)

제29기 사법연수원 수료 (2000)

법무법인 화현 변호사 (2003~2006)

성신여자대학교 법학과 전임강사 (2006~2007)

경희대학교 법과대학, 법학전문대학원 교수 (2007~현재)

법무법인(유한) 태평양은 1980년에 인재경영, 가치경영 및 선진제도경영이라는 3대 경영철학을 바탕으로 설립되었으며, 설립 이후 현재까지 지속적으로 로펌의 사회적 책임을 다하기 위해 다양한 공익활동을 수행해 오고 있습니다. 2001년에는 보다 체계적인 공익활동을 위해 공익활동위원회를 구성하였고, 변호사들의 공익활동 수행시간을 업무수행시간으로 인정하였으며, 2009년에는 공익활동 전담기구인 재단법인 동천을 설립하였습니다.

법무법인(유한) 태평양은 2013년에 공익활동의 선도적인 역할을 한 공로를 인정받아 대한변호사협회가 시상하는 제1회 변호사공익대상(단체부문)을 수상하였고, 2015, 2016년 국내 로펌으로는 유일하게 2년 연속 아시아 법률전문매체 ALB(Asian Legal Business)가 발표하는 CSR List에 등재되었습니다. 나아가 2018년에는 The American Lawyer의 아시아 리걸 어워즈에서 '올해의 프로보노분야 선도 로펌'으로 선정되었고, 2019년에는 '2018 평창동계올림픽' 법률자문 로펌으로 공로를 인정받아 유공단체 부문 대통령 표창을 수여 받았으며, 난민의 근로권과 관련한 공익활동 성과를 인정받아 Thomson Reuters Foundation 로부터 제9회 TrustLaw Collaboration Award를 공동수상하였습니다.

2021년 한 해 동안 법무법인(유한) 태평양 소속 국내변호사 467명(대한변호사협회 등록 기준) 중 72.09%인 332명이 공익활동에 참여하였고, 연간 누적 공익활동 시간이 2만 시간을 초과하였으며, 1인당 평균 공익활동 시간은 63.26시간으로 서울지방변호사회가 정하는 1인당 공익활동 의무시간(20시간)의 약 3.2배에 이르렀습니다. 2021년 주요 사건으로는 미성년 난민인정자의 가족결합권이 최초로 인정된 난민불인정결정취소 사건, 난민의 전세임대주택 입주 신청 접수 거부처분취소 사건, 2층 광역버스 내 휠체어 전용공간이 장애인의 정당한 편의를 고려하지 않은 점에 대해 시정을 명한 청구 사건, 장애인 서비스지원종합조사 평가점수를 확인하기 위한 정보공개거부처분취소 사건에서 승소하였습니다. 2022년 상반기에는 사망한 이주민 건설근로자의 배우자로서 퇴직공제금 지급을 거절당한 이주민을 대리하여 퇴직공제금 지급을 구하는 사건을 승소하였고, 공공임대주택 퇴거 및 인도청구를 당한 북한이탈주민의 임차권 승계 및 한정승인 등을 조력하여 주거를 보호하였습니다. 태평양 공익활동위원회는 분야별로 난민, 이주외국인, 장애인, 북한/탈북민, 사회적경제, 여성/청소년, 복지 등 7개 분과위원회로 구성되어 2022년 6월 현재 200여 명의 전문가들이 자원하여 활동하고 있습니다.

재단법인 동천은 2009년 법무법인(유한) 태평양이 설립한 국내 로펌 최초 공익재단법인으로서 '모든 사람의 기본적 인권을 옹호하고 우리 사회의 법률복지 증진과 법률문화 발전을 통해 모두가 더불어 함께 사는 세상을 만들어 나가는 것'을 목표로 전문적인 공익활동을 해오고 있습니다. 장애인, 난민, 이주외국인, 사회적경제, 탈북민, 여성, 청소년, 복지 분야에서 법률구조, 제도개선, 입법지원 등 법률지원활동을 수행하는 것과 함께 태평양공익인권상, 장학사업, 공익·인권 단체 지원사업, 공익·인권활동프로그램 제안대회, 나눔음악회 및 봉사활동 등 다양한 사회공헌 활동을 수행하고 있습니다. 특히 2016년 12월에는 NPO(비영리법인, 단체) 법률지원의 허브를 구축하여 NPO의 성장, 발전에 기여하고자 '동천NPO법센터'를 설립하였고, 매년 NPO법률지원단을 운영하면서 NPO에 대한 전문적인 법률지원을 할 수 있는 변호사단을 배출하고 있습니다. 동천은 이러한 성과를 인정받아 2014년 국가인권위원회 대한민국인권상 단체표창, 2015년 한국인터넷기자협회 사회공헌상, 그리고 2019년 국가인권위원회 대한민국인권상 단체표창을 공동수상하였습니다.

편집위원회

■ 편집위원장

유욱 변호사 (법무법인(유한) 태평양)

■ 편집위원 (가나다 순)

박훈 교수 (서울시립대학교)
유철형 변호사 (법무법인(유한) 태평양)
이중교 교수 (연세대학교)
이희숙 변호사 (재단법인 동천)

■ 기획팀

황인형 변호사 (재단법인 동천)
구대희 팀장 (재단법인 동천)

공익법인세제연구

초판 1쇄 인쇄 2022년 5월 20일
초판 1쇄 발행 2022년 5월 30일

편   자 법무법인(유한) 태평양·재단법인 동천
발 행 인 한정희
발 행 처 경인문화사
편   집 유지혜 김지선 한주연 이다빈 김윤진
마 케 팅 전병관 하재일 유인순
출 판 번 호 제406-1973-000003호
주   소 경기도 파주시 회동길 445-1 경인빌딩 B동 4층
전   화 031-955-9300 팩   스 031-955-9310
홈 페 이 지 www.kyunginp.co.kr
이 메 일 kyungin@kyunginp.co.kr

ISBN 978-89-499-6647-2 93360
값 30,000원